필로칼리아·5

마음의 기도에 관하여

ΦΙΛΟΚΑΛΙΑ
ΤΩΝ ΙΕΡΩΝ
ΝΗΠΤΙΚΩΝ
ΣΥΝΕΡΑΝΙΣΘΕΙΣΑ
ΠΑΡΑ ΤΩΝ ΑΓΙΩΝ ΚΑΙ ΘΕΟΦΟΡΩΝ
ΠΑΤΕΡΩΝ ΗΜΩΝ
ΕΝ Η̣,
Διὰ τῆς κατὰ τὴν Πρᾶξιν καὶ Θεωρίαν Ἠθικῆς Φιλοσοφίας ὁ νοῦς καθαίρεται, φωτίζεται, καὶ τελειοῦται.

ΕΠΙΜΕΛΕΙᾼ ΜΕΝ ΟΤΙ ΠΛΕΙΣΤῌ ΔΙΟΡΘΩΘΕΙΣΑ,
ΝΥΝ ΔΕ ΠΡΩΤΟΝ ΤΥΠΟΙΣ ΕΚΔΟΘΕΙΣΑ
ΔΙᾺ ΔΑΠΑΝΗΣ
ΤΟΥ ΤΙΜΙΩΤΑΤΟΥ, ΚΑΙ ΘΕΟΣΕΒΕΣΤΑΤΟΥ ΚΥΡΙΟΥ
ΙΩΑΝΝΟΥ ΜΑΥΡΟΓΟΡΔΑΤΟΥ
ΕΙΣ ΚΟΙΝΗΝ ΤΩΝ ΟΡΘΟΔΟΞΩΝ ΩΦΕΛΕΙΑΝ.

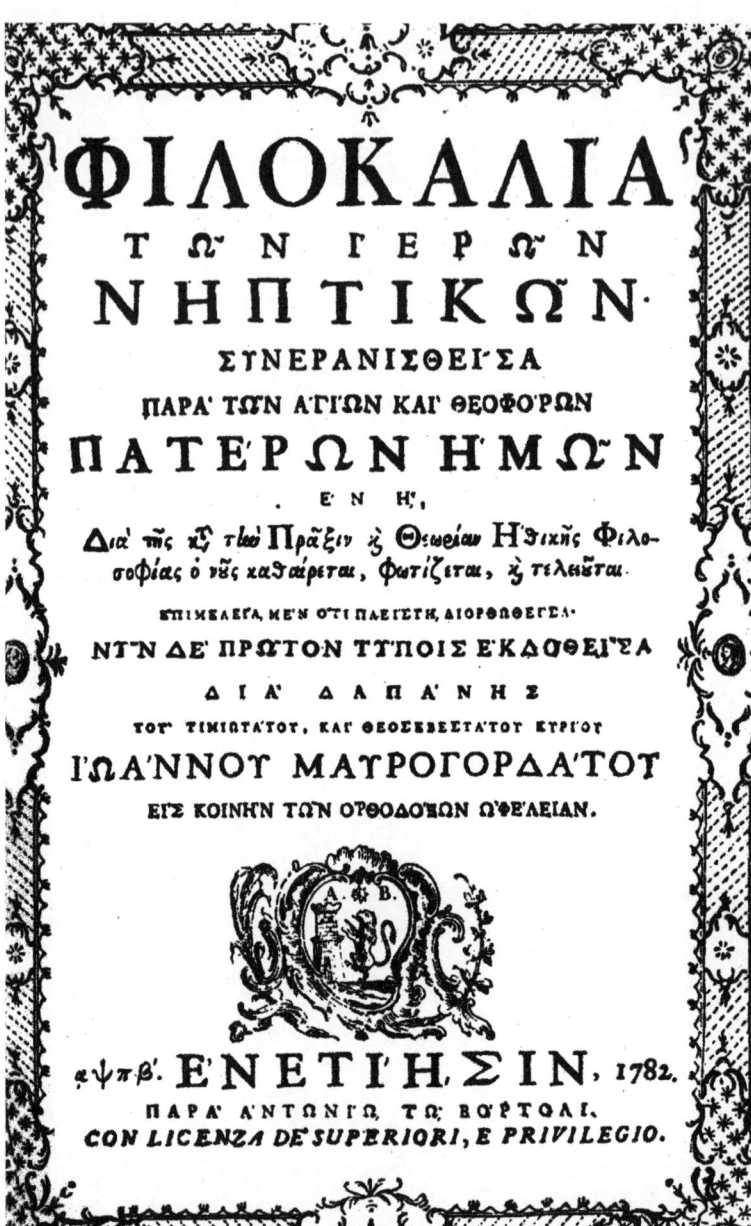

αψπβ'. ΕΝΕΤΙῌΣΙΝ, 1782.
ΠΑΡΑ ΑΝΤΩΝΙῼ Τῼ ΒΟΡΤΟΛΙ.
CON LICENZA DE' SUPERIORI, E PRIVILEGIO.

The Philokalia - V

compiled by

St. Nikodimos of the Holy Mountain
&
St. Makarios of Corinth

translated by

Eum Sung Ok

필로칼리아 · 5

The Philokalia · 5

초판 발행: 2006년 1월 20일

재6판 발행: 2024년 8월 1일

©2006년 2024년 은성출판사

편찬: 성산의 성 니코디모스 / 고린도의 성 마카리오스

옮긴이: 엄성옥

발행처: 은성출판사

등록: 1974년 12월 9일 제9-66호

주소: 서울 강동구 성내로3길 16(은성빌딩 3층)

전화: 070-8274-4404

http://eunsungpub.co.kr

e-mail: esp4404@hotmail.com

출판 및 판매에 관한 모든 권한은 본 출판사가 소유하고 있습니다.
출판사의 사전 서면 허락 없이 번역, 재제작, 인용, 촬영 등을
할 수 없음을 알려드립니다.

Printed in Korea

ISBN : 979-11-92914-39-8 93230

필로칼리아·5

마음의 기도에 관하여

성산의 성 니코디모스 / 고린도의 성 마카리오스 지음

엄성옥 옮김

차례

머리말 / 9

제1부

은자 니케포루스 / 15
    맑은 정신과 마음지킴에 관하여 / 17

시나이의 성 그레고리 / 35
    계명과 교의, 경고와 약속, 생각과 정념과 덕에 관하여 / 37
    헤시카스트들에게 준 교훈 / 98
    침묵과 기도에 관하여 / 114

신 신학자 시므온 / 131
    실천적인 가르침과 신학적인 가르침 / 133
    믿음에 관하여, 그리고 세상에 사는 사람이 완덕에 이를 수 없다고 말하는 사람에게 주는 글 / 211
    세 가지 정신집중과 기도 방법 / 223

크산토폴로스의 칼리스투스와 동역자 이그나티우스 / 227
    헤시카스트들에게 준 교훈 / 239
    기도에 관하여(칼리스투스 총대주교) / 387

제2부

예루살렘의 헤시키우스 / 395
    맑은 정신과 기도, 그리고 영혼에 관하여 / 397

시나이의 필로테우스 / 471
    맑은 정신에 관한 40개의 글 / 473

성 바르사누피우스와 성 요한 / 501
　영적인 일에 대한 지도 / 507
필라델피아의 총대주교 테오렙투스 / 571
　그리스도 안에 있는 은밀한 행동과 수도사가 행하는 주된 일에 대하여 / 573
　같은 주제에 대한 아홉 편의 글 / 592

제3부
　사부 필레몬 / 601
　　사부 필레몬에 관한 유익한 이야기 / 603

용어 해설 / 625

머리말

성부와 성자와 성령의 이름으로, 아멘.

『필로칼리아』는 콘스탄틴 대제 이후 초기 시대 교부들의 글들을 모은 것으로서 주의력과 의식을 깨우고 발달시키는 방법을 보여준다. 또한 이것은 최고 단계에 도달한 교부들이 기술 중의 기술이요 학문 중의 학문이라고 여긴 수련을 할 수 있는 가장 신속하고 효과적인 상태를 제공해주며, 사람들을 인도하여 그들에게 개방된 최고의 완전을 향하게 해준다. 이 책에는 이 수련을 시작하는 사람에게 도움을 주기 위해서 『필로칼리아』에서 발췌한 글들이 수록되어 있다. 이 책은 이 수련을 다룬 가장 초기의 글들을 소개하며, 수 세기 동안 이루어져 온 실천이 이 수련에 가치를 부여해준다. 기술 중의 기술이요 학문 중의 학문 중에서 가장 효과적인 형태가 예수기도이다. 우리에게 가장 근본적이면서도 절대적으로 필요한 것은 자신을 아는 것이다. 이러한 자기 인식을 획득하기 위해서 초심자는 자아가 여러 가지 측면을 지닐 수 있다는 것을 알아야 하며, 성공을 위한 최적의 상태를 획득하려면 외적인 장애물과 개인적인 장애물들을 제거해야 한다. 집중에는 침묵과 고요가 절대적으로 필요하다.

 예수기도의 실천은 "항상 기도하라"는 사도 바울의 명령을 이행하는 것이다. 이것은 이교의 유산인 신비주의와는 관계가 없다. 이교의 신비주의는 영지주의 운동의 처음 2세기 동안 출현했지만, 교부들의 통찰에 의해서 거부되었고, 동방 기독교에서 더는 현저하게 발달하지 못했다. 칼라브리아의 발람을 비롯하여 여러 사람이 그레고리 팔라마스Gregory Palamas를 공격한 것 및 그 결과 서방에 유포된 곡해는 예수기도의 의미를 그릇 묘사하는 결과를 초래했다. 그 결과 이 수행이 기독교 시대의 초기에 시작되었으며 동방교회에서 수 세기 동안 변함없이 보존되어 왔다는 것을 서방교회는 깨닫지 못했다. 이 책에서 알 수 있듯이, 이 수행은 최고의 성취 단계에 접근할 수 있게 해준다. 의식의 발달을 훈련하는 것이 지혜로운 일이라고 생각하는 사람에게 도움이 되는 가장 효과적인 수련이 예수기도이다. 『필로칼리아』는 현대 생활의 어려움과 무상함과 영적 빈곤을 통과하는 길로 인도해준다. 그것은 우리에게 길을 보여주며 성공으로 인도해주는 가장 적극적인 능력이다. 성경, 그리고 구전으로나 기록으로 남아 있는 교부들—교부들은 기독교적 의식이 최고 수준에 도달했던 시기 및 그 이후 시대에 속하는 사람들이다—의 전승들이 정교회의 기초이다. 그리스어 『필로칼리아』는 18세기에 코린트의 마카리우스Macarius of Corinth, 1731-1805와 성산의 니코데무스Nicodemus of the Holy Mountain, 1748?-1809가 편찬했으며 1782년에 베네치아에서 출판되었다. 그것은 영적으로 높은 단계에 도달한 거룩한 사람들의 글들을 모아놓은 것이다. 아토스 산을 방문한 이후 몰다비아에서 일한 파이씨 벨리치코프스키Paissy Velichkovsky라는 수도사가 이 책을 러시아 어로 번역하여 "Dobrotolubiye"라는 제목을 붙였다. 이 번역본은 19세기 초 러시아에서 예수기도와 수도원 운동이 부활하는 데 중요한 역할을 했다. 후일 은둔자인 테오판 주교Bishop Theophan the Recluse, 1894년 사망가 『필로칼리아』를 러시아어로 번역했고, 이 본문이 영어로 번역되었다.

『필로칼리아』 원문은 그리스어로 기록되어 있지만, 테오판 및 그가 살았던 시대의 영적인 지혜 때문에 러시아어 본문도 나름의 가치를 지니며, 그러므로 영어 번역본의 가치가 보장된다. 어느 정도의 영적 수준에 이르려는 시도들이 그렇듯이, 우리가 어떤 일을 나름의 방법으로 시도하려는 위험을 피하려면 항상 방심하지 않고 관심과 주의를 기울여야 한다. 우리 시대에는 영적 지도자가 부족하므로 기술 중의 기술이요 학문 중의 학문인 이 놀라운 방법을 따르면서 해를 입지 않으려면 이 거룩한 저술들을 꾸준히 연구해야 한다. 이 일에 성공하기 위한 근본적인 조건은 겸손과 성실, 인내, 순결 등이다.

하늘에 계신 우리 구주 예수 그리스도의 사랑의 전번제全燔祭와 거룩한 성육신의 지상에서의 계시와 거룩한 성례전의 영광은 인간이 상상할 수 없다. 그것들은 이 세상에 속하지 않은 가능성으로 들어가는 길을 열어주며, 우리 존재의 보이지 않는 부분을 형성하고 정화하고 발달시켜 주며, 우리를 도와 구원을 향하게 해준다. 우리가 "나는 누구인가?" "나는 어디에서 왔으며 어디로 가는가?" 등의 질문을 의식하기 시작하면, 지혜에 이르는 좁고 길고 복된 길을 취하여 따를 가능성이 생긴다. 그러나 우리가 처한 상황은 우리의 능력으로는 부족하므로 거룩하신 분의 도움이 필요하다는 것을 보여준다. 이때 등장하는 장애물이 무수히 많으며 그 형태도 여러 가지이다. 그것들은 우리를 그릇된 방향으로 인도해가며 궁극적인 목표를 보지 못하게 한다. 이 책에 수록된 영감을 받은 교부들의 글들은 대부분의 어려움을 정의해주고, 그것들을 정복하는 방법을 말해준다. 교부들은 예비 훈련을 촉진하기 위해서 지침이 되는 교훈과 유익한 충고를 제공한다. 두 가지 근본적인 명령에 사랑의 의무가 포함되는데, 예수기도를 실천하는 사람에게는 그것이 한층 더 중요하다. 그 길을 택하여 참사랑과 자기 부인과 겸손의 정신을 가지고 따라간다면, 현세에서 그 방면에 성공할 기회를 얻게 된다. 이 거룩한 교부들은 교회사에서 1,000년대까지에 속한 사람이다. 인간적인 고찰이나 부연이나 수정이 가해지지 않은 원래의 기독교에 비추어 고려할 때만 우리는 그들의 가르침과 교훈과 도움에 접근할 수 있다.

1951년 5월
아토스 산에서

제1부

은자 니케포루스
Nicephorus the Solitary

개설

　거룩한 교부 니케포루스Nicephorus the Solitary는 아토스 성산에서 영적으로 노력하며 살다가 1340년 이전에 사망했다. 그는 살로니카의 그레고리Gregory of Salonika에게 지혜를 사랑하는 고귀한 삶의 길을 가르치고 이끌어주었다. 그는 세상의 염려에 흔들리지 않고 침묵 속에서 자신에만 집중했고, 영원하신 하나님과의 내적 연합에 도달하여 마음에 거룩한 은혜의 내적 조명을 받았다. 이 거룩한 은사에 의해 풍요해진 그는 글을 통해서 마치 아버지처럼 우리를 같은 목표로 인도해준다. 그는 거룩한 교부들의 전기와 서적들로부터 절제, 주의 집중, 기도 등에 관한 글을 수집했고, 마지막으로 자신의 경험에 토대를 둔 충고를 덧붙였다. 그는 마음과 정신의 기도를 통해서 주님과의 완전한 교제를 누리라고 권한다.

맑은 정신과 마음 지킴에 관하여[1]

주 예수 그리스도의 놀라운 신적 조명을 얻으려는 사람, 마음에 거룩한 불을 느끼려는 사람, 하나님과의 화목의 느낌과 경험을 의식하려고 애쓰는 사람, 세상[2]에 속한 것들을 부인하고 마음 밭에 묻혀 있는 보물을 캐내어 소유하려는 사람, 영혼의 촛불을 밝히고자 그 목적을 위해서 이 세상을 부인하는 사람, 의식적인 경험으로 내면에 존재하는 하늘나

---

1) 『필로칼리아』 제4권에 수도사 니키포로스, "깨어서 마음을 지키는 것에 관하여"(On Watchfulness and Guarding of the Heart)와 같은 내용이다. 제5권은 러시아판 헬라어에서 영어로 번역하면서 일부 달리 표현되었을뿐 내용은 다르지 않다. 그러나 두 문장에서 애매한 표현은 헬라어로 바로잡거나 해설을 풋노트에 달았다.
이 부분의 주 테마는 "깨어 있음"(watchfulness)과 "지킴"(guarding)이다. 두 단어는 차이가 없지만, 구태여 구분하자면 "깨어 있음"은 "원수의 공격을 깨어 있어서 지키는 것"이며, "마음 지킴"은 "온전한 마음의 상태를 간수(看守)함"이라고 할 수 있다. 전자는 "철야"로, 후자는 "기도"로 실천하며, 현대 신앙인은 이 둘을 합하여 "철야기도", 또는 "쉬지 않는 기도"로 실천한다.

2) "세상"은 "하나님의 나라"와 대조를 이룬다. 이 문장에서 "세상"이란 "감각으로 지각되는 세상"을 의미한다. 인간은 살아 있는 동안 오감으로써 피조물을 지각할 수 있으며, 인간은 감각적 쾌락의 대상을 거머쥐려는 인간의 욕망, 즉 정념을 설명하려고 "세상"이라는 단어를 사용한다.

라를 알고 얻고자 하는 사람은 오십시오. 영원한 생명의 학문, 또는 실천하기만 하면 땀을 흘리며 수고하지 않아도 무정념의 항구로 인도해 주는 방법, 마귀의 속임수에 의한 패배나 망상3)의 두려움에서 해방되는 방법을 가르쳐 드리겠습니다. 그러한 두려움은 범죄로 말미암아 내가 가르쳐 드리려 하는 삶의 외부에서 삶이 순환할 때 초래됩니다. 그때 아담이 두려워했던 것처럼 우리도 두려워하게 됩니다. 아담은 하나님의 명령을 무시하고 뱀과 교제하면서 뱀의 충고를 따라 금지된 열매를 먹고 미혹되었고, 그리하여 자기 자신 및 후손들을 사망과 어둠과 타락의 깊음 속에 빠뜨렸습니다. 우리는 정신을 차리고 뱀을 비롯하여 땅 위를 기어 다니는 모든 것의 권고를 혐오하고 증오해야 합니다.

형제들이여, 우리가 먼저 자신에게 돌아오지 않는다면, 또는 헛된 염려가 가득한 세상의 회오리바람을 뚫고 자신의 내면으로 들어가서 그곳에 있는 하늘나라에 집중하지 않는다면, 하나님과 화목하거나 연합할 수 없습니다. 수도생활은 기술 중의 기술이요 학문 중의 학문이라고 불립니다. 왜냐하면, 그것은 이 세상에 속한 것들과 유사한 유한한 복을 가져다주는 것이 아니기 때문입니다. 이 세상에 속한 것들은 우리의 정

---

3) plany(πλάνη)를 망상(delusions, 妄想)이라고 번역했다. 이 영역본 역자는 이 것을 러시아어 prelest라는 단어를 사용했다. 필로칼리아 전반에 걸쳐 망상(πλάνη)이라는 단어가 나오지만 상황에 따라서 넓은 의미로 사용되므로, 문맥과 상황에 따라서 다양한 단어로 번역하였다. 망상에 상응하는 성경에 구절은 "여자가 이르되 뱀이 나를 꾀므로 내가 먹었나이다"(창 3:13)이다.

신을 선한 것으로부터 몰아내어 삼킵니다. 그러나 수도생활은 "눈으로 보지 못하고 귀로 듣지 못하고 사람의 마음으로 생각하지도 못한 것"(고전 2:9), 말할 수 없이 놀라운 보물을 약속해 줍니다. 이런 까닭에 우리는 "혈과 육을 상대하는 것이 아니요 통치자들과 권세들과 이 어둠의 세상 주관자들과 하늘에 있는 악의 영들을" 대적하여 씨름합니다(엡 6:12).

만일 현재의 실존이 어둠에 불과하다면, 우리는 정신과 마음을 회복함으로써 거기에서 도망쳐야 합니다. 하나님의 원수와 우리 사이에 공통점이 없어야 합니다. "세상과 벗이 되고자 하는 자는 스스로 하나님과 원수"가 됩니다(약 4:4). 누가 하나님의 원수를 도와줄 수 있겠습니까? 그러므로 우리는 교부들을 닮고 본받아야 합니다. 우리는 처음부터 자신에게 맡겨진 일을 행하고 그것을 굳게 붙들어야 합니다. 만일 주님께 "사람이 늙으면 어떻게 날 수 있사옵나이까 두 번째 모태에 들어갔다가 날 수 있사옵나이까?"라고 질문한 니고데모 같은 사람이 나타나서 "사람이 어떻게 자기 마음에 들어가서 살 수 있습니까?"라고 질문한다면 "바람이 임의로 불매 그 소리는 들어도 어디서 와서 어디로 가는지 알지 못합니다"라고 대답해야 합니다(요 3:4, 8). 그러나 활동적인 생활의 사건들 가운데서 믿음의 부족 때문에 그러한 의심이 생긴다면, 어떻게 관상생활의 신비에 들어갈 수 있겠습니까? 활동적인 생활은 관상생활에 이르는 상승의 길입니다.

성문화된 증거가 없이는 그러한 불신자들을 이해시킬 수 없습니다. 그러므로 이 설교에서는 성인들의 삶 및 그들이 이 진리를 증언하기 위해서 기록해놓은 몇 가지 견해를 포함함으로써 사람들을 이해시키고 의심을 버리게 하려 합니다. 먼저 최초의 교부 대 안토니Anthony the Great를 다루고 그 이후의 성인들을 차례로 다루면서 그들의 행위와 말을 불신자들에게 주는 증거로 제공하려 합니다.

거룩한 교부 안토니

언젠가 두 사람이 성 안토니St. Antony를 찾아가다가 도중에 물이 떨어져서 한 사람은 죽고 나머지 한 사람은 거의 죽어가고 있었습니다. 그 사람은 힘이 없어 땅에 누워서 죽기를 기다리고 있었습니다. 그런데 산 위에 머물던 안토니가 함께 지내던 수도사들을 불러서 이렇게 말했습니다: "빨리 물 한 동이를 가지고 이집트 쪽으로 달려가십시오. 내가 기도하는 중에 보니 두 사람이 이곳을 향해 오고 있었는데 한 사람은 이미 죽었습니다. 우리가 서두르지 않으면 나머지 한 사람도 죽을 것입니다." 수도사들이 그곳에 가보니 정말 한 사람은 죽어 있었습니다. 그들은 그 사람을 땅에 묻어 주고, 목숨이 붙어있는 사람은 물을 먹여 안토니에게 데려갔습니다. 그곳에서 안토니가 있는 곳까지는 걸어서 하룻길이었습니다. 안토니에게 한 사람이 죽기 전에 사람들을 보내지 않은 이유를 묻는 것은 분별없는 질문일 것입니다. 첫 번째 사람이 죽는 것을 허락한 것은 하나님의 일이지 안토니의 일이 아니었습니다. 첫 번째 사람을 죽도록 결정하시고 나머지 한 사람에 대한 계시를 안토니에게 보내신 분은 하나님이십니다. 산 위에 있던 안토니의 마음이 깨끗했기 때문에 멀리서 일어난 일을 주님이 보여주신 것입니다.[4] 안토니의 마음이 깨끗했기 때문에 그에게 신적 환상과 투시력이 주어졌습니다. 사다리의 요한John of Ladder의 말에 의하면, 하나님은 마음속에 있는 정신에 처음에는 연인을 정화하는 불로 나타나시고, 그다음에 정신을 조명하여 하나님을 닮게 하는 빛으로 나타나신다고 합니다.[5]

공주 수도사 테오도시우스

성 테오도시우스St. Theodosius the Cenobiarch는 사랑의 화살에 깊이 찔리고 사랑의 족쇄에 단단히 묶였기 때문에 "네 마음을 다하며 목숨을 다하며 힘을 다하며 뜻을 다하여 주 너의 하나님을 사랑하라"(눅 10:27)고 하신 하나님의 명령을 행동으로 실천했습니다. 그것은 오직 창조주만을 갈망하는 영혼의 본성적인 능력을 집중함으로써만 성취할 수 있습니다. 그는 정신을 집중했기 때문에 누군가를 위로할 때는 경외심을 고취했고 책망할 때는 친절하고 온유했습니다. 그만큼 많은 사람과 대화하면서 조용히 섬기며, 동시에 마음을 가라앉혀 다시 내면으로 인도할 수 있었던 사람은 없을 것입니다. 그는 엄청난 소동 속에서도 사막에서 생활

---

4) 『안토의 생애』(아타나시우스, 엄성옥 역, 은성출판사) 59, 120쪽 참조.

5) 『거룩한 등정의 사다리』(요한 클리마쿠스, 최대형 역, 은성출판사), 스물여덟 번째 계단: 기도, 320쪽: "마음에 들어와 거하는 불은 기도를 소생시킵니다. 기도가 소생하여 하늘로 올라가면, 불의 후손이 영혼의 다락방을 차지합니다."

하는 사람들과 같은 내면의 평화를 누릴 수 있었습니다. 그는 많은 사람 가운데서도 홀로 있을 때와 같은 상태를 유지했습니다. 이 위대한 테오도시우스는 마음을 가라앉혀 내면으로 돌아오게 함으로써 창조주를 향한 사랑의 화살에 찔렸습니다.

대 아르세니우스

거룩한 아르세니우스Arsenius the Great는 편지를 쓰지도 말고 받지도 말라는 규칙을 엄격하게 지켰고, 일반적으로 말을 하지 않았습니다. 이는 말하거나 쓰는 능력이 없어서가 아니라 사람들에게 나타내는 허영을 피하려고, 그리고 침묵하는 습관 때문이었습니다. 같은 이유에서 교회 안에서도 사람들을 볼 수 없고 사람들에게 보이지 않는 곳에 서려고 노력했습니다. 그는 형제들의 무리 속에 섞이지 않고 어디엔가 숨어 지냈습니다. 그는 되도록 방해받지 않고 자신을 하나님께 들어 올리기 위해서 자신의 내면에 주의를 집중하며 마음을 가라앉히려고 노력했습니다. 이 거룩한 사람, 지상의 천사는 훌륭한 본보기를 남겼습니다.6)

라트로스의 폴

라트로스의 폴Paul of Latros은 주로 산이나 사막에서 홀로 들짐승들과

---

6) Cf. Theodore of Petra, *The Life of St. Theodosios*: ed. H. Usener(Leipzig, 1890), pp. 16-17, 47-8.

함께 지냈습니다. 드물게 그는 형제들을 방문하기 위해 라브라로 내려왔습니다. 그는 그들에게 낙심하지 말고, 고통스럽고 힘든 덕의 실천을 포기하지 말고, 주의를 집중하고, 이성적 능력을 기울여 복음에 따라 살며, 마음을 다해 악한 영들과 싸우라고 가르치곤 했습니다. 그는 그들에게 힘을 얻고 과거의 정욕적인 기질로부터 해방되고 새로운 정욕의 씨앗을 피할 방법을 가르쳐 주기도 했습니다. 이 교부는 자기를 알지 못하는 사람들에게 정욕의 충격을 피할 방법을 가르쳐 주었는데, 그것은 정신을 지키는 것이었습니다. 왜냐하면, 정신이 하는 일은 여러 가지 유인들을 배격하는 것이기 때문입니다.[7]

성 사바스

세상을 버린 수도사가 수도원의 행동 규칙을 통달하고 정신을 지키고 원수에게서 오는 생각과 싸울 수 있고 세상의 일과 행동에 대한 기억을 완전히 지울 수 있을 정도로 튼튼해졌으나 육신이 병들어 약해지면, 성 사바스St. Sabbas는 그 수도사에게 라브라Lavra의 수실을 제공해 주었습니다. 그는 육체적으로 건강한 수도사에게는 개인 수실을 짓는 것을 허락했습니다. 사바스는 제자들에게 정신을 지킬 것을 요구했는데, 이것을 습관적으로 실천할 수 없는 형제에게는 독립된 수실에 거하는 것을

---

7) Cf. The Life of St. *Paul the Younger of Mount Latros* 20: ed. H. Delehaye, Analecta Ballandina 11(1892), pp. 57-8.

허락하지 않았습니다. 정신을 지키는 것이 무엇인지도 모르는 채 한가하게 수실에 앉아 있는 사람이 무엇을 해야 합니까?[8]

아가톤 사부

어느 형제가 사부 아가톤Abba Agathon에게 "사부님, 육체적인 노동이 더 큰 일입니까, 마음을 지키는 것이 더 큰 일입니까?"라고 질문했습니다. 아가톤은 이렇게 대답했습니다: "사람은 나무와 같습니다. 육체적인 일은 나뭇잎이요, 마음을 지키는 것은 열매입니다. 성경은 '좋은 열매를 맺지 아니하는 나무마다 찍혀 불에 던져지리라'고 말합니다(마 3:10). 그러므로 우리는 열매, 즉 마음을 지키는 일에만 관심을 두어야 하지만, 나뭇잎, 즉 육체적인 일도 필요합니다." 이 성인은 "좋은 열매를 맺지 않고 잎만 무성한 나무, 즉 외적인 행위가 바르지만 마음을 지키지 않는 사람은 찍혀 불에 던져집니다"라고 말함으로써 마음을 지키지 않고 덕의 실천만 자랑하는 사람들을 정죄합니다.

사부 마크abba Mark가 니콜라스Nicholas에게 보낸 편지

"만일 당신 안에 영적 지식의 정신적인 빛을 발산하는 등불이 있어 당신이 이 시대의 어두운 밤에 비틀거리지 않고 걸어가며, 여호와께서 당

---

8) Cf. Cyril of Skythopolos, *The Life of St. Savvas* 28: ed. E. Schwartz(Texte und Untersuchungen 49:2: Leipzig, 1939), p. 113; E.T., R. M. Price and J. Binns(Cistercian Studien Series 114: Kalamazoo, 1991), p. 122.

신의 걸음을 정하시기를 원한다면(시 37:23 참조), 다시 말해서 믿음을 가지고 기도하면서 그리스도의 명령을 엄격하게 지키기를 원한다면, 나는 그것을 성취하는 영적 방법과 수단을 가르쳐 주겠습니다. 그것은 육체적인 수고나 노력을 요구하지 않고, 하나님에 대한 사랑과 경외심의 도움을 받아 정신과 생각을 집중하는 영적인 일만 요구하는 방법입니다. 이 방법을 사용하면 원수의 군대를 무찌를 수 있을 것입니다. 그러므로 정욕을 이기려면 기도하면서 하나님의 도움을 받아 당신의 내면에 거하며 마음 깊은 곳으로 내려가서 망각과 게으름과 무지라는 힘센 세 용사를 찾아내십시오. 이것들이 정신 안에 들어오는 침입자들을 도와주는 역할을 하며, 침입자들은 정욕을 사랑하는 사람의 영혼 안에서 다른 악한 정욕들이 살면서 튼튼하게 자라게 해줍니다. 그러나 당신은 위로부터 오는 도움을 받아 정신을 집중하고 노력함으로써 이 미지의 악한 용사들을 발견해냈으므로, 이제 기도와 주의집중을 통해서 쉽게 그것들을 제거할 수 있을 것입니다. 그러므로 참된 지식 및 하나님의 말씀을 기억하며 당신의 의지와 삶의 조화를 이루고자 하는 갈망, 그리고 적극적인 은혜의 능력의 보호를 받으면서 마음속을 지키고 있는 당신의 주의력이 망각과 무지와 게으름을 죽이고 흔적도 없이 제거해줄 것입니다."

사다리의 요한

"헤시카스트hesychast는 육신의 구애를 받지 않고 영혼을 그 육적인 본향의 한계 안에 붙들어 두려고 노력하는 사람입니다. 그것은 진기하고 놀라운 기술입니다!"(27.6) 9) "헤시카스트는 '내가 잘지라도 마음은 깨었다'(아 5:2)라고 말합니다." 10) "당신의 몸은 수실 문 가까이에 있고, 입술의 문은 대화와 가깝고, 영혼의 문은 악한 영들 가까이에 있습니다"(27.12-18). "높은 곳에 앉아서 관찰하십시오. 만일 당신이 기술을 알고 있다면, 어떤 종류의 강도들이 얼마나 많이, 언제 어디에서 어떻게 들어와서 포도를 훔치려 하는지 볼 것입니다. 파수꾼은 졸리면 일어나서 기도하고 나서 다시 용기를 얻어 자기의 일에 복귀합니다"(27.22-23). 11) "생각을 지키는 것과 마음을 보호하는 것은 같은 일이 아닙니다. '동이 서에서 먼 것 같이'(시 103:12), 마음을 보호하는 것은 생각을 지키는 것보다 훨씬 고귀한 일인 동시에 비교할 수 없이 어려운 일입니다"(26.78). "도둑이 왕의 무기가 준비된 것을 보면 부주의하게 그곳을 공격하지 않

---

9) 『거룩한 등정의 사다리』, 스물일곱 번째 계단: 정적, 296쪽: "이상한 말 같지만 헤시카스트는 자신의 영적 자아를 몸이라는 집 안에 가두어두기 위해 싸우는 사람입니다."

10) 『거룩한 등정의 사다리』, 스물일곱 번째 계단: 정적, 297쪽: "헤시카스트는 세상에 사는 천사와 같습니다. 그는 사랑의 종이와 열심의 문자로써 자신의 기도를 나태와 부주의로부터 해방시킨 사람입니다. 그는 공개적으로 '하나님이여 내 마음이 확정되었습니다'(시 57:7), '내가 잘지라도 마음은 깨었다'(아 5:2)라고 외칩니다."

11) 『거룩한 등정의 사다리』, 스물일곱 번째 계단: 정적, 298쪽: "할 수 있다면 높은 곳에 앉아서 지켜보십시오. 그러면 도둑들이 오는 것을 볼 것입니다. 언제, 어디에서, 어떻게, 어떤 종류의 도둑이 얼마나 와서 우리의 포도송이를 도둑질해 가는지 발견할 것입니다. 파수꾼은 피곤하면 일어서서 기도한 후에 다시 앉아서 담대하게 임무를 수행합니다."

습니다. 마찬가지로 기도를 마음에 결합한 사람은 정신적인 강도들에게 쉽게 도둑맞지 않습니다."

위의 말은 사다리의 요한St. John of the Ladder의 훌륭한 내적 행위를 드러내 줍니다. 그러나 어둠 속을 걸어가고 있는 우리는 영혼을 구원하는 말에 귀를 기울이지 않으며, 의도적으로 그러한 말을 들으려 하지 않습니다.

사부 이사야

"왼편에 있는 것을 멀리한 사람은 자신이 하나님 앞에서 범한 죄를 분명히 알 것입니다. 그는 (마음의 고통을 동반하는) 쓰라린 이별로 죄에서 떠나지 않는 한 자기의 죄를 보지 못합니다. 이 단계에 이른 사람들은 자신이 정욕과 교제했던 일을 기억할 때 눈물과 기도, 그리고 하나님 앞에서 부끄러워하는 능력을 획득한 사람입니다"(17.21). "자신의 능력에 따라 노력하십시오. 그리하면 무한히 자비하신 하나님이 도와주실 것입니다. 만일 마음을 안전하게 보존할 수 없다면, 최소한 몸을 죄 없이 깨끗이 보존하기 위해서 노력하십시오. 그리고 기근이 들었을 때 하나님께서 백성들에게 행하셨듯이 우리에게 은혜를 주실 것을 믿으십시오"(21.20).

여기에서 사부 이사야Abba Isaiah는 연약한 사람들을 위로하면서 이렇게 말합니다: "만일 우리가 교부들처럼 마음을 안전하게 보존할 수 없다면, 최소한 하나님이 요구하시는 대로 몸을 죄 없이 깨끗이 보존하기 위해서 노력하십시오. 그리하면 하나님이 자비를 베푸실 것입니다"라고 말합니다. 사부 이사야는 매우 동정심이 많고 부지런한 교부이십니다!

대 마카리우스

"영적 싸움을 할 때 가장 중요한 것은 마음속에 들어가서 사탄과 싸우는 것, 사탄을 미워하고 그의 생각을 대적하여 싸우는 것입니다. 어떤 사람이 표면적으로는 자기의 몸을 정욕과 부패함에서 지키지만, 생각으로 간음하여 하나님 앞에서 간음죄를 범한다면, 몸을 깨끗이 유지하는 것이 전혀 유익하지 못합니다. 성경에 '음욕을 품고 여자를 보는 자마다 마음에 이미 간음하였느니라' 고 기록되어 있습니다(마 5:28). 몸으로 범하는 간음이 있고, 사탄과 교제하는 영혼의 간음이 있습니다."

이 말은 앞에서 인용한 사부 이사야의 말과 반대가 되는 것처럼 보입니다. 그러나 사부 이사야도 우리의 몸을 돌보며 하나님이 요구하시는 대로 보존하라고 충고합니다. 하나님은 우리가 육적으로만 아니라 영적으로도 정결하기를 원하십니다.

디아도쿠스 주교

"항상 마음속에 머무는 사람은 이 세상의 유혹을 멀리하며 영 안에서 행하기 때문에 육적인 정욕을 경험하지 않습니다. 그러한 사람은 덕들을 순결이라는 마음의 문지기로 세우고, 그것들의 보호를 받으면서 나아갑니다. 그리하면 그를 향한 마귀의 궤략이 실패합니다"(57장).

이 거룩한 교부 Bishop Diadochus는 우리가 마음 깊은 곳에 거하면 원수의 계략이 실패한다고 말했습니다.

시리아의 이삭 St. Isaac of Syria

"내면에 있는 보물창고에 들어가려고 노력하십시오. 그리하면 천국의 보물창고를 보게 될 것입니다. 왜냐하면, 그 둘은 같은 것이며, 들어가는 입구도 같기 때문입니다. 하늘나라로 오르는 사다리는 당신의 내면, 즉 영혼 안에 감추어져 있습니다. 당신의 죄를 씻어내십시오. 그러면 하늘나라로 오르는 사다리의 가로장을 볼 수 있을 것입니다."

카르파토스의 요한 St. John of Karpathos

"생각이 흔들림이 없는 상태를 획득하려면, 노력하면서 기도해야 합니다. 사도 바울은 그리스도가 마음의 천국에 거하신다고 말합니다: '예수 그리스도께서 너희 안에 계신 줄을 너희가 스스로 알지 못하느냐 그렇지 않으면 너희는 버림받은 자니라'(고후 13:5)."

신 신학자 시므온 St. Simeon the New Theologian

"마귀는 귀신들을 거느리고 아담을 죄를 범하게 하여 에덴동산에서 쫓아내고 하나님으로부터 분리하는 데 성공한 후에 사람의 이성적 능력에 접근하여 밤낮 그의 정신을 어지럽게 할 수 있었습니다. 마귀는 어떤 때는 많이, 어떤 때는 적게, 또 어떤 때는 아주 많이 정신을 뒤흔들 수 있습니다. 이것을 막는 방법은 항상 하나님을 기억하는 것뿐입니다. 다시 말해서 십자가의 능력에 의해서 마음속에 새겨진 하나님에 대한 기억이 정신에 힘을 주고 흔들리게 않게 해주어야 합니다. 모든 정신적인 노력이 이 목적을 향하며, 이것이 기독교인의 의무입니다. 자발적인 고난을 통해서 하나님을 찾는 사람이 행하는 영성훈련의 목적은 이것을 성취하는 것이며, 자비하신 하나님의 긍휼하심을 얻어 최초의 지위를 다시 선물로 받는 것이며, '나의 자녀들아 너희 속에 그리스도의 형상을 이루기까지 다시 너희를 위하여 해산하는 수고를 하노니'(갈 4:19)라는 바울의 말처럼 정신에 그리스도의 형상을 새기는 것입니다."

형제들이여, 정욕이 없이 하나님을 보는 상태로 신속하게 인도해주는 영적 방법이 있다는 것을 이해하셨습니까? 하나님이 활동적인 생활 전체를 열매 맺지 못하는 잎만 무성한 나무로 여기신다는 것, 그리고 정신을 지키지 못하는 영혼의 수고가 헛되다는 것을 이해하셨습니까? 열매를 맺지 못한 채 죽어 영원히 후회하지 않도록 조심하십시오.

니케포루스 Nicephorus

질문(니케포루스에게): 전술한 증언을 통해서 하나님을 기쁘시게 하는 교부들이 실천한 행위에 대해 알았고, 또 영혼을 신속하게 정욕에서 해방해 주며 사랑에 의해서 하나님과 결합해주는 행위가 존재한다는 것을 알았습니다. 그리스도를 위해서 싸우는 사람에게 필요한 행위는 무엇입니까? 이제 의심 없이 이것을 확실히 믿습니다. 정신집중이 무엇이며, 어떻게 해야 그것을 획득할 수 있는지 가르쳐 주십시오. 우리는 이것에 대해 전혀 알지 못하고 있습니다.

(니케포루스의) 대답: "나를 떠나서는 너희가 아무것도 할 수 없다"(요 15:5)

고 말씀하신 우리 주 예수 그리스도의 이름으로 대답하겠습니다. 주의력이 무엇이며 어떻게 해야 그것을 획득할 수 있는지에 대해 주님의 도움을 받아서 힘이 닿는 한 설명하겠습니다. 주의력이 정신을 지키는 것이라고 말하는 성인들이 있고, 마음을 지키는 것이라고 말하는 성인들도 있습니다. 어떤 성인들은 냉정이라고 부르고, 어떤 성인들은 정신적인 침묵이라고 부르며, 그밖에 다른 이름으로 부르는 성인들도 있습니다. 어떤 이름으로 부르든지 그것들은 모두 같은 것을 의미합니다. 이것은 빵을 한 조각이라고 부르기도 하고 한쪽이라고 부르기도 하고 한 개라고 부르는 것과 같습니다. 주의력이란 무엇이며 어떤 특징을 지니는지는 앞으로 설명하겠습니다.

주의집중은 신실한 회개의 표식입니다. 주의력은 영혼이 영혼 자체에 동의하는 것이며, 세상을 미워하고 하나님을 향해 올라가는 것입니다. 그것은 죄를 버리고 덕을 획득하는 것입니다. 그것은 관상의 시작, 정확하게 표현하자면 관상에 필요한 조건입니다. 하나님은 주의집중에 의해 정신에 가까이 오셔서 자신을 계시해 주십니다. 주의력은 평온한 정신, 또는 하나님의 자비의 은사를 통해서 방황하지 않고 견고하게 뿌리를 내리는 것입니다. 주의집중이란 생각을 잘라내는 것을 의미합니다. 그것은 하나님에 대한 기억이 머무는 곳이요, 우리에게 닥치는 모든 일을 참고 견딜 수 있는 능력이 들어 있는 보물창고입니다. 그러므로 주의집중은 믿음과 소망과 사랑의 근원입니다. 믿음이 없는 사람은 밖에서 오는 고통을 참고 견디지 못하며, 고통을 견디지 못하는 사람은 "그는 나의 피난처요 나의 요새요"(시 91:2)라고 말하지 못합니다. 또 전능하신 하하나님을 피난처로 소유하지 못한 사람은 그분에 대한 성실한 사랑을 소유할 수 없습니다.

많은 사람, 또는 모든 사람이 교훈을 받아 가장 위대한 이 행위를 획득할 수 있습니다. 교훈을 받지 않은 채 내적 자극과 뜨거운 믿음의 작용으로 하나님에게서 이 은사를 받는 사람은 매우 드뭅니다. 그러므로 잘못이 없는 스승을 찾아 그의 가르침을 따름으로써 주의집중이라는 일에서 악한 생각 때문에 대면하게 되는 결점들과 지나친 것들을 구분하는 법을 배워야 합니다. 그러한 스승은 유혹에 의한 고통을 경험했기 때문에 우리에게 필요한 것을 설명해 주며 방해를 덜 받으며 따라갈 수 있는 정신적인 길을 보여줄 것입니다. 만일 염두에 둔 스승이 없다면, 그런 스승을 찾기 위해서 노력을 아끼지 마십시오. 노력해도 그러한 스승을 찾지 못하면, 크게 뉘우치는 마음으로 눈물을 흘리며 겸손하게 기도하면서 이제 내가 말하려는 일을 행하십시오.

우리는 공기를 들이쉬고 내쉬면서 호흡합니다. 이 일을 행하는 기관은 심장 주위에 있는 폐입니다. 그러므로 폐를 통과하는 공기가 심장을 감쌉니다. 그러므로 호흡은 심장으로 가는 자연스러운 방법입니다. 따라서 우리는 정신을 바로잡은 후에 그것을 호흡이라는 통로로 들어가게 해야 합니다. 공기는 호흡을 통해서 심장에 도착하며, 이렇게 들이마신 공기와 함께 우리의 정신을 심장으로 내려보내어 그곳에 머물게 합니다. 심장에서 너무 빨리 나오지 않는 습관을 들이십시오. 처음에는 그 내면적인 격리와 감금이 매우 고독하게 느껴질 것입니다. 그러나 익숙해지면 내면에 거하는 것이 불쾌하거나 지루하지 않기 때문에 목적 없이 밖을 순환하는 것을 싫어하기 시작합니다. 오랫동안 집을 떠나있던 사람이 돌아와서 아내와 자녀들을 만나면 뛸 듯이 기뻐하면서 말없이 그들을 포옹하는 것처럼 정신도 심장과 결합하면 말할 수 없는 기쁨과 즐거움으로 가득 찹니다. 그때 우리는 자기 안에 하늘나라가 있다는 것을 깨닫습니다. 자기 안에서 하늘나라를 보는 사람은 그것을 보존하고 튼튼하게 하려고 기도하면서 노력하고, 외적인 것들을 주의를 기울일 가치나 매력이 없는 것으로 간주합니다.

이렇게 심장으로 내려갈 때 하나님께 감사하십시오. 하나님의 자비를 찬양하며 항상 이 행위를 고수하십시오. 그렇게 하면 그것이 다른 길에서 배우지 못할 것을 가르쳐줄 것입니다. 심장 속에 자리 잡은 정신은 침묵하거나 한가하게 지내지 않고 "주 예수 그리스도, 하나님의 아들이여, 나를 불쌍히 여기소서"라는 기도를 끊임없이 반복해야 합니다. 이것이 정신을 몽상 속에서 헤매지 않게 해주며, 원수의 유혹을 피할 수 있게 해주며, 날마다 더욱 하나님을 사랑하고 갈망하게 해줍니다.

그러나 노력해도 마음의 영역에 들어가지 못하면, 하나님의 도움을 받아서 이제 내가 설명하려는 일을 행하십시오. 그렇게 하면 구하는 것을 발견할 것입니다. 모든 사람에게 있어서 내적인 대화는 마음에서 이루어집니다. 우리의 입이 침묵할 때 우리는 마음속에서 자신과 대화하고 기도하고 시편을 노래하는 등의 일을 합니다. 그러므로 이 내면의 대화에서 생각들을 몰아낸 후 "주 예수 그리스도, 하나님의 아들이시여, 나를 불쌍히 여기소서!"라고 기도하십시오. 다른 생각을 하지 말고 내면에서 끊임없이 이 기도가 이루어지게 하십시오. 주의를 집중하여 이

기도를 끊임없이 계속하면, 앞에서 묘사한 것처럼 심장으로 가는 길이 열릴 것입니다. 이것은 우리의 경험으로 증명된 것입니다.

우리가 강력한 갈망을 가지고 집중하여 이 기도를 드린다면 사랑·기쁨·평안 등 모든 덕이 우리에게 임할 것입니다. 후에 우리의 모든 간구가 그것들을 통해서 우리 주 예수 그리스도의 이름으로 응답될 것입니다. 성부와 성자와 성령께 영광과 능력과 존귀와 예배를 이제부터 영원까지 항상 있을지어다. 아멘.

시나이의 성 그레고리
(St. Gregory of Sinai)

개설

교부 그레고리는 시내 산에서 수도서원을 했기 때문에 "시내 산의 그레고리"라고 불린다. 그는 14세기 중엽 안드로니쿠스 팔라이올로구스 시대에 살았다. 그는 아토스 산에 가서 그곳에 있는 수도원들과 은거지들을 방문하면서 지식을 가지고 순결한 생활을 하는 많은 교부를 발견했는데, 그들의 관심은 활동적인 생활에 집중되어 있었고, 정신을 지키는 일, 참된 침묵과 관상에 대해서는 거의 알지 못하고 있었다. 그는 필로테우스 수도원 맞은편에 있는 마굴 스케테Magul Skete에서 관상기도를 실천하는 세 명의 수도사를 만났다. 그들은 이사야, 코넬레우스, 그리고 마카리우스였다. 그는 독거하면서 침묵을 실천하는 사람들과 공주수도사들에게 절제와 정신을 지키는 것과 정신 기도를 가르치기 시작했다. 그는 마케도니아에 규모가 큰 세 개의 라브라lavra를 조직했고, 그 밖에도 여러 곳을 방문하면서 끊임없이 드리는 정신적 기도의 실천을 가르치면서 많은 죄인을 회심시키고, 무가치한 사람들을 가치 있게 하고 구원을 얻게 해주었다. 그의 제자인 콘스탄니노플의 총대주교 칼리스쿠스Callistus가 그의 전기를 상세하게 기록했다. 그는 생전에 거룩하고 맑은 정신을 가르친 교사로 인정받았고,

사후에는 이러한 저술들에 의해서 우리를 지도해준다. 그는 이러한 저술에서 마음속에서 드리는 정신의 기도라는 적극적인 방법을 분명하고 충분하게 설명해 주며, 정욕을 대적하며 선한 생활을 하는 방법을 가르쳐주고, 은혜의 특징들을 보여준다. 그러므로 이러한 글들은 초심자들, 이미 이 길에 들어선 사람들, 그리고 완전함에 이른 사람들에게 유익하다. 이 글들을 읽는 사람들은 그의 글에 숨겨져 있는 영적 보물들의 본질과 위대함을 발견할 것이며, 이 보물을 발견할 때 기뻐할 것이다. 그는 1360년에 사망했다.

계명과 교의, 경고와 약속;
생각, 정념과 덕; 침묵과 기도 등에 관하여[1]

- 1 -

참된 이성은 태초에 인간이 소유하고 있었던 것이지만, 정화되어 정념이 없는 사람만이 그것을 소유하거나 획득할 수 있습니다. 우리는 감각의 비이성적인 경향에 의해서 정결함을 박탈당하며, 육체의 타락한 상태에 의해서 무정념의 상태를 박탈당합니다.[2]

- 2 -

---

1) 이 내용이 『필로칼리아』 제4권, 305쪽 이하에 "계명과 교의, 경고와 약속: 생각들, 정념과 덕: 침묵과 기도에 관하여"라는 제목으로 수록되어 있다.

2) 제4권에서 같은 내용을 "먼저 썩어짐으로부터 자유하고 깨끗해지지 않는다면, 타락하기 전의 인간처럼 영적으로 지혜롭게 될 수 없습니다. 왜냐하면, 감각이 지배하는 무분별한 상태가 우리의 깨끗함을 덮었고, 육체의 썩어짐이 원래의 썩지 않음을 덮었기 때문입니다"라고 되어 있다. 영역본의 두 번역자는 여기서 "참된 이성"과 "영적으로 지혜로움"을, "감각의 비이성적인 경향"과 "감각이 지배하는 무분별한 상태"를 상응하는 뜻으로 해석했다.

정결함을 획득하여 성인이 된 사람들만 참된 이성을 소유할 수 있습니다. 말로만 지혜로운 사람은 순수한 이성을 소유하지 못합니다. 왜냐하면, 그들은 태어날 때부터 흉한 생각들 때문에 이성적 능력이 부패하도록 내버려 두었기 때문입니다. 위대한 지식이라는 망상을 만들며 거친 생각들로 우리를 채우는 이 세대의 지혜의 감각적이고 장황한(prolixity) 정신3)은 이 장황함에 중심을 둡니다. 장황함은 인간에게서 본질적인 지혜, 참된 관상, 그리고 삼위일체 하나님에 대한 지식을 빼앗아 갑니다.

- 3 -

진리의 지식4)에 의해서 직접 은혜로 말미암는 지식을 이해하십시오. 그 외의 생각들은 진리의 의미의 표명이요 그 적용의 예시라고 보아야 합니다.

---

3) "장황한 정신"(prolix spirit)이란 어느 하나에 집중하지 못하여 이리저리 방황하는 정신상태를 의미한다. 즉 집중(attentiveness)와 반대되는 상태이다. 제4권에서 이러한 상태를 "지성을 깨끗하게 만들지 못한 상태"라고 했다.

4) "진리"에 두 가지 의미가 있다: (1) 절대적인 진리; (2) 옳고 그름을 판단하는 상대적 진리. 이 두 진리는 항상 같지 않다. 그 이유는 상재적인 진리가 시대와 상황에 따라 변화하기 때문이다. 주님은 절대적인 진리를 "내가 곧 길이요 진리요 생명이니"(요 14:6)라고 하셨으며, 가끔 의(rightousness)라고도 한다.

- 4 -

은혜를 상실하는 것은 믿음의 부족과 태만 때문입니다. 믿음과 열심에 의해서 그것을 다시 획득한 사람은 한 걸음씩 앞으로 나가지만, 은혜를 상실한 사람은 곧바로 되돌아갑니다.

- 5 -

돌처럼 무감각해지는 것은 죽는 것과 같습니다. 정신[5]의 눈이 먼다는 것은 육체적 시력을 상실하는 것과 같습니다. 의식을 잃은 사람은 생명을 주는 힘을 박탈당합니다. 정신의 눈이 먼 사람은 정신적인 것을 보는 데 사용되는 신적인 빛을 박탈당합니다.

- 6 -

하나님에게서 지혜와 능력을 받는 사람은 많지 않습니다. 지혜는 하나님의 복을 나누어 받는 것이요, 능력은 그것들을 보여주는 것입니다. 이처럼 사람들에게 나누어주고 전해주는 것은 인간의 능력을 초월하는 신적인 행동입니다.

---

5) 역자는 제4권에 사용한 "지성"(intellect, νοῦς)을 "정신"(mind)로 번역했다. 이때 정신(지성)은 인간의 생각이나 이성(reason, διάνοια)의 기능에 영향을 받지 않는 "하나님을 아는 순수한 기능"을 말한다. 여기 이 주제에서 정신 기도(mental prayer, 111번, 116번)에서 정신(mental)은 같은 의미이며, 12, 31, 45, 79, 11, 123번에 나오는 정신은 같은 의미이다.

- 7 -

생각에서 해방되고 성령에 의해서 활동하는 마음이 참된 성소입니다. 이는 그곳에서 영적으로 모든 것이 말해지고 행해지기 때문입니다. 하나님의 성전을 건축하는 데 알맞은 돌이 될 수 있는 몇 가지 덕을 소유하고 있으면서도 이러한 상태에 이르지 못한 사람은 성전이 될 수 없고 성령의 제사장도 될 수 없습니다.

- 8 -

인간은 썩지 않도록 피조되었고, 그러므로 죽은 자들로부터 살아날 것입니다. 그러나 그는 불변하는 것이 아니고 변화하는 것도 아니며, 그의 욕망의 성향에 따라서 변하기도 하고 변하지 않기도 하는 능력을 소유합니다. 욕망에는 완전한 불변성이라는 특성을 부여해주는 능력이 없습니다. 불변성은 장래의 변화하지 않는 신화神化의 표식입니다.

- 9 -

썩어짐은 육체에서 유래됩니다. 피상적인 것들을 먹고 배설하는 것, 그리고 잠자리에 누워서도 거만한 태도를 보이는 것이 동물들과 들짐승들의 본성적인 특성입니다. 우리는 범죄로 말미암아 짐승처럼 되었고 하나님이 주신 본성적인 복을 잃고 이성적인 존재가 아닌 짐승이 되고 신적인 존재가 아닌 동물이 되었습니다.

- 10 -

두 종류의 낙원, 감각의 낙원과 정신의 낙원이 있습니다. 즉 에덴동산과 은혜의 낙원이 있습니다. 에덴동산은 하나님께서 온갖 종류의 향기로운 식물들을 심어 놓으신 장소입니다. 그곳은 완전히 썩지 않는 곳도 아니고 완전히 썩는 곳도 아닙니다. 그곳은 썩음과 썩지 않음 사이에 위치하며, 익은 열매와 익지 않은 열매와 꽃이 풍부한 곳입니다. 나무들과 익은 열매들이 땅에 떨어지면 이 세상에서처럼 썩은 냄새가 나는 것이 아니라 향기로운 냄새가 나는 흙으로 변합니다. 이는 영원히 에덴동산에 넘쳐흐르는 성화의 풍성한 은혜 때문입니다.

- 11 -

피조물은 원래는 썩지 않도록 지음을 받았지만, 썩어짐에 굴복한 아담의 소생을 바라면서 썩어짐에 굴복한 사람 때문에 의도적으로는 아니지만, 무의식적으로 허무한 데 굴복했습니다. 아담을 소생시키시고 거룩하게 하신 분은 피조물도 소생시키셨지만 썩어짐에서 해방하시지는 않았습니다. 이 썩어짐으로부터의 자유를 더 좋은 상태로의 이동이라고 이해하는 사람이 있고, 모든 감각적인 것을 버리는 것으로 이해하는 사람도 있습니다.

- 12 -

은혜를 받은 사람들은 성령과 함께 활동합니다. 그러나 그들이 내면에 숨겨둔 원수와 교제함으로써 하나님에게서 버림받거나 자신의 몰락으로 말미암아 신적인 씨를 내던져버리는 일이 발생합니다. 은혜를 버리는 일은 정념들의 활동에서 비롯되며, 죄를 범할 때 은혜가 상실됩니다. 정욕을 사랑하고 죄를 사랑하는 영혼은 하나님에게서 버림받고 은혜를 빼앗깁니다. 이런 까닭에 그 영혼은 현세와 내세에서 정념들의 거처가 됩니다.

~ 13 ~

용기와 자비로만 노염을 억제하여 자비심으로 변화시킬 수 있습니다. 자비와 용기가 영혼의 성을 공격하는 원수들을 죽입니다. 처음에는 바깥의 원수를 죽이고, 다음에는 내면의 원수를 죽입니다.

~ 14 ~

계명대로 행동하는 사람은 마치 길을 가는 것처럼 보이지만 성에 도착하지 못하고 성 밖에 머무는 여행자와 같습니다. 그들은 분별력 없고 조리 없이 여행하면서 교차로에서 잘못된 방향을 취하여 왕의 대로에서 벗어납니다. 다시 말해서 그들은 덕목과 유사한 악덕들을 왕의 길로 오해합니다. 참된 계명의 성취는 단순히 지나친 것이나 부족한 것을 삼가는 것이 아니라 하나님이 받아들일 수 있는 목표를 요구하는데, 그것은 모든 일에 있어서 하나님의 뜻만 성취하는 것입니다. 만일 우리가 이런 식으로 행동하지 않는다면, 우리의 수고는 헛된 것이 됩니다. 왜냐하면, 이것이 없으면 "주님의 바른길"을 따를 수 없기 때문입니다. 사람은 무슨 일을 하든지 항상 목표를 의식하면서 행동해야 합니다.

- 15 -

계명에 순종할 때 마음으로 주님을 찾으십시오. 광야에서 "주의 길을 준비하라 그의 오실 길을 곧게 하라"(막 1:3)고 외치는 요한의 말을 들을 때 그것을 행동뿐만 아니라 마음을 위한 계명을 이해하십시오. 마음이 바르지 않으면 계명을 제대로 따를 수 없고 행할 수도 없습니다.

- 16 -

성경에서 "주의 지팡이와 막대기가 나를 안위하시나이다"(시 23:4)라는 예언적인 말을 심판과 하나님의 섭리로 이해하며, 도덕적인 의미에서는 시편 찬송과 기도로 이해하십시오. 징계(가르침)의 막대기로 "주께 징계를 받을 때"(고전 11:32) 기도가 강해집니다. 그러므로 정신을 지팡이와 막대기를 쥐고 활동하게 하면서 징계와 채찍을 쉬지 말아야 합니다. 그리하면 마침내 하나님의 섭리 아래 거하여 지금부터 영원히 심판을 피할 수 있을 것입니다.

- 17 -

무엇보다도 보편적인 계명, 즉 하나님을 기억하는 것을 우위에 두어야 합니다. 그것에 대해서 성경에서는 "네 하나님 여호와를 기억하라"고 말합니다(신 8:18). 우리를 멸망하게 하는 것을 파기함으로써 우리는 안전할 수 있습니다. 우리를 멸망하게 하는 것이란 하나님을 망각하는 것인데, 그것이 계명을 어둠으로 덮고 우리에게서 선을 빼앗아갑니다.

- 18 -

노력하는 사람들은 순종과 금식이라는 두 가지 계명을 지킴으로써 원래의 상태를 되찾습니다. 이는 악이 인간을 대적하는 관습들을 통해서 인간의 세대에 들어왔기 때문입니다. 한편 순종을 통해서 계명을 지키는 사람들이 더 신속하게 하나님께 올라가며, 금식을 통해서 계명을 지키는 사람들은 다소 천천히 올라갑니다. 초심자에게는 순종이 적합하고, 금식은 이미 그 길을 가고 있는 사람들, 정신의 용기를 가진 사람들에게 적합합니다. 항상 미혹되지 않고서 하나님께 순종하는 사람은 매우 드뭅니다. 그것은 가장 영웅적인 사람들도 성취하기 어려운 일입니다.

- 19 -

성문법이 육체 안에서 활동하듯이, 바울이 말한 "생명의 성령의 법"(롬 8:2)은 마음속에서 말하고 행동합니다. 후자는 죄와 사망의 법에서 정신을 자유롭게 하지만, 전자는 은밀하게 바리새인처럼 행동하면서 몸으로는 율법에 순종하고 계명을 행하는 것처럼 보이며 외식하는 것을 허락합니다.

- 20 -

"연결되고 결합되어"(엡 4:16) 행동으로 실천되는 계명이 그 사람의 상태를 보여준다고 합니다. 즉 그가 성취한 것에 따라 완전한 사람인지 아닌지 드러납니다. 계명과 일치하는 행동들은 몸이요, 내적 성향 안에 자리 잡은 덕들은 뼈이며, 은혜는 계명들과 일치하는 행동을 장려하고 실천하도록 도와주는 살아있는 영입니다. 그리스도 안에서 장성하려는 열심의 분량이 그 사람이 현세와 내세에서 어린아이인지 완전함에 이른 사람인지 보여줍니다.

- 21 -

(계명과 덕과 의에 따른 행동으로) 계명의 몸을 자라게 하려는 사람은 은혜의 젖의 참된 말씀을 추구해야 합니다. 왜냐하면, 그것이 예수 그리스도 안에서 장성하기를 원하며 노력하는 사람들을 먹여주기 때문입니다. 엄마의 젖가슴에서 젖을 먹는 아기의 지혜는 성장을 위한 열을 내고 영양을 주는 꿀처럼 정화의 기쁨으로 완전하게 해줍니다. 아가서에서는 "네 혀 밑에는 꿀과 젖이 있다"라고 노래합니다(아 4:11). 솔로몬이 말한 젖은 양분을 주고 성장하게 해주는 성령의 힘을 의미하고, 꿀은 정화하는 능력을 말합니다. 사도 바울은 성령의 다른 행동들을 지적하면서 "어린아이들을 대함과 같이 하노라 내가 너희를 젖으로 먹이고 밥으로 아니 하였노니"라고 말합니다(고전 3:1, 2).

- 22 -

계명을 행하지 않은 채 이해하려 하며 학습과 독서를 통해서 이해하려는 것은 그림자를 진리로 여기는 것과 같습니다. 진리에 대한 이해는 진리에 참여하는 사람(삶을 통해서 진리를 맛본 사람)에게 주어집니다. 진리에 참여하지 않고 가르침을 받지도 않은 사람은 왜곡된 지혜로부터 진리에 대한 이해를 끌어내려 합니다. 그러한 사람에 대해서 바울은 육에 속한 사람은 진리에 대한 지식을 자랑하지만 "하나님의 성령의 일들을 받지 아니한다"(고전 2:14)라고 말합니다.

- 23 -

육체의 눈으로 글을 읽고 감각을 통해서 지식을 얻듯이, 정화되어 원래의 상태로 돌아온 정신은 하나님을 바라보며 하나님에게서 신적 지식을 얻습니다. 그것은 책 대신에 성령을, 펜 대신에 생각과 혀를("내 혀는 글솜씨가 뛰어난 서기관의 붓끝과 같도다"[시 45:1]), 잉크 대신에 빛을 소유합니다. 성령의 인도하심을 받는 정신은 생각을 빛 속에 집어넣어 생각 자체를 빛으로 만들고 경청하는 사람의 깨끗한 마음 안에 있는 단어를 추적합니다. 그리하여 "그들이 다 하나님의 가르치심을 받으리라"(요 6:45)와 "지식으로 사람을 교훈하시는 이"(시 94:10)라는 말씀을 이해합니다.

- 24 -

계명의 법이란 마음속에서 행동하는 직접적인 믿음을 의미합니다. 믿음이 모든 계명을 낳고 영혼을 조명해 줍니다. 그러한 영혼은 참되고 활동적인 믿음의 열매—절제, 온전함의 종착점인 사랑, 하나님의 특별한 은사인 겸손—를 맺으며, 그것들을 결합합니다.

- 25 -

참 정설正說은 보이는 것과 보이지 않는 것에 대한 참지식입니다. 보이는 것에 대한 지식은 감각적인 지식이고, 보이지 않는 것에 대한 지식은 생각과 지성과 영과 하나님에 대한 지식입니다.

- 26 -

정설의 최종 목적은 믿음에 대한 두 가지 교의—삼위일체에 대한 교의, 그리고 그리스도의 두 본성에 대한 교의—에 대한 순수한 지식입니다. 즉 삼위일체는 나뉠 수 없지만 함께 융합된 것이 아님을 아는 것, 그리고 그리스도의 두 본성이 한 인격 안에 결합하여 있음을 아는 것, 즉 성육 이전과 이후의 하나님의 아들에 대한 믿음을 고백하고 융합되지 않은 두 본성과 의지 안에 계시는 분, 신적인 분과 인간이신 분을 찬양하는 것입니다.

- 27 -

우리는 삼위일체의 세 위격의 불변하는 세 가지 특성에 대한 믿음을 고백해야 합니다. 성 다마스케누스St. Damascenus의 말처럼 잉태되지 않음, 잉태됨, 그리고 발현. 잉태되지 않고 시작이 없으신 아버지, 잉태되셨으나 출발점이 없으신 아들, 그리고 아버지로부터 발현하여 아들에게 주어지시는 영원히 공존하시는 성령에 대한 신앙을 고백해야 합니다.

- 28 -

계명 준행의 뒷받침을 받는 은혜 가득한 믿음이 활동하지 않는 죽은 믿음을 선택하지 않고 그리스도 안에 있는 활동적인 산 믿음을 선택하여 활력을 유지한다면, 저절로 구원으로 이어질 것입니다. 그것이 신자의 마음속에 믿음의 형상이 자리 잡게 하며, 그리스도 안에 있는 적극적인 믿음에 따라 삶을 조직하게 할 것입니다. 그러나 오늘날 무식한 사람들은 경건한 사람들에게 은혜의 믿음을 가르치는 것이 아니라 말과 행동과 무정함으로 나타나는 믿음을 가르칩니다.

- 29 -

삼위일체는 단순한 통일체입니다. 그것은 융합된 것이 아니라, 하나 안에 셋이 존재하는 것입니다. 세 개의 위격을 가진 한 분 하나님이 자기 안에 완전히 구분되는 세 위격을 소유하십니다.

- 30 -

하나님은 세 위격으로 이해되고 알려집니다. 하나님은 성령 안에서 아들을 통해서 만물을 유지하시고 만물에 필요한 것을 공급해 주십니다. 이 세 위격 중 어느 것도 나머지 두 위격과 분리하여 존재한다고 생각되지 않습니다.

- 31 -

인간은 정신과 말과 영을 소유합니다. 말이 없이 정신이 존재할 수 없고 영이 없이 말이 존재할 수 없지만, 그 셋은 서로 안에 존재하면서도 스스로 안에 존재합니다. 정신은 말에 의해서 이야기하고, 말은 영에 의해서 드러냅니다. 이것은 인간이 자신 안에 말로 표현할 수 없는 원형인 삼위일체의 희미한 형상을 지니며, 그럼으로써 그가 하나님의 형상으로 지음을 받았음을 증명한다는 것을 보여줍니다.

- 32 -

정신은 아버지요, 말은 아들이요, 영은 성령입니다. 거룩한 교부들은 공동본질의 선재하시는 삼위일체, 세 위격 안에 있는 한 분 하나님이라는 교의적인 가르침을 상술합니다. 성경에 의하면 한 분 하나님을 아는 것이 영생의 근원이며, 삼위일체의 지배를 아는 것이 온전하고 완전한 진리입니다. 이 주제에 관한 복음의 말씀은 다음과 같이 이해할 수 있습니다: "영생은 곧 (세 위격 안에 계신) 유일하신 참 하나님과 그가 보내신 자 (두 본성과 두 의지를 지니신) 예수 그리스도를 아는 것이니이다"(요 17:3).

- 33 -

의인들이 받는 상이 각기 다르듯이, 그들이 받는 고통도 각기 다릅니다. 성경에 의하면 고통은 지옥에 있는데, "땅은 어두워서 흑암 같고 죽음의 그늘이 져서 아무 구별이 없고 광명도 흑암 같습니다"(욥 10:22). 그곳은 죄인들이 심판을 받기 전에 거하는 곳이요 하나님의 최후 결정이 선포된 후에 돌아가는 곳입니다. "악인들이 스올로 돌아감이여"(시 9:17), "사망이 그들의 목자일 것이라"(시 49:14)라는 말씀은 최종 평결이요 영원한 정죄입니다.

- 34 -

불, 어둠, 벌레, 지옥 등은 정념들, 즉 온갖 종류의 정욕들, 모든 것을 포괄하는 무지의 어둠, 육욕적인 쾌락에 대한 꺼지지 않는 욕망, 악취 등에 상응합니다. 그것들은 지옥의 고통의 전조요 미리 맛보는 것으로서 오래전에 자리 잡은 습관을 통해서 죄인들의 영혼 안에 뿌리를 내리고 그들을 괴롭힙니다.

- 35 -

활동적인 덕이 천국의 선구자인 것처럼, 정욕적인 습관들은 지옥의 고통의 전조입니다. 선한 행위는 계명에 일치하는 행동으로 이해되어야 합니다. 선한 경향들은 덕에 의해서 습관 속에 뿌리를 내립니다. 마찬가지로 악한 행위와 경향은 서로 다릅니다.

- 36 -

장래에 받을 상과 형벌은 모두 영원합니다. 그러나 이것을 달리 보는 사람들도 있습니다. 하나님의 공의는 어떤 사람에게는 영생을 주고 어떤 사람에게는 영원한 고통을 줍니다. 현세에서 선하게 지내든지 악하게 지내든지, 모두가 자신의 공로에 따라서 상을 받을 것입니다. 그 상의 본질과 분량은 습관 속에 뿌리내린 덕목이나 정념들에 의해서 결정될 것입니다.

- 37 -

불못이란 악취가 나는 수렁처럼 무절제라는 잠들지 않는 벌레, 저항할 수 없는 육체의 정욕들이 고약한 냄새를 풍기는 정욕적인 영혼입니다. 그곳은 악한 정욕들의 뱀과 두꺼비와 거머리들, 위험하고 혐오스러운 생각들과 귀신들이 사는 곳입니다. 그러한 상태는 지옥의 고통의 전조입니다.

- 38 -

죄인의 영혼 안에 장래 받을 고통의 씨앗들이 은밀하게 존재하듯이, 의인의 마음에는 장래의 복의 씨앗들이 들어 있고, 그곳에서 영적으로 행동하고 맛보아집니다. 지옥의 고통은 정욕적인 습관들이며, 하늘나라는 고결한 삶입니다.

- 39 -

주님의 말씀에 의하면 다가오는 밤은 "아무도 일할 수 없는"(요 9:4) 장래의 어둠입니다. 다른 해석에 의하면 그것은 밤과 어둠이라고 불리는 적그리스도입니다. 도덕적인 의미에서 그것은 일상적인 태만으로서 어두운 밤처럼 무감각의 잠 속에서 영혼을 죽이는 것입니다.

- 40 -

복음서에 의하면 이 세상의 심판은 경건하지 않은 사람의 불신앙입니다: "믿지 아니하는 자는 하나님의 독생자의 이름을 믿지 아니하므로 벌써 심판을 받은 것이니라"(요 3:18). 그것은 악한 삶을 잘라내어 선을 향하게 하려는 의도로 계획된 하나님의 섭리이기도 합니다. 하나님의 의로운 심판은 사람들의 의지의 경향에 따라 작용하면서 악인을 벌하고 선한 사람에게는 자비를 나타내시며, 악한 사람은 지옥으로 보내고 선한 사람에게는 면류관을 주십니다.

- 41 -

만일 우리의 본성이 성령에 의해 흠 없이 보존되지 못하거나 정화되지 못하면, 지금이나 장래의 부활 때 우리의 몸과 영혼이 그리스도와 하나가 될 수 없습니다. 이는 모든 것을 포용하고 연합하는 성령의 힘은 정념의 낡은 외투를 은혜의 새 옷에 대고 깁지 않기 때문입니다.

- 42 -

그리스도 안에서 형성됨으로 말미암아 성령에 의해 새로워지고 보존되며 하나님의 성품에 참여한 사람은 그리스도의 영광에 동참할 것입니다. 이 세상에서 은혜를 받고 "마음을 새롭게 함으로 변화를 받지"(롬 12:2) 못한 사람은 그리스도의 지체가 되지 못하며 그리스도와 하나가 되지 못합니다.

- 43 -

하늘나라는 여호와의 장막과 같습니다. 다음 세상에서도 하늘나라에는 모세의 장막처럼 두 개의 휘장이 있을 것입니다. 은혜의 빛을 받은 사람들은 첫째 휘장을 통과해 들어가지만, 두 번째 휘장은 완전한 사람들만 통과합니다.

- 44 -

주님이 말씀하신 많은 거처란 다음 세상에서의 실존의 다른 단계들을 의미합니다. 하늘나라는 하나이지만, 그 안에 들어간 사람들의 지식과 덕의 차이, 그리고 그들이 신화神化가 된 정도에 따라 여러 가지 구분이 있습니다. 사도 바울이 말한 것처럼 해와 달과 별이 하늘에서 빛나지만, "해의 영광이 다르고 달의 영광이 다르며 별의 영광도 다른데 별과 별의 영광이 다릅니다"(고전 15:41).

- 45 -

눈물로 정신을 깨끗이 씻고, 이 세상에서 성령에 의해서 자기 영혼을 소생시키고, 몸을 이성에 복종시킨 후에 빛나게 한 사람은 천사들과 비슷합니다. 즉 영적이며 썩지 않습니다.

- 46 -

썩지 않을 몸은 흙에 속하지만, 본성적인 것에서 영적인 것으로 변화되어 살찌는 것fleshiness이나 기질humours에서 벗어날 것이며,[6] 그러므로

---

6) 제4권에서 "썩지 않는 상태의 몸은 흙에 속하지만, 체액이나 물질적인 운명을

세상에 속한 동시에 하늘에 속할 것입니다. 그것은 태초에 지음을 받을 때처럼 신화의 완전한 연합을 통해서 인자의 형상과 일치하게 소생할 것입니다.

- 47 -

온유한 사람이 받을 땅은 천국, 또는 하나님의 아들의 인간적-신적인 상태입니다. 우리는 하나님의 자녀로 태어났고 부활하여 소생했기 때문에 그 안에 들어갔거나 들어가고 있습니다. 거룩한 땅은 신적인 존재가 된 본성적 존재입니다. 달리 해석하자면 참 성도들의 유산인 땅은 인간의 정신으로는 생각할 수 없는 신적 평화입니다. 의인은 장차 그곳에 거할 것입니다.

- 48 -

약속의 땅은 젖과 꿀이 나오는 샘처럼 성령 안에서 기쁨이 샘솟는 곳, 정념이 없는 상태입니다.

소유하지 않으므로 유형적인 몸이 영적인 몸으로 변화되며(고전 15:44 참조)"라고 되어 있다.
여기서 육신의 형태를 구성하는 수분을 "homours"로, 고형적인 것을 "fleshiness"로, 즉 인간을 형성하는 4대(地水火風) 중 지(地)와 수(水)를 의미하는 듯하다. 인간이 영적으로 변화를 받을 때 "유형적인 몸이 영적인 몸으로 변화된다"라고 이해된다.

- 49 -

친국의 성도들 안에서는 성령이 말씀하시며, 그들은 서로 내적인 대화를 나눕니다.

- 50 -

만일 우리가 하나님에 의해서 어떤 존재로 지음을 받았는지 알지 못한다면, 죄로 말미암아 어떻게 되었는지도 알지 못할 것입니다.

- 51 -

이 세상에서 그리스도 안에서 온전함을 획득한 사람들의 영적 능력은 동등합니다.

- 52 -

수고한 사람은 상을 받습니다. 상의 본질과 분량, 다시 말해서 그것들의 분량과 상태와 정도는 실제의 행동으로 나타날 것입니다.

- 53 -

부활의 자녀인 성도들은 썩어짐으로부터의 자유와 신화(神化)에서 천사들과 동등한 정신을 소유합니다(눅 20:36).

- 54 -

다음 세상에서는 천사들과 성도들의 은사가 끊임없이 증가하며, 더 큰 복을 얻기 위해 노력한다고 합니다. 그 세상에서는 게으름, 또는 덕을 죄로 변화시키는 것이 인정되지 않습니다.

~ 55 ~

이 세상에서는 그리스도의 능력을 닮는다는 약속을 받은 사람을 완전한 사람으로 간주합니다. 그러나 다음 세상에서는 완전함이 신화의 분량에 의해서 나타날 것입니다.

~ 56 ~

장차 인간은 현재의 영적 능력의 완전함에 상응하는 분량만큼 신의 성품에 참여할 것입니다.

~ 57 ~

참된 영광이란 지식, 영적 관상, 또는 교의에 대한 정확한 이해, 그리고 참믿음의 지식이라고 합니다.

~ 58 ~

영혼의 능력들이 신의 영광에 대해 식별된 것을 향해 이동하는 것은 놀라운 일입니다. 정신이 빛의 끝없는 영광을 향해 밖으로 뻗어가는 것은 놀라운 일입니다. 엑스터시는 영혼의 능력들이 하늘에 몰입되는 것일 뿐만 아니라 감각의 한계를 초월하는 것을 의미합니다.

- 59 -

영적으로 두 가지 형태의 엑스터시가 있습니다. 하나는 마음에 속하는 것(모든 것을 잊고 마음속으로 깊이 들어가는 것)이요, 나머지 하나는 (존재하는 모든 것의 한계를 초월했기 때문에) 기뻐 어쩔 줄 모르는 것입니다. 전자는 아직 학습하고 있는 사람들에게 속하며, 후자는 사랑 안에서 완전함을 획득한 사람들에게 속합니다. 두 가지 모두 활동 무대인 정신을 감각 밖에 둡니다. 왜냐하면, 하나님의 사랑이 영에 의해서 생각들을 가장 탁월한 것을 향하도록 강요하며 인간에게서 외부의 관계들에 대한 의식을 빼앗기 때문입니다.

- 60 -

생각의 근원과 원인은 인간의 범죄에 의해서 단순하고 단일한 기억이 분열된 데 있습니다. 그것은 하나님에 대한 기억을 잃고, 하나가 아닌 다수가 되었고, 단일하지 못하고 다양하게 되었으며, 그 자체의 힘에 희생되었습니다.

- 61 -

이 원래의 기억에서 해롭고 기만하는 생각들의 기억을 치료한다는 것은 원래의 단순성으로 돌려놓는 것을 의미합니다. 악의 무기인 범죄는 영혼 안에 있는 선에 대한 단순한 기억을 어지럽힐 뿐만 아니라 영혼의 능력들을 부패하게 하고 덕을 향한 본성적인 갈망을 흐리게 합니다. 끊임없이 하나님을 기억하고 기도함으로써 기억을 치료할 수 있습니다. 그렇게 함으로써 기억에 영이 채워지고 본성적인 상태에서 초자연적인 상태로 옮겨집니다.

- 62 -

정념의 원인은 악한 행위이며, 생각의 원인은 정념이며, 상상의 원인은 생각이며, 견해의 원인은 기억이며, 기억의 원인은 망각이며, 망각의 모태는 무지이며, 무지의 원인은 나태함이며, 나태함은 정욕적인 욕망에서 태어나며, 욕망은 거짓된 방향으로의 움직임에서 태어나며, 거짓된 방향으로의 움직임은 어떤 행동을 하는 데서 생겨나며, 그러한 행동은 악을 향하는 어리석은 경향 및 감각과 감각적인 것에 대한 집착의 열매입니다.

- 63 -

영혼의 사고 능력 안에서 생각이 태어나 활동하며, 흥분하기 쉬운 부분에서 들짐승의 정욕이 생겨나며, 욕망하는 부분에서 동물적인 정욕이 생겨나고, 정신 안에서 망상과 심상이 생겨나며, 이성 안에서 견해가 생겨납니다.

- 64 -

악한 생각들은 강물처럼 흘러들어옵니다. 그것들 안에는 나중에 홍수처럼 마음을 뒤덮을 악한 제안들이 포함되어 있습니다.

- 65 -

육체적 기질의 달콤함을 진흙으로 채워진 깊은 해자moat라고 여기십시오. 간음, 물질적 재산에 대한 소란, 정욕적인 정신에 부담을 주어 깊은 절망에 빠뜨리는 생각들 등도 마찬가지입니다.

- 66 -

정욕적인 생각이 정욕적인 것의 이미지를 제공합니다. 생각의 활동은 물질적인 것이 아니지만, 우리에게 물질을 상기시켜주고 물질에 끌리게 하여 정욕적인 죄를 초래합니다.

- 67 -

생각은 마귀들의 말이요 정념들의 선구자입니다. 생각이 먼저 제안하고 자극하지 않는 한 선한 것이나 악한 것이 행해질 수 없습니다. 하나의 생각은 어떤 사물에 대한 형태 없는 제안의 움직임입니다.

- 68 -

사물은 그 자체로 단순한 생각을 낳지만, 마귀의 제안은 악한 생각을 낳습니다. 자연적인 생각은 자연적인 아닌 것과 초자연적인 것으로부터 구분됩니다.

- 69 -

생각은 순식간에 바뀝니다. 자연적인 것에서 자연적이지 못한 것으로, 그리고 자연의 수준에 있는 생각에서 자연을 초월하는 생각으로 바뀝니다. 그러나 마귀의 제안은 어느 것에나, 심지어 하나님의 생각에도 달라붙을 수 있습니다.

~ 70 ~

생각보다 그 생각의 원인이 먼저요, 상상보다 생각이 먼저이며, 정념 앞에 상상력이 있고, 귀신들 앞에 정념이 있습니다. 이것들은 서로 의지하는 저급한 영들의 사슬을 형성합니다. 이 모든 것에 귀신들이 개입되어 있습니다. 상상력이 심상을 그리는 것이 아니며, 숨겨진 능력이 없으면 정념이 활동하지 않습니다. 우리의 부주의함이 그것에 우리를 다스리는 능력을 부여합니다.

~ 71 ~

귀신들은 영혼 안에서 상습적으로 활동하는 지배적인 정념에 따라서 우리의 정신에 심상들을 채우거나, 우리에게 유익한 형상을 취하고서 그럴듯한 제안을 합니다. 일반적으로 그것들은 우리 안에서 증식하기 위해서 정욕적인 환상을 이용하며, 우리가 잠잘 때 여러 가지 환상으로 우리의 꿈을 채웁니다. 정욕의 귀신은 어떤 때는 돼지로 변하고, 어떤 때는 당나귀로 변하며, 미쳐 날뛰는 종마로 변하기도 하고, 어떤 때는 무절제한 유대인으로 변합니다. 노염의 귀신은 어떤 때는 이교도로 변하고 때로는 사자로 변합니다. 비겁함의 귀신은 이스마엘로 변하고, 변덕의 귀신은 이두매인으로 변하고, 술 취함과 탐식의 귀신은 사라센인으로 변하고, 탐욕의 귀신은 때에 따라서 늑대나 호랑이로 변하고, 속임의 귀신들은 뱀이나 독사나 여우로 변하고, 몰염치의 귀신은 개로 변하고, 게으름의 귀신은 고양이로 변합니다. 정욕의 귀신은 뱀이나 까마귀의 형상을 취합니다. 가장 높은 지위의 귀신은 주로 새의 형상을 취합니다. 우리의 환상은 영혼의 삼중 본성에 상응하여 세 가지 방식으로 귀신들의 형상을 변화시키는데, 영혼의 세 가지 능력—갈망하는 능력, 도발하는 능력, 그리고 생각하는 능력—과 일치하여 그것들을 새나 짐승이나 가축의 형태로 제시합니다. 이 세 가지 능력에 맞서서 세 가지 강력한 정욕이 솟아나며, 영혼에 적합한 정욕과 비슷한 형상을 취하고서 영혼을 공격합니다.

- 72 -

악한 정욕의 귀신은 종종 불이나 타는 석탄처럼 공격합니다. 이 음란한 귀신은 영혼의 흥분하기 쉬운 부분에 불을 붙이는 동시에 추론하는 부분을 혼란에 빠뜨려 영혼을 어둠 속에 던져 넣습니다. 음탕한 욕망, 생각의 혼란, 그리고 영혼이 어두워지는 것 등의 주된 원인은 이 음란한 정욕에 있습니다.

- 73 -

정념의 밤은 무지의 어둠입니다. 밤은 정념이 생겨나는 영역, 어둠의 왕자가 휘두르는 곳이요 들짐승들과 공중의 새들과 땅을 기는 파충류들이 악의 영들처럼 으르렁거리면서 우리를 삼키려 하는 곳입니다.

- 74 -

정념이 활동할 때 주도하는 생각이 있고, 그 뒤를 따르는 생각이 있습니다. 주도하는 생각은 꿈꾸는 생각들이요(심상들의 연속), 그 뒤를 따르는 것은 애욕에 빠지기 쉬운 생각들입니다. 정념이 귀신들보다 선행하며, 귀신들은 정념의 뒤를 따릅니다.

- 75 -

정념의 원인과 근원은 상습적인 욕망의 움직임이라고 할 수 있는 성향의 오용입니다. 하나의 욕망을 경험하는 것이 유인인데, 유인은 하나님에게서 우리의 이기심의 모습을 드러내는 것을 허락받은 귀신들에게서 오는 것입니다.

- 76 -

영혼의 정욕적인 습관은 사망에 이르게 하는 죄의 독침입니다. 자원하여 정념에 복종해온 사람의 성품을 변화시키거나 제거하기 어렵습니다.

- 77 -

정념마다 각기 명칭이 다르지만, 그것들은 육체에 속한 것과 영혼에 속한 것으로 나뉩니다. 육체적인 정념들은 불행한 것과 악한 것으로 나뉩니다. 또 불행한 정념들은 고통스러운 것과 형벌과 관련된 것으로 나뉩니다. 영혼에 속하는 정념들은 도발적인 것과 게으른 것과 정신적인 것으로 나뉩니다. 정신적인 것은 상상과 관련된 것과 이성에 관련된 것으로 나뉩니다. 그것들은 모두 남용으로 말미암은 자발적인 것이거나 필요에 따른 무의식적인 것입니다. 후자는 소위 부끄럽지 않은 것으로서 거룩한 교부들은 그것이 환경이나 본성적인 특성(성향)에 기인한다고 말합니다.

- 78 -

육에 속한 정념이 있고 영혼에 속한 정념이 있습니다. 정욕에 속한 것이 있고 격앙하기 쉬운 부분에 속하는 것이 있으며, 생각과 관련된 정념도 있습니다. 생각과 관련된 것 중에는 정신에 속하는 것과 추론에 속하는 것이 있습니다. 그것들은 다양한 방법으로 서로 결합하고 서로에게 영향을 주며, 그럼으로써 변화됩니다.

- 79 -

격앙하기 쉬운 부분에 속한 정념은 노염, 앙심, 싸우기를 좋아함, 신경질적인 성질, 오만, 거만, 무례, 허풍 등입니다. 욕망과 관련된 정념은 방탕, 방종, 금전욕, 탐욕, 주색에 빠짐, 이기심 등인데, 그중에서 가장 악한 것은 이기심입니다. 육에 속한 정념은 간음, 간통, 더러운 행위, 꼴사나움, 탐식, 게으름, 방심, 세상에 대한 애착, 삶에 대한 애착 등입니다. 말과 혀에 속하는 정념은 불신앙, 불경, 속임, 교활함, 호기심, 표리부동, 중상, 비방, 비난, 얕봄, 수다, 핑계, 거짓말, 야비함, 악담, 아첨, 조롱, 비굴, 자기를 나타내려 함, 거짓맹세, 한담 등입니다. 정신에 속하는 정념은 자만, 우쭐댐, 자기 자랑, 논쟁을 일삼음, 경솔함, 자만, 심술, 불순종, 몽상적임, 거짓말, 자기과시, 명예욕, 자만심 등인데 그 중에서 가장 중요한 것이 자만심입니다. 생각에 속하는 정념은 두서없음, 무관심, (일을) 회피함, 유인, 생각이 분명하지 못함, 맹목적임, 일체화, 성벽性癖, 곡해, 거부 등입니다. 한마디로 말해서 우리의 본성과 반대되는 악한 생각과 느낌과 성향들은 영혼의 세 가지 능력에 따라서 구분됩니다. 우리의 본성과 일치하는 선한 생각들도 영혼의 세 가지 능력에 따라서 구분됩니다.

- 80 -

다윗은 하나님께 "이 지식이 내게 너무 기이하니 높아서 내가 능히 미치지 못하나이다"(시 139:6)라고 외쳤습니다. 나의 연약한 정신과 능력으로는 그것에 접근할 수 없습니다.

- 81 -

교부들이 정욕과 노염을 어떤 때는 육체적인 것이라고 말하고 어떤 때는 영적인 것이라고 말한 이유를 알아볼 필요가 있습니다. 자세히 살펴보면 성인들의 말은 일치합니다. 그들은 한결같이 진리를 말하는데, 지혜롭게도 필요에 따라 이 주제들에 관한 판단을 바꿉니다. 영혼은 자체 안에 행동하기를 바라는 힘과 대담한 에너지를 소유하는데, 그것은 도발적인 능력에 속합니다. 그러나 그것은 지적이면서 영적으로 피조되었기 때문에 정욕이나 노염은 그 안에 포함되지 않았습니다. 원래 썩지 않게 피조 되었던 육체는 나중에 정욕과 동물적인 격분을 일으킨 기질들을 소유하지 않았습니다. 인간이 죄를 범하여 육체가 썩어짐과 조악함에 빠졌을 때 이 필연적인 사실이 그의 내면에서 정욕과 격분을 만들어냈습니다. 그러므로 인간의 내면을 육이 다스릴 때 정욕과 노염이 영혼의 갈망에 저항합니다. 그러나 이러한 사망의 세력이 이성에 복종하면 영혼이 옳은 일을 하는 데 도움을 줍니다.

- 82 -

하나님의 숨이 이성과 정신을 가진 영혼을 창조하실 때 동시에 동물적인 정욕을 창조하신 것이 아닙니다. 하나님은 영혼에 갈망하는 힘과 갈망을 성취할 용기를 주셨습니다. 마찬가지로 하나님은 몸을 창조하실 때 그 안에 노염과 비이성적인 정욕을 포함시킨 것이 아닙니다. 나중에 죄를 범하여 사망과 썩어짐과 수욕獸慾이 추가되었습니다. 신학자들은 영혼이 정념이 없는 상태로 피조된 것처럼 몸도 썩지 않도록 피조되었고 장차 그런 상태로 부활할 것이라고 말합니다. 그러나 영혼이 자유로이 죄를 범할 수 있었듯이, 몸도 썩어짐의 노예가 될 가능성이 있었습니다. 그러므로 몸과 영혼은 서로 결합하고 상호작용하는 자연법에 따라 서로 섞이고 함께 부패했습니다. 더욱이 영혼은 정념들, 즉 귀신들의 특성을 획득했고, 몸은 이성이 없는 짐승처럼 되어 부패하게 되었습니다. 이렇게 결합한 두 개의 힘이 하나의 동물, 이성과 의식이 없고 노염이나 정욕에 복종하는 동물적인 존재를 형성했습니다. 성경에 의하면 그리하여 인간은 "멸망하는 짐승"(시 49:12) 같이 되었습니다.

- 83 -

　선의 근원과 원인은 하나님이시며, 덕의 원천과 근원은 선한 것을 지향하는 의지와 갈망입니다. 그리고 선의 근원은 믿음, 또는 믿음의 기초이신 그리스도이십니다. 우리는 그리스도를 모든 덕의 근원과 기초로 소유하며, 그분 안에 서고 그분에 의해서 선한 행동을 합니다. 그리스도는 우리를 결합해주는 모퉁이 돌이시며, 침묵의 깊은 곳에 들어가는 수도사가 계명에 순종하기 위해서 자신의 모든 갈망을 팔아서 사야 하는 귀한 진주입니다.

- 84 -

　모든 덕이 같은 목적으로 이어지며 하나의 완전한 덕의 이미지를 형성한다는 의미에서 보면, 모든 덕은 동등합니다. 그러나 어떤 덕은 다른 덕들보다 중요하여 자체 안에 많은 덕, 또는 모든 덕을 포함합니다. 예를 들면 거룩한 사랑, 겸손, 그리고 거룩한 인내가 그렇습니다. 거룩한 인내에 대해서 주님은 "너희의 인내로 너희 영혼을 얻으리라"고 말씀하십니다(눅 21:19). 주님은 금식이나 철야기도로 구원받는다고 말씀하시는 것이 아닙니다. 여기에서 인내란 하나님께 속한 안내로서 모든 덕의 여왕이요 담대한 용기의 기초입니다. 그것을 획득한 사람에게 있어서, 그것은 본질에서 갈등 속의 평화, 폭풍우 속의 고요, 확고한 위치입니다. 어떤 무기나 창이나 군대의 공격이나 귀신들의 군대나 적대적인 세력도 그리스도 안에서 그것을 획득한 사람에게 해를 입힐 수 없습니다.

- 85 -

　덕들은 서로에게서 태어나지만, 신적인 것들을 제외한 모든 덕의 기원은 영혼의 세 가지 능력 안에 있습니다. 다른 모든 덕을 포함하거나 만들어내는 네 가지 기본 덕—지혜, 용기, 순결, 진리—의 기원과 원인은 정신 속에서 네 가지 움직임을 갖는 성령에 의해 활동하게 되는 신적 지혜입니다. 그런데 신적 지혜는 그것들을 동시에 생성하는 것이 아니라 자신이 원하는 시기에 각각의 덕을 별도로 생성합니다: 첫째는 빛으로서, 둘째는 생명을 주는 힘과 강권적인 감화로서, 셋째는 깨끗하게 하고 거룩하게 하는 힘으로서, 넷째는 정념들의 열기를 식히고 기쁨을 주는 순결한 이슬로서 생성됩니다. 그것은 각 사람의 업적에 따라 주어지며, 완전한 사람에게는 행동의 완전함이 주어집니다.

- 86 -

　은혜가 덕을 근본적인 마음의 성향으로 변화시켜 주지 않는 한 조심스럽게 애써서 행해도 덕의 실천이 영혼에 완전함을 주지는 않습니다. 각각의 덕은 나름의 특별한 능력과 활동을 소유하며, 한 번 주어진 덕은 변화되지 않고 한결같습니다. 이 은사를 획득한 사람은 지체 안에 그것을 실천하는 은혜를 소유합니다. 은혜가 없으면 덕은 죽은 덕이 됩니다. 그것을 소유하고 실천하는 것처럼 보여도 그것은 그림자, 즉 실제로 존재하는 것이 아니라 덕의 환영에 불과합니다.

용기, 분별, 순결, 의 등 네 가지 기본 덕이 있습니다. 그리고 여덟 가지 도덕적인 특성이 있습니다. 그것들은 기본 덕의 부족이나 과잉에서 생겨나는데, 어느 쪽에서든지 그것들을 가까이 따릅니다. 우리는 그것들을 악덕이라고 부르고, 세상은 덕이라고 부릅니다. 용기의 양편에 안하무인과 소심함이 있고, 분별의 양편에 교활함과 몰상식이 있고, 순결의 양편에 방종과 양식이 있고, 의로움의 양편에 지나칠 정도의 엄격함과 불의가 있습니다. 그것들 사이의 중도中道에서 과도함이나 부족함을 초월하는 원래의 덕들뿐만 아니라 개별적인 선한 행위들도 계속됩니다. 의로운 마음의 중앙에 있는 것들은 선을 향한 의지에 의해 움직이고, 그렇지 않은 것들(양편의 것들)은 자만심과 부패함에 의해 움직입니다. 올바른 덕들이 중도를 따라 움직인다는 것이 잠언에 의해서 입증됩니다: "그런즉 네가 공의와 정의와 정직 곧 모든 선한 길을 깨달을 것이라"(잠 2:9). 그것들은 자신들이 태어나서 성장하는 곳인 영혼의 세 가지 능력 안에 포함되며, 네 가지 기본 덕, 또는 그리스도 안에 뿌리를 둡니다. 더욱이 본성적인 덕들이 활동적인 덕들(본성적으로 선한 성향들과 기질의 특징들, 즉 계명에 일치하는 선한 행위들)에 의해서 정화되는 데 반해, 신적이고 초자연적인 덕들은 성령의 은혜에 의해 주어집니다.

덕에는 행동의 결과로서 생기는 덕들, 본성적인 덕들, 그리고 신적인 덕들(이것은 성령에서 유래합니다) 등 세 가지 범주가 있습니다. 행동의 결과로서 생기는 덕들은 선을 행하려는 의지의 결과이며, 본성적인 덕들은 인간의 성격에서 유래하며, 신적인 덕들은 은혜로 주어집니다.

- 89 -

영혼 안에서 덕들이 태어나고 정념들도 태어납니다. 덕들은 그 본성과 일치하여 태어나지만, 후자는 그 본성을 거슬러 태어납니다. 영혼 안에서 선이나 악의 탄생하는 출발점은 영혼의 갈망하는 경향, 즉 영혼이 그 자극과 행동을 위해 취하는 성향입니다.

- 90 -

성경에서는 덕들을 처녀들이라고 부릅니다(아 1:3). 이는 그것들이 영혼과 결합하여 있기 때문입니다. 이 결합 때문에 그것들은 몸과 혼 안에서 하나로 간주됩니다. 처녀들의 얼굴은 사랑의 상징이요, 거룩한 처녀들의 순결과 거룩함의 증거는 그들의 옷과 치장입니다.

- 91 -

여덟 가지 강력한 정념이 있습니다. 탐식과 탐욕과 허영이라는 주된 세 가지 정념 밑에 욕망, 노염, 우울, 게으름, 교만 등 다섯 가지 정념이 종속됩니다. 이것들과 반대되는 주요한 세 가지 덕은 자제와 탐욕을 멀리함과 겸손이며, 나머지 다섯 가지 덕은 그것들로부터 파생된 것으로서 순결, 온유, 기쁨, 용기, 그리고 자기비하입니다. 그다음에 일련의 모든 덕이 옵니다. 각각의 덕과 정념의 능력과 활동과 특성을 연구하여 알기를 바라는 사람들 모두가 그것을 아는 것이 아닙니다. 그러한 지식은 모든 것을 실천하여 경험하고 성령에게서 분별의 은사를 받은 사람에게만 주어집니다.

~ 92 ~

덕은 작용하거나 실천됩니다. 그것은 스스로가 선택하고 원하는 시간에 원하는 분량만큼 우리에게 임하여 행동합니다. 그러나 우리는 자신의 의지와 도덕적 성향과 습관에 따라 덕을 실천합니다. 본질에서 덕에는 나름의 독립된 본질이 있으며, 우리는 도덕적으로 그것을 따름으로써 그것에 비슷하게 접근할 뿐입니다. 장차 주어질 영적인 것을 영원히 맛보기 전에 본질에서 그것을 흡수할 수 있는 사람은 거의 없습니다. 우리는 대체로 덕의 실제 본질이 아니라 어느 정도 유사한 것을 소유할 뿐입니다.

~ 93 ~

복음에 참여하여 그리스도의 빛을 적극적으로 사람들에게 전해줄 수 있는 사람은 복음에 이바지합니다. 바울이 지적한 것처럼 그는 듣는 사람들의 영혼의 밭에 말씀의 씨앗을 뿌립니다: "너희 말을 항상 은혜 가운데서 소금으로 맛을 냄과 같이 하라"(골 4:6); "선한 말을 하여 듣는 자들에게 은혜를 끼치게 하라"(엡 4:29). 바울은 다른 곳에서 교사를 농부라고 부르고 학생을 그가 경작하는 밭이라고 부르면서 전자를 하나님의 말씀을 뿌리는 사람으로 묘사하고 후자를 풍성한 열매를 맺는 비옥한 덕의 땅이라고 묘사합니다.

- 94 -

가르치기 위해서 발언 되는 말은 그것이 수집되는 방법에 따라서 달라집니다. 왜냐하면, 어떤 말은 가르침에서, 어떤 말은 읽음에서, 어떤 말은 실천에서, 그리고 어떤 말은 은혜에서 오기 때문입니다. 그러나 본질에서 어디에서든 같은 물이지만 바닥에 있는 흙의 구성에 따라 특별한 성질을 취하여 단맛, 쓴맛, 짠맛, 또는 신맛을 내듯이, 다르게 발언된 말도 발언자의 수준에 따라 달라지고 다른 효과를 발휘하며, 항상 같은 유익을 주는 것은 아닙니다.

- 95 -

감각이 있는 존재에는 각기 사용할 수 있는 언어가 주어져 있습니다. 음식의 종류에 따라 거기서 파생되는 가치가 다양하듯이, 말이 영혼에 주는 유익 및 거기서 파생되는 만족도 다양합니다. 가르침의 말은 영혼의 성향을 형성하는 교사처럼 작용하며, 독서에서 파생되는 말은 영혼을 먹여주는 "잔잔한 물"과 같고, 실천에서 나오는 말은 "푸른 초장" 같아서 영혼을 비옥하게 해주며, 은혜의 말은 넘쳐흐르는 "잔"과 같아서 갈증을 해소하고 기쁘게 해주며, 은혜의 기쁨은 마음을 기쁘게 하고 빛으로 채워주며 "사람의 얼굴을 윤택하게 하는 기름"(시 104:15)과 같습니다.

- 96 -

영혼은 이것을 생명으로서 자체 안에 담고 있을 뿐만 아니라 사랑과 믿음의 인도함을 받으면서 이러한 가르침을 들을 때, 즉 한 사람은 믿음으로 듣고 상대방은 사랑으로 가르치며 오만하거나 허영심이 없이 덕을 말할 때 즉시 그것을 느낍니다. 그때 영혼은 가르침의 말을 교사로 받아들이며, 읽음의 말을 영양분으로 받아들이며, 실천에서 파생된 말을 사랑스러운 신부의 치장으로 받아들이고, 성령의 조명하시는 말은 신부와 결합하여 즐겁게 해주는 신랑의 말로 받아들입니다. 하나님의 입에서 나오는 말은 성령의 활동으로 성도들의 입에서 나오는 말이거나 소수의 사람에게만 주어져 누리게 하는 성령의 감화입니다. 모든 지성적인 존재들이 말을 사용하지만, 이 세상에서 성령의 말을 즐길 수 있는 사람은 극소수입니다. 많은 사람이 단지 기억에 의해서 다양한 형태의 영적인 말을 알고 있습니다. 그들은 하나님의 말씀, 다음 세상의 참된 빵을 직접 이해할 수 없으므로 이런 식으로만 참여할 수 있습니다. 다음 세상에서 온갖 종류의 즐거움을 누릴 자격이 있는 사람들에게 이 빵이 풍성하게 제공됩니다. 왜냐하면, 그것은 소진되지도 않고 도둑맞지도 않기 때문입니다.

~ 97 ~

영적 감수성이 없는 사람의 감각은 신적인 것들의 단맛을 맛볼 수 없습니다. 왜냐하면, 감각이 둔해진 사람이 감각적인 것을 인식할 수 없고 볼 수 없고 듣지 못하고 냄새 맡지 못하듯이, 정념들 때문에 영혼의 본성적 능력이 죽은 사람은 성령의 신비한 활동 및 성령과의 교제에 대해 무감각하게 됩니다. 영적으로 눈이 멀고 귀가 먹고 무감각한 사람은 죽은 사람입니다. 이는 그리스도가 그의 안에 거하시지 않으며, 그 자신도 그리스도 안에서 행동하고 움직이지 않기 때문입니다.

~ 98 ~

건강한 감각은 영혼의 능력들과 같거나 비슷하게 활동합니다. 건강한 감각은 감각적인 것들을 분명히 봅니다. 정신적이고 영적인 법을 대적하여 전쟁을 일으키는 사탄의 공격에서 해방된 영혼의 능력들은 정신적인 것들을 분별합니다. 그러나 그것들이 성령에 의해서 결합하여 하나가 되고 하나의 사고방식을 갖게 되면, 신적인 것과 인간적인 것을 직접 알게 되며, 그것들의 본질과 의미를 분별하고 만물의 유일한 원인이 되시는 삼위일체를 최대한 분명히 보게 됩니다.

~ 99 ~

헤시카즘hesychasm을 실천하는 사람은 우선 침묵, 금욕, 깨어 지킴, 겸손, 인내 등 자신의 활동 기초가 될 다섯 가지 덕을 소유해야 합니다. 하나님이 기뻐하시는 세 가지 수행은 시편 찬송, 기도, 그리고 독서입니다. 이 덕들은 다른 덕들을 포함할 뿐만 아니라 서로의 구성요소가 됩니다. 그는 새벽부터 모든 것에서 자신을 해방하고 기도와 마음의 침묵을 통해 하나님을 기억해야 합니다. 제1시에 기도하고 제2시에 독서하고 제3시에 시편 찬송을 하고, 제4시에 기도하고 제5시에 독서하고 제6시에 시편 찬송을 하고, 제7시에 기도하고 제8시에 독서하고 제9시에 시편 찬송하고, 제10시에 식사하고, 제11시에 휴식하고, 제12시에 저녁기도를 드립니다. 이렇게 경건하게 하루를 보내면서 하나님을 기쁘게 합니다.

~ 100 ~

우리는 꿀벌처럼 각각의 덕에서 유익한 것을 추출해야 합니다. 이처럼 모든 덕에서 조금씩 취하면서 덕의 실천이라는 큰 저장소를 세우며, 마음을 즐겁게 해주는 지혜의 꿀을 형성합니다.

~ 101 ~

밤을 어떻게 보내는 것이 가장 좋은지 말하겠습니다. 철야기도에 세 종류가 있습니다: 초심자들을 위한 것, 이미 길을 가고 있는 사람들을 위한 것, 그리고 완전한 사람들을 위한 것. 첫째 기도 방법은 다음과 같습니다: 저녁부터 한밤중까지, 또는 한밤중부터 아침까지 나누어 밤의 절반은 잠을 자고 나머지 절반은 깨어 지내는 것입니다. 둘째 방법은 저녁에 1~2시간 동안 깨어 있고 난 뒤에 약 4시간 동안 잠을 자고 나서 일어나 새벽기도를 드리고, 아침까지 약 6시간 동안 시편 찬송과 기도를 하고, 그 후에 제1시과로 시편 찬송을 하고 나서 앉아서 위에서 묘사한 것과 같이 침묵을 실천하며, 그다음에 매 시과를 위해 규정된 실천의 순서를 따르거나, 방해를 받지 않고 끊임없이 기도합니다. 셋째 방법은 밤새도록 서서 계속 기도하는 것입니다.

~ 102 ~

음식에 대해 말하겠습니다. 침묵을 실천하는 사람에게는 약 450g의 빵, 희석하지 않는 포도주 두 잔, 그리고 물 세 컵이면 충분합니다. 다른 음식물과 마찬가지로 정욕적인 본성이 원하는 대로 먹지 말고, 주께서 공급해주시는 것을 검소하게 사용해야 합니다. 바른 생활방식으로 살기를 원하는 사람을 위한 가장 좋고 간단한 규칙은 모든 것을 포괄하는 세 가지 덕―금식, 깨어있음, 그리고 기도―을 실천하는 것입니다. 이것이 모든 덕에 안정성을 부여해줍니다.

~ 103 ~

침묵에 필요한 첫째 조건은 믿음과 인내입니다. 그리고 마음과 힘과 능력을 다하여 사랑하고 소망을 갖는 것입니다. 신자가 열심의 부족 등 여러 가지 이유로 이 세상에서 자신이 구하는 것을 얻지 못한다 해도 이 세상을 떠날 때 믿음과 수고의 열매에 대한 확인을 받지 못하는 것은 아니며, 예수 그리스도로 말미암는 자유를 얻지 못하는 것이 아닙니다. 성육하신 하나님, 말씀이신 그리스도는 우리 영혼의 구원과 대속이십니다. 그러나 불신자는 이 세상을 떠날 때 영원히 저주받을 것입니다. 주님이 말씀하신 것처럼 그는 이미 정죄를 받고 있습니다(막 16:16). 정욕의 노예가 되어 하나님에게서 오는 영광을 구하는 것이 아니라 사람들 가운데서 영광을 구하는 사람은 신실한 사람이 아닙니다(요 5:44). 말에 의해서 판단하면 그는 신실한 것처럼 보입니다. 그러나 그는 의식하지 못하고 있지만 미혹되어 있습니다. 그러므로 그는 "네 마음에 나를 받아들이지 않고 쫓아냈듯이, 나도 너를 쫓아낼 것이다"라는 말을 들을 것입니다. 그러나 신실한 사람은 희망이 가득할 것이며, 성경이 증언하는 하나님의 진리를 믿으며, 저 세상에서 용서받지 못하는 정죄를 피하고자 자기의 연약함을 고백합니다.

~ 104 ~

회개하는 마음을 갖게 하고 영혼을 겸손하게 하는 데 가장 좋은 방법은 지혜로운 독거와 완전한 침묵입니다. 주제넘음, 탐식, 수다, 헛된 염려, 오만, 그리고 정념의 여왕인 자존심 등 주된 정념들은 침묵 상태를 어지럽게 하며, 영혼에서 하나님의 도움을 박탈하는 강력한 힘을 지닙니다. 이러한 정념들에 쉽게 길든 사람은 시간이 흐르면서 점점 더 어둠에 둘러싸여 마침내 완전히 무감각해집니다. 그러나 만일 그가 정신을 차려 믿음으로 열심히 계율을 실천하기 시작한다면, 특별히 겸손하게 추구하는 것을 얻게 될 것입니다. 그러나 만일 태만하여 위에서 언급한 정념 중 하나가 그의 내면을 다스리기 시작한다면, 불신앙을 중심으로 온갖 악이 그를 공격하고 제압하며 그의 영혼을 황폐하게 할 것입니다. 그때 영혼은 혼동과 혼란으로 가득 차게 되며 또 하나의 바벨탑이 되어 "그 사람의 나중 형편이 전보다 더욱 심하게" 됩니다(마 12:45). 그 사람은 침묵을 실천하는 사람들의 적이 되어 무섭게 그들을 비방합니다.

~ 105 ~

침묵의 바다를 어지럽히고 더럽힌 정념의 물결이 영혼을 덮으면, 철저한 극기와 무소유라는 빈 배와 빛 가운데서만 그 물결을 건널 수 있습니다. 무절제와 물질에 대한 애착 때문에 정념의 급류가 마음이라는 땅을 뒤덮고 그곳에 더러운 생각들을 가라앉게 함으로써 정신을 혼란스럽게 하고 마음을 어둡게 하며 몸을 침울하게 합니다. 그것들은 마음과 영혼 안에 태만과 어둠과 사망을 만들어내며, 본성적인 성향과 느낌을 빼앗아갑니다.

~ 106 ~

이기심은 정념에 영양을 공급해줍니다. 그것은 노력하는 사람의 영혼을 약하고 태만하고 무감각하게 합니다. 그것은 덕을 위한 수고보다 육체적인 안일을 택하라고 가르치며, 자발적으로 수고하며 일하지 않는 것을 지혜로운 분별로 간주하게 하려고 영혼에 계명을 지키는 가장 가볍고 쉬운 길을 취하라고 강요함으로써 침묵의 길을 가는 영혼에서 자원하는 마음과 열심을 빼앗으며, 그럼으로써 영혼 안에 강력하고 압도적인 게으름을 만들어냅니다.

~ 107 ~

계명 지키는 일을 게을리해 왔지만 어두운 상태를 몰아내기를 원하는 사람을 치료하는 가장 효과적이고 좋은 방법은 매사에 논쟁하지 않고 믿음으로 순종하는 것입니다. 그러한 순종은 덕들이 혼합되어 이루어진 약으로서 먹는 사람에게 생명을 줍니다. 그것은 곪은 상처를 베어 깨끗하게 해주는 칼입니다. 믿음으로 단순하게 이 칼로 벰을 받기를 택한 사람은 침묵에 들어갈 뿐만 아니라 순종을 통해서 그리스도를 발견하고 그분을 본받는 자요, 그분의 종이 됩니다.

~ 108 ~

끊임없이 울지 않으면, 끓는 가마솥 같은 침묵을 견뎌낼 수 없습니다. 죽기 전후의 공포를 생각하고 우는 사람은 인내하고 겸손할 수밖에 없는데, 이 인내와 겸손이 침묵의 기초가 되는 돌입니다. 그것들이 없이 침묵을 실천하는 사람은 자만과 태만을 동반자로 삼을 것이며, 생각이 한층 더 증가하여 산만해지고 약해질 것입니다. 그다음에는 태만의 결과로서 무절제하게 되어 몸이 약하고 멍해지며 정신은 어둡고 단단해집니다. 그럴 때 예수님은 정신의 장터에서 들끓는 많은 생각과 환상을 피해 숨으십니다.

~ 109 ~

현세에서나 장래에 사람들 모두가 양심의 가책을 느끼는 것이 아니라 믿음과 사랑을 대적하여 죄를 범한 사람들만 양심의 가책을 느낍니다. 칼집에서 열정과 탄핵의 칼을 꺼내어 붙잡은 양심은 죄를 범한 사람을 무자비하게 괴롭힙니다. 죄와 육에 저항하는 사람은 그것에 의해서 위로를 받지만, 복종하는 사람은 회개할 때까지 괴롭힘을 받습니다. 만일 그가 회개하지 않으면 고통이 내세에서도 영원히 지속할 것입니다.

~ 110 ~

정념 중에서 정욕과 낙담이 영혼을 소유하고 약하게 할 때 특별히 지독하고 괴롭습니다. 이 둘은 밀접하게 연결되어 있고 서로 혼합되어 있습니다. 그러므로 그것들과 싸워 이기기 어렵고 완전한 승리가 불가능합니다. 정욕은 영혼의 갈망하는 힘 안에서 활약하지만, 영혼과 몸 모두를 포함하며, 그 방탕함을 우리의 모든 지체에 퍼뜨립니다. 낙담은 우리의 정신을 붙들고 마치 등나무 넝쿨처럼 영혼과 몸 전체로 퍼져 우리의 존재 전체를 마비된 것처럼 약하고 게으르게 합니다. 완전한 무정념을 획득하지 않는 한 정욕과 낙담을 완전히 정복할 수 없지만, 영혼이 기도를 통해서 성령이 주시는 힘을 받으면 그것들을 몰아낼 수 있습니다. 성령은 영혼에 위로와 힘과 깊은 평화를 주시며, 마음에서 그것들의 폭정을 정지시켜 영혼을 기쁘게 해주십니다. 정욕은 육욕의 왕이요 그 기원입니다. 이것이 가장 관능적인 육욕이며, 이것의 동료인 게으름은 정복할 수 없는 전차입니다. 이것들을 통해서 모든 정념이 우리를 괴롭힙니다.

~ 111 ~

정신 기도mental prayer의 시작은 성령의 깨끗하게 하는 활동과 능력, 그리고 정신의 신비한 직무 수행입니다. 이것은 침묵의 시작이 모든 것으로부터의 물러남이나 모든 염려로부터의 자유인 것과 같습니다. 중간 단계는 성령의 조명해주는 능력과 관상이며, 마지막 단계는 정신이 하나님을 향해 올라가는 엑스터시입니다.

~ 112 ~

장래에 얻게 되는 바 정신을 초월하는 즐거움을 획득하기 전의 영의 성소는 하나님과 약혼한 영혼의 제단에서 신비한 정신적 일을 수행하면서 어린양을 먹고 의식을 집례하는 것입니다. 영혼의 정신적인 제단 위에 올려진 어린양을 먹는다는 것은 그것을 알 뿐만 아니라 장차 어린양처럼 되는 것을 의미합니다. 우리는 이 세상에서 말씀만 소유하지만. 내세에서는 성찬의 떡과 포도주의 실체를 받기를 희망합니다.

~ 113 ~

초심자의 기도는 마음에서 솟아오르는 기분 좋은 불꽃과 같고, 완전한 사람의 기도는 내면에서 활동하는 향기로운 빛과 같습니다. 또 기도는 사도들의 복음, 믿음의 행동이나 믿음 자체, 희망의 기초, 생명을 주는 사랑, 천사 같은 움직임, 몸이 없는 영들의 능력 및 그들의 일과 기쁨, 하나님의 복음, 마음에 대해 알려주는 것, 구원의 소망, 정화의 상징, 성성聖性의 상징, 하나님에 대한 지식, 세례의 표현 또는 영생의 목욕을 통한 정화, 성령과의 약혼, 예수님의 기뻐하심, 영혼의 즐거움, 하나님의 자비, 화해의 상징, 그리스도의 인, 정신적 햇빛, 마음의 새벽, 하나님과의 화해의 표식, 하나님의 지혜, 하나님의 현현, 수도사들의 행위, 침묵하는 사람의 생활방식, 침묵의 원인, 천사 같은 생활의 상징입니다. 말을 많이 하는 이유는 무엇입니까? 기도는 만물 안에서 모든 것을 활동하게 하시는 하나님입니다. 아버지와 아들과 성령의 활동은 하나로서 예수 그리스도를 통해서 이루어집니다.

~ 114 ~

만일 모세가 하나님에게서 능력의 막대기를 받지 못했다면, 바로에게 신 같은 존재가 되어 바로와 애굽을 벌하지 못했을 것입니다. 마찬가지로 정신이 기도의 힘을 소유하지 못하면, 죄와 원수의 세력을 정복할 수 없을 것입니다.

~ 115 ~

겸손하지 못하게 말하거나 행동하는 사람은 마치 겨울에 시멘트 없이 집을 짓는 사람과 같습니다. 극소수의 사람만이 겸손을 획득하며 경험을 통해서 그것을 알 수 있습니다. 겸손에 대해서 말하는 사람은 마치 깊이를 알 수 없는 웅덩이를 측량하는 사람과 같습니다. 눈이 멀어 이 큰 빛의 의미를 조금만 짐작하는 사람은 이렇게 말합니다: "참 겸손은 겸손한 말을 하는 것이 아니며, 겸손한 외관을 취하는 것도 아닙니다; 참 겸손은 자신에 대해 겸손하게 생각하라거나 자기를 비하하라고 강요하지 않습니다. 그것들은 출발점이요 겸손의 표현이요 다양한 측면일 뿐이며, 겸손 자체는 위로부터 주어지는 은혜입니다."

교부들의 가르침에 의하면 두 종류의 겸손이 있습니다: 하나는 자신을 모든 존재 중에서 가장 낮게 여기는 것이요, 나머지 하나는 자신이 행한 선행을 하나님께 돌리는 것입니다. 전자는 출발점이요 후자는 종착점입니다. 겸손을 구하는 사람은 다음과 같은 세 가지를 생각하라는 충고를 받습니다: 자신이 모든 사람 중에서 가장 악한 사람이라는 것, 자신의 상태가 자연스럽지 못한 것이므로 자신이 모든 피조물 중에서 가장 비열하다는 것, 그리고 자신이 귀신들의 노예이므로 귀신들보다 더 많은 저주를 받았다는 것 등을 생각해야 합니다.

겸손을 구하는 사람은 다음과 같이 추론해야 합니다: "이 세상에 나보다 많은 죄를 지은 죄인이 있을까? 없을 것이다. 내 영혼아, 너와 나는 모든 사람보다 더 악하다. 우리는 그들의 발에 밟히는 먼지요 재다. 어떻게 나 자신을 피조물보다 더 비열하다고 생각하지 않을 수 있겠는가? 그것들은 본성의 명령에 따라 행동하는 데 반해 나는 자신의 무수한 죄 때문에 나의 본성 밑으로 침몰해 있지 않은가? 동물들과 짐승들이 죄인인 나보다 더 깨끗하다. 자신을 지옥에 떨어뜨려 죽기 전부터 그곳에 누워 있는 나는 만물 중에서 가장 비천한 존재이다. 죄인은 귀신들의 종이 되어 이 세상에서도 바깥 어두운 곳에 있는 감옥에 들어가 지내므로 귀신들보다 더 악하지 않은가? 귀신 들린 사람이 귀신보다 더 악하다. 그러므로 저주받은 나도 귀신들과 함께 무저갱을 물려받을 것이다. 지옥의 무저갱에 거하는 내가 어찌 자신을 의롭다고 말하느냐? 나는 악한 행위로 말미암아 자신을 비열한 죄인이요 귀신으로 만들지 않았느냐? 이로 인해 지옥불과 어둠에 들어가도록 정죄 받은 마귀의 자손이여, 더러운 개여, 너의 망상과 오류에 화가 있을지어다!"

~ 116 ~

신학자들의 말에 의하면 성령에 의해 활동하는 지혜는 순수하고 천사 같은 정신 기도의 힘입니다. 이것의 표식은 기도하는 동안 정신이 형상들로부터 해방되어 자체에 대한 이미지나 어느 순간 등장하는 사물의 이미지를 갖지 않는다는 것입니다. 이는 그러한 정신은 내면에서 활동하는 빛 때문에 감각을 초월하기 때문입니다. 그때 정신은 말로 표현할 수 없는 방법으로 하나님과 융합하여 하나가 되기 때문에 물질적인 것으로부터 제거되며 빛처럼 됩니다.

~ 117 ~

하나님이 주시는 겸손으로 이끌어주는 일곱 가지 활동과 성향이 있습니다. 그것들은 서로에게서 태어나서 서로의 구성 요소가 됩니다. 그것들은 다음과 같습니다: 침묵, 자신에 대한 겸손한 생각, 겸손한 말, 겸손한 복장, 자기비하, 통회, 그리고 매사에 자신을 마지막으로 생각하는 것. 이성을 동반하는 침묵이 자신에 대한 겸손한 생각을 낳습니다. 자신에 대한 겸손한 생각은 세 종류의 겸손—겸손한 말, 겸손한 복장, 자기비하—을 낳습니다. 이 세 종류의 겸손이 통회를 낳는데, 통회는 하나님의 섭리의 가르침을 받고 귀신들에 의해 비천해지도록 부름을 받은 사람을 하나님의 허락을 받아 공격하는 시험에서 옵니다. 통회는 영혼을 강권하여 자신이 비천한 것 중에서 가장 비천하다고 느끼게 합니다. 이 두 가지는 하나님이 주시는 완전한 겸손, 모든 덕의 힘이요 완성이라고 불리는 것으로 이어집니다. 이 겸손은 선행을 하나님께 돌립니다.

그러므로 겸손으로 이어지는 첫 번째 수행은 입술의 침묵인데, 거기에서 자신에 대한 겸손한 생각이 나옵니다. 이것은 세 종류의 겸손으로 이어지며, 이 세 가지 겸손은 통회를 낳고, 통회는 자신을 만물 중에서 가장 비천하다고 생각하는 일곱째 겸손으로 이어지는데, 이 겸손은 섭리에 의한 겸손이라고 불립니다. 섭리에 의한 겸손은 하나님이 주시는 완전하고 참된 겸손을 가져옵니다. 홀로 있는 사람이 정념과 생각에 압도되고 노예가 되어 적대적인 영의 먹이가 되어 하나님이나 그 무엇에서도 도움을 발견하지 못하여 절망하게 되었을 때 겸손해지고 통회로 가득 차며 자신을 만물 중에서 가장 비천하며 만물의 노예이며 귀신들보다 더 악하다고 여길 때 섭리에 의한 겸손이 다가옵니다. 이것이 하나님이 더욱 고귀한 두 번째 겸손—모든 것을 창조하고 모든 것을 행하는 거룩한 힘—을 주시는 섭리에 의한 겸손입니다. 이 힘을 통해서 인간은 자신을 거룩한 능력의 기관으로 여기며, 그 작용 때문에 하나님의 불가해한 일을 행합니다.

~ 118 ~

우리 세대에는 빛에 대한 근본적인 영적 관상을 성취하고, 분심이나 백일몽에서 정신을 해방하며 끊임없이 마음 깊은 곳에서 샘처럼 물결치는 참된 기도 활동, 영혼의 부활과 상승, 거룩한 경외심, 영적인 완전한 엑스터시, 하나님에 의해 움직이는 영혼의 거룩한 각성을 성취할 수 없습니다. 왜냐하면, 오늘날 우리는 많은 시험으로 말미암아 정념의 지배를 받고 있기 때문입니다. 정신은 시기적으로 너무 일찍 이 모든 것을 꿈꿉니다. 왜냐하면, 그것이 쉬운 일이기 때문입니다. 그러나 종종 그러한 백일몽 때문에 하나님이 주신 작은 선한 질서마저 상실합니다. 그러므로 때가 되면 이루어질 일을 앞질러 생각하고 추구하는 것은 옳지 않습니다. 이는 그렇게 함으로써 당면한 일을 거부하고 다른 일을 꿈꾸게 되기 때문입니다. 정신은 앞에서 말한 것들을 획득하기 전에 쉽게 그런 것들을 생각하고 상상합니다. 그러므로 우리는 자신이 소유한 분별력을 상실하여 헤시카스트가 되기는커녕 몽상가가 될 위험이 있습니다.

~ 119 ~

은혜는 믿음일 뿐만 아니라 적극적인 기도입니다. 적극적인 기도는 예수님에 의해 생동하게 된 참믿음을 보여줍니다. 그것은 사랑으로 말미암아 성령에게서 오는 것입니다. 그러므로 자신의 내면에서 믿음이 활동하는 것을 보지 못하는 사람의 믿음은 생명이 없는 죽은 믿음입니다. 말뿐인 믿음, 사랑이나 성령에 의해서 활동하는 믿음을 소유하지 못한 사람은 신실하다고 할 수 없습니다. 그러므로 믿음은 행위의 진보 때문에 드러나거나, 빛 가운데서 활동하고 행위 안에서 빛나야 합니다. 야고보는 "행함이 없는 네 믿음을 내게 보이라 나는 행함으로 내 믿음을 네게 보이리라"고 말합니다(약 2:18). 그러므로 계명이 행동으로 성취하고 은혜 안에 있는 믿음을 통해서 밝아져야 하듯이, 은혜의 믿음도 계명에 따라 이루어진 행위 때문에 분명해진다는 것을 보여줍니다. 믿음은 계명의 근원 또는 샘이며, 그 샘이 그것이 자라는 데 필요한 물을 공급해

줍니다. 거기에는 은혜와 신앙고백이라는 두 가지 측면이 있습니다. 이 둘은 본질에서 구분할 수 없는 하나입니다.

~ 120 ~

수도사들의 긴 사다리와 짧은 사다리에는 완전에 이르는 다섯 개의 가로장이 있습니다. 첫째는 세상을 버리는 것, 둘째는 (계율을 지키겠다는 서원을 하고 수도원에 들어왔으므로) 복종, 셋째는 순종(행위와 삶에서의 복종), 넷째는 겸손, 다섯째는 사랑인데 이것은 곧 하나님입니다. 지옥을 버리는 것은 엎어져 있는 사람들 일으켜주고 물질의 포로 상태에서 자유롭게 해줍니다. 복종함으로써 그리스도를 얻고 그분을 섬기게 됩니다. 주님은 "사람이 나를 섬기려면 나를 따르라 나 있는 곳에 나를 섬기는 자도 거기 있으리니"라고 말씀하십니다(요 12:26). 그러면 그리스도는 어디에 계십니까? 하늘나라에서 아버지의 오른편에 앉아 계십니다. 종은 주인이 계신 곳에 있어야 합니다. 사다리를 오르기 위해서 첫 번째 가로장에 발을 올려놓은 사람은 이것을 기억해야 합니다. 계명에 따라 실천된 순종은 다양한 덕으로 사다리를 만들고, 그것들을 사다리를 오르는 가로장들로서 영혼 안에 배치합니다. 겸손의 고결한 힘이 이 사다리에 오른 순종하는 자를 받아들여 덕의 여왕인 사랑에 데려가며, 그리스도께 이끌고 가서 그분께 바칩니다. 따라서 순종하는 사람은 짧은 사다리에 의해서 방해를 받지 않고 위로 올라갑니다.

~ 121 ~

순종을 대적하는 다섯 가지 정념—불순종, 논쟁을 일삼음, 자기만족, 자기 합리화, 그리고 자신을 높이 평가함—을 정복하는 것이 짧은 덕의 사다리에 의해 하늘나라의 왕의 집에 올라가는 지름길입니다. 이것들은 거짓 수도사들을 삼켜 뱀의 심연에 던지는 고집 센 귀신의 사지요 오장 육부입니다. 불순종은 지옥의 입이요, 논쟁을 일삼는 것은 칼처럼 연마된 지옥의 혀요, 자기만족은 날카로운 치아요, 자기 합리화는 목구멍이요, 자신을 높이 평가하는 것은 모든 것을 삼키는 배의 트림으로서 삼킨 것을 지옥에 던져 넣습니다. 그러나 순종을 통해 불순종을 정복하는 사람은 단칼에 나머지 정념들을 베어버리고 한걸음에 천국에 도달합니다. 그것은 우리가 단 하나의 덕이나 계명 때문에 곧바로 천국에 이를 수 있게 해주시는 자비하신 주님이 우리를 위해 행하시는 기적입니다. 마찬가지로 우리는 단 한 번의 범죄 때문에 지옥으로 내려갑니다.

~ 122 ~

바울은 새 사람을 새로운 세상이라고 부릅니다: "그런즉 누구든지 그리스도 안에 있으면 새로운 피조물이라 이전 것은 지나갔으니 보라 새 것이 되었도다"(고후 5:17). 또 그는 "우리의 씨름은 혈과 육을 상대하는 것이 아니요 통치자들과 권세들과 이 어둠의 세상 주관자들과 하늘에 있는 악의 영들을 상대함이라"고 말합니다(엡 6:12). 이 말씀을 따르면, 은밀하게 우리와 싸우는 자는 본질상 영혼의 본성적 능력과 비슷한 큰 세계에 거한다고 가정해야 합니다. 세 가지 큰 악은 영적으로 분투하는 사람의 영혼의 세 가지 능력을 공격합니다. 어떤 사람이 어떤 일에 실패하거나 무엇인가를 위해 노력하지 않을 때, 그것들이 그를 정복합니다. 그러므로 용—무저갱의 주관자—이 무장하고 일어나 "그것의 힘은 허리에 있고 그 뚝심은 배의 힘줄에 있는" 사람(욥 40:16), 마음에 집중하는 사람들을 공격합니다. 그는 그들에게 불화살의 구름으로 공격하는 정욕을 사랑하는 망각의 거인을 보내어 그들의 내면에 있는 정욕을 사나운 바다처럼 흔들어 거품이 일게 하고, 만족을 모르는 정념의 격류로 그들을 덮음으로써 혼란을 초래합니다. 격앙하는 부분과의 전쟁을 맡은 이 세상의 주관자는 적극적인 덕의 길을 따르는 사람들을 공격합니다. 그는 게으름이라는 거인을 동원하여 온갖 종류의 마술로 그들을 에워싸며, 담대하게 저항하는 사람들과 씨름합니다. 그는 그들을 정복하여 수치를 당하게 하거나, 그가 그들에게 정복되어 그들이 천사들 앞에서 면류관을 얻게 됩니다. 높은 곳의 주관자는 정신적인 관상을 실천하는 사람을 공격하여 환상을 제공합니다. 이는 그의 임무가 생각하고 말하는 부분에 영향을 주는 것이기 때문입니다. 그는 무지라는 거인을 동원하여 높은 곳에 올라가려고 노력하는 생각에 혼란을 주고 어둡게 하고 두렵게 합니다. 그리고 그 생각 안에 희미한 환상적인 영들의 형상 및 그것들의 변형을 주입하고, 번개와 천둥, 태풍과 지진 등의 환영을 만들어냅니다. 이처럼 이 세 주관자는 각기 영혼의 상응하는 능력을 대적하고 영향을 미치며, 자기가 맡은 부분에 대한 공격을 주도합니다.

~ 123 ~

한때 그것들도 정신들이었습니다. 그러나 그것들은 각기 비물질성과 고상함에서 떨어져 나와서 물질적인 조악함을 획득했고, 자체의 특징을 규정해주는 행위의 수준과 본질에 따라서 육체를 취했습니다. 그 이후로 그것들도 인간처럼 천사들의 즐거움을 잃고(천사들의 맛이나 즐거운 천국), 신적인 복을 박탈당했고, 인간들처럼 세상에서 즐거움을 찾기 시작하면서 유형적인 것이 되어 물질적인 정념들의 습관을 획득했습니다. 이것은 결코 놀라운 일이 아닙니다. 하나님의 형상으로 지혜롭고 사려 깊게 지음 받은 우리의 영혼은 하나님 알기를 거부하고 비열하고 어리석고 미친 것처럼 물질에서 즐거움을 느낍니다. 이는 습관은 본성을 바꾸고 의지의 방향에 따라서 그 행동을 바꾸기 때문입니다.

~ 124 ~

우리 안에서 벌어지는 정념들 및 영혼을 대적한 육체의 싸움에 다섯 종류가 있습니다. 육체는 때로 자신이 가지고 있는 것을 잘못 사용하고, 어떤 때는 자연스럽지 못한 것을 자연스러운 것인 듯이 행하려 합니다. 때로는 귀신들과 친밀하게 교제하는데, 이때 귀신들은 육체를 무장시켜 영혼을 대적하게 합니다. 때로 영혼은 정념의 영향을 받아 무법하게 행동합니다. 마지막으로 때로 우리를 더욱 겸손하게 하려고 허락을 받은 귀신들이 우리를 대적하여 싸움을 일으킵니다.

~ 125 ~

사람이나 사물이 우리 안에서 이러한 싸움을 일으키는 데는 세 가지 주된 이유가 있습니다. 즉 습관으로 말미암아, 자연적인 것들의 남용으로 말미암아, 그리고 하나님의 허락을 받은 귀신들의 시기와 공격으로 말미암아 우리 안에서 싸움이 일어납니다. 육체가 영혼을 대적하여 일어나고 갈망하는 것, 그리고 영혼이 육체를 대적하여 일어나고 갈망하는 것은 그 습관과 행위에서 육체의 정념들이 영혼을 대적하여 일어나고 영혼이 육체를 대적하여 용감하게 노력하는 것과 같습니다. 그런데 우리의 대적은 수치를 모르기 때문에 이따금 원인 없이, 또는 경고 없이 우리를 공격합니다. 그러므로 피를 좋아하며 만족을 모르는 거머리가 당신의 동맥에서 피를 빨아먹도록 버려두지 마십시오. 또 뱀과 용이 육체를 삼키도록 버려두지 마십시오. 그렇게 한다면 당신은 쉽게 사자와 뱀의 오만을 진압할 것입니다. 당신이 골짜기에서 구출되고 더욱 고귀한 생명을 부여받고 예수 그리스도의 모양과 형상으로 변화될 때까지 탄식하십시오.

~ 126 ~

육체에 속하여 이기심에 몰두해 있는 사람은 육욕과 허영심을 위해 일합니다. 시기심도 그것들 안에 뿌리를 두고 있습니다. 악의에 몰두하고 이웃의 성공 때문에 슬퍼하는 사람은 선한 것을 악하다고 비방하며 성령에서 온 것으로 믿지 않고 받아들이지 않습니다. 그런 사람은 믿음이 부족하고 눈이 멀었기 때문에 하나님을 알지 못하고 이해하지 못합니다. 그러므로 그런 사람은 장차 "내가 너희를 알지 못하노라"는 말을 들을 것입니다(마 25:12).

~ 127 ~

지혜를 사랑하는 사람은 자연적인 것들을 통해서 창조주를 아는 법을 배우며, 창조주로부터 자연적인 것과 신적인 것을 이해합니다. 그는 가르침뿐만 아니라 경험을 통해서 압니다. 지혜를 완전하게 사랑하는 사람이란 지혜에 대한 도덕적이고 자연적이고 신적인 사랑 안에서 자신을 완성한 사람, 또는 하나님의 사랑 안에서 자신을 완성한 사람입니다.

~ 128 ~

성령이 없이 말하고 글을 쓰며 교회를 가르치려 하는 사람은 "성령이 없는 자"입니다(유 19). 그는 "스스로 지혜롭다 하며 스스로 명철하다 하는 자들은 화 있을진저"(사 5:21)라는 저주를 받습니다. 왜냐하면, 그들은 "너희 속에서 말씀하시는 이 곧 너희 아버지의 성령"(마 10:20)으로 말하는 것이 아니라 스스로 말하기 때문입니다. 깨끗함을 획득하기 전에 자기의 생각으로 말하는 사람은 자부심이라는 영의 유혹을 받습니다. 잠언에서는 이런 사람에 대해서 "네가 스스로 지혜롭게 여기는 자를 보느냐 그보다 미련한 자에게 오히려 희망이 있느니라"고 말합니다(잠 26:12). 또 지혜는 "스스로 지혜 있는 체하지 말라"고 가르칩니다(롬 12:16). 성령 충만한 사도는 "우리가 무슨 일이든지 우리에게서 난 것 같이 스스로 만족할 것이 아니니 우리의 만족은 오직 하나님으로부터 나느니라"(고후 3:5), "우리는 그리스도 안에서 하나님 앞에 말하노라"(고후 12:19)라고 증언합니다. 이런 사람들의 말은 성령의 살아있는 샘에서 나오는 것이 아니라 진흙투성이의 늪처럼 정욕의 거머리와 뱀과 두꺼비들이 살고 있는 그들의 마음에서 나오기 때문에 교훈도 아니고 즐거움도 아닙니다. 그들의 지식의 물은 악취가 나고 진흙투성이요 미지근하므로 마시는 사람의 비위를 거슬리고 어지럽게 하고 토하게 합니다.

~ 129 ~

사도 바울은 "너희는 그리스도의 몸이요 지체의 각 부분이라"(고전 12:27), "몸이 하나요 성령도 한 분이시니"(엡 4:4)라고 말합니다. 영이 없는 몸이 죽어 무감각한 것처럼 계명을 소홀히 하여 정념들에 의해 무감각해진 사람은 성령과 그리스도의 은혜의 조명을 받지 못했기 때문에 세례를 받은 후에도 여전히 게으릅니다. 그는 믿음과 중생을 통해서 성령을 소유하고 있지만 영혼이 죽어 있으므로 그의 안에서 성령이 활동하지 않고 움직이지 않습니다. 우리의 혼은 하나이지만, 그 혼은 몸의 많은 지체를 유지합니다. 그러나 생명을 받을 능력이 있는 지체에만 활력을 주고 움직이게 합니다. 질병 때문에 시들어 죽어 움직이지 않는 지체가 영혼에 의해서 유지되기는 하지만, 생명이 지체들 안에 거하며 생명에 참여할 수 있는 지체들을 움직이게 하고 생명을 줍니다. 한편 생명은 연약한 지체들도 자신의 것으로 삼아 유지합니다. 이처럼 각각의 신자가 믿음을 통해서 영적인 아들이 되지만, 예수의 생명과 빛을 빼앗겨 믿음과 열심이 부족함으로 말미암아 조명을 받지 못하고 수동적인 상태에 머뭅니다. 그러므로 그리스도의 지체인 신자들의 내면에 그리스도의 영을 소유하지만 소극적이고 정지된 상태에 머물러 있으면서 은혜에 동참하지 못할 수 있습니다.

~ 130 ~

관상의 주 대상은 다섯 가지입니다. 첫째는 하나님입니다. 그분은 형태가 없고 눈이 보이지 않으며, 피조된 분이 아니요 시작도 없으시며, 존재하는 모든 것의 원인이시오, 삼위 안에 계시는 초본질적인 신입니다. 둘째는 영적 세력들의 위계질서와 서열입니다. 셋째는 눈에 보이는 것들의 조직이요, 넷째는 말씀의 도래를 통한 섭리dispensation요,[7] 다섯째는 일반 부활이요, 여섯째는 그리스도의 재림이요, 일곱째는 영원한 고통이요, 여덟째는 천국입니다. 처음 네 가지는 이미 성취되고 지나간 것들입니다. 다음 네 가지는 아직 나타나지 않았고 장차 올 것들이지만, 은혜로 말미암아 마음이 깨끗해진 사람은 이것들을 분명히 보고 인식합니다. 은혜의 빛이 없이 이것에 접근하는 사람은 환상을 만들 뿐이지 하나님을 보는 것이 아님을 알아야 합니다. 환상과 꿈의 영의 유혹에 빠진 사람은 몽상가에 불과합니다.

---

7) 원어는 οἰκονομία(economy)로서 하나님의 섭리, 또는 경륜을 의미한다.

계명과 교의, 경고와 약속 93

유혹과 함정은 무수히 많고 다양하므로 이해할 수 없고 인식하기도 어렵습니다. 그러므로 그것에 대해서 되도록 많이 언급해야 합니다. 유혹은 환상과 외부의 영향력이라는 두 가지 형태로 임한다고 합니다. 그러나 그것의 유일한 원인과 근원은 교만입니다. 첫째 것은 두 번째 것의 근원이요, 두 번째 것은 광포함의 근원입니다. 환상에 대한 터무니없는 망상적 관상의 근원은 모든 것을 아는 체하는 견해로서 신에 대한 거짓 진술을 만들어냅니다. 그다음에 꿈을 통해서 우리를 오류로 인도하며 신을 모독하게 하는 망상이 따릅니다. 그것은 영혼이 잠들었을 때나 깨어있을 때 그 안에 두려움을 심습니다.

교만에 망상이 따르고, 망상 다음에 신성모독이 오고, 신성모독 다음에 두려움이, 두려움 다음에 떨림이, 떨림 다음에 광포함이 옵니다. 이것은 망상의 첫째 형태로서 환상에서 비롯되는 것입니다. 외적인 영향력의 형태를 취하는 둘째 형태의 망상의 근원은 본성적 욕망에서 생겨나는 정욕입니다. 이 정욕은 더러운 것들을 억제할 수 없게 하며, 우리의 존재 전체를 불타게 하고 가상의 우상들과 동일시함으로써 정신을 어둡게 합니다. 그것에 취한 정신은 미쳐 광포해집니다. 유혹을 받아 이 상태에 빠진 사람은 스스로 예언의 책임을 떠맡아 거짓 예언을 하고, 자신이 성인들을 만났다고 주장하면서 그들에게서 들은 말을 전합니다. 그는 본성이 광포한 정념에 도취하여 변화되었기 때문에 마치 귀신들린 사람처럼 보입니다. 망상의 영에 미혹된 사람은 성인들을 모신 신당에서 지내며, 성인들에게서 영감을 받고 영향을 받고 고통을 받으며, 그들로부터 받은 계시를 선포합니다. 그런 사람은 현재와 미래를 예언하는 예언자가 아니라 미혹되어 오류에 빠진 사람, 귀신들린 사람이라고 보아야 합니다. 음란 귀신은 정욕의 불로 그의 정신을 혼란하게 하여 미치게 하고, 성인들의 형상을 보고 그들의 말을 듣고 그들의 얼굴을 보게 합니다. 귀신들이 나타나서 그를 두렵게 하기도 합니다. 귀신들은 그를 벨리알의 명에 복종하게 하고, 마치 충실한 종처럼 자기 뜻을 거슬러 악한 행동을 하게 하며 지옥으로 이끌려 합니다.

~ 132 ~

망상의 공격의 주된 원인은 세 가지입니다: 교만, 귀신들의 시기, 그리고 형벌의 허락. 교만의 원인은 무익한 방심이요, 시기의 원인은 성공욕이요, 형벌 허락의 원인은 악한 생활입니다. 특히 우리가 겸손해지면, 시기심과 교만한 생각에서 오는 망상이 신속하게 치료됩니다. 그러나 하나님은 종종 어떤 사람을 버리시고 형벌—죄 때문에 사탄에게 넘겨짐—에 기인하는 망상이 죽을 때까지 지속하는 것을 허락하십니다. 때때로 죄가 없는 사람도 구원을 위해서 귀신들의 괴롭힘을 받습니다. 종종 마음을 조심하여 지키지 않는 사람들의 내면에서 교만한 생각의 영이 예언하기도 합니다.

~ 133 ~

과거에 경건한 왕들과 제사장들이 상징적으로 기름 부음을 받았던 것처럼 모든 경건한 왕들과 제사장은 새로운 은혜 안에서 기름 부음을 받습니다. 그들은 우리 모두를 예시하는 진리의 상징들이었습니다. 그것은 기름 부음을 받아 정념들로부터 해방된 순결한 사람이 지금부터 영원히 하나님께 바쳐진다는 것을 의미합니다.

~ 134 ~

"내 입은 지혜를 말하겠고 내 마음은 명철을 작은 소리로 읊조리리로다"(시 49:3)라고 말하는 사람은 하나님의 자연적인 역사를 통해서 아버지 하나님의 위격적 지혜이신 말씀을 나타낼 것입니다.

~ 135 ~

망상은 사람을 영원한 멸망으로 인도하는 진리의 원수입니다. 사람들을 하나님으로부터 소외시키는 무지의 어둠은 조심성 없는 영혼을 망상을 통해서 다스립니다. 그것에서 불신앙, 사악함, 게으름 등 세 가지 정념이 생겨나는데, 이것들은 서로를 발생시키고 지원합니다. 불신앙은 사악함의 교사이며, 사악함은 게으름의 동반자이며, 게으름은 완전한 나태함으로 이어집니다. 아니면 주님이 말씀하신 것처럼 반대로 게으름이 악함을 낳습니다: "악하고 게으른 종아"(마 25:26). 그리고 악함은 불신앙을 낳습니다. 악인은 신실하지 못하며, 신실하지 못한 사람은 하나님을 경외하지 않습니다. 하나님에 대한 경외심의 부재는 태만의 어미인 게으름을 낳으며, 그것은 사람들이 선을 등한시하고 악한 행동을 하게 합니다.

~ 136 ~

하나님에 대한 참지식 및 사물에 대한 바른 이해가 정통적이고 교의적인 가르침을 구성합니다. 그러므로 우리는 다음과 같이 하나님을 찬송해야 합니다: "우리 하나님이신 그리스도를 찬양합니다. 우리를 위해 인간이 되신 분을 찬양합니다. 초본질적인 하나님, 당신 섭리의 비밀이 큽니다. 우리 구주를 찬양합니다."

~ 137 ~

대 막시무스Maximus the Great의 말에 의하면 은사를 받은 사람들이 허물이나 강압이 없이 글을 쓰는 목적이 세 가지입니다. 첫째는 그들 자신을 위한 규약으로서 기록하며, 둘째는 다른 사람들을 위해서 기록하고, 세 번째는 순종을 위해서 기록합니다.[8] 이 마지막 목적을 위해서 겸손히 진리의 말씀을 찾는 사람들을 위해서 많은 글이 저술되었습니다. 그러나 명예를 위해서 글을 쓰는 사람은 자신의 상을 잃고, 현세에서나 내세에서 이것에서 유익을 받지 못할 것입니다. 나아가서 그는 아첨꾼이요 하나님의 말씀을 도용하는 악한 사람으로서 정죄 받을 것입니다.

---

8) 『필로칼리아』 제2권, 고백자 막시무스: 영적 지식과 분별에 관하여 94, 124쪽: "사람은 기억을 돕기 위해서, 또는 다른 사람을 돕기 위해서 기록하며, 또는 이 두 가지 목적 모두를 가지고 기록합니다. 또는 어떤 사람에게 해를 끼치기 위해서, 자기를 나타내기 위해서, 또는 필요에 의해서 기록을 합니다."

헤시카스트들에게 준 교훈

~ 1 ~

수실에서 지내는 방법

수실에 있을 때 바울의 교훈처럼 인내하며 기도하십시오(롬 12: 12; 골 4:2). 정신을 마음에 집중하고 주 예수께 정신적으로 다음과 같이 외치면서 도움을 구하십시오: "주 예수 그리스도시여, 나를 불쌍히 여기소서." 게으르거나 나약해지지 말고, 마음으로 노력하면서 몸을 움직이고 마음 안에서 주님을 찾으십시오. 이 일을 위해서 모든 수단을 동원하십시오. 주님은 이것을 획득하려면 힘들게 노력하면서 영적 싸움을 해야 한다는 것을 보여주시면서 "천국은 침노를 당하나니 침노하는 자는 빼앗느니라"라고 말씀하십니다(마 11:12).

~ 2 ~

기도하는 방법

어떤 교부들은 다음과 같이 생략하지 않고 기도해야 한다고 가르쳤습니다: "주 예수 그리스도, 하나님의 아들이시여, 나를 불쌍히 여기소서." 다른 교부들은 "예수, 하나님의 아들이시여, 나를 불쌍히 여기소서" 또는 "주 예수 그리스도시여, 나를 불쌍히 여기소서"라고 기도하라고, 어떤 때는 생략하지 않고 기도하고 어떤 때는 짧게 기도하라고 충고했습니다. 그러나 기도의 표현을 너무 자주 바꿈으로써 게으름을 방조하지 않으며, 인내를 시험하기 위해서 얼마 동안 지속하는 것이 바람직합니다. 어떤 교부들은 입으로 하는 기도를 가르치고, 어떤 교부들은 정신 안에서 정신을 사용하여 하는 기도를 가르칩니다. 나는 두 가지 모두 바람직하다고 생각합니다. 어떤 때는 정신을 홀로 내버려두면 싫증이 나고 지쳐서 정신적으로 기도하지 못하게 되며, 어떤 때는 입술이 기도에 싫증을 냅니다. 그러므로 두 가지 기도 방법—정신으로 하는 기도와 입으로 하는 기도—을 모두 사용해야 합니다. 그러나 음성이 정신 집중을 방해하여 기도를 중단하는 일이 없게 하려면 흥분하지 말고 고요히 주님께 기도하여 마침내 정신이 그 일에 익숙해져서 성령으로부터 힘을 받아 내면에서 스스로 기도할 수 있게 되어야 합니다. 그렇게 되면 입으로 기도할 필요가 없을 것입니다. 실제로 이 단계에 도달한 사람은 정신적으로 기도하는 데 만족하여 그것을 떠나려 하지 않을 것입니다.

- 3 -

정신을 붙잡는 방법

성령이 정신을 붙들어 주시지 않으면, 우리가 홀로 정신을 붙들 수 없다는 것을 알아야 합니다. 이는 정신의 본질이 유동적이기 때문이 아니라 그것이 게으름으로 말미암아 여기저기 배회하고 돌아다니는 습관을 획득했기 때문입니다. (세례 때) 우리를 거듭나게 해주신 분의 명령을 어김으로써 하나님으로부터 분리되었을 때 우리는 하나님과의 연합을 상실했고 우리의 감정 안에서 하나님에 대한 정신적인 느낌을 파괴했습니다. 하나님에게서 멀어진 정신은 포로가 되어 사방으로 끌려다닙니다. 회개하고 하나님께 돌아가며 자주 인내하고 기도하며 날마다 정신적으로 자신의 죄를 고백함으로써 다시 연합하지 않는 한 정신의 안정을 되찾을 수 없습니다. 겸손하게 통회하면서 용서를 구하고 끊임없이 하나님의 이름을 부르는 사람을 하나님은 즉시 용서해주십니다. 이렇게 기도에 정진함으로써 기도의 행동이 마음에 자리 잡을 때 기도가 정신을 가까이에 두고 기쁨으로 채워 주기 시작하면서 정신이 포로가 되어 끌려다니도록 내버려두지 않습니다. 그러나 그 후에도 생각의 배회는 종종 발생합니다. 왜냐하면, 생각은 성령 안에서 완전한 사람, 그리고 예수 그리스도로 말미암아 혼란스럽지 않은 상태를 획득한 사람에게만 복종하기 때문입니다.

- 4 -

생각을 몰아내는 방법

하나님이 몰아내 주시지 않으면, 초심자는 하나의 생각도 몰아낼 수 없습니다. 강한 사람만이 생각과 싸워 몰아낼 수 있습니다. 그러나 그들도 혼자 힘으로 그것을 몰아내는 것이 아니라 하나님의 도움을 받아 하나님의 무기로 무장하고 일어나 그것과 싸웁니다. 그러므로 생각이 밀려올 때 인내하면서 주 예수님을 부르면, 그것이 물러갈 것입니다. 즉 그것은 기도 때문에 만들어지는 마음의 뜨거움을 견디지 못하며 불에 덴 것처럼 도망칩니다. 사다리의 요한은 예수의 이름으로 원수를 채찍질하라고 말합니다. 하나님은 악을 삼키는 불이십니다. 주님은 밤낮 전심으로 주님을 부르는 사람을 속히 도와주시며, 신속하게 원수를 갚아주실 것입니다.

　기도의 행동을 소유하지 않은 사람은 모세를 본받음으로써 생각을 정복할 수 있습니다. 그가 일어나서 하늘을 향해 손을 들면(출 17:11), 하나님이 생각을 몰아내 주실 것입니다. 그런 후에 다시 자리에 앉아서 인내하며 기도해야 합니다. 이 방법은 아직 기도의 행위를 획득하지 못한 사람들을 위한 것입니다. 그러나 이미 기도의 행위를 소유한 사람도 게으름과 정욕처럼 난폭하고 심각한 정념이 일어날 때 자리에서 일어나서 손을 들고 그것을 대적할 힘을 구해야 합니다. 영적 망상을 피하려면 이 행동을 오래 하지 말고, 원수가 환영을 보여줌으로써 정신을 유혹하지 못하도록 다시 자리에 앉아야 합니다. 깨끗하고 완전한 사람만이 정신이 해를 입지 않게 할 수 있습니다. 정신은 어디에 있든지, 마음 안에 있든지 다른 곳에 있든지, 높은 곳에 있든지 낮은 곳에 있든지 몰락하지 않고 안전합니다.

- 5 -

시편 찬송하는 방법

　어떤 사람은 시편 찬송을 자주 해야 한다고 말하고, 어떤 사람은 전혀 하지 말라고 말합니다. 그러나 나는 찬송을 불안해질 정도로 자주 하지 말아야 하고, 찬송을 전혀 하지 않음으로써 약하거나 게을러지지 말아야 한다고 생각합니다. 매사에 중용이 최선입니다. 활동적인 생활을 하는 사람은 찬송을 많이 하는 것이 좋습니다. 왜냐하면, 그런 사람은 정신적인 일에 대해 알지 못한 채 노동의 삶을 영위하고 있기 때문입니다. 그러나 그것은 침묵을 실천하는 사람들에게는 좋지 않습니다. 그들에게는 홀로 하나님 안에 거하면서 생각을 억제하고 마음으로 기도하는 것이 더 적합합니다. 사다리의 요한의 말에 의하면 침묵이란 감각에 속한 것이든지 정신에 속한 것이든지 사물에 대한 생각을 내려놓는 것을 의미합니다. 찬송에 너무 많은 에너지를 사용하면, 정신이 인내하면서 꾸준히 기도할 힘을 소유하지 못할 것입니다. 사다리의 요한은 밤에는 찬송보다 기도에 더 많은 시간을 보내는 것이 좋다고 충고합니다. 당신도 그렇게 하십시오. 수실에 앉아 있을 때 마음속에서 기도가 활동하면서 움직임을 멈추지 않는다면, 찬송하기 위해 자리에서 일어남으로써 기도를 포기하지 말고 기도가 저절로 멈출 때까지 기다리십시오. 만일 그렇지 않고 하나님을 내면에 그대로 머물게 하면, 당신은 외부에서 하나님께 말을 걸 것이며, 그럼으로써 높은 것에서 낮은 것으로 이동하게 됩니다. 그렇게 함으로써 정신을 어지럽게 하여 평온 상태에서 몰아낼 것입니다. 평화와 고요 안에서 행하는 침묵도 그 안에 그러한 행동을 소유하고 있습니다. 하나님은 말과 소란함을 초월하는 평화이십니다.

　우리의 찬송이 우리의 생활방식과 조화를 이루어 세속적인 것이 아닌 거룩한 것이 되어야 합니다. 입으로 하는 찬송은 내면의 정신적 외침의 신호로서 우리가 게으르거나 천하게 되지 않으며 마땅히 지녀야 하는 상태에 이르게 하려고 주어집니다. 사다리의 요한의 말에 의하면 식물에 물을 공급해주듯이 영혼의 능력들에 필요한 것을 공급해주는 덕들의 근원인 기도를 알지 못하는 사람들(기도의 능력과 작용을 경험하지 못한 사람들)은 찬송을 많이 해야 하며 끊임없이 다양한 일에 종사함으로써 내면에 정신 기도의 작용을 획득한 후에 관상 상태에 들어가야 합니다. 침묵의 작용과 공주共住 생활의 작용은 서로 다릅니다. 어쨌든 부름 받은 상태에 머무는 사람은 구원받을 것입니다.

 당신이 약한 사람들과 함께 생활하고 있으므로, 그들 때문에 당신에게 편지 쓰는 일이 망설여집니다. 가르쳐주는 사람이 없이 소문을 듣거나 글을 읽고서 기도하는 것은 헛수고입니다. 교부들의 말에 의하면 은혜를 맛본 사람은 찬송을 삼가고 기도의 실천에 집중해야 합니다. 만일 게으름의 공격을 받는 사람이 있으면, 찬송하거나 교부들의 글을 읽게 하십시오. 배가 돛에 바람을 받을 때는 바람의 힘으로 충분히 정념의 바다를 항해할 수 있으므로 노가 필요하지 않습니다. 그러나 바람이 멎어 배가 멈추면, 노를 저어 움직이거나 예인선에 의해 예인되어야 합니다.

 이에 반대하는 사람들은 밤새도록 찬송한 교부들을 예로 듭니다. 이에 대해서 우리는 여행하는 사람들 모두가 같은 길을 가는 것이 아니며 같은 규칙을 따라서 목적에 이르는 것이 아니라고 대답할 수 있습니다. 많은 사람이 활동적인 생활에서 관상으로 옮겨갔으며, 자기 일을 마친 후에 영적인 법에 따라 안식일을 지키며 하나님 안에서만 기뻐했습니다. 그들은 찬송하거나 다른 것을 생각하는 것을 허락하지 않는 하나님의 은혜를 맛보았습니다. 그들은 부분적으로나마 원하는 목적을 이루었기 때문에 항상 정신을 초월하는 상태에 머물렀습니다. 또 어떤 사람은 끝까지 활동적인 생활을 유지하여 구원을 얻었고, 장래에 상 받을 것을 기대하면서 죽었습니다. 어떤 사람은 임종할 때 구원의 증거를 받았고 죽은 후에 구원의 증거로서 향기를 발했습니다. 후자는 세례의 은혜를 보존하고 있었지만, 살아있는 동안 정신에 사로잡히거나 무지함 때문에 그 은혜와의 분명하면서도 신비한 교제를 맛보지 못한 사람들입니다. 또 평생 찬송과 기도를 성공적으로 실천하면서 사는 사람들도 있습니다. 그들은 모든 것을 활동하게 하며 그들이 장애물을 극복하게 하는 은혜를 풍성하게 받은 사람들입니다. 또 무식하지만, 끝까지 침묵하며 유일하신 하나님과 하나가 되어 기도 안에서 만족을 발견하는 사람들이 있습니다. 완전한 사람들은 자기의 힘이 되시는 예수 그리스도로 말미암아 모든 것을 할 수 있습니다. 우리의 힘이 되시는 예수 그리스도께 영원히 영광을 돌릴지어다. 아멘.

- 6 -

음식 먹는 방법

정념의 여왕이라고 할 수 있는 식욕에 대해서 무슨 말을 해야 할까요? 만일 그것을 완전히 죽이거나 반쯤 죽일 수 있다면, 엄격히 통제해야 합니다. 그것이 나를 지배해왔고, 나는 종처럼 그것을 섬기고 있습니다. 그것은 귀신들의 동료요, 정념들의 본거지입니다. 우리는 그것 때문에 넘어지고 그것 때문에 일어섭니다. 우리는 그것 때문에 거룩한 첫째 서열과 둘째 서열을 잃었습니다. 타락했던 우리가 그리스도 안에서 새로워졌습니다. 그러나 이제 우리는 계명을 소홀히 하여 다시 하나님에게서 떨어졌음에도 불구하고 그 사실을 알지 못한 채 자신이 하나님과 동행한다고 생각하고 교만하게 행합니다.

교부들의 말에 의하면 육체적인 영양 공급은 사람에 따라 다를 수 있습니다. 본성적인 힘을 유지하기 위해서 음식을 적게 필요로 하는 사람도 있고 많이 필요로 하는 사람이 있습니다. 음식과 관련하여 각 사람은 자신의 체력과 습관에 따라서 만족을 느낍니다. 그러나 침묵을 실천하는 사람은 배불리 먹지 말아야 합니다. 배가 불러서 정신이 흐려지면, 단호하고 순수하게 기도할 수 없습니다. 음식을 많이 먹으면 졸려서 누워 자고 싶어지며, 잠자는 동안에 그의 정신에 무수한 꿈이 채워집니다.

그러므로 구원을 위해 노력하며 주님을 위해서 침묵 생활을 하는 사람은 하루에 350g 정도의 빵, 3~4컵의 물이나 포도주, 그밖에 사용할 수 있는 음식물 약간으로 만족하며, 과하게 음식을 먹지 말아야 합니다. 음식을 지혜롭게 섭취함으로써, 다시 말해서 모든 종류의 음식을 먹음으로써 한편으로는 자랑을 피하게 되고, 다른 한편으로는 하나님이 지으신 탁월한 것들을 무시하지 않으며 모든 일에 대해 하나님께 감사하게 됩니다. 그것이 지혜로운 사람들의 논법입니다. 믿음이 약한 사람들은 음식을 절제하는 것이 유익합니다. 바울은 그러한 사람들에게 채소를 먹으라고 명합니다(롬 14:2). 이는 그들은 하나님이 자기를 보호해주실 것을 믿지 않기 때문입니다.

당신에게 무슨 말을 해야 할까요? 당신은 음식을 얼마나 먹어야 하는지에 대한 기준을 요청했는데, 일반적으로 당신처럼 나이 든 사람을 위해서 기준을 결정하는 것은 어려운 일입니다. 젊은 사람들도 음식의 양을 지키기 어려운데, 당신이 어떻게 그것을 지키렵니까? 당신은 자유로이 음식을 먹어야 합니다. 혹시 식욕에 정복되면 뉘우치고 새롭게 노력하십시오. 이렇게 행하면서 넘어지면 다시 일어나며, 다른 사람을 탓하지 말고 자신을 탓해야 합니다. 그렇게 하면 평안을 찾을 것이며, 실패를 통해서 지혜롭게 승리를 얻게 될 것입니다. 그렇지만 앞에서 정한 한계를 넘지 마십시오. 다른 음식은 빵과 물만큼 몸을 건강하게 만들지 못합니다. 그러므로 선지자 에스겔은 다른 모든 것을 무가치하게 여기면서 "너는 음식물을 달아서 하루 이십 세겔씩 때를 따라 먹고 물도 육분의 일 힌씩 되어서 때를 따라 마시라"고 말합니다(겔 4:10-11). 음식을 먹는 데는 절제하는 것과 적당히 먹는 것과 포식의 세 단계가 있습니다. 절제한다는 것은 약간 배고플 정도로 먹는 것이요, 적당히 먹는다는 것은 배고프지도 않고 몸이 무겁지도 않을 정도로 먹는 것이요, 포식은 약간 몸이 무거울 정도로 먹는 것을 의미합니다. 포식을 넘어설 정도로 먹는 것은 정욕이 들어오는 통로가 됩니다. 이 지식을 기초로 하여 한계를 넘지 말고 당신의 능력에 따라서 자신에게 가장 좋은 것을 선택하십시오. 사도 바울의 말에 의하면 완전한 사람은 배부름과 배고픔에 처할 줄 알며 모든 것을 할 수 있어야 합니다(빌 4:12, 13).

- 7 -

영적 망상 및 다른 주제들에 관하여

당신이 영적 망상을 경계하여 지키며, 무지 때문에 큰 해를 초래하여 영혼을 멸망하게 하는 일이 없게 하려고, 영적 망상에 대한 참지식을 당신에게 전해 주려 합니다. 특히 노련하지 못한 인간의 의지는 쉽게 원수의 편으로 기울어집니다. 왜냐하면, 이런 사람은 부지런히 이런 것들을 추구하기 때문입니다. 귀신들은 초심자들과 고집 센 사람들 가까이에 생각들과 위험한 환상들의 그물을 치며, 그들의 멸망을 위해 해자孩子를 설치합니다. 이는 그들의 도시가 아직도 야만인들의 수중에 있기 때문입니다. 그들 중 하나가 길을 잃거나 이성을 잃거나, 망상을 받아들이거나, 진리가 아닌 것을 보거나, 경험 부족과 무지 때문에 부적당한 말을 해도 놀라지 마십시오. 어떤 사람은 사태의 진상을 정확하게 표현하는 방법을 알지 못하는 상태에서 무지함 때문에 진리에 대해서 틀린 말을 하는데, 이런 지혜롭지 못한 행동 때문에 듣는 사람들을 두렵게 하며 헤시카스트들의 두뇌를 조롱합니다. 초심자들은 무척 노력해도 실수를 하는데, 이것은 과거나 지금이나 하나님을 찾는 많은 사람에게 일어나는 일입니다.

하나님을 기억하는 것 또는 정신 기도는 매우 고귀한 일입니다. 그것은 하나님의 사랑처럼 덕의 정상에 위치합니다. 그러나 하나님께로 들어가 순결하게 그분을 예배하려고 노력할 때 염치가 없고 오만하게 행하는 사람, 내면에 하나님을 획득하려 하는 사람은 쉽게 귀신들에 의해 멸망합니다. 그는 주제넘고 용감하게도 자신의 상태에 맞지 않는 것을 추구하며, 교만하게 때가 되기도 전에 그것을 얻으려 합니다. 우리의 능력을 초월하는 것들과 관련하여 우리가 얼마나 경솔한지 아시는 자비하신 주님은 종종 우리를 시험에 빠지지 않게 막아주십니다. 이는 귀신들의 조롱거리가 되고 사람들의 탄식 거리가 되기 전에 자신의 오만함을 깨닫고서 바른 행동을 하게 하기 위해서입니다. 특히 우리가 밀이 아닌 가라지를 수확하거나 달콤한 것이 아닌 쓴 것을 맛보거나, 구원 대신에 멸망을 발견하는 일을 피하고자 인내하고 순종하며 겸손하게 경험 있는 사람들의 지도를 요청하면서 이 놀라운 행동을 하려 할 때 그리하십니다. 온전한 사람들과 강한 사람들은 귀신들을 대적하여 싸우면서 끊임없이 성령의 검, 즉 하나님의 말씀을 휘둘러야 합니다(엡 6:17). 그러나 초심자들과 약한 사람들은 도피를 자신의 요새로 삼아야 합니다. 그들은 전쟁에 참여하기를 거부하고 때가 되기 전에 싸움에 개입하지 않으며, 그럼으로써 죽음을 피합니다.

그러나 만일 당신이 하나님과 함께 있기를 바라면서 침묵할 때 자신의 내면이나 외부에서 감각적인 것이나 영적인 것—그것이 그리스도나 천사나 성인의 형상일 수도 있습니다—을 본다면, 또는 가상의 빛이 당신의 정신 속에 들어온다면, 절대로 그것을 받아들이지 마십시오. 정신은 본래 꿈을 꾸는 본성적인 능력을 갖추고 있으며, 재빨리 파악하여 주의를 기울이지 않는 사람들의 내면에 그것이 바라는 것의 환상적 이미지를 만들며, 그럼으로써 해를 초래할 수 있습니다. 종종 선한 것이나 악한 것에 대한 기억이 갑자기 정신에 그것의 영상을 새김으로써 정신이 백일몽을 꾸게 합니다. 이런 일을 당하는 사람은 헤시카스트가 되지 못하고 몽상가가 됩니다. 그러므로 선한 것이라도 경험 많은 사람에게 질문하고 철저히 조사하기 전에 믿지 않도록 조심하십시오. 그렇게 해야 해를 당하지 않을 것입니다. 그러한 영상들을 불쾌하게 여기며, 당신의 마음을 색깔이 없고 형태가 없고 영상이 없는 상태로 보존하십시오. 종종 하나님이 우리를 시험하기 위해서 보내신 것들이 해로운 것으로 변한 경우가 있었습니다. 주님은 우리의 의지를 시험하여 그것이 어느 쪽을 향하는지 알려 하십니다. 그러나 (비록 하나님에게서 온 것일지라도) 정신으로나 감각으로 무엇인가를 보았을 때 노련한 사람에게 질문하지 않은 채 그것을 받아들인 사람은 빨리 생각을 받아들이기 때문에 쉽게 시험에 빠집니다. 그러므로 초심자는 마음의 활동에 주의를 기울여야 하며, 정념이 가라앉기 전에 무엇인가를 받아들이지 말아야 합니다. 시험을 두려워하여 질문과 조사를 하지 않고서는 하나님에게서 오는 것이라도 받아들이지 않는 사람에게 하나님은 노하시지 않으며, 오히려 그의 지혜를 칭찬하십니다.

그러나 누구에게나 질문하는 것이 아니라 사람들을 지도하는 책임을 진 사람, "가난한 자 같으나 많은 사람을 부요하게"(고후 6:10) 하는 사람에게 질문해야 합니다. 경험이 없는 많은 사람이 지혜롭지 못한 사람들에게 해를 끼쳐 왔으며, 그 때문에 그들은 죽은 후에 심판을 받을 것입니다. 모두가 사람들을 지도할 권리를 가진 것이 아니며, 바울의 말처럼(고전 12:10) 거룩한 분별력을 받은 사람들, 즉 말씀의 검으로 선과 악을 분리하는 영적 분별력을 가진 사람들에게만 사람들을 지도할 권리가 있습니다. 사람은 실질적인 것이든지 과학적인 것이든지 이성과 본성적인 분별력을 가지고 있지만, 모든 사람이 영들을 분별하는 것은 아닙니다. 지혜로운 시락은 "너와 화목하게 지내는 친구들을 많이 만들되 조언자는 천 명 가운데 하나만을 골라라"라고 말합니다(집회서 6:6). 말이나 행동이나 지혜에 있어서 잘못이 없는 지도자를 찾기는 어렵습니다. 실천을 위해서나 이해를 위해서 성경의 증언을 사용하며 겸손히 자기를 낮추는 사람을 잘못이 없는 사람이라고 인정할 수 있습니다. 진리를 분명히 알며 은혜와 반대되는 것을 멀리하는 것은 결코 하찮은 일이 아닙니다. 마귀는 특히 자신의 망상을 진리로 위장하여 초심자에게 제시하며, 속임수를 영적인 것으로 변형시킵니다.

그러므로 침묵 속에서 순수한 기도를 획득하려고 노력하는 사람은 경험 많은 사람의 지도를 구하고, 자신의 죄 때문에 끊임없이 탄식하며 눈물을 흘리며, 현세에서나 내세에서 지옥에 던져질까 두려워 떨면서 기도해야 합니다. 마귀는 애통해하는 사람을 보면 그가 울다가 겸손해질까 염려하여 서둘러 그에게 다가갑니다. 그러나 참된 갈망이 아닌 마귀의 제안에 미혹되어 높은 곳에 도착하려는 교만한 꿈을 꾸는 사람은 쉽게 마귀가 쳐놓은 그물에 잡힐 것입니다. 그러므로 기도의 기쁨에서 자만심으로 떨어지지 않고 애통의 기쁨을 선택함으로써 해를 입지 않기 위해 입어야 할 안전한 갑옷은 기도와 탄식 안에 머무는 것입니다. 망상에서 해방된 기도가 우리 마음 밭에 불을 가져오시는 예수님께 드리는 기도와 결합하면 열정이 됩니다. 이 열정은 오른편에서 오는 것이 아니고 왼편에서 오는 것도 아니며 위로부터 오는 것도 아닙니다. 그것은 마음속에서 생명을 주시는 성령으로부터 샘물처럼 솟아나서 가라지와 같은 정념들을 태우고 마음에 기쁨과 고요를 가져옵니다. 우리는 마음속에서 이 기도를 발견하고 획득하기를 원해야 하며, 정신에서 몽상과 생각과 추론을 몰아내야 합니다. 두려워하지 마십시오. "안심하라 나 두려워 말라"(마 14:27)라고 말씀하신 분, 우리가 찾는 분, 항상 우리를 보호해주시는 분이 우리와 함께 계십니다. 그러므로 하나님께 기도할 때 두려워하지 말고 한숨을 쉬지도 마십시오.

사람의 정신이 손상되어 길을 잃는 것은 고집과 교만 때문입니다. 사람이 겸손하게 순종하면서 하나님을 찾으면, 모든 사람의 구원을 원하시는 그리스도의 은혜가 항상 그를 보호해줄 것입니다. 그런 사람에게 시험이 오는 것은 그를 시험하여 상 주기 위한 것이며, 시험을 허락하신 하나님의 신속한 도움이 동반됩니다. 하나님의 방법은 불가해 합니다. 교부들이 말하는 것처럼 바르게 살며 행위에 허물이 없고 주제넘지 않고 남을 비방하지도 않는 사람은 마귀의 군대가 수없이 시험해도 해를 입지 않을 것입니다. 그러나 자신을 과신하며 고집대로 행동하는 사람은 쉽게 해를 입습니다. 그러므로 침묵을 실천하는 사람은 항상 지름길로 가야 합니다. 무슨 일에든지 지나친 데에는 자만심이 동반되며, 자만심에는 망상이 따릅니다.

우리는 침묵하면서 세 가지 덕을 엄격하게 실천해야 하며, 망각의 공격을 받아 그 덕들을 멀리하지 않으려면 매시간 자신이 그 덕들 안에 거하는지 검증해 보아야 합니다. 이 세 가지 덕은 금욕, 말하지 않음, 그리고 자기를 낮춤(즉 겸손)입니다. 그것들은 서로를 지원하고 보호해줍니다. 그것들로부터 기도가 생겨나서 끊임없이 자랍니다. 기도 안에서 은혜가 활동하는 것의 시작은 여러 가지로 표현됩니다. 사도 바울의 말에 의하면 "같은 한 성령이 행하사 그 뜻대로 각 사람에게 나눠" 주십니다 (고전 12:11). 어떤 사람에게는 두려움의 영이 임하여 정념들의 산을 쪼개고

굳어진 마음을 깹니다. 그것은 몸에 못이 박혀 마비되어 죽은 것처럼 되는 두려움입니다. 또 어떤 사람들은 기쁨이 충만하여 전율합니다. 교부들은 그것을 기쁨의 뛰어오름이라고 말합니다. 또 기도에 성공한 사람들의 내면에 그리스도가 거하러 오실 때 하나님은 그 안에 미묘하고 평온하게 타오르는 빛을 만들어내셔서(엡 3:17) 영혼 안에서 신비하게 빛나게 하십니다. 그러므로 하나님은 호렙 산에서 엘리야에게 말씀하셨고(왕상 19:12), 주님은 이것이나 저것 안에 계시는 것이 아니라, 즉 초심자들의 개별적인 행동 안에 계시는 것이 아니라 기도의 완성을 보여주는 미묘한 빛의 번쩍임 안에 계시다고 말씀하셨습니다.

~ 8 ~

질문: 귀신이 빛의 천사의 모습으로 나타나서 유혹하려 할 때 우리는 어떻게 해야 합니까?

대답: 그런 경우에 선과 악을 제대로 분별하려면 큰 분별력이 필요합니다. 그러므로 부주의하게 눈에 보이는 것에 도취하지 말고 신중하게 행동하며, 모든 것을 주의 깊게 시험하여 선한 것을 받아들이고 악한 것을 거부하십시오. 항상 시험하고 조사한 후에 믿으십시오. 은혜의 작용은 명백합니다. 그러나 귀신이 모습을 바꾼다고 해도 온유, 다정, 겸손, 세상을 미워함, 정념과 정욕을 잘라버림 등의 작용을 할 수 없습니다. 그것들은 은혜의 결과입니다. 귀신의 역사는 오만, 자만, 협박, 그리고 모든 악입니다. 그러한 작용 때문에 우리 마음을 비치는 빛이 하나님의 것인지 사탄의 것인지 분별할 수 있습니다. 상추는 겨자와 비슷하고, 식

초의 색깔은 포도주와 비슷합니다. 그러나 우리는 입으로 맛을 보고서 그 둘의 차이점을 식별하고 정의합니다. 마찬가지로 분별력을 가진 영혼은 성령의 은사와 사탄의 망상을 정신적으로 맛보아 분별할 수 있습니다.

침묵과 기도에 관하여[1]

- 2 -

기도를 실천하는 방법

아침이 되면 정신을 두뇌에서 마음으로 내려가 머물게 하고서 지칠 때까지 정신과 영혼 안에서 "주 예수 그리스도시여, 나를 불쌍히 여기소서"라고 기도하십시오. 그러다가 지치면 "예수, 하나님의 아들이시여, 나를 불쌍히 여기소서"라고 기도하십시오. 이렇게 여러 번 기도한 다음에 다시 "주 예수 그리스도시여, 나를 불쌍히 여기소서"라고 기도하십시오. 그러나 이렇게 교대하여 기도하는 일을 너무 자주 반복해서는 안 됩니다. 나무를 너무 자주 옮겨 심으면 뿌리를 내리지 못하듯이, 마음속에서 드리는 기도도 표현을 너무 자주 바꾸면 뿌리를 내리지 못합니다. 머릿속에서 생각들이 일어나 산만해지면, 비록 나쁜 생각이 아니라도 그것들을 바라보지 말고 정신을 마음속에 확고히 붙들어 두고,

---

[1] 『필로칼리아』 제4권, 시내산의 성 그레고리, 384쪽 이하, "침묵에 관한 15편의 글"에 게재되어 있다.

주 예수를 부르십시오. 그러면 이 거룩한 이름이 그 생각들 및 그것들을 부추긴 귀신들을 채찍질하고 태워 몰아낼 것입니다. 그러므로 사다리의 요한은 이 세상이나 천국에서 원수들을 대적할 확실한 무기는 예수의 이름이므로, 그 이름으로 원수들을 채찍질하라고 말했습니다.[2]

- 3 -

자신을 지키며 하나님을 기억해야 할 필요성.

은자 이사야Isaih the Hermit는 "원수의 세력 때문에 흩어지고 분산되어 억제할 수 없는 정신을 억제하십시오. 우리가 태만하면 원수는 더욱 악한 영들과 함께 우리의 나태한 영혼으로 돌아옵니다. 주님은 '그 사람의 나중 형편이 전보다 더욱 심하게 되느니라'(마 12:45)고 말씀하셨습니다. 어떤 사람은 "수도사는 호흡하는 장소에서 하나님을 기억해야 한다"라고 가르치고, 어떤 사람은 "하나님에 대한 우리의 사랑이 호흡보다 우선해야 한다"라고 가르칩니다. 사다리의 요한은 "예수에 대한 기억을 당신의 호흡과 결합하십시오. 그러면 침묵의 유익을 알게 될 것입니다"라고 충고합니다.[3] 사도 바울은 "그런즉 이제는 내가 산 것이 아니

---

2) 『거룩한 등정의 사다리』, 스물한 번째 계단: 두려움, 208쪽: "그러므로 두려운 곳으로 갈 때에 기도의 갑옷을 입고, 두 손을 내밀어 예수의 이름으로 원수들을 채찍질하십시오. 하늘과 땅에서 이보다 더 강력한 무기는 없습니다."

3) 『거룩한 등정의 사다리』, 스물일곱 번째 계단: 정적, 307쪽: "호흡할 때마다 예수님을 기억하십시오. 그렇게 하면 정적의 가치를 이해할 것입니다."

요 오직 내 안에 그리스도께서 (활동하시고 신적인 생명을 호흡하시며) 사신 것이라"(갈 2:20)라고 말합니다. 주님도 "바람이 임의로 분다"고 말씀하셨습니다. 세례에 의해서 깨끗해진 우리는 성령의 정혼을 받았습니다. 성령은 자기 안에 참여하여 성장하는 사람을 거룩하게 하십니다. 그러나 우리는 은혜의 수호자인 계명을 게을리해왔기 때문에 다시 정념에 빠졌으며, 성령의 호흡으로 가득한 것이 아니라 우리의 무질서의 원인인 악한 영들의 바람으로 가득 차게 되었습니다. 그러나 성령을 보존하며 성령에 의해 깨끗해진 사람은 그분에 의해 따뜻해지고 신적 생명에 고취되며, 그분에 의해서 말하고 생각하고 움직입니다. 주님은 "말하는 이는 너희가 아니라 너희 속에서 말씀하시는 자 곧 너희 아버지의 성령이시니라"고 말씀하십니다(마 10:20). 반면에 내면에 주님을 대적하는 영을 소유하고 그것에 사로잡힌 사람은 주님을 대적하는 말과 행동을 합니다.

- 4 -

헤시카스트가 찬송하는 방법

사다리의 요한은 "지친 사람은 자리에서 일어나서 기도한 후에 다시 앉아서 담대하게 이전의 행동으로 돌아가야 합니다"라고 말합니다.[4] 이것은 정신적인 행동에 대한 말, 즉 마음을 지키는 데 성공한 사람을

---

4) 『거룩한 등정의 사다리』, 스물일곱 번째 계단: 정적, 298쪽: "파수꾼은 피곤하면 일어서서 기도한 후에 다시 앉아서 담대하게 임무를 수행합니다."

위한 말이지만, 찬송에 대해서도 같은 말을 할 수 있습니다. 대 바르사누피우스Barsanupius the Great는 찬송에 대한 질문을 받고서 이렇게 대답했습니다: "시간경과 찬송은 교회의 전통이며 기도를 위해 모인 사람들을 결합하기 위해 지혜롭게 주어진 것입니다. 그러나 스케테의 수도사들은 시간경이나 찬송을 하지 않고 손일을 하면서 독거를 훈련하고(정신기도) 간단한 구송기도를 조금 행합니다. 서서 기도할 때는 주기도문을 낭송하고, 우리를 옛 아담에서 구해달라고 하나님께 요청합니다." 구송기도를 너무 오랫동안 하는 것은 좋지 않으며, 우리의 정신은 종일 기도 안에 머물러야 합니다. 이것은 독거 훈련이 정신이나 마음의 기도라는 것을 나타냅니다. 일어서서 하는 시편 찬송도 어느 정도 기도라고 할 수 있습니다. 사다리의 요한도 같은 말을 합니다: "침묵은 모든 것으로부터의 이탈이요, 부지런한 기도, 즉 시편 찬송이요, 유린당하지 않은 마음의 행동입니다." 이것은 침묵뿐만 아니라 기도의 소재지입니다.[5]

- 5 -

질문: 시편 찬송을 많이 가르치는 사람이 있고 거의 가르치지 않거나 전혀 가르치지 않는 사람이 있는데, 그 이유가 무엇입니까?

---

5) 『거룩한 등정의 사다리』, 스물일곱 번째 계단: 정적, 301쪽: "어떤 사람은 정념을 억제하기 위해서 일합니다. 어떤 사람은 대부분의 시간을 시편을 노래하고 기도하면서 보냅니다. 어떤 사람은 깊은 관상기도를 실천합니다. 어떤 상황이든지 사다리에 따라서 조사하고 주님 안에서 받아들여야 합니다."

대답: 이 문제에 대한 대답은 다음과 같습니다. 여러 해 동안 수고함으로써 활동적인 생활로 은혜의 작용을 획득한 사람은 자신이 배운 방식으로 사람들을 가르칩니다. 그들은 성 이삭처럼 하나님의 자비와 뜨거운 믿음에 의해서 단기간에 이것을 획득했다고 말하는 사람을 믿지 않습니다. 그들은 무지와 자만심 때문에 그러한 사람들을 비방하며, 자신의 경험과 다른 일이 발생하는 것은 망상이지 은혜의 행위가 아니라고 장담합니다. 그들은 "가난한 사람을 삽시간에 부자로 만드는 것은 주님에게 있어 아주 쉬운 일"이라는 것을 알지 못합니다(집회서 11:21). 사도 바울은 은혜를 알지 못하는 제자들, 즉 게을러서 진보가 없는 사람들을 이렇게 꾸짖었습니다: "예수 그리스도께서 너희 안에 계신 줄을 너희가 스스로 알지 못하느냐 그렇지 않으면 너희는 버림받은 자니라"(고후 13:5). 이는 그런 사람들은 불신앙과 오만 때문에 성령의 작용으로 사람의 내면에서 이루어지는 기도의 놀라운 결과를 받아들이지 않기 때문입니다.

- 6 -

사람이 금식하고 금욕하고 철야하고 서서 찬송하고 무릎을 꿇고 절하고 눈물을 흘리고 소유를 버리는 것 등은 행위가 아닙니까? (그러나 우리는 침묵을 실천하는 사람에게 이 모든 것이 필요하다고 생각합니다.) 그런데 당신은 어째서 우리가 행동의 삶이 없이 기도에 성공할 수 있다고 주장한다고 여기십니까? 행동의 삶 외에 정신적인 활동이 필요하며, 그것이 없으면 기도에 성공할 수 없다는 것이 우리의 주장입니까? 들어보십시오. 정신을 집중하지 않고 입으로만 기도하는 것이 무슨 유익이 있습니까? "한 사람은 집을 짓고 한 사람은 그 집을 헐어 버린다면, 그들에게 헛수고 이외에 무엇이 남겠습니까?"(집회서 34:23). 마음에 진리가 아닌 것과 더러움이 가득하면서도 육체적으로 의로운 것처럼 보이지 않으려면, 정신에도 육신에 행하는 것처럼 행해야 합니다. 사도 바울도 같은 주장을 합니다: "내가 만일 방언으로 기도하면 나의 영이 기도하거니와 나의 마음은 열매를 맺지 못하리라 그러면 어떻게 할까 내가 영으로 기도하고 또 마음으로 기도하며 내가 영으로 찬송하고 또 마음으로 찬송하리라"(고전 14:14, 15), "그러나 교회에서 네가 남을 가르치기 위하여 깨달은 마음으로 다섯 마디 말을 하는 것이 일만 마디 방언으로 말하는 것보다 나으니라"(고전 14:19). 사다리의 요한은 바울이 정신 기도에 대해서 말하고 있다고 증언합니다: "완전한 기도를 한 위대한 사람은 '깨달은 마음으로 다섯 마디 말을 하겠다'고 말합니다."[6] 행위는 개별적인 것입니다. 모든 선이 마음의 기도로 획득되므로, 마음의 기도는 덕의 근원이요 모든 것을 포용하는 것입니다. 성 막시무스 St. Maximus는 "죽음을 생각하는 것

---

6) 『거룩한 등정의 사다리』, 스물여덟 번째 계단: 기도, 316쪽: "정신을 조심해서 훈련하여 방황하지 않게 만든다면, 식사할 때도 정신은 우리 곁에 머물 것입니다. 그러나 정신이 거리낌 없이 돌아다니도록 허락한다면, 절대 정신을 우리 곁에 두지 못할 것입니다. 크고 고귀한 기도를 실천한 바울은 '깨달은 마음으로 다섯 마디 말을 하는 편'을 택하겠다고 말합니다(고전 14:19). 그러나 어린아이같이 미숙한 영혼은 이런 종류의 기도에 익숙하지 않으며, 우리는 불완전하기 때문에 기도할 때 양질의 말뿐만 아니라 많은 양의 말도 필요합니다. 후자는 전자를 위해 길을 마련합니다."

만큼 두려운 것이 없고, 하나님을 기억하는 것만큼 영광스러운 것이 없다"라고 말하면서,7) 이 행동의 탁월함을 보여줍니다. 그러나 오늘날 무지하고 무감각하여 눈이 멀고 믿음이 적은 사람들은 은혜에 대한 말을 들으려 하지 않습니다.

~ 7 ~

시편찬송을 많이 하지 않는 사람은 시편 찬송하는 데 힘을 소진하여 정신에 기도할 열정이나 힘이 거의 남지 않는 일을 피하려고 중용을 취하여 찬송을 적게 하고 시간 대부분을 기도하는 데 사용하는데, 이러한 행동은 옳다고 여겨집니다. 반면에 빈번한 정신적인 호출과 끊임없이 기도에 집중하여 정신이 피곤할 때는 침묵 기도를 잠시 중단하고 찬송함으로써 정신을 쉬게 해주는 것이 좋습니다. 이것이 지혜로운 사람들이 가르친 탁월한 규칙입니다.

~ 8 ~

시편찬송을 철저히 삼가면서 진보를 이루는 사람도 바르게 행동하는 것입니다. 그런 사람에게는 시편찬송이 필요하지 않습니다. 만일 그가

---

7) 『필로칼리아』 제3권, 장로 일리아스: 격언집 3부 11, 67: "지성을 순수하게 의로운 것의 세계로 들어가게 하고, 하나님과 죽음에 대한 기억이 세상의 마음을 채워 모든 방탕한 욕망을 깨끗이 제거해주지 않는 한 지성은 물질적이고 유형적인 것, 그리고 필요한 음식에 대한 욕망을 초월할 수 없을 것입니다."

조명의 단계에 도달했다면, 침묵과 끊임없는 기도와 관상 안에 머물러야 합니다. 그는 하나님과 연합되었으므로, 정신을 하나님에게서 떼내어 혼란(또는 북적거리는 생각들) 속에 던져 넣어서는 안 됩니다. 사다리의 요한은 "공주생활을 하는 수도사에게는 자기 뜻을 따르는 것이 몰락의 원인이지만, 헤시카스트에게는 기도를 중단하고 포기하는 것이 몰락의 원인이다"라고 말합니다. 그런 사람이 하나님 기억하는 일을 버리는 것은 간음하는 것으로서 마치 신랑에게 충실하지 못하고 무가치한 사물을 사랑하는 것과 같습니다. 모든 사람이 이러한 훈련을 받을 수는 없습니다. 겸손을 위한 순종이 모든 덕을 행할 수 있으므로, 무식하고 단순하지만 순종하는 사람은 이러한 훈련을 받을 수 있습니다. 그러나 무식하든지 유식하든지 간에 순종하지 않는 사람은 망상에 빠질 염려가 있으므로 그런 사람에게는 이것을 가르쳐서는 안 됩니다. 자신의 결정을 따르는 사람은 자만심을 피할 수 없습니다. 성 이삭의 말에 의하면 일반적으로 자만심에는 망상이 따릅니다. 그러나 어떤 사람은 해가 될 수 있다는 것을 생각하지 못한 채 초심자들에게 하나님에 대한 기억을 유지하기 위해서 자신이 시도하는 것들을 가르칩니다. 이것은 정신이 이러한 기억에 익숙해져서 그것을 사랑하게 하기 위해서인데, 자신이 선택한 생활에 익숙해져 있는 사람에게는 이것이 불가능한 일입니다. 그런 사람의 정신은 태만함과 오만 때문에 불순하며 눈물로 깨끗해져 있지 않으므로 기도하지 못하며 부끄러운 생각들의 영상을 봅니다. 한편 그의 마음 안에서는 하나님의 두려운 이름 때문에 불안해하는 더러운 영들이 이를 갈면서 자기에게 상처를 주는 사람들을 파괴하려 합니다. 그러므로 자기 생각에 따라서 행동하거나 이러한 행동에 대한 말을 듣거나 글을 읽고 실천하기를 원하는 사람은 다음과 같은 두 가지 중 하나를 겪을 것입니다. 즉 억지로 시도하여 망상에 빠져 치료되지 못한 상태에 머물거나, 시도하지 않아 성공하지 못한 삶에 머물 것입니다.

- 9 -

내가 경험한 것을 말하겠습니다. 밤이나 낮에 앉아서 침묵하면서 생각을 하지 않고 겸손하게 끊임없이 하나님께 기도하여 정신이 기진맥진해지고, 계속 긴장하여 예수의 이름을 부름으로써 몸과 마음이 아플 때, 뜨거운 느낌이나 기쁨이 임하여 인내와 열심이 생겨나지 않을 때, 그럴 때는 혼자서, 또는 우연히 당신과 함께 있는 제자와 함께 일어서서 찬송하거나, 어떤 성경 구절이나 단어를 묵상하거나(또는 일반적으로 거룩한 것들을 생각하거나), 죽음을 생각하거나, 손으로 작업하거나, 다른 사람이 낭독해주는 것을 듣거나, 자리에서 일어남으로써 육체를 지치게 하십시오. 혼자서 서서 찬송할 때는 정신을 마음에 집중시키고 마음과 정신을 다해서 기도하십시오. 만일 당신이 낙심하거나 낙담하고 있다면 두세 편의 시편을 읽거나 특별한 절기를 위한 찬송이나 기도를 하되 사다리의 요한이 말한 것처럼 소리를 내지 마십시오.[8] 성 마크St. Mark의 말

---

8) 『거룩한 등정의 사다리』, 일곱 번째 계단: 정적, 301쪽: "복된 애통에 있어서 어느 정도 진보한 사람은 말이 없고 절제합니다. 진정으로 진보한 사람들은 성내지 않고 불평을 품지 않습니다. 완전한 사람들은 겸손하며, 수치를 갈망하

처럼, 이때는 마음이 신앙심을 갈망하며 사람들에게 기쁨과 즐거움을 주려는 영적 뜨거움으로 가득 차는 것으로 충분합니다.[9] 시편을 찬송한 후에는 다시 생각이 배회하지 않도록 하면서 마음과 혼을 다해서 기도하고, 그다음에 할렐루야를 찬미하십시오. 이것은 성 바르사누시우스, 디아오쿠스 등이 정한 순서입니다. 거룩한 바실Basil은 열심을 북돋우고 항상 같은 시편을 반복하는 단조로움 때문에 정신이 흥미를 잃게 하지 않으려면 날마다 시편을 바꾸라고 충고합니다. 정신에 자유를 주면 더 부지런해질 것입니다. 만일 당신이 신뢰하는 제자와 함께 찬송한다면, 제자에게 시편을 낭송하게 하고, 당신은 은밀하게 마음을 지키고 기도하며 자신을 지키십시오. 기도의 도움을 받아서 감각적인 것이든지 정신적인 것이든지 마음에서 오는 모든 생각을 무시하십시오. 침묵이란 성령에게서 오는 가장 거룩한 것을 제외한 모든 생각을 끊어버리는 것을 의미합니다.

며, 본의 아닌 고난을 기다리며, 죄인들을 정죄하지 않고, 엄청나게 동정심이 많습니다. 첫째 부류의 사람들은 겨우 조건에 맞는 사람들이며, 둘째 부류의 사람들은 칭찬받을 만합니다. 그러나 고난과 수치를 갈망하는 사람들은 확실히 복된 사람들입니다. 그들은 자신을 물리게 할 수 없는 음식을 배불리 먹을 것입니다." 트로파리아는 예배서에 등장하는 운율이 있는 산문체의 짧은 기도문이다.

9) 『필로칼리아』 제1권, 금욕 고행자 마가: 행위로 의롭게 된다고 생각하는 사람들에 관하여 131, 210쪽: "하나님을 기억하는 것은 경건한 정신으로 인내하는 마음의 고난입니다. 하나님을 망각하는 사람은 방종하고 방탕해집니다."

- 10 -

망상에 대하여

하나님을 사랑하는 자여, 조심하면서 지혜롭게 자신을 지키십시오. 해를 입지 않으려면 일하는 동안 당신의 내면이나 외부에서 불이나 불길, 또는 그리스도나 천사나 어떤 사람의 형상을 보아도 그것을 받아들이지 마십시오. 환상을 만들어내지 말며, 그것에 주의를 기울이지 말고, 그것이 주는 인상을 정신이 받아들이는 것을 허락하지 마십시오. 외부로부터 상상이 되거나 감명을 받은 것들은 영혼을 유혹하는 것을 목표로 삼습니다. 기도의 참된 출발점은 마음의 뜨거움입니다. 그것은 정념을 태워 없애고, 흔들리지 않은 사랑의 기쁨과 즐거움으로 마음을 채워주며, 확신으로 마음을 튼튼히 해줍니다. 거룩한 교부들은 감각적인 것이든지 영적인 것이든지 마음에 들어오는 것을 마음이 의심하고 받아들이기를 거부한다면, 그것은 하나님에게서 오는 것이 아니라 원수가 보낸 것이라고 가르칩니다. 만일 우리의 정신이 눈에 보이지 않은 힘의 유혹을 받아 밖으로 나가거나 높이 날아오르는 것을 보면, 그것을 신뢰하지 말며, 그것이 본연의 일을 계속하게 해야 합니다. 성 이삭의 말에 의하면 하나님에게서 오는 것은 그것이 임하는 때를 우리가 알지 못하는 상태에서 임합니다. 원수는 영적인 것을 가상적인 것으로 대치하려 하며, 뜨거움 대신에 무절제한 강렬함을 초래하고, 기쁨 대신에 저속한 즐거움과 유머를 자극하며, 그의 악한 궤계를 모르지 않는 사람들에게 그를 드러내 주는 느낌과 경험과 시기를 미숙한 사람들이 깨닫지 못하게 하는 데 성공합니다. 성경에서는 혀가 여러 가지 음식의 맛을 구분한다고 말합니다. 마찬가지로 영적인 미각은 모든 것을 있는 그대로 분명히 보여주며, 유혹에 굴복하지 않습니다.

- 11 -

독서에 관하여

사다리의 요한은 이렇게 말합니다. 만일 당신이 활동적인 생활을 실천하는 사람이라면, 행위에 관한 교부들의 글을 읽으십시오. 당신이 읽은 것을 실천에 옮긴다면, 다른 것을 읽을 필요가 없을 것입니다.[10] 침묵과 기도에 대한 글을 읽으십시오. 즉 사다리의 요한, 성 이삭, 성 막시무스, 신 신학자와 그의 제자 스테타토스, 헤시키우스, 시나이의 필로테우스 등 이 주제에 대해 저술한 사람들의 글을 읽으십시오. 다른 저술들은 용납할 수 없는 것은 아니지만 (기도에 대한 경험을 획득하려는) 현재의 목적에 일치하지 않는 것으로 여겨 한동안 읽지 마십시오. 그 글들이 다루는 주제들이 기도에 정신을 집중하지 못하게 할 수도 있습니다. 당신이 자신의 음성이나 정확한 발음을 뽐내거나, 어떤 모임에서 낭독하여 사

---

10) 『거룩한 등정의 사다리』, 스물일곱 번째 계단: 정적, 310쪽: "당신은 행하는 사람이 되어야 하므로, 행동하기 전에 성경을 읽으십시오(약 1:22 참조). 그 말씀을 실천하십시오. 그런 후 더는 성경을 읽을 필요가 없을 것입니다. 책이 아닌 노동을 통해서 구원의 말씀의 조명을 받으려고 노력하십시오. 또 영적 능력을 얻기 전에 다양한 층의 의미를 가진 책을 읽지 마십시오. 그런 책들은 의미가 모호하기 때문에 약한 사람들을 맹목적으로 만들 수 있습니다."

람들을 매료시키는 상상을 하는 시험에 빠지지 않으려면 홀로 있을 때 소리 내지 말고 읽어야 합니다. 지나친 독서도 피하십시오. 무슨 일이든지 적절하게 하는 것이 좋습니다. 또 지나치게 빨리 읽는 것, 지나치게 부주의하거나 게으르게 읽는 것을 피하며 정신을 집중하여 정중한 태도로 읽으십시오. 영혼에 유익을 주는 독서 때문에 활력을 얻은 정신은 힘을 얻어 확고하게 기도합니다. 규모 없는 독서는 정신을 어둡고 약하게 하며, 기도에 적합하지 못하게 합니다.

- 12 -

당신의 의지가 어느 쪽으로 기우는지에 주목하십시오. 당신이 앉아서 침묵하고 찬송하고 기도문을 낭송하거나 여러 가지 선을 행하는 것이 하나님을 향한 것인지, 선 자체와 당신의 영혼의 유익을 위한 것인지 지켜보십시오. 그렇게 하지 않으면 의식하지 못하는 사이에 당신은 도둑맞을 것이며, 마음으로는 하나님을 기쁘시게 하기를 원하지 않는 인간으로 머물러 있으면서 규칙에 따라 행동하는 행위자임을 입증할 것입니다. 원수는 많은 궤계를 동원하여 은밀하게 우리의 의지의 성향을 지켜보면서 눈치채지 못하는 사이에 우리의 일을 망치려 합니다. 그리하여 행해진 것은 하나님의 일이 되지 못합니다. 그러나 원수가 끊임없이 애쓰고 공격해도, 우리의 의지를 덫에 빠지도록 몰아가고 요동하게 해도, 하나님만을 기쁘시게 하려는 결심을 유지한다면, 우리는 자주 원수에게 강탈당하지 않을 것입니다. 어떤 사람이 연약하여 자신의 의지와는 달리 원수에게 정복되어도, 우리의 의도와 마음을 아시는 분은 곧 그를 용서하시고 칭찬하실 것입니다. 이 정념, 즉 허영은 수도사가 덕을 실천하는 데 성공하지 못하게 하므로, 그는 헛수고하며 열매를 맺지 못합니다. 허영은 초심자, 정진하는 수도사, 그리고 완전함에 이른 사람 등 모두에 몰래 접근하여 그들이 덕을 위해 애쓴 데 따른 열매를 빼앗아갑니다.

- 13 -

내 경험을 토대로 한 가지 더 이야기하겠습니다. 금식, 절제, 철야, 인내, 용기, 침묵, 기도, 말하지 않음, 눈물, 겸손 등의 덕이 없는 수도사는 결코 성공하지 못합니다. 그것들은 서로를 발생하고 보존해줍니다. 꾸준한 금식은 정욕을 시들게 하고 절제를 낳으며, 절제는 철야를, 철야는 인내를, 인내는 용기를, 용기는 침묵을, 침묵은 기도를, 기도는 말의 통제를, 말의 통제는 눈물을, 눈물은 겸손을, 겸손은 다시 눈물을 낳습니다. 이 과정이 거꾸로 진행될 수도 있습니다.

- 14 -

어떤 사람이 우리에게 들은 것에 따라 수고하면서 이 길을 걸었음에도 열매를 맺지 못하며 실제에서 우리가 보여준 것과 같지 않다는 이유로 우리를 비난하지 않도록 하려면, 이 노력의 고통스러운 노고들을 순서대로 열거하며, 각각의 일을 실천하는 방법을 분명히 보여주어야 합니다. 보통 마음 아픔과 육체적인 수고는 제 역할을 하며, 그것들을 통해서 성령의 활동이 드러납니다. 세례를 받을 때 신자들에게 성령이 주어지지만, 계명을 소홀히 함으로 말미암아 성령이 정념들 밑에 파묻힙니다. 자비하신 주님은 마지막 때 우리가 열매 맺지 못한 것 때문에 "그에게서 그 한 달란트를 빼앗아 열 달란트 가진 자에게 주라"(마 25:28), "누구든지 있는 자는 받겠고 없는 자는 그 있는 줄로 아는 것까지도 빼앗기리라"(눅 8:18)는 말을 듣고 지옥에 던짐을 받아 음부에서 영원한 고통을 당하지 않게 하려고 우리가 회개하기를 기다리십니다. 육체적인 것이든지 영적인 것이든지 수고나 고통이 없는 행위는 그 행위자에게 유익을 주지 못합니다. 주님은 "천국은 침노를 당하나니 침노하는 자는 빼앗느니라"(마 11:12)고 말씀하십니다. 침노란 우리가 노력하는 동안 느끼는 육체적으로 가장 고통스러운 감각이라고 이해해야 합니다.

여러 해 동안 고통스럽게 일해 왔고 또 일하고 있지만, 고난이 없이 노력해왔기 때문에 성령이 부족하고 순결이 부족함이 입증됩니다. 많이 수고하는 것처럼 보이지만 부주의하고 게으른 사람들은 열매를 거두지 못합니다. 그들의 수고에 고통이 없으므로 그들은 무감각한 상태에 머뭅니다. 어떤 사람은 이것에 대해 이렇게 증언합니다: "우리가 모든 훌륭한 생활방식을 실천해도 상한 마음을 획득하지 못하면, 그것들은 모두 가짜요 부패한 것입니다"(사다리의 요한).[11] 에프렘도 같은 말을 했습니다: "일할 때 헛수고의 아픔을 피하려면 수고를 아끼지 마십시오. 선지

---

11) 『거룩한 등정의 사다리』 일곱 번째 계단:애통, 122쪽: "애통이 주어진다면, 힘을 다해 그것을 굳게 붙드십시오. 그것은 제대로 확보하지 않으면 쉽게 잃어버릴 수 있습니다. 밀랍이 불 가까이에 있으면 녹듯이, 비탄도 소음, 세상의 염려, 사치 등에 의해서 특히 천박함과 수다에 의해서 쉽게 사라집니다."

자의 말처럼 우리의 허리에 금식의 고통이 가득 차지 않으면, 임신한 여인의 고통 같은 고통이 없으면 우리의 마음 밭에 구원의 영을 잉태하지 못할 것입니다." 그러나 우리는 오랜 세월, 불모의 사막에서의 삶, 그리고 헛되이 침묵을 지킨 것 등을 통해서 자신이 중요한 인물이 된다고 생각하고 그것을 자랑합니다. 우리가 죽을 때 자기 삶의 열매가 어떤 것인지 분명히 알게 될 것입니다.

- 15 -

어떤 사람은 자신의 경험을 교사로 사용했지만, 덕이라는 기술을 혼자서 배울 수 없습니다. 성공한 사람들의 충고를 따르지 않고 자신의 성향에 의해서 행동하면 자신을 높이 평가하게 됩니다. "아들이 아버지께서 하시는 일을 보지 않고는 아무것도 스스로 할 수 없나니 아버지께서 행하시는 그것을 아들도 그와 같이 행하며"(요 5:19), 성령이 "스스로 말하지 않는다면"(요 16:13), 과연 누가 자신이 덕의 고지에 도달했으므로 다른 사람의 지도가 필요하지 않다고 말할 수 있겠습니까? 그처럼 주제넘은 사람은 고결하다기보다 미친 것처럼 보일 것입니다. 그러므로 우리는 적극적인 덕의 수고와 아픔을 경험한 사람들의 말을 듣고 그들의 지도로 그것을 실천해야 합니다. 즉 배고픔, 금식, 금욕, 철야, 무릎 꿇음, 움직이지 않고 섬, 항상 기도함, 가식이 없는 겸손, 끊임없는 통회와 탄식, 매사에 지혜로운 침묵과 인내 등을 실천해야 합니다. 성경은 "네가 네 손이 수고한 대로 먹을 것이라"고 말하며(시 128:2), 또 "천국은 침노를 당하나니 침노하는 자는 빼앗느니라"(마 11:12)고 말합니다. 이것들을 실천하기 위해서 날마다 힘껏 노력하는 사람은 하나님의 도움을 받아 때가 되면 수고의 열매를 거둘 것입니다.

신 신학자 시므온
St. Simeon the New Theologian

생애

성 시므온St. Simeon은 파플라고니아Paphlagonia에서 태어났고, 콘스탄티노플에서 조신朝臣인 삼촌에 의해 양육되었다. 그는 교육과정을 마친 후 왕실 소속으로 남아 있다가, 얼마 후에 그곳을 떠나서 학생 때부터 그들 지도해온 스승인 경건한 시므온과 합류하기 위해서 스투디트Studit 수도원에 들어갔다. 그의 지나치게 엄격한 생활이 형제들을 불쾌하게 했기 때문에 그는 스승의 충고를 받아 성 마마스St. Mamas 수도원으로 옮겼다. 그곳에서 수도원장이 사망하면서, 그는 수도원장으로 선출되었고, 총대주교 니콜라스 크리소베르고스Nicholas Chrysovergos에 의해서 사제로 임명되었다. 시므온은 수도원을 조직한 후에 많은 시련을 겪었고, 아르세니우스Arsenius에게 수도원장 직을 넘겨주고 침묵 생활을 시작했다. 그러나 그는 침묵의 평화를 그리 오래 누리지 못했다. 그의 스승인 경건한 시므온이 사망하면서, 그를 기리기 위해서 기념일을 제정하는 일로 그에게 시련이 닥쳤고, 그는 콘스탄티노플에서 추방되었다. 그는 콘스탄티노플에서 멀리 않은 곳에 방치된 성 마리나 교회를 선택했다. 그곳의 주인 크리스토퍼 파구라Christopher Fagura는 귀족으로서 그를 존경했으며, 그가 그곳에 수도원을 세우는 일을 도와주었다. 새 수도원이 자리를 잡은 후 시므온은 다시 은퇴하여 30년 동안 침묵 속에 평화로이 살다가 11세기 초에 세상을 떠났다. 그의 기념일은 그가 임종한 날인 3월 12일이다.

시므온은 많은 글을 남겼다. 그는 수도원들의 수장首長으로 있을 때 자주 교회에서 설교했고, 두 차례 은둔 생활을 하는 동안 기독교인들, 그리고 특별히 영적 싸움을 하는 사람들을 위한 서신과 교훈을 저술했다. 후자는 주로 짤막한 본문이나 기사의 형태로 기록되었다.

그의 제자로서 그의 전기를 저술한 니케타스 스테타토스Nicetas Stethatos가 그의 저술을 수집했고, 그가 살아있는 동안 그것들의 사본을 제작하기 시작했다.

실천적인 가르침과 신학적인 가르침[1]

~ 1 ~

믿음이란 죽음이 생명을 가져올 것을 확신하고 그리스도를 위해서, 그분의 명령을 위해서 기꺼이 죽으려는 것입니다. 그것은 가난을 부유함으로, 무가치함과 무를 참된 명성과 영광으로 여기는 것이며, 아무것도 소유하지 않을 때 모든 것을 소유하는 것입니다. 무엇보다도 믿음은 그리스도에 대한 지식이라는 눈에 보이지 않는 보물을 획득하며 눈에 보이는 것들을 먼지나 연기로 여기는 것입니다.

~ 2 ~

그리스도에 대한 믿음은 단지 삶의 즐거움을 무시하는 것이 아니라 하나님의 은총이 임할 때까지 근심이나 슬픔이나 불쾌한 일 등 모든 시험을 참고 견디는 영혼의 선하고 인내하는 성향입니다. 그러므로 우리

---

[1] 필로칼리아 제4권, "153편의 실질천적이며 신학적인 글", 26쪽 이하에 게재된 것과 순서와 내용에 있어서 상당한 부분이 맞지 않다.

는 "내가 여호와를 기다리고 기다렸더니 귀를 기울이사 나의 부르짖음을 들으셨도다"(시 40:1)라고 말한 다윗을 본받아야 합니다(다시 말해서 "나는 주께서 나를 도와주실 것을 바라면서 슬픔을 참고 견뎠습니다. 그러므로 주께서 내가 흔들림이 없이 주님의 도우심을 기다리는 것을 보시고 나를 내려다보시며 그의 자비를 보여 주셨습니다").

~ 3 ~

하나님의 계명보다 자기 부모를 선택하는 사람에게는 그리스도에 대한 믿음이 없습니다. 혹시 그에게 양심이 살아 있다 해도, 그 양심은 그에게 믿음이 부족한 것을 비난하지 않습니다. 참 신자의 진정한 표식은 하나님과 우리 구주 예수 그리스도의 명령을 범하지 않는 것입니다.

~ 4 ~

참 하나님이신 그리스도에 대한 믿음은 영원한 복을 향한 갈망과 고통에 대한 두려움을 낳습니다. 이 복을 향한 갈망과 고통에 대한 두려움이 계명을 준수하게 하며, 계명을 엄격히 준수하는 것이 우리의 연약함을 깊이 깨닫게 해줍니다. 우리의 실질적인 연약함에 대한 이러한 인식은 죽음을 기억하게 합니다. 항상 죽음을 기억하는 사람은 이 세상을 떠난 후에 무엇이 자신을 기다리고 있는지 배우려 합니다. 수고하면서 장래에 대해 배우려고 노력하는 사람은 먼저 자신에서 현재(즉 복과 이 세상에 속한 것들)를 박탈해야 합니다. 작고 하찮은 것이라도 세상에 속한 것에 집착하는 사람은 장래에 대한 완전한 지식을 얻을 수 없습니다. 하나님이 이 지식을 어느 정도 맛보게 해주려 하셔도, 만일 사람이 자신이 집착하는 것을 즉각적으로 부인하고 이 지식을 획득하는 일에 전념하지 않는다면, 자신이 가지고 있다고 생각하는 지식마저 빼앗길 것입니다.

~ 5 ~

만일 세속적인 것들과 습관과 견해와 사람들로부터 물러나고 몸과 뜻을 제 것으로 여기지 않는 것을 포함하여 세상을 버리고 세상에서 완전히 물러난다면, 그러한 열심을 가진 사람은 곧 큰 유익을 얻을 것입니다.

~ 6 ~

만일 당신이 세상으로부터 물러나려 한다면, 세상에 살면서 움직이는 동안에는 비록 친척들과 친구들이 강요해도 영혼이 육적인 위로에 빠지도록 내버려 두지 마십시오. 그들은 당신의 마음의 뜨거움을 제거하려는 귀신들의 부추김을 받고 있습니다. 그러므로 그들은 당신의 결심을 완전히 깨지 못하더라도 약하게 하거나 식게 하려 할 것입니다.

~ 7 ~

만일 당신이 담대하게 세상의 쾌락을 거부하고 온갖 즐거움에 대해 초연한다면, 귀신들은 당신 친척들의 동정심을 자극하여 그들이 현재 상태의 당신 때문에 울며 눈물을 흘리게 할 것입니다. 당신이 이 유혹에 넘어가지 않으면 당신의 친척들은 격분하고 당신을 미워하며 원수처럼 대하며 심지어 당신을 쳐다보려 하지도 않는다는 것을 보면 이것이 사실임을 알 수 있습니다.

~ 8 ~

부모와 형제들과 친구들이 당신 때문에 슬퍼하는 것을 볼 때 다양한 방법으로 당신을 대적하려 하는 귀신을 비웃으십시오. 그러나 두려워하며 서둘러 물러서며, 짐을 지고 불안해하는 당신의 영혼에 평안을 주실 아버지의 항구에 속히 도착하게 해달라고 주님께 구하십시오. 인생의 바다에는 위험하고 비참한 것들이 많습니다.

~ 9 ~

세상을 미워하기를 원하는 사람은 영혼의 깊은 곳에서 하나님을 사랑하며 항상 하나님을 기억해야 합니다. 세상에 속한 모든 것을 배설물로 여겨 버리게 하는 데 이보다 더 강력한 것은 없습니다.

~ 10 ~

옳은 것처럼 보이는 동기에서든지 비속한 동기에서든지 세상에 오래 머물지 말고, 부름을 받는 즉시 순종하십시오. 하나님은 우리가 서둘러 하나님의 뜻에 복종하는 것을 가장 기뻐하십니다. 가난하지만 신속하게 순종하는 것이 많은 재산이 있어 꾸물거리는 것보다 낫습니다.

~ 11 ~

하나님은 영원하고 불멸하시지만, 세상 및 그에 속한 것들은 무상합니다. 그러므로 하나님을 위해서 무상한 것들을 포기한 사람은 기뻐하십시오. 돈과 부귀뿐만 아니라 온갖 악한 즐거움과 쾌락은 무상한 것들입니다. 하나님의 명령만이 빛이요 생명이며, 그러므로 모든 사람이 그것을 요구합니다.

~ 12 ~

형제여, 만일 당신이 구원을 갈망하여 급히 수도원에 들어갔거나 영적 아버지를 찾아갔을 때 당신과 함께 일하는 형제나 영적 아버지가 음식이나 육체적인 위로를 제공한다면, 그것을 받아들이지 마십시오. 항상 금식과 고난과 금욕을 실천할 준비를 하십시오. 만일 영적 아버지가 당신의 몸에 약간의 위로를 주라고 명하시면, 당신의 의지를 꺾고 그분에게 순종하십시오. 만일 그렇게 하지 않으려면, 당신이 자유의지에 의해서 선택한 것을 인내하면서 행하십시오(다시 말해서 모든 것을 삼가십시오). 이렇게 하면 당신은 매사에 금식하고 금욕하며 자기의 뜻을 포기한 사람으로 남을 것입니다. 게다가 그렇게 함으로써 당신의 마음속에서 모든 것을 멸시하라고 강권하며 타오르는 불을 꺼지지 않게 보존할 것입니다.

~ 13 ~

　귀신들은 하나님을 향한 우리의 의도를 파괴하거나 그것의 성취를 방해하기 위해서 가능한 모든 일을 하고서도 실패하면, 경건한 체하는 형제들 안에 들어가서 그들을 통해서 영적 싸움의 길을 걷기 시작한 사람의 선한 행위를 방해하려 합니다. 그들은 마치 사랑과 긍휼로 움직이는 것처럼 행하면서, 몸을 피곤하게 하거나 낙심하게 하지 않으려면 육체적인 위로를 피하지 말라고 충고합니다. 게다가 그들을 무익한 대화에 개입시켜 매일 매일 허송세월하게 합니다. 만일 열심을 내는 사람이 그들의 권고를 받아들여 그들처럼 되면, 그들은 마치 그의 몰락을 즐거워하는 듯이 그를 조롱하기 시작합니다. 그러나 어떤 사람이 그들의 말을 듣지 않고 모든 사람을 겸손하고 온유하게 대하면서 자신의 내면에 집중한다면, 그들은 그를 시기하며 가능한 모든 수단을 써 그를 공격하며, 심지어 수도원에서 쫓아내기도 합니다. 부끄러운 허영은 칭찬받는 참된 겸손을 맺을 수 없기 때문입니다.

~ 14 ~

　허영심이 강한 사람은 겸손하게 눈물을 흘리는 사람이 하나님의 자비를 얻고 사람들의 자발적인 칭찬을 받는 것을 보면 괴로워합니다.

~ 15 ~

　영적 아버지에게 복종한 사람은 돈이나 재산 등 외부에서 가져온 모든 것과 결별해야 합니다. 영적 아버지의 지시가 없으면 그것들을 가지고 아무 일도 하지 말며, 그분이 주도하여 당신에게 취하라고 명하거나 주지 않는 한 큰 것이든지 작은 것이든지 아무것도 요청하지 말아야 합니다.

~ 16 ~

하나님 안에 있는 아버지의 뜻이 아니라면, 결코 당신이 가져온 돈으로 구제하지 마십시오. 또 제삼자의 중개를 통해서 그중 일부를 취하려 하지도 마십시오. 당신이 아직 초심자의 단계에 있으면서 가난한 사람들을 구제하고 돈을 나누어주는 것보다는 가난한 방랑자 취급을 받는 편이 낫습니다. 영적 아버지의 손에 모든 것을 맡기는 것이 완전한 믿음의 행동입니다.

~ 17 ~

아무리 목이 말라도 영적 아버지가 마시라고 명령하지 않는 한 한 방울의 물도 요구하지 마십시오. 매사에 다음과 같이 자신을 권면하면서 자신을 억제하십시오: 하나님께서 내가 물을 마실 자격이 있다고 생각하시고 또 마시는 것을 원하신다면, 아버지께 "마시라"고 말하라고 제안하실 것이다. 그렇게 하면 비록 적절한 때가 아니더라도 당신은 깨끗한 양심으로 물을 마실 것입니다.

~ 18 ~

어떤 사람이 영적으로 유익한 경험을 하고 참믿음을 획득하고서 하나님을 자신의 증인이라고 지칭하면서 다음과 같이 말했습니다: "나는 아버지께 음식이나 마실 것을 요구하지 않으며, 하나님께서 제안하시지 않은 것은 아버지의 명령이라도 받아들이지 않기로 했습니다. 나는 이러한 희망 안에서 좌절하지 않았습니다."

~ 19 ~

하나님 안에서 아버지에 대한 적극적인 믿음을 획득한 사람이 있었습니다. 그는 아버지를 보면서 자신이 그리스도를 보고 있다고 생각했습니다. 그분 앞에 거하거나 그분을 따를 때 그분이 항상 그리스도와 함께 계시며 그리스도를 따르고 있다고 믿었습니다. 그런 사람은 다른 사람과 대화하기를 원하지 않을 것이며, 주님을 사랑하고 기억하는 것 대신에 세상의 것을 택하지 않을 것입니다. 현세에서나 내세에서 과연 무엇이 그리스도와 함께 있는 것보다 더 좋고 유익하겠습니까? 그 무엇이 그분을 관상하는 것보다 더 달콤하고 아름답겠습니까? 만일 누군가가 그분과 대화하는 것을 허락받는다면, 반드시 그것으로부터 영생을 끌어낼 것입니다.

~ 20 ~

자신을 욕하고 비난하며 해를 끼치는 사람을 호의로 대하며 사랑하는 사람, 그를 위해 기도하는 사람은 머지않아 큰 것을 성취할 것입니다. 만일 그의 마음의 느낌들이 호의적이라면, 이 선한 성향이 그를 깊은 겸손으로 이끌어가고 눈물샘을 활짝 열어 눈물이 그의 영혼의 세 부분(즉 지적인 능력, 갈망하는 능력, 그리고 도발하는 능력)[2] 에 흘러넘치게 할 것입니다. 그것은 정신을 정념이 없는 천국으로 이끌어가서 관상적 상태로 만들어줄 것입니다. 천국의 복을 맛본 사람은 현세의 복을 배설물로 여기며, 배부르게 먹거나 마시지 않고 자주 먹지도 않을 것입니다.

~ 21 ~

영적 싸움을 하는 사람은 악한 행위를 멀리할 뿐만 아니라 (하나님의 계명과 뜻에 반대되는) 생각thoughts과 개념ideas에서 벗어나려고 노력해야 하며, 세상의 염려를 버리고 유익한 영적 묵상에 전념해야 합니다.

~ 22 ~

벌거벗은 채 눈에 가리개를 하고 있으면서 그 가리개를 제거하기를 거부하는 사람이 벌거벗은 자기의 몸을 비추는 빛을 볼 수 없듯이, 돈과 소유를 포기하고 심지어 그런 종류의 정념에서 벗어난 사람이라도 영혼의 눈이 세상의 기억과 옳지 않은 생각들로부터 해방되지 않으면 영적

---

2) 플라톤이 제시한 영혼의 삼분법을 채택하고 있다: (1) 갈망하는 능력(desire, epithymetikon); (2) 도발하는 능력(irascible, thymoeides); (3) 지적 능력 (intelligence, logistikon).

인 빛, 즉 우리 주 예수 그리스도와 하나님을 볼 수 없습니다.

~ 23 ~

가리개와 눈의 관계는 세상 생각 및 삶의 기억들과 정신 또는 영혼의 눈의 관계와 같습니다. 그것들이 존재하는 것을 허용하는 한 우리는 아무것도 보지 못할 것입니다. 그러나 죽음을 생각함으로써 그것들을 몰아내면, 세상의 모든 사람을 비추는 참 빛을 볼 것입니다.

~ 24 ~

나면서부터 장님은 기록된 단어의 힘을 알 수 없고 믿을 수도 없습니다. 그러나 만일 그가 눈을 뜬다면, 기록되고 읽힌 것이 진실임을 증명할 것입니다.

~ 25 ~

육신의 눈으로 보는 사람은 밤과 낮을 구분하지만, 장님은 밤과 낮을 구분하지 못합니다. 영적인 눈을 뜨고서 내면의 빛을 보는 사람도 마찬가지입니다. 만일 그가 영원한 참 빛을 본 후에 부주의함과 태만 때문에 다시 장님이 되어 빛을 보지 못한다면, 그가 바른 상태에 있다면 이 빛의 상실을 깊이 느낄 것이며, 그 이유를 모르지 않을 것입니다. 그러나 (영적으로) 태어나면서부터 장님인 사람은 경험을 통해서든지 그것의 작용을 통해서든지 이것을 알 수 없습니다. 그는 소문에 의해서 자신이 보지 못한 것에 대해 배우며, 사람들에게 그것에 대해서 말하기 시작할 수도 있을 것입니다. 그러나 그 자신이나 그의 말을 듣는 사람들 모두 자기들이 논의하고 있는 것에 대한 참지식을 가지고 있지 못합니다.

~ 26 ~

음식을 지나치게 많이 먹으면 영적인 복을 누릴 수 없습니다. 사람이 자기의 배를 채우는 만큼 영적인 복을 빼앗깁니다. 반대로 음식을 적게 먹는 데 비례하여 더 많은 영적인 양식과 위로가 채워질 것입니다.

~ 27 ~

우리는 세상의 것을 모두 버려야 합니다. 부유함이나 금을 비롯하여 그런 것들에 대한 욕망까지도 마음에서 몰아내야 합니다. 육체의 쾌락뿐만 아니라 제어되지 않은 몸의 움직임도 미워하며, 노동과 금욕적인 고난에 의해서 몸을 정화해야 합니다. 몸을 통해서 정욕들이 자극을 받아 활동하게 되기 때문입니다. 그러므로 몸에 생명이 가득한 동안에는 우리 영혼이 죽어 하나님의 계명에 기초를 둔 일을 행할 수 없습니다.

~ 28 ~

불을 피울 때 부지깽이로 장작을 밀어 넣거나 뒤집으면 불길이 위로 치솟듯이, 허영심이 강한 사람의 마음도 겸손해질 수 없습니다. 그런 사람에게 치켜세우는 말을 해주면, 그의 마음은 즉시 의기양양해집니다. 만일 그를 비난하거나 권면하면, 그는 흥분하여 논쟁합니다. 만일 그를 환영하고 칭찬해주면, 그는 한층 더 교만해집니다.

~ 29 ~

논쟁을 좋아하는 사람은 자신에게 양쪽에 날이 선 칼이 됩니다. 그는 알지 못하는 사이에 자기 영혼을 죽이며 영생을 누리지 못하게 합니다.

~ 30 ~

논쟁을 좋아하는 사람은 고의로 왕의 원수들에게 항복하는 사람과 같습니다. 논쟁은 우리를 유혹하여 죄라는 낚싯바늘을 삼키게 하려고 (진리 수호, 자기 정당화, 자기방어 등의) 정당성을 미끼로 단 낚싯줄입니다. 혀와 목구멍에 낚싯바늘이 걸린 불쌍한 영혼은 악령들에게 강탈당합니다. 그 영혼은 정죄되어 하늘로부터 내던짐을 받아 무질서한 죄의 심연 속에서 오르락내리락합니다.

~ 31 ~

도전과 학대 때문에 마음에 상처를 받은 사람은 내면 깊은 곳에 옛 뱀을 숨겨 두고 있음을 나타냅니다. 만일 그가 묵묵히 공격을 당하거나 겸손하게 응답한다면, 이 뱀을 무력하고 약하게 하거나 죽일 수 있을 것입니다. 그러나 만일 그가 신랄하게 논쟁하거나 오만하게 이야기한다면, 이 뱀이 힘을 얻어 그의 마음에 독을 주입하고 무자비하게 그의 창자를 먹어치울 것입니다. 이런 식으로 날마다 힘을 얻은 뱀은 마침내 가련한 영혼이 자신의 생활방식을 고침으로써 자신을 개혁하려는 의도까지 먹어치우며, 그 일을 행하려는 능력을 파괴할 것입니다. 그리하여 그 사람은 진리에 대해서 죽고 죄를 위해서 살 것입니다.

- 32 -

세상을 부인하고 복음에 따라 사는 방법을 배우려면, 정념들에 대해 잘 아는 노련한 교사의 가르침을 받으십시오. 그렇지 못하면, 당신은 복음에 따른 생활이 아니라 마귀의 생활을 배우게 될 수도 있습니다. 선한 교사는 선한 것을 가르치고, 악한 교사는 악한 것을 가르칩니다. 나쁜 씨앗에서 나쁜 싹이 나옵니다.

- 33 -

정념에서 벗어난 거룩한 교사를 달라고 하나님께 기도하면서 눈물로 구하십시오. 성경과 교부들의 글을 공부하고, 그것들을 당신이 교사에게서 받은 가르침과 비교하십시오. 그리하면 그것들이 얼마나 일치하는지 거울을 들여다보듯이 알 수 있을 것입니다. 그런 후에 거룩한 글과 일치하는 것을 당신의 생각 속에 받아들이며, 지혜롭게 고려한 후에 일치하지 않는 것을 버리십시오. 그리하면 망상에 빠지지 않을 것입니다. 오늘날 많은 거짓 교사들과 유혹하는 사람들이 활동하고 있음을 알아야 합니다.

- 34 -

영적으로 눈이 멀었으면서도 사람들을 지도하는 사람은 미혹하는 사람으로서 자기를 따르는 사람들을 멸망하게 합니다. 주님은 "만일 맹인이 맹인을 인도하면 둘이 다 구덩이에 빠지리라 "라고 말씀하십니다(마 15:14).

- 35 -

한 가지, 즉 하나님과의 관계에서 눈이 먼 사람은 모든 것과의 관계에서 눈이 먼 사람입니다. 한 분 하나님 안에서 보는 사람은 모든 것을 봅니다. 그는 모든 사물을 보지 못하는 동시에 보며, 눈에 보이는 모든 것들의 외부에 거합니다. 이처럼 한 분 하나님 안에 거하는 사람은 모든 것을 보며, 모든 것 안에 있으면서 모든 것의 무가치함을 봅니다. 한 분 하나님 안에서 그분을 통해서 자기 자신과 이웃과 다른 모든 것을 보며, 그분 안에 감추어져 있으면서 모든 것의 무가치함을 봅니다.

- 36 -

지각과 의식을 가지고 자신의 속사람 안에 거룩한 인간이요 하나님이신 주 예수 그리스도의 형상을 취하지 않은 사람은 혈과 육에 불과합니다. 나면서부터 맹인인 사람이 태양 빛에 대한 말을 들으면 그것이 어떤 것인지 인식하지 못하듯이 이런 사람도 말만 듣고서는 영적인 영광을 이해할 수 없습니다.

- 37 -

하늘의 형상을 취하여 "온전한 사람을 이루어 그리스도의 장성한 분량이 충만한 데까지 이른"(엡 4:13) 사람, 보고 듣고 이해하는 사람은 말의 힘을 압니다. 그러므로 그는 그리스도의 양 떼를 하나님의 계명의 길로 바르게 인도할 수 있습니다. 그러나 그것을 알지 못하는 사람은 영혼의 감각이 건강하지 못하고 조명되지 못하므로, 사람들을 인도하여 그들은 물론이요 자기 자신까지 위험하게 하지 말고 스스로 다른 사람의 지도를 받는 편이 훨씬 유익합니다.

- 38 -

하나님의 말씀을 경청하듯이 훈계자나 교사의 말을 경청하는 사람은 논쟁하지 않습니다. 교사의 말을 경청하는 일과 논쟁하는 일을 모두 할 수 있다고 생각하거나 주장하는 사람의 생각이 잘못된 것임을 알게 해 주어야 합니다. 그는 하나님의 사람들이 하나님과 어떤 관계를 유지하는지 알지 못하고 있습니다.

- 39 -

자신의 생사가 목자의 수중에 달려 있다고 믿는 사람은 논쟁하지 않습니다. 논쟁은 이 사실을 알지 못하는 데서 비롯되는데, 그것은 영적으로 영원한 죽음을 초래합니다.

- 40 -

판결이 나기 전에는 죄수는 자신이 행한 것에 대해서 판사에게 말하고 자신을 변호할 권리가 있습니다. 그러나 사건 심리가 끝나고 판사가 형을 선고한 후에는 판결에 관여한 사람들과 논쟁할 수 없습니다.

- 41 -

수도사가 회개의 법정에 들어와서 마음에 있는 것을 드러내기 전에는 어떤 행위를 숨기고 싶든지 무지함 때문이든지 반론하는 것이 허락될 수 있을 것입니다. 그러나 그의 생각을 드러내고 진지하고 고백한 후에는 하나님 안에 있는 자신의 재판관에게 반박할 수 없습니다. 만일 이 법정에 들어와서 마음의 비밀을 드러낸 수도사가 상식이 있는 사람이라면 이곳에서 살기 시작하면서부터 자신이 수백 번 죽어도 마땅하다고 확신하면서도, 만일 자신이 이 비밀의 능력을 안다면 순종과 겸손을 통해서 괴로움과 형벌을 피할 수 있다고 믿을 것입니다.

- 42 -

이것을 명심하고 있는 사람은 자신의 잘못이 드러나고 가르침과 권면을 받을 때 자기 마음이 꼴사나운 것의 자극을 받도록 내버려 두지 않습니다. 만일 어떤 사람이 이 과정에서 자신의 영적 아버지요 교사인 분과 논란을 벌이고 그를 불신하는 치명적인 죄에 빠진다면, 그는 살아있는 동안 지옥에 던져 멸망하며, 멸망의 자식인 사탄과 그의 더러운 군대들이 그의 안에 거할 것입니다.

- 43 -

순종의 멍에를 멘 사람은 자주 이것을 상기하면서 지옥과 영원한 고통에 빠지지 않기 위해 노력해야 합니다. 날마다 하나님께 기도하며

"만군의 주이신 하나님, 하나님은 모든 호흡과 모든 영혼을 다스리는 능력을 갖추고 계십니다. 하나님만이 나를 고치고, 내 기도를 들으시며, 성령을 보내셔서 불쌍한 내 안에 둥지를 틀고 있는 뱀을 죽이실 수 있습니다. 덕이 부족하고 벌거벗은 나를 가르치사 내 아버지의 발아래 엎드리게 하시며, 그분의 거룩한 영혼을 감동하여 나를 불쌍히 여기게 해 주십시오. 주님, 내 마음에 겸손을 주시며, 회개하기로 한 죄인의 생각을 나에게 허락해 주십시오. 과거에 주님과 연합했던 영혼, 주님께 신앙을 고백하고 주님을 선택했던 영혼, 온 세상보다 주님을 선호했던 영혼을 완전히 버리지 마십시오. 주님, 비록 악한 습관들이 내 길을 방해하지만, 주님은 내가 얼마나 구원을 원하는지 아십니다. 주님, 인간은 할 수 없지만, 당신께는 모든 것이 가능합니다" 라고 말해야 합니다.

- 44 -

두려워 떨면서 의의 안마당에 믿음과 소망의 기초를 놓은 사람, 그리고 영적 아버지에 대한 순종의 반석 위에 굳게 서서 그분의 가르침을 하나님의 말씀인 듯이 경청하며 이 순종의 기초위에서 흔들림이 없이 겸손하게 배운 것을 실천하는 사람은 신속하게 성공합니다. 그가 실천하는 첫 번째 큰일은 자기 부인입니다. 자기 뜻이 아닌 다른 사람의 뜻에 순종하는 것은 자기 영혼을 부인하는 일을 강화해줄 뿐만 아니라 세상이 그를 위해 죽게 합니다.

- 45 -

사람이 자기 아버지와 논쟁하면, 귀신들이 기뻐합니다. 그러나 아버지 앞에서 죽기까지 자신을 낮추는 사람을 보면 천사들도 놀랍니다. 그런 사람은 십자가에서 죽기까지 아버지께 순종하신 하나님의 아들을 본받으며 하나님의 일을 행합니다.

- 46 -

감각적인 것 때문에 오랫동안 지나치게 마음으로 슬퍼하면 정신이 흐려지고 혼란스러워집니다. 그것은 영혼에서 깨끗한 기도와 부드러움을 몰아내고, 마음이 고통스럽게 탄식하게 합니다. 이것은 무감각함과 완악함으로 이어집니다. 귀신들은 이것에 의해서 영성생활을 시작한 사람에게 실망을 초래합니다.

- 47 -

당신에게 그런 일이 발생하며, 동시에 영혼 안에서 완전함을 향한 열심과 갈망을 발견한다면, 그리하여 당신이 힘을 다하여 하나님의 계명을 지키려고 노력하며 부주의한 말을 하는 것과 같은 죄를 짓지 않고 행동이나 지식이나 하나님을 보는 일에서 옛 성도들에 뒤지지 않기를 원하지만, 원수가 방해하며 당신의 영혼 안에 무기력이라는 가라지 씨를 뿌리고, 당신이 성화聖化의 고지로 날아가지 못하게 방해하고, 이러한 암시를 통해서 당신의 내면에서 두려운 생각들을 자극함으로써 당신을 약하게 한다면, 또 삶의 한복판에서 흔들림 없이 하나님의 계명에 순종하거나 구원받을 수 없다고 깨닫게 한다면, 구석에 홀로 고독하게 앉아서 생각을 집중하십시오. 그때 영혼에 다음과 같은 선한 권고가 임합니다: "'내 영혼아 네가 어찌하여 낙심하며 어찌하여 내 속에서 불안해하는가 너는 하나님께 소망을 두라 그가 나타나 도우심으로 말미암아 내가 여전히 찬송하리로다'(시 42:5). 율법에 비추어 의롭다 할 행위가 있느냐? 왕이요 선지자는 '주의 눈앞에는 의로운 인생이 하나도 없나이다'라고 말한다(시 143:2). 그러나 나는 하나님에 대한 믿음 때문에 무한히 자비하신 하나님이 나에게 구원을 허락해 주시리라는 소망을 갖는다. 사탄아, 내게서 물러가라! 나는 내 주 하나님을 예배하며, 젊어서부터 자비로 나를 구원하실 수 있는 유일하신 분을 섬기고 있다. 그러니 내게서 떠나가라. 자기의 모양과 형상으로 나를 지으신 하나님께서 너를 멸절시키시기를 기도한다."

- 48 -

하나님이 인간에게 요구하시는 것은 오로지 죄를 범하지 않는 것입니다. 그러나 이것은 율법의 성취가 아닙니다. 그것은 우리가 본성적으로 소유하고 있는 형상과 지위를 더럽히지 않고 보존하는 것입니다. 우리는 성령의 옷을 입고 하나님 안에 거하고, 하나님은 우리 안에 거하십니다. 우리는 은혜로 말미암아 하나님의 아들이 되며, "여호와여 주의 얼굴을 들어 우리에게 비추소서"(시 4:6)라는 말씀대로 하나님의 지식의 빛의 조명을 받습니다.

- 49 -

게으름과 태만함을 통해서 영혼 안에 들어오는 육체적인 연약함과 낙담 때문에 우리가 일반적인 규칙을 실천하지 못하며, 정신이 흐려지고, 영혼이 약해집니다. 그때 마음속에 두려움과 하나님을 모독하는 생각이 점점 더 빈번하게 나타나기 시작합니다. 연약함과 낙담 귀신의 유혹을 받은 사람은 종종 소심해져서 평범한 기도의 장소에 들어가지 못하며, 그리하여 게으름에 굴복하거나 만물의 창조주에 대한 부적절한 생각의 공격을 받습니다. 이 모든 것이 생겨나는 원인을 알게 되면, 서둘러 평소에 기도하던 장소에 가서 자비하신 하나님 앞에 엎드려 신음하는 마음으로, 통회하고 눈물을 흘리면서 기도하며, 연약함과 낙담과 악한 생각의 짐을 벗겨달라고 부탁하십시오. 당신이 끊임없이 하나님의 자비의 문을 두드리면, 곧 그것들로부터의 자유가 허락될 것입니다.

- 50 -

깨끗한 마음을 획득한 사람을 두려움을 정복한 사람입니다. 그러나 아직 정화의 과정에 있는 사람은 두려움을 정복하기도 하고 두려움에 정복되기도 합니다. 이 깨끗함을 얻기 위해서 전혀 노력하지 않는 사람은 영원히 무감각의 상태에 빠져 정념들과 귀신들의 친구가 되고 허영심과 자만이 가득하여 "아무것도 되지 못하고 된 줄로 생각"하거나(갈 6:3), 두려움의 수중에 넘겨진 종이요 어린아이와 같은 정신을 가지고서 두려워 떱니다. 그러나 하나님을 경외하는 사람에게는 두려움이나 떨림이 없습니다.

- 51 -

하나님을 경외하는 사람은 귀신들의 맹공격이나 무기력한 공격을 두려워하지 않으며, 악인들의 위협도 두려워하지 않습니다. 그는 은밀하고 어두운 곳을 지날 때도 불길이나 작렬하는 불처럼 귀신들을 찾아냅니다. 귀신들은 그가 발산하는 거룩한 불길에 타죽지 않으려고 도망칩니다.

- 52 -

하나님을 경외하는 사람은 악인들 가운데 있어도 두려워하지 않습니다. 그는 내면에 하나님에 대한 경외심이 있고 튼튼한 믿음의 갑옷을 입고 있으므로 항상 강건하며, 다른 사람에게는 어렵고 불가능한 것처럼 보이는 일도 행할 수 있습니다. 그는 어린 원숭이들 가운데 있는 거인처럼, 개와 여우들 사이에서 으르렁거리는 사자처럼 그들 가운데 다니며, 하나님을 신뢰하면서 그들에게 추론의 힘을 채워주며, 지혜의 말로 그들을 공격합니다.

- 53 -

침묵이나 순종을 실천하는 사람뿐만 아니라 많은 사람을 맡고 모든 것을 조직하는 수도원장도 일상적으로 필요한 것에 대한 근심과 걱정에서 해방되어야 합니다. 만일 우리에게 염려가 가득하다면, 우리는 "목숨을 위하여 무엇을 먹을까 무엇을 마실까 몸을 위하여 무엇을 입을까 염려하지 말라 목숨이 음식보다 중하지 아니하며 몸이 의복보다 중하지 아니하냐 이는 다 이방인들이 구하는 것이라"(마 6:25, 32), "너희는 스스로 조심하라 그렇지 않으면 방탕함과 술 취함과 생활의 염려로 마음이 둔하여지고"(눅 21:34)라고 말한 하나님의 계명을 범하는 것입니다.

- 54 -

생각이 이 세상의 염려에 몰두한 사람은 자유롭지 못합니다. 왜냐하면, 그가 자신을 위해서 염려하든지 이웃을 위해서 염려하든지 간에, 이러한 염려들이 그를 잡아 종으로 삼기 때문입니다. 그러나 이 모든 것에서 자유로운 사람은 자신을 위해서든지 이웃을 위해서든지 이 세상의 것에 대해 염려하지 않습니다. 그는 게으르지 않으며, 작고 하찮은 것이라도 소홀히 하지 않습니다. 따라서 그는 매사에 하나님이 기뻐하시는 방법으로 행동하고 조직하면서도 평생 염려에서 해방됩니다.

- 55 -

이웃의 집을 지으려다가 당신의 집을 망치지 않으려면 조심하십시오. 그것은 성취하기 어려운 일입니다. 그러므로 그 일을 시작했다가 당신의 집을 부수고 이웃의 집도 짓지 못하는 일이 없도록 조심하십시오.

- 56 -

이 세상 것과 돈에 대한 집착을 완전히 버리지 못했다면, (수도원 내에서 그런 것들을 관리하는) 경제와 관련된 일을 맡지 마십시오. 자칫하면 당신이 그것들의 노예가 되며, 수도원에서 봉사하며 수고한 데 대한 상을 받기는커녕 도둑이요 신성 모독죄로 정죄될 것입니다. 만일 수도원장이 그 일을 맡으라고 강요한다면, 뜨거운 불을 다루듯이 그것을 다루십시오. 그것을 착복하려는 생각이 들면 즉시 회개하고 고백하십시오. 그리하면 수도원장의 기도를 통해서 해를 입지 않을 것입니다.

- 57 -

정념에서 벗어나지 못한 사람은 무정념을 알지 못하며, 이 세상에 그런 것이 있을 수 있다고 믿지 않습니다. 먼저 자신을 부인하고 이 복된 삶을 위해서 활력을 소진하지 않은 사람은 무정념을 얻기 위해서 이렇게 행한 사람이 있다고 생각하지 못합니다. 내면에 아무것도 소유하지 못하고 있으면서 성령을 소유하고 있다고 생각하는 사람은 성령을 소유한 사람의 내면에서 그분의 활동을 분명히 의식할 수 있다는 말을 믿지 않습니다. 또 우리 세대에 그리스도의 사도들이나 만세의 성인들과 대등하며 그들처럼 성령의 감화를 받아 움직이거나 의식적으로 그분을 보고 이해하는 사람들이 있다는 것도 믿지 않습니다. 각 사람은 자신의 상태, 즉 자신이 죄 가운데 있는지 덕 안에 있는지에 따라서 사람들을 판단합니다.

- 58 -

영혼의 무정념은 몸의 무정념과 다릅니다. 영혼의 무정념은 자체의 광채와 성령의 빛에 의해서 몸을 성화합니다. 반면에 몸의 무정념은 그 자체로는 그것을 획득한 사람에게도 소용이 없습니다.

~ 59 ~

가난하게 살다가 왕의 호의로 높은 지위에 올라 좋은 옷을 입고 왕 앞에 서게 된 사람은 왕을 은인으로 여겨 헌신하고 사랑합니다. 그는 자신의 화려한 옷 때문에 기뻐하며, 자신의 지위를 의식하고, 자기가 부자가 되었음을 압니다. 마찬가지로 세상 및 세상에 속한 것을 버리고 그리스도께 나아가서, 바른 감정적 인식의 자극을 받아 계명에 순종하고, 영적 관상의 고지에 올라간 수도사는 망상 없이 하나님을 보며, 자기 안에서 발생한 변화를 봅니다. 그는 끊임없이 자기를 조명해주는 성령의 은혜를 의식하는데, 그것은 왕의 자줏빛 옷이라고 불립니다. 신자에게 있어서 이 옷은 예수 그리스도이십니다. 왜냐하면, 그분을 믿는 사람은 그분을 옷 입기 때문입니다.

~ 60 ~

사람이 성경을 읽으면, 나머지 사람들은 그가 읽어주는 것을 듣습니다. 그러나 읽어주는 것의 의미를 제대로 이해하는 능력을 갖춘 사람은 극히 드뭅니다. 어떤 사람은 성경에 기록되어 있는 것들을 불가능한 것으로 생각하고, 어떤 사람은 기록된 것의 받아들이기 어려운 직접적인 의미를 고려하여 자기 나름의 방식으로 그것을 해석하지만 잘못 해석합니다. 그들은 현재에 대해 말하는 것을 미래를 언급된 것으로 여기며,

미래에 대해서 말한 것을 이미 발생했거나 날마다 발생하고 있는 것이라고 해석합니다. 따라서 그들은 인간적인 것과 신적인 것을 구분하기 위한 참된 분별력이나 판단력을 가지고 있지 못합니다.

- 61 -

모든 신자를 똑같이 여기며, 그리스도가 각 사람 안에 거하신다고 생각해야 합니다. 또 각 사람에 대해서 그를 위해서 목숨까지 내놓을 정도의 사랑을 품어야 합니다. 어떤 사람을 악하다고 말하거나 생각하지 말고, 모든 사람을 선하다고 여겨야 합니다. 정념의 공격을 받는 사람을 보면, 그 사람을 미워하지 말고 그를 공격하는 정념을 미워하십시오. 정욕과 나쁜 습관에 굴복하는 사람을 한층 더 불쌍히 여기십시오. 우리 자신도 변하기 쉽고 또 변하기 쉬운 물질의 영향력 아래 있으므로, 비슷한 시험을 받을 수 있습니다.

- 62 -

성실하지 못하고 위선적이거나, 좋지 못한 행동을 하거나, 어떤 정념에 약간 물들거나, 태만 때문에 어떤 면에서 약간의 잘못이 있는 사람은 무익하며 선한 일을 할 수 없으므로, 모든 일에 잘못이 없는 사람들의 공동체는 그런 사람을 받아들이지 말아야 합니다. 그렇게 해야만 그 사람이 깨지지 않게 유지되어야 할 연합을 파괴하거나, 분열되지 않고 유지되어야 할 사람들을 분열시킴으로써 양자 모두에 슬픔을 초래하는 일을 막을 수 있습니다. 이는 진보하여 앞장선 사람은 뒤에 있는 사람들 때문에 슬퍼하고 근심할 것이며, 뒤에 처진 사람은 자기를 능가한 사람과 헤어져 있는 것 때문에 슬퍼할 수 있기 때문입니다.

~ 63 ~

화로에서 타고 있는 불에 흙을 덮으면 불이 꺼지듯이, 작고 하찮은 것이라고 사물에 대한 애착과 세상의 염려가 마음의 뜨거움을 없앱니다.

~ 64 ~

기뻐하며 완전한 감정으로 표면적인 것을 부인한 사람, 즉 사람이나 물건들을 부인하고 잊어버린 사람, 모든 애착에서 떠난 사람은 세상 및 세상에 있는 모든 것에 대해서 외인外人입니다. 그는 정신을 집중하고 항상 죽음을 기억하고 생각하는 일만 훈련합니다. 그러므로 그는 항상 심판이나 상과 관련된 것에 대해서 염려합니다. 그는 이것에 사로잡히고 생각함으로써 마음에 말할 수 없는 두려움을 심습니다.

~ 65 ~

세상이 볼 때 마음에 심판에 대한 두려움을 품은 사람은 수갑을 차고 있는 죄수처럼 보입니다. 그는 항상 무자비한 형리에게 붙잡혀 형장으로 끌려가는 것을 두려워합니다. 따라서 그는 자신이 영원한 불 속에서 견뎌야 할 고통과 괴로움만 생각합니다. 이 두려움이 그의 마음에 고통에 대한 의식을 생성하여 확실하게 심으며, 인간적인 일에 대해 염려하지 못하게 합니다. 왜냐하면, 그는 항상 자신이 십자가에 달려 있다고 느끼며, 십자가에서의 죽음의 아픔과 괴로움을 예리하게 의식하기 때문입니다. 이것은 그가 인간의 외모에 주의를 기울이거나 인간적인 명예나 치욕을 생각하지 못하게 합니다. 그는 자신이 멸시와 수치를 받아야 한다고 여기며, 자신이 당할 학대와 치욕에 관심을 두지 않습니다.

- 66 -

죽음을 두려워하는 사람은 먹을 것과 마실 것, 또는 장신구를 멸시하며, 빵이나 물을 배불리 먹지 않으며, 육신이 생명을 유지하는 데 필요한 만큼만 먹고 마십니다. 그는 현명한 종처럼 자기의 의지를 부인하고 받은 명령대로 행합니다.

- 67 -

하나님 안에 있는 교부들에게 자신을 종으로 바친 사람은 받은 명령 중에서 자기 마음의 고통을 완화해주거나 두려움의 속박을 풀어줄 것을 선택하지 않습니다. 그는 우정이나 아첨이나 명령으로 그렇게 행하라고 권하는 사람들의 말을 경청하지 않을 것입니다. 그는 항상 이 고난을 증가시킬 것을 택할 것이며, 자신의 속박이 한층 더 튼튼해지기를 원할 것이며, 자신을 처형할 형리를 튼튼하게 해주는 것을 환영할 것입니다. 그는 자신이 받아야 할 멸망에서 해방되기를 바라지 않은 채 항상 이 성향을 유지할 것입니다. 해방에 대한 소망이 그 단계에서 회개하는 사람에게 유익하지 않은 마음의 고난을 완화해줍니다.

- 68 -

고통에 대한 두려움 및 그것이 일으키는 마음의 고통은 하나님 안에서 살기 시작하는 사람에게 유익한 것입니다. 그러한 고통이 없이 의로운 생활의 기초를 놓거나 두려움의 속박에서 해방되기를 바라는 사람은 모래 위에 기초를 쌓으며, 기초공사하지 않은 채 허공에 집을 짓는 꿈을 꿉니다. 물론 그것은 불가능한 일입니다. 한편 이 고통은 곧 기쁨으로 변하며, 이 속박이 죄와 정념의 속박을 깰 것입니다. 그리고 이 형리는 사람을 죽음이 아닌 영생으로 인도할 것입니다.

- 69 -

영원한 고통에 대한 두려움 때문에 마음에 형성되는 고난을 피하거나 도망치지 않고 마음에 받아들이는 사람(고통과 더불어 바른길을 따르거나, 고통과 두려움이 제안하는 것을 자기의 의지의 결정에 따라 따르거나 어쩔 수 없이 동의하는 사람)은 이 속박을 한층 더 조이려 할 것이며, 따라서 더욱 신속하게 전진할 것입니다. 그것이 그를 왕의 왕 앞으로 인도해줄 것입니다. 이런 일이 발생할 때 그가 희미하게나마 하나님의 영광을 보는 순간, 그의 속박—두려움—이 즉시 풀어질 것이며, 형리가 서둘러 사라지고 마음의 슬픔은 내면에서 영원히 솟아나는 생명의 샘이 될 기쁨으로 변화될 것입니다. 그것은 육체적으로는 눈물의 강입니다. 영적으로는 평화, 온유, 말할 수 없는 기쁨, 용기, 그리고 하나님의 계명을 성취하기 위해 노력하려는 자원하는 마음입니다. 후자는 초심자에게는 불가능하며, 그것의 성취를 위해 충분히 전진한 사람들에게만 가능합니다. 완전함에 가까이 간 사람들의 경우 이 샘은 갑작스러운 마음의 변화를 동반하는 빛으로 변화됩니다.

- 70 -

내면에 성령의 빛을 소유한 사람이 그 광채를 감당할 수 없으면, 그는 본성을 능가하는 것, 말과 이성을 초월하는 것을 보고 경험한 사람처럼 두려워하면서 땅에 엎드려 소리칩니다. 그때 그는 창자에 불이 붙어서 뜨거움을 견디지 못하는 사람처럼 망연자실하며, 내면에 있는 모든 힘을 빼앗깁니다. 그러나 끊임없이 눈물을 뿌려 식히면, 내면에 있는 거룩한 열망의 불길이 한층 밝게 타오를 것이며, 한층 더 많은 눈물을 만들어내며 그 흐름에 의해 씻음을 받은 그는 한층 더 광채를 발휘할 것입니다. 그의 존재 전체가 불길에 싸여 빛이 될 때 거룩한 요한John the Divine의 말이 성취됩니다: "하나님이 신들과 결합하시며 신들에 의해 알려지신다"(하나님에 의해 신화되어 하나님을 아는 사람들과 하나님이 연합하십니다). 이것은 그가 자신과 결합하신 분과 연합되며 그분을 알고 있다는 것을 증명한 분량만큼 이루어질 것입니다.

- 71 -

헛된 말로 사람을 미혹하지 말고, 스스로 미혹되지도 마십시오. 우리가 슬퍼하며 눈물을 흘리기 전에는 회개한 것이 아니요, 마음에 변화되려는 참된 갈망이나 하나님에 대한 경외심을 소유한 것이 아닙니다. 왜냐하면, 우리는 아직 자기 죄를 의식하지 못하고 자신을 판단하지 못하며 영혼이 마지막 심판과 영원한 고통을 미리 맛보게 하지도 않았기 때문입니다. 만일 우리가 자신을 판단했다면, 그러한 마음의 움직임을 경험했다면, 만일 그러한 느낌을 느꼈다면, 즉시 눈물을 흘렸을 것입니다. 이것이 없으면, 마음의 완악함을 부드럽게 할 수 없고, 영혼이 영적 겸손을 획득할 수 없고, 우리 자신이 겸손해질 능력을 소유할 수 없습니다. 그렇지 못한 사람은 성령과 연합할 수 없으며, 정념들로부터의 정화 때문에 초래되는 이 연합이 없으면 하나님을 알 수 없고 관상할 수도 없으며, 겸손의 덕에 대한 은밀한 가르침을 받을 자격도 없습니다.

- 72 -

하나님 안에서 애통해하는 것의 첫째 효과는 겸손입니다. 이것은 나중에 말할 수 없이 큰 기쁨과 즐거움을 가져옵니다. 하나님 안에 있는 겸손이 구원의 소망을 자라게 합니다. 자신이 사람 중에서 가장 악하다는 것을 많이 느낄수록, 그의 마음에서 소망과 겸손이 그만큼 더 강력하게 자라며, 겸손을 통해서 구원을 획득할 것이라는 확신을 채워줍니다.

- 73 -

많이 겸손해지며 자신이 구원받을 자격이 없다고 정죄하는 사람은 그만큼 더 많이 슬퍼하고 많은 눈물을 흘립니다. 그가 많이 슬퍼하며 눈물을 많이 슬퍼할수록, 더 많은 영적 기쁨의 그의 마음속으로 흘러들어 가며, 그와 함께 완전한 구원의 확신을 주는 소망이 흘러들어 갑니다.

- 74 -

하나님 안에서 애통함과 겸손이 없이 소망에만 의지하지 않으려면, 그리고 소망과 영적 기쁨이 따르지 않는 겸손만 의지하지 않으려면, 자신을 살피고 선한 판단으로 자신을 지켜야 합니다.

- 75 -

게으름과 태만, 그리고 강력한 양심의 질책에서 오는 거짓 겸손이 있습니다. 그것을 소유한 사람은 종종 그것을 구원의 원인으로 간주합니다. 그러나 실제로 그것은 그 자체와 결합해야 하는 기쁨의 눈물을 가져오지 못하므로 구원의 원인이 되지 못합니다.

- 76 -

영적 겸손이 없어도 애통해할 수 있습니다. 그런 식으로 애통해하는 사람은 그러한 애통함이 자신을 죄에서 정화해준다고 생각합니다. 그러나 그것은 잘못된 생각입니다. 왜냐하면, 그는 영적인 보물창고 안에서 신비하게 성령에서 기인하는 즐거움을 박탈당하고 있으며, 주의 선하심을 먹지 못하고 있기 때문입니다. 그러므로 그는 쉽게 노여워하며, 세상 및 세상에 있는 것들에서 완전히 이탈하지 못합니다. 그것에서 완전히 이탈하지 못하며 전심으로 그것을 미워하지 않는 사람은 확고한 구원의 소망을 획득할 수 없습니다. 그런 사람은 반석 위에 소망을 두지 않았으므로 항상 의심 때문에 이리저리 밀려다닐 것입니다.

- 77 -

애통함은 두 가지로 작용합니다: 눈물은 정념들의 불을 끄고 영혼을 씻어 어리석음을 없애줍니다. 또 그것은 성령의 임재로 말미암아 불처럼 생명을 가져오고 마음을 뜨겁게 불타게 하며, 하나님을 사랑하고 갈망하게 합니다.

- 78 -

자신을 지켜보며, 자신 안에서 겸손과 애통의 효과를 배우십시오. 그것들이 매시간 당신에게 어떻게 유익을 주는지 살펴보십시오. 초심자들은 그것들로부터 또 다른 유익을 얻습니다. 즉 세상의 염려와 애착의 철회, 그리고 부모와 친척과 친구 등의 포기, 모든 염려로부터의 자유, 돈을 비롯하여 모든 것으로부터의 이탈 등을 얻습니다.

- 79 -

영혼의 눈이 깨끗이 씻어지지 않은 사람, 그리고 사람들을 그 열매에 의해서 인정하지 못하는 사람은 겉으로는 고결한 척하지만 내면은 그렇지 못하며 온갖 종류의 불의와 시기와 정욕의 악취가 가득한 사람을 거룩하고 정념이 없는 사람으로 간주합니다. 그런 사람은 하나님께 헌신하여 고결하고 단순한 마음으로 사는 참 성도를 그렇지 못한 사람과 구분하지 못하여 멸시하고 무가치하게 여깁니다.

- 80 -

그런 사람은 수다쟁이를 영적 교사로 여기며, 침묵하며 쓸데없는 대화를 삼가는 사람을 벙어리요 무식한 야만인으로 간주합니다.

- 81 -

주제넘은 사람, 마귀에게서 기인하는 교만의 병을 앓는 사람은 성령으로 말하는 사람을 주제넘고 교만하다고 비난하며 그에게 등을 돌립니다. 왜냐하면, 그의 말이 마음을 감화하거나 통회하게 하기보다 상처를 주기 때문입니다. 반대로 그는 구원 사역에 관한 모든 일에 있어서 사람들을 잘못 인도하지만 말이 유창한 사람을 받아들이고 칭찬합니다. 그러한 사람들 가운데는 사람들이나 구원을 위한 사역과 관련하여 제대로 보고 분별하는 사람이 없습니다.

- 82 -

주님은 "마음이 청결한 자는 복이 있나니 그들이 하나님을 볼 것임이요"라고 말씀하십니다(마 5:8). 한두 가지 덕, 또는 열 가지 덕이 마음을 청결하게 하는 것이 아니라 그것들 모두가 섞여서 완전한 단계에 도달할 때 마음이 청결하게 됩니다. 그러나 그때에도 성령의 활동과 현존이 없이 덕들만으로는 마음을 청결하게 할 수 없습니다. 재주가 좋은 대장장이라도 불의 도움을 받지 않고서는 아무것도 할 수 없듯이, 사람이 자기 마음을 깨끗하게 하려면 덕들을 도구로 하여 자기 몫의 일을 해야 합니다. 그러나 성령의 불이 없으면, 그가 하는 모든 일이 이 목적에 소용이 없을 것입니다. 왜냐하면, 그가 행하는 것 자체로는 영혼의 더러움을 씻어내기에 무력하기 때문입니다.

~ 83 ~

우리는 세례를 받을 때 죄사함을 받고 조상의 저주에서 풀려나며, 성령 강림에 의해 조명을 받습니다. 그러나 그때 사도 바울이 말한 완전한 은혜를 받는 것은 아닙니다: "내가 그들 가운데 거하며 두루 행하여"(고후 6:16). 이것은 믿음 안에 기초를 두며 그것을 행위로 증명한 사람에게 속하는 것입니다. 그러나 우리가 세례를 받은 후에 길을 잃고 악하고 나쁜 행동을 한다면 이 성화를 상실합니다. 우리가 회개하고 죄를 고백하고 눈물을 흘려야 다시 자신의 업적에 따라서 죄 사함과 은혜의 성화를 받습니다.

~ 84 ~

회개를 통해서 과거의 악한 행위의 더러움이 씻겨나가며, 그다음에 믿음의 능력 및 넘어지지 않고 서려는 단호한 결심을 통하여, 그리고 혼을 다해 뉘우치는 사람의 겸손을 통해서 성령과의 교제가 임합니다. 그러한 경향들의 표현 때문에 영적 아버지와 후원자로부터 사죄를 받은 후에 성령과의 교제가 임합니다. 그러므로 계명에서 요구하는 것처럼 날마다 회개하는 것이 좋습니다. "회개하라 천국이 가까웠느니라"(마 3:2)는 말씀은 한정된 기간에만 아니라 항상 회개할 것을 요구합니다.

- 85 -

그리스도의 신부인 영혼에 약혼 선물로 성령의 은혜가 주어집니다. 약혼하지 않은 처녀는 장차 결혼의 결속 안에서 남편과 결합할 것이라고 확신할 수 없듯이, 영혼도 먼저 약혼하거나 은혜의 선물을 받지 못하면, 그리고 의식적으로 내면에 그분을 소유하지 않는다면 영원히 주 하나님과 연합하거나 신비하게 그분과 결혼하여 그분의 아름다움을 누리게 될 것이라는 분명한 보장을 얻지 못합니다.

- 86 -

믿을 만한 증인들이 결혼 계약에 서명해야 약혼이 확실해지듯이, 계명을 실천하고 덕을 획득하기 전에는 은혜의 빛이 확실하지 않습니다. 이 계명과 덕의 실천과 영적 약혼의 관계는 결혼계약에 서명하는 증인들과 같습니다. 구원받을 사람은 그것들을 통해서 약혼(즉 성령의 은혜) 안에서의 완전한 안전을 획득합니다.

- 87 -

먼저 계명의 실천을 통해서 결혼 계약의 조건들을 기록한 후에 덕으로 그것에 서명해야 합니다. 그다음에 신랑이신 그리스도가 신부인 영혼에 반지, 즉 성령 안에서의 약혼을 주십니다.

- 88 -

신부는 결혼 전에 신랑에게서 약혼 선물만 받고, 서로 합의하여 정착하게 될 것과 결혼 후에 다른 선물들을 받을 것을 기대합니다. 그리스도의 신부—신자들의 교회, 또는 우리 각 사람의 영혼—도 먼저 신랑이신 그리스도에게서 성령의 선물만 받으며, 이 세상을 떠난 후에 영원한 복과 하늘나라를 받을 것을 기대합니다. 영혼은 이것을 거울로 보듯이 보여주며 장래에 영혼과 그의 주 하나님 사이에 약속된 모든 것을 얻는다고 확인해주는 약혼선물 때문에 이것을 확신합니다.

- 89 -

만일 신랑이 너무 오래 떠나 있거나 사업에 전념하기 위해서 결혼을 연기하여 화가 난 신부가 그의 사랑과 결혼계약을 거부하거나 취소한다면, 신부는 신랑이 약속했던 것들에 대한 기대를 버려야 합니다. 영혼에도 같은 일이 일어나곤 합니다. 만일 영적 싸움을 하는 사람이 자신에게 "내가 얼마나 더 많은 고난을 겪어야 하는가?"라고 말하며 영적 싸움과 수고를 게을리하고 계명을 따르기를 중지하며 꾸준한 회개를 포기한다면, 그는 주님과 맺은 계약을 취소하고 찢어버린 것입니다. 그 즉시 그는 약혼선물(은혜)을 빼앗기며 하나님 안에 둔 소망을 상실할 것입니다.

- 90 -

약혼자가 아닌 남자를 사랑하여 공개적으로든지 비밀리에든지 그 사람과 함께 사는 신부는 신랑이 약속한 것을 잃을 뿐만 아니라 법에 따라 벌과 수치를 당할 것을 예상해야 합니다. 이런 일이 우리에게도 일어납니다. 공개적으로든지 비밀리에든지 신랑이신 그리스도를 사랑하지 않고 다른 대상을 사랑하며 그것에 마음을 빼앗기는 영혼은 신랑에게 미움을 받으며, 신랑과 결합할 자격이 없습니다. 그분은 "나를 사랑하는 자들이 나의 사랑을 입는다"라고 말씀하십니다(잠 8:17).

- 91 -

각 사람이 신랑이신 주 예수 그리스도에게서 성령을 약혼 선물로 받았는지 식별하는 데 사용되는 징후들이 있습니다. 만일 그가 성령을 받았다면, 그것을 붙들고 보존하기 위해 노력해야 합니다. 만일 아직 성령을 받지 못했다면, 바른 행동과 유익한 말과 뜨거운 회개로 그것을 획득하려고 노력하며, 계명에 복종하고 덕을 증가시킴으로써 그것을 보존해야 합니다.

- 92 -

약혼선물인 성령은 그것을 받은 사람에게도 불가해한 것입니다. 그것은 불가해하게 이해되고, 강요되지 않으면서 강요되며, 보이지 않게 보입니다. 성령은 그것을 받은 사람에게 활력을 불어넣고, 그 안에서 말하고, 그를 움직이게 합니다. 성령은 봉인된 은밀한 거처에서 날아가며, 예기치 않게 다시 그곳에서 발견됩니다. 이것은 성령이 영구적으로 영원히 오시는 것이 아니며, 한 번 떠난다고 해서 다시는 돌아오지 않는 것이 아님을 증명해줍니다. 그러므로 성령을 받은 사람이 성령을 소유하지 못하지만 소유한 것과 같으며, 소유한 것 같지만 소유하지 못한 것 같습니다.

- 93 -

어두운 방에서 문과 창문을 꼭 닫고 있던 사람이 창문을 열어 갑자기 밝은 빛이 들어오면, 눈이 부셔서 눈을 감고 머리를 감싸고 숨습니다. 마찬가지로 감각 세계에 갇혀 있던 영혼의 정신에 초감각적인 세계를 살짝 들여다보는 것이 허락되면, 성령의 광채에 휩싸이며 모든 것을 드러내는 신적인 밝은 빛을 감당하지 못하여 정신 안에서 두려워 떨고, 자신 안에 숨고, 도망치고, 감각적이고 인간적인 것들을 덮으려 합니다.

- 94 -

지혜로운 솔로몬은 "사람이 불을 품에 품고서야 어찌 그의 옷이 타지 아니하겠으며"라고 말합니다(잠 6:27). 나는 이렇게 말합니다: "마음속에 타오르는 성령의 거룩한 불을 소유한 사람은 불타오르며, 빛을 발하고 반짝이며, 자신이 정화되고 불이 퍼지는 분량만큼 신의 광채를 취합니다. 불이 퍼진 직후에 마음이 정화되고, 마음이 정화되면 불이 퍼집니다. 즉 마음은 정화되는 만큼 하나님의 은혜를 받고, 은혜를 받은 만큼 정화됩니다. 이 과정이 완성되면(즉 마음의 정화와 은혜를 받는 일이 충만하고 완전하게 되면), 인간은 은혜로 말미암아 신화를 이룹니다."

- 95 -

지붕은 집의 다른 부분과 기초에 의해 지탱되며, 기초와 다른 부분은 지붕을 지탱하도록 지어집니다. 두 가지 모두 필요하고 유익합니다. 집의 기초와 다른 부분이 없이 지붕을 만들 수 없고, 지붕이 없이 기초와 벽만으로는 집을 지을 수 없습니다. 영혼도 마찬가지입니다. 계명을 지킴으로써 성령의 은혜가 보존되며, 계명을 지키는 것은 성령의 은사를 받기 위해 놓인 기초입니다. 계명에 순종하지 않으면 우리 안에 성령의 은혜가 머물지 않으며, 거룩한 은혜가 없으면 계명에 순종하는 것이 유익한 것이 되지 못합니다.

- 96 -

건축자가 부주의하여 지붕을 얹지 않은 집은 소용이 없고, 그 때문에 건축자는 조롱을 당합니다. 마찬가지로 계명을 지킴으로써 기초를 놓고 덕으로 담을 쌓은 사람이 성령의 은혜를 받지 못하며 영혼 안에서 성령을 보거나 감지하지 못하면, 그는 불완전한 사람으로서 완전한 사람들의 동정을 받습니다. 그 사람이 은혜를 받지 못하는 이유는 두 가지입니다. 첫째는 회개를 소홀히 했기 때문입니다. 둘째는 덕을 획득하는 것을 너무 큰일로 여기고 그에 압도되어 겉보기에는 중요하지 않지만 궁극적으로 덕의 집을 완성하는 데 필요한 것—그것이 없으면 성령께서 그 집에 지붕을 덮을 수 없습니다—을 생략하기 때문입니다.

- 97 -

만일 하나님의 아들이 중재하여 원수인 우리를 자기 아버지와 화목하게 하며, 공동 본질을 지니신 거룩한 성령에 의해서 우리를 자신과 결합하기 위해서 세상에 오셨다면, 이 은혜를 빼앗긴 사람이 그 외에 무엇을 받을 수 있습니까? 그런 사람은 아버지와 화목하게 되지 못하며, 성령의 은혜를 통해서 아들과 결합하지 못합니다.

- 98 -

성령에 참여하는 자가 된 사람은 정욕에서 해방되지만, 본성적인 육체적 욕구에서 해방되는 것은 아닙니다. 그러므로 정욕의 속박에서 해방되어 영원한 영광과 달콤함을 맛보고 그것과 결합한 사람은 항상 높이 날아올라 하나님과 함께 거하라는 요구를 받으며, 한순간도 하나님을 관상하고 누리는 일을 멈추지 않습니다. 그러나 그는 육신과 썩어짐의 속박을 받고 있으므로 높은 곳에서 끌려내려와 다시 땅으로 돌아옵니다. 높은 곳에 있는 것과 헤어질 때 그는 죄인의 영혼이 육신을 떠날 때 경험하는 것과 같은 슬픔을 경험합니다.

- 99 -

삶과 육신을 사랑하며 정욕과 세상에 애착하는 사람이 사랑의 대상과 헤어지는 것은 곧 죽음입니다. 마찬가지로 순결, 영적인 하나님, 그리고 덕을 사랑하는 사람의 마음이 잠시라도 그것들과 떨어지는 것은 참 죽음입니다. 어떤 사람이 필요한 것이나 놀라운 대상을 보고 있다가 물리적인 빛 때문에 눈을 감거나 다른 사람이 눈을 가리면 속상해하고 슬퍼합니다. 성령의 조명을 받고서 깨어 있을 때나 잠들었을 때 눈으로 보지 못하고 귀로 듣지 못하고 마음으로 느끼지 못했던 복을 직접적이고 정신적으로 이해하는 사람도 그와 같습니다. 만일 어떤 것 때문에 그것들을 보지 못하게 된다면, 그는 슬퍼할 것입니다. 그에게 그것은 죽음이요 영생의 박탈을 의미할 것입니다.

~ 100 ~

어떤 사람은 광야에 사는 것을 찬양하고, 어떤 사람은 수도원에서 사는 것을 찬양하며, 또 다른 사람은 사람들 가운데 살면서 그들을 가르치며 많은 사람이 몸과 영혼의 양식을 발견할 수 있는 교회를 조직하는 권위 있는 장소를 찬양합니다. 나는 이것 중 어느 것을 우위에 두고 싶지 않으며, 어느 것은 찬양받아야 하고 어느 것은 비난을 받아야 한다고 말하고 싶지도 않습니다. 어느 생활방식이든지 하나님의 뜻에 따라서 하나님을 위해서 행동하고 일하는 생활이 복된 생활입니다.

~ 101 ~

평범한 인간생활은 삶과 관련된 다양한 일과 기술과 예술의 상호작용으로 이루어지고 유지됩니다. 다시 말해서 이 사람은 이런 일을 하고 저 사람은 저런 일을 하되 동료들의 유익을 위해서 행합니다. 그러므로 사람들은 주고받음으로써 살며, 그럼으로써 육체적인 욕구를 충족시킵니다. 영성생활에서도 같은 현상을 볼 수 있습니다. 이 사람은 이 덕을 실천하고 저 사람은 저 덕을 실천합니다. 이 사람은 이런 삶의 길을 택하고 저 사람은 다른 길을 택하지만, 모두가 서로를 도우면서 하나의 목표를 추구합니다.

- 102 -

하나님 안에서 사는 사람의 목표는 주 예수 그리스도를 기쁘시게 하며 성령을 받음으로써 아버지 하나님과 화해하여 구원을 확실하게 하는 것입니다. 이는 그 안에 영혼의 구원이 존재하기 때문입니다. 만일 이 목표와 활동이 부족하다면, 다른 수고가 소용이 없고 모든 노력은 헛된 것이 됩니다. 이 목표에 이르지 않는 삶의 길은 유익하지 못합니다.

- 103 -

세상을 부인하고 산에 들어가서 침묵 생활을 하면서도 세상에 남아있는 사람들에게 편지를 쓰면서 어떤 사람들과 영합하고 어떤 사람에게는 아첨하고 감언이설로 속이는 사람은 마치 성실하지 못하고 무가치하고 악한 아내와 이혼한 후 아내를 기억에서 지우려고 멀리 떠난 사람이 집을 떠난 목적을 망각하고서 아내와 간통한 사람들에게 편지를 쓰면서 비위를 맞추려는 것과 같습니다. 그런 사람은 마치 그들이 아내와 간통하도록 기꺼이 지원해주듯이, 몸만 더럽혀진 것이 아니라 마음과 정신도 오염되어 있습니다.

- 104 -

세상에 살면서 악한 정욕으로부터 감각과 마음을 깨끗이 하는 사람은 칭찬받을 자격이 있습니다. 반면에 산이나 동굴 속에 살면서 사람들의 칭찬과 인정을 받으려 하는 사람은 비난과 혐오의 대상이 되어야 합니다. 우리의 마음을 살피시는 하나님이 보실 때 그런 사람은 간음한 사람과 같습니다. 다윗의 말에 의하면 세상에서 자기의 삶과 이름과 업적에 대한 소문이 퍼지기를 원하는 사람은 옛날 유대 백성들처럼 하나님 앞에서 간음죄를 범합니다.

- 105 -

흔들림이 없는 믿음으로 세상 및 세상에 있는 모든 것을 부인한 사람은 후하고 자비하신 하나님이 회개하고 나아오는 사람을 받아주실 것이라고 믿습니다. 또 그는 하나님께서 자기 종들을 치욕에서 영광으로, 극도의 가난에서 부유함으로 이끌어주시며, 학대와 비천함을 통해서 영화롭게 해주시며, 죽음을 통해서 영생의 상속자요 참여자로 삼아 주신다는 것을 압니다. 그런 사람은 목마른 사슴처럼 이러한 수단들(수치, 가난 등)에 의해서 영원한 샘을 향해 나아가려고 노력하며, 그것들을 사다리로 사용하여 높은 곳에 올라가려고 노력합니다. 사다리를 오르는 사람을 도와주려고 천사들이 이 사다리를 오르내립니다. 한편 하나님은 우리의 능력 안에 있는 수고와 노력을 기다리며 사다리 위에 서 계십니다. 하나님은 우리가 수고하는 것을 보고 즐기시는 것이 아니라 우리에게 상을 주려 하십니다.

- 106 -

열심히 하나님을 향해 나아가는 사람이 이 사다리에서 떨어지는 것을 하나님은 허락하지 않습니다. 하나님은 그가 지친 것을 보시면 능력의 손을 펴서 도와주시며 자기에게로 인도하십니다. 이처럼 그가 알든지 모르든지, 하나님이 공개적으로든 은밀하게든지 도와주시므로 그는 마침내 사다리를 올라 하나님께 다가가며, 하나님과 연합하여 세상의 것을 모두 잊고 말할 수 없는 복을 누리며 그분과 함께 거합니다. 그가 몸 안에 있는지 몸 밖에 있는지 나는 알지 못합니다.

- 107 -

우리는 그리스도의 계명이라는 멍에를 피하지 말고 받아들여 목에 메고 죽기까지 정직하게 열심히 나아가며, 항상 자신을 새롭게 하고 하나님의 낙원으로 만들어야 합니다. 그리하면 마침내 성령과 성자와 성부가 우리 안에 들어와 거하실 것입니다. 그때 그분이 우리에게 들어와 거하시며 우리를 가르치시면서 우리에게 어떤 일에 봉사하라고 명하시고 맡기신다면, 그 일에 헌신해야 합니다. 그때 우리는 주님의 뜻대로 그 일을 수행해야 합니다. 그러나 때가 되기도 전에 성급하게 그러한 봉사를 하려 하거나, 사람들이 제멋대로 제공하는 일을 받아들이는 것은 옳지 않습니다. 우리는 주 하나님의 계명 안에 거하며, 그분의 명령을 기다려야 합니다.

- 108 -

하나님의 일 중에서 어떤 봉사를 맡아서 훌륭하게 수행한 후에 성령의 인도하심으로 다른 봉사나 활동이 맡겨질 때 그것을 거부해서는 안 됩니다. 하나님은 우리가 나태하게 지내거나 처음 시작했던 일에만 매달려 있는 것을 원하시지 않습니다. 하나님은 우리가 자기의 뜻이 아니라 하나님의 뜻의 인도하심에 따라서 완전함을 향하여 점점 더 앞으로 나아가기를 원하십니다.

- 109 -

자기의 뜻을 죽이려는 사람은 자기의 뜻대로 하나님의 뜻을 자신에 도입하여 마음에 심거나 주입하지 말고 하나님의 뜻을 행해야 합니다. 또 주입되거나 심어진 것이 뿌리를 내리고 싹을 내는지 세심하게 살펴보아야 합니다. 그것이 싹을 내고 줄기를 형성한 후에 줄기를 잘라 접붙인다면, 접붙여진 어린 가지가 자라서 둘이 한 그루의 나무가 되고, 접붙여진 가지에 꽃이 피고 아름답고 맛있는 열매가 맺는지 확인해야 합니다. 그는 씨를 뿌린 땅에 대해서 알아야 하며, 생명을 주는 식물의 뿌리에 대해서도 알아야 합니다.

- 110 -

사람이 하나님에 대한 경외심 때문에 자기의 뜻을 잘라버린다면, 하나님은 의식하거나 알지 못하게 그에게 하나님의 뜻을 주시고, 그것을 그의 마음에 심어 주십니다. 동시에 그의 마음의 눈을 열어 그것(즉 그것이 하나님의 뜻이라는 것)을 알게 하시며, 그것을 성취할 수 있는 능력도 주십니다. 이것은 성령의 은혜에 의해서 이루어지는 일로서, 이것이 없이는 아무것도 이루어지지 않습니다.

- 111 -

만일 당신이 회개와 죄고백을 통해서 죄를 용서받았다면, 그것이 당신에게 사랑과 감사와 겸손을 가져올 것입니다. 그리하여 당신은 받아야 할 고통에서 해방될 뿐만 아니라 양자가 되며 영광과 하늘나라가 당신에게 주어질 것입니다. 항상 이것을 생각하고 기억하십시오. 그리고 이렇게 당신을 존귀하게 해주시고 많은 죄를 용서해주신 창조주의 이름을 더럽히지 않도록 경계하십시오. 그리고 당신을 눈에 보이는 모든 피조물보다 존귀하게 하신 분이 당신에게 한층 더 큰 존귀를 상으로 주시며 당신을 자신의 참된 친구라고 말씀하시게 하려면, 당신이 행하는 모든 일에서 하나님께 영광과 존귀를 돌리려고 노력하십시오.

- 112 -

영혼이 육신보다 고귀하듯이 지혜로운 사람이 세상 사람보다 더 고귀하고 선합니다. 세상에 존재하는 삼라만상의 강대함을 보면서 그것들이 당신보다 위대하다고 생각하지 마십시오. 당신에게 주어진 은혜를 보고, 당신의 지혜와 영혼의 영광을 깨달으며, 눈에 보이는 모든 피조물보다 당신을 더 존귀하게 하신 하나님을 찬양하십시오.

- 113 -

우리는 하나님을 바라보고 영화롭게 하는 법을 배워야 합니다. 하나님을 영화롭게 하는 유일한 방법은 성자께서 그분을 영화롭게 하신 방법입니다. 그러나 아들은 자신이 아버지를 영화롭게 한 방법에 따라서, 아버지에 의해 영화롭게 됩니다. 그러므로 우리는 하늘에 계신 아버지를 영화롭기 위해서 아들이 행하신 대로 행하려고 노력하며, 우리 자신도 아들의 영화, "창세 전에 내가 아버지와 함께 가졌던 영화"(요 17:5)를 통해서 아버지에 의해 영화롭게 되어야 합니다. 이것은 십자가입니다. 즉 세상에 대해서 죽고, 그리스도의 슬픔과 시험과 수난을 견디는 것입니다. 인내하면서 십자가를 질 때 우리는 그리스도의 수난을 모방하며, 그럼으로써 은혜 안에 있는 아버지의 아들이요 그리스도의 공동 상속자로서 아버지 하나님을 영화롭게 합니다.

- 114 -

마음의 느낌과 경향이 세상의 습관들 및 보이는 것들에 대한 애착에서 벗어나지 못한 영혼은 귀신이나 사람이 가하는 부당한 비난과 시험과 슬픔에 무감각하지 못합니다. 그는 인간적인 것에 대한 애착의 속박을 받기 때문에 돈을 잃으면 상처를 받고, 물건을 빼앗기면 슬퍼하며, 육신의 상처를 입으면 고통을 느낍니다.

- 115 -

감각적인 것에 대한 애착에서 영혼을 떼내어 하나님 가까이 데려간 사람은 자신이 소유한 물건이나 돈에 대해 무관심할 뿐만 아니라 그것들이 자신의 것이 아니라 다른 사람의 것인 듯 그것들을 잃어도 상심하지 않습니다. 심지어 "겉사람은 후패하나 우리의 속은 날로 새롭도다"(고후 4:16)라는 것을 깨달으면서 육신의 고통도 기뻐하고 감사하면서 견딥니다. 다른 방법으로는 하나님이 주시는 고난을 기꺼이 감당할 수 없습니다. 여기에는 완전한 지식과 영적 지혜가 필요합니다. 이것들이 없는 사람은 인내와 위로의 빛을 볼 수 있는 수단(기도)을 갖지 못한 채 절망과 무지의 어둠 속을 걸어갑니다.

- 116 -

학문을 공부하고 표면적인 지혜에 해박하여 스스로 지혜롭다고 생각하는 사람은 먼저 자신을 낮추고 마음으로 어리석은 자가 되며 자신이 획득한 학식과 자부심을 버리지 않는 한 하나님의 비밀을 꿰뚫어 보지 못할 것입니다. 이렇게 행동하면서 하나님의 일에 지혜로운 사람들을 따라가는 사람은 그들의 인도함을 받아 그들과 함께 살아계신 하나님의 도시에 들어가며, 성령의 조명과 가르침을 받아 누구도 보거나 알 수 없는 것들을 보고 알게 됩니다. 그리하여 그는 하나님의 가르침을 받습니다.

- 117 -

이 세상 현인의 제자들은 하나님의 가르침을 받는 사람을 어리석다고 여깁니다. 그러나 그들이 배운 것은 표면적이고 왜곡된 지혜이므로, 실제로 어리석은 자는 바로 그들입니다. 사도 바울의 말에 의하면 그들은 "하나님께서 미련하게 하신" 자입니다(고전 1:20). 그들에 대해서 야고보는 "이러한 지혜는 위로부터 내려온 것이 아니요 땅 위의 것이요 정욕의 것이요 귀신의 것이니"라고 말합니다(약 3:15). 그런 사람들은 거룩한 빛의 영역 밖에 있으므로 그 빛이 포함하고 있는 기적을 보지 못하며, 빛 안에 거하면서 자신이 보는 것을 가르치는 사람을 미혹된 사람으로 간주합니다. 그러나 실제로 이들이 미혹되어 있으며 거룩한 복을 맛보지 못한 사람입니다.

- 118 -

우리 가운데도 정념으로부터 자유로우며 신적인 거룩한 빛으로 가득한 사람, 세상의 지체들을 죽이고 더러움과 정욕을 깨끗이 씻었기 때문에 옳지 않은 행동을 생각하지 않을 뿐만 아니라 옳지 않은 일을 하도록 선동하는 사람들 때문에 자신의 무정념의 상태가 방해받는 것을 허락하지 않는 사람들이 있습니다. 만일 그들이 성령의 지혜 안에서 하나님의 일에 대해서 가르치는 것을 믿지 않고 그들을 멸시하는 사람들이 그들이 날마다 읽고 노래하는 하나님의 말씀을 이해한다면, 그들을 인정할 것입니다. 만일 그들이 거룩한 성경을 완전히 알고 있다면, 하나님께서 우리에게 약속하시고 주신 복을 믿을 것입니다. 그러나 그들은 자만심과 태만함 때문에 이런 복을 소유하지 못하고 있으므로, 그 복을 받아 소유하고 있으면서 그것들에 대해 가르치는 사람을 불신하고 정죄합니다.

- 119 -

하나님의 은혜가 충만하고 지식과 지혜에 있어서 완전한 사람이 세상으로 나가서 그곳에 사는 사람들을 만나려 하는 이유는 그들에게 하나님의 계명을 상기시켜 상 받을 기회를 줌으로써 선행을 하려는 마음을 갖게 하려는 데 있습니다. 물론 이것은 사람들이 그의 말을 듣고 경청하여 이해할 때 가능한 일입니다. 성령의 인도함을 받지 않는 사람은 어디로 가야 할지, 또 자신이 계명 실천에서 진보하고 있는지 아닌지도 알지 못한 채 어둠 속을 걸어갑니다. 그러므로 은혜 안에 있는 사람이 조언자로서 그들을 도와주며, 그들이 성령의 참된 가르침을 받아들여 자만심에서 벗어나며 위선이나 자기 자랑이 없이 성실하게 하나님의 뜻을 경청하고 회개하여 그 뜻에 순종하여 영적인 은사를 받게 되기를 기대합니다. 만일 거룩한 사람이 평신도들을 찾아가서 그들에게 유익을 주지 못하면, 그는 그들의 눈이 먼 것과 마음의 완악함 때문에 울면서 수실로 돌아가서 밤낮으로 그들의 구원을 위해 기도할 것입니다. 항상 하나님과 함께 거하며 복이 가득한 사람은 다른 것을 염려할 수 없습니다.

- 120 -

성경에 선포되어 있지만, 우리가 읽으면서도 알지 못하는 것, 하나님의 말씀의 성육하신 섭리의 목표는 무엇입니까? 유일한 목표는 우리가 자신의 것 안에 들어간 후에 그분의 것 안에 참여하는 것입니다. 인간을 하나님의 아들로 만들며 은혜에 의해 본질상 하나님과 같은 상태로 끌어올려 주며, 성령의 은혜를 통해서 우리를 위로부터 난 자가 되게 하여 곧바로 하늘나라로 인도하거나, 단순히 하늘나라에 들어갈 소망만 갖는 것이 아니라 그것을 소유하여 "너희 생명이 그리스도와 함께 하나님 안에 감추었음이니라"(골 3:3)라고 외칠 수 있게 하려고 하나님의 아들이 인자Son of Man가 되셨습니다.

- 121 -

세례는 우리의 이기심과 고집을 파괴할 뿐만 아니라 우리를 마귀의 폭정에서 해방해 주므로 마귀가 우리의 뜻을 거슬러 우리를 다스릴 수 없게 됩니다. 세례받은 후에 우리의 의지는 자발적으로 주 하나님이신 예수 그리스도의 계명에 순종하거나, 아니면 바른길에서 벗어나서 대적 마귀에게 돌아갑니다.

- 122 -

세례받은 후에 악한 자의 소원에 복종하며 그가 원하는 것을 행하는 사람은 거룩한 세례의 모태에서 멀어집니다. 다윗은 "악인은 모태에서부터 멀어졌음이여"라고 말합니다(시 58:3). 피조된 인간의 본성은 다른 것으로 변화되지 않습니다. 인간은 하나님에 의해서 선하게 피조되었으며(하나님은 악한 것을 창조하지 않았습니다), 본질상 피조된 상태에서 변하지 않았으므로 선한 것이든지 악한 것이든지 자유의지에 따라 자신이 원하는 것을 행합니다. 칼이 선하게 사용되거나 악하게 사용될 수 있지만, 철이라는 본질은 변하지 않습니다. 마찬가지로 인간은 자신의 본성에서 벗어나지 않은 채 자신이 원하는 것을 행합니다.

- 123 -

사람이 한 번이라도 누군가를 조롱하면 영원한 불에 들어가지만, 단 한 번 자비를 베풀었다고 해서 구원받는 것이 아닙니다. 단 한 번, 단 하루의 배고프고 목마른 것이 언급되는 것이 아니라 평생의 배고픔과 목마름이 언급됩니다. 또 "네가 나에게 고기를 주었다", "네가 나에게 마실 것을 주었다", "네가 나에게 입을 것을 주었다"라는 말은 하나의 사건을 가리키는 것이 아니라 모든 사람을 향한 한결같은 태도를 가리킵니다. 우리 주 예수 그리스도는 (가난한 사람으로서) 자신이 종에게서 그러한 자비로운 대접을 받는다고 말씀하셨습니다.

~ 124 ~

사람들을 도와주고 먹을 것과 마실 것을 줄 능력이 있으면서도 구걸하거나 탄원하는 몇 사람을 구제하지 않은 사람은 장차 주님에게 음식을 드리지 않은 자로서 심판을 받을 것입니다. 이 모든 일에서 우리가 먹을 것을 주는 거지 안에 그리스도가 계십니다.

~ 125 ~

어떤 사람이 어느 날 가난한 사람에게 육체적으로 필요한 것을 공급해주었는데, 다음날 능력이 있으면서도 형제를 돌보는 일을 게을리하여 굶거나 목마르거나 추위로 죽게 내버려 둔다면, 그것은 "너희가 여기 내 형제 중에 지극히 작은 자 하나에게 한 것이 곧 내게 한 것이니라"(마 25:40)라고 말씀하신 분을 소홀히 하여 죽게 한 것입니다.

- 126 -

 주님은 가난한 사람을 흉내를 내시고, 자신을 가난한 사람으로 비유하셨습니다. 이는 주님을 믿는 사람이 자신을 형제보다 높이지 않으며, 형제 안에서 주님을 보며, 자신을 형제보다 열등하고 악하다고 여기며, 가난한 사람을 집에 맞아들이며, 주님이 우리의 구원을 위해 피 흘리신 것처럼 형제를 돕기 위해 가진 것을 사용할 준비를 하게 하기 위해서였습니다.

- 127 -

 이웃을 제 몸처럼 사랑하라는 명령은 하루 동안만 아니라 평생 사랑하라는 의미입니다. 자기에게 부탁하는 사람을 구제하라는 명령을 받은 사람은 평생 그 명령을 따라야 합니다. 이웃에게서 대접을 받고자 하는 사람은 이웃을 대접해야 합니다.

- 128 -

 이웃을 제 몸처럼 사랑하는 사람은 자신이 이웃보다 더 많은 것을 소유하는 것을 허락하지 못합니다. 그러므로 만일 그가 재산을 가지고 있으면서도 그것을 나누어주어 이웃처럼 가난하게 되지 않는다면, 그는 주님의 명령대로 행한 것이 아닙니다. 마찬가지로 빵 한 조각이나 동전 몇 푼이 있으면서도 거지를 빈손으로 돌려보낸다면, 또는 이웃이 원하는 것을 주지 않고 다른 사람에게 보낸다면, 그는 부탁하는 사람에게 주고자 하는 사람이 아닙니다. 그러므로 많은 가난한 사람에게 먹을 것과 마실 것과 입을 것을 주고 여러 가지 방법으로 도와주었지만, 단 한 사람을 멸시하고 거부한 사람은 주리고 목마르신 그리스도를 멸시한 사람으로 간주될 것입니다.

~ 129 ~

그리스도가 가난한 사람들 안에 계시는데, 어떻게 우리가 그리스도를 단 한 명의 가난한 사람에 제한할 수 있겠습니까? 그리스도는 나뉠 수 없으므로, 우리는 백 명의 거지를 한 분 그리스도라고 여겨야 합니다. 사람이 아흔아홉 명의 가난한 사람을 구제했지만 한 사람을 욕하고 질책하고 빈손으로 돌려보냈다고 생각해 보십시오. 빈손으로 돌아간 사람이 누구라고 생각하십니까? 그리스도이십니다. 그리스도는 "너희가 여기 내 형제 중에 지극히 작은 자 하나에게 한 것이 곧 내게 한 것이니라"(마 25:40)라고 말씀하셨고, 지금도 그렇게 말씀하십니다.

~ 413 ~

주님은 우리가 가난한 이웃을 위해 행한 것을 주님을 위해 행한 것으로 여겨 받으십니다. "내 형제 중에 지극히 작은 자 하나에게 한 것이 곧 내게 한 것이니라"라는 말씀에는 우리가 친절하게 대하지 않거나 학대하거나 재산을 빼앗는 등의 부당한 일을 가한 사람뿐만 아니라 우리가 멸시한 사람도 포함됩니다. 이웃을 멸시하는 것이 그리스도를 멸시하는 것이므로, 그것만으로도 정죄 받을 만합니다.

- 131 -

어떤 사람은 이것이 어려운 일이라고 여겨 자신에게 이렇게 말합니다: "이것을 엄격하게 행하여 한 사람도 빠짐없이 모든 사람을 먹이고 만족하게 해 줄 수 있는 사람이 어디 있겠는가?" 그런 사람은 바울의 말을 들어야 합니다: "그리스도의 사랑이 우리를 강권하시는도다 우리가 생각하건대 한 사람이 모든 사람을 대신하여 죽었은즉 모든 사람이 죽은 것이라"(고후 5:14).

- 132 -

주된 계명은 관련된 세부 계명을 모두 포함하듯이, 주된 덕에는 관련된 상세한 덕들이 담겨 있습니다. 예를 들면 소유를 팔아 가난한 사람들에게 나누어 주고 자신도 가난하게 되는 사람은 단번에 그와 관련된 세부 계명을 모두 성취합니다. 그러므로 그는 더는 부탁하거나 빌리려는 사람의 요청을 거절하지 않고 자제해야 할 필요가 없습니다. 마찬가지로 항상 기도하는 일을 성취한 사람은 그것에 의해서 기도와 관련된 모든 계명을 성취한 것이므로, 더는 하루에 일곱 번, 또는 아침과 점심과 저녁에 주님을 찬양할 필요가 없습니다. 왜냐하면, 그는 이미 정해진 시기와 시간에 기도하고 노래하는 것에 관한 규칙을 모두 성취했기 때문입니다. 마찬가지로 지식을 주시는 분이신 하나님을 내면에 소유하고 있는 사람은 이미 성경을 모두 공부하여 거기에서 오는 유익을 모두 거두어들였기 때문에 더는 책을 읽을 필요가 없습니다. 만일 그가 성경을 기록한 사람들을 감화하신 분과 교제를 한다면, 그리고 그분의 형언할 수 없는 비밀들이 그의 안에 분명하게 새겨져 있다면, 책을 읽는 것이 무슨 소용이 있겠습니까? 그는 모든 것을 성취하고 하나님 안에서 모든 일을 마치고 쉽니다. 이것이 온전함의 절정입니다.

~ 134 ~

하나님의 말씀을 소유한 사람에게는 회개가 어울리지 않으며, 참회하는 사람에게는 하나님의 말씀을 소유하는 것이 어울리지 않습니다. 동이 서에서 먼 것처럼 하나님의 말씀을 소유하는 것과 회개의 거리도 멉니다. 참회 행위를 행하며 회개하는 사람은 날마다 앓고 있는 병자나 누더기를 입고 구걸하는 거지와 같습니다. 그러나 하나님의 말씀을 소유한 사람은 궁전에서 좋은 옷을 입고 지내면서 항상 왕과 가까이 있고 왕과 이야기하고 왕의 소원과 명령을 직접 분명히 듣는 사람과 같습니다 (하나님의 말씀을 소유한다는 것은 추상적인 신학이 아닌 관상의 상태를 의미합니다).

~ 135 ~

하나님에 관한 지식이 증가하면 다른 것에 대한 지식은 감소합니다. 다시 말해서 하나님에 대해서 많이 알수록 다른 일에 대해서는 조금 알며 자신이 하나님을 알지 못한다는 것을 점점 더 분명히 깨닫기 시작합니다. 하나님은 인간의 영혼 안에서 밝게 빛날수록 그만큼 더 보이지 않게 되며, 인간의 의식은 감각을 초월하여 올라갈수록 외부에 있는 것을 의식하지 않게 됩니다. 그러나 "감각"이 자신이 거주하는 곳이 어디인

지도 모르고 자신이 어떤 존재인지도 모르며 그것을 배우거나 이해하지 못하는 것이라고 말할 수 있습니까? 눈으로 보지 않은 것, 귀로 듣지 않은 것, 마음에 들어온 적이 없는 것을 감각이 어떻게 알 수 있습니까?

- 136 -

우리에게 감각을 초월하는 것을 주시는 분은 성령의 은혜를 통해서 감각을 초월하는 또 다른 감각을 주십니다. 이는 우리가 감각을 초월하시는 그분의 선물과 복을 분명하고 순수하게 이해하게 하기 위해서입니다.

- 137 -

하나님의 말씀을 듣지 못하는 사람은 하나님의 음성을 듣지 못합니다. 반대로 하나님의 말을 듣는 사람은 하나님의 어떤 말씀도 들을 수 있습니다. 그런 사람은 말씀의 은혜에 의해서 말하거나 가르치는 사람들의 말만 듣습니다. 그가 듣는 것은 그들의 말이 아니라 그들의 음성을 통해서 소리 없이 발언 되는 말씀입니다.

- 138 -

세상일에 실패했을 때 높은 곳에 있는 것을 투자하지 마십시오. 높이 올라갈 때는 정상에 도착하기 전에 발아래 있는 것에 호기심을 갖지 마십시오. 그렇지 않으면 미끄러지거나, 또는 자신이 위로 올라가고 있다고 생각하지만 실제로는 아래 머물게 됩니다.

- 139 -

거룩한 보물, 즉 "내 아버지께서 저를 사랑하실 것이요 우리가 저에게 와서 거처를 저와 함께하리라"(요 14:23)라고 말씀하신 것처럼 우리 안에 거처를 만드시는 그리스도의 강림으로 부유해진 사람은 (경험으로, 의식으로, 느낌으로) 자신이 영혼 안에 어떤 기쁨을 받았으며 마음의 보물 창고에 어떤 보물을 소유하고 있는지 압니다. 그는 하나님과 친구처럼 이야기하며, 접근할 수 없는 빛 가운데서 자기 안에 거하시는 하나님 앞에 섭니다.

- 140 -

내 말을 믿는 사람은 복됩니다. 거룩한 일에 의해서 이 지식을 획득하려고(즉 경험으로 그것을 알려고) 노력하는 사람은 세 배나 복됩니다. 활동과 관상으로 그러한 상태를 획득하고서 아들처럼 하나님께 다가간 사람은 천사와 같습니다.

- 141 -

바닷가에 서 있는 사람은 넓은 바다를 바라보지만, 시선이 바다 끝까지 이르지 못하므로 작은 부분만 볼 수 있습니다. 마찬가지로 관상을 통해서 정신의 눈으로 끝없는 하나님의 영광을 보며 하나님을 보게 된 사람은 하나님과 끝없이 광대한 하나님의 영광을 보되 완전하게 보는 것이 아니라 자신의 능력만큼만 봅니다.

- 142 -

바닷가에 선 사람은 바다를 바라볼 뿐만 아니라 자신이 원하면 물속에 들어갈 수도 있습니다. 영적인 완전에 이른 사람도 그렇습니다. 그는 원할 때 자신의 업적과 노력과 갈망하는 분량에 비례하여 신적인 빛에 들어가서 그것을 바라보고 그 안에 참여할 수 있습니다.

- 143 -

바닷가에 있는 사람은 마른 땅에 서서 주위를 둘러보고 넓은 바다를 볼 수 있습니다. 그러나 그가 물에 들어가 잠수하기 시작하여 깊이 들어가면 물 밖에 있는 것을 볼 수 없습니다. 하나님의 빛에 참여하는 사람도 그렇습니다. 하나님에 대한 지식을 많이 획득할수록, 그의 (하나님 외의 모든 것에 대한) 무지가 증가합니다.

- 144 -

무릎이나 허리 깊이까지만 물속에 들어간 사람은 물 밖에 있는 것을 분명히 볼 수 있지만, 물속 깊이 잠수하면 물 밖에 있는 것을 보지 못하며, 자신이 물속에 있다는 사실만 압니다. 영적 성취가 증가하는 사람, 그리고 완전한 관상을 향해 올라가는 사람에게도 같은 일이 일어납니다.

- 145 -

영적 완전함이 진보하고 있는 사람의 정신이 조명을 받으면, 그는 내적으로 주님의 영광을 보며 하나님의 은혜에 의해서 지식에 지식을 배우며, 존재하는 것에 대한 관상에서 존재하는 것을 초월하는 것에 대한 지식으로 올라갑니다.

~ 146 ~

완전함에 접근하는 사람, 아직은 (영적인 것들의) 무한함을 부분적으로만 보며 자신이 보는 것의 불가해성을 의식하는 사람은 경외심과 놀람으로 가득 찹니다. 그는 신비하게 지식의 빛에 깊이 들어갈수록, 자신의 약함을 더욱 의식합니다. 거울을 통해서 보듯이 희미하게 나타나는 것들은 그러한 정신을 부분적으로 조명해줍니다. 그러나 그것이 더욱 완전한 빛 속에서 자신을 드러내며 참여를 통해서 그것의 비침을 받는 사람과 결합하고 그를 자기 안으로 끌어들여 그가 마치 측량할 수 없는 빛의 바다에 빠지듯이 성령의 깊은 곳에 존재하게 되면, 그는 모든 것이 지식을 초월하는 곳에 올라간 사람처럼 완전한 무지 속에 빠집니다.

~ 147 ~

우리의 정신은 단순하고 순수합니다. 따라서 이질적인 생각을 완전히 제거한 정신은 순수하고 단순하고 거룩한 빛에 들어가 그 안에 포함되고 감추어지며, 그 빛 외에 다른 것을 만날 수 없게 됩니다. 그곳에는 정신이 다른 것을 생각하게 하는 것이 없습니다. 정신은 밖을 내다보지 않고 신적인 빛에 거합니다. 이것은 하나님이 빛이라는 말에 의해서 증명됩니다. 그러므로 앞에서 말한 일이 발생한 다음에는 모든 것을 관상하는 정적靜寂이 따릅니다.

- 148 -

　변하기 쉬운 정신이 신적인 구름과 빛에 둘러싸일 때 움직이거나 생각을 하지 않게 되며, 동시에 의식적인 관상과 이해 안에 머물면서 자신을 둘러싸고 있는 복을 먹고 삽니다. 성령의 깊은 곳은 바다의 깊은 곳과 같지 않습니다. 그곳은 영생의 바다입니다. 성령의 깊은 곳에 있는 것들은 이해와 설명을 초월합니다. 정신은 눈에 보이는 정신적인 것들을 맛본 후에 그 안에 들어가서 그 불가해한 것들 가운데서 움직임이 없이 움직이며 삶 이상의 삶을 영위하고, 빛 가운데 있는 빛이 됩니다. 그 다음에 정신은 자신을 보지 않고 자신을 초월하시는 분을 보며, 내면적으로 그것을 둘러싸고 있는 영광 때문에 변화되었으므로 자신에 대한 지식을 상실합니다.

- 149 -

　완전함의 마지막 단계에 이른 사람은 죽었으나 죽지 않으며, 하나님 안에서 무한히 더 활동합니다. "이제는 내가 산 것이 아니요 오직 내 안에 그리스도께서 사신 것이라"(갈 2:20)라고 바울처럼, 그는 이제는 혼자 살지 않고 하나님을 위해서 삽니다. 또 그는 소경이지만 소경이 아닙니다: 그는 본성적인 눈으로 보지 않고 그보다 훨씬 좋은 새 눈을 자연을 초월하는 것을 봅니다. 그는 활동을 마친 사람처럼 활동하지 않고 쉽니다. 그는 생각을 초월하시는 분과 하나가 되었으며 생각이나 성찰이나 회상과 같은 정신의 움직임이 존재하지 않는 곳에 도착하였기 때문에 생각이 없이 존재합니다. 그는 불가해한 것과 기적적인 것을 알지 못하고 이해하지도 못하지만, 이 복된 감각의 고요로 말미암아 그 안에서 완전한 안식을 발견합니다. 그는 의심이 없이 확실하고 분명하게 이해하면서 복을 누립니다.

- 150 -

이만큼의 완전함을 받지 못하고 그러한 복을 획득하지 못한 사람은 자신을 탓해야 하며, 자기를 정당화하기 위해서 그것이 불가능하다거나 우리가 소유할 수 있는 완전함이 의식할 수 없는 것이라고 말해서는 안 됩니다. 그는 성경의 증언을 토대로 그러한 일이 가능하다는 것을 알아야 합니다. 또 그것이 실제로 발생하며 완전한 의식과 깨달음이 동반되지만, 사람이 하나님의 계명을 소홀히 하고 죄를 범하기 때문에 소홀히 한 분량에 비례하여 이러한 복을 빼앗긴다는 것을 알아야 합니다.

- 151 -

하나님은 처음부터 보이는 세계와 보이지 않는 세계를 창조하셨고, 몸과 영혼 안에 두 세계의 특징을 지닌 사람—눈에 보이는 부분에 있는 것과 보이지 않는 부분에 있는 것—을 보이는 세계의 왕으로 두어 다스리게 하셨습니다. 두 개의 태양, 눈에 보이는 태양과 지적인 태양이 이 두 세계를 비춥니다. 눈에 보이는 감각의 세계에 태양이 있고, 보이지 않는 지성의 세계에 진리의 태양이라고 불리는 하나님이 계십니다. 유형적인 세계와 그 안에 있는 모든 것은 눈에 보이는 유형적인 태양이 비추어줍니다. 그러나 지성의 세계 및 그 안에 있는 사람들은 지성 안에 있는 진리의 태양의 빛과 조명을 받습니다. 유형적인 것은 유형적인 태양의 조명을 받고, 지성에 속한 것은 지성 태양의 조명을 받습니다. 그것들은 서로 섞이거나 융합되지 않습니다. 유형적인 것이 지성적인 것과 섞이지 못하고, 지성적인 것이 유형적인 것과 섞이지 못합니다.

- 152 -

보이는 것과 보이지 않는 피조물 중에서 인간만이 이중적 존재로 피조되었습니다. 인간은 4원소(흙, 물, 불, 바람)와 감각과 숨으로 구성되는 몸을 가지고 있습니다. 또 설명할 수 없고 알 수 없는 방법으로 몸과 결합하여 있으며 보이지 않는 비물질적인 영혼을 가지고 있습니다. 그것들이 혼합됨이 없이 서로 스며들어 있으며, 합체되지 않은 상태로 결합하여 있습니다. 인간은 유한한 동시에 불멸하며, 보이면서 보이지 않고, 감각적이고 지성적이며, 보이는 것을 볼 수 있고 보이지 않는 것을 알 수 있습니다. 두 개의 태양이 각기 자기의 세계에 영향을 주듯이, 인간이 지닌 두 가지 측면에 각기 영향을 미칩니다. 하나는 몸을 조명해주고 나머지 하나는 영혼을 조명해주면서, 각기 받아들일 수 있는 능력에 따라 희박하거나 풍성하게 빛을 비추어줍니다.

- 153 -

사람은 하늘의 태양을 보지만, 태양은 사물을 보지 못합니다. 지성의 태양은 모든 사람, 특히 그것을 바라보는 사람들을 보며, 자격이 있는 사람은 그 태양을 볼 수 있습니다. 하늘의 태양은 말하지 않으며 사람에게 말하는 은사나 능력을 부여하지 않습니다. 그러나 지성의 태양은 친구들에게 말을 하며, 모든 사람에게 말하는 은사와 능력을 부여해 줍니다. 정원을 비추어주는 태양이 햇볕의 따뜻함에 의해서 땅속의 수분을 증발시키지만, 흙을 비옥하게 하거나 씨앗이나 식물에 양분을 공급하지는 못합니다. 지성의 태양은 영혼 안을 비추면서 이 두 가지 일을 행합니다. 그것은 정념이라는 수분을 증발시키는 동시에 그것이 만들어낸 더러움과 악취를 영혼에서 제거하며 하나님의 은혜로 영혼의 내면의 흙을 비옥하게 하고 덕이라는 식물에 양분을 공급함으로써 자라서 번성하게 합니다.

- 154 -

떠오르는 태양은 물질세계와 그 안에 있는 모든 것—사람과 동물, 그 밖의 모든 것—을 비추어주고, 모든 것 위에 동등하게 빛을 부어줍니다. 그것은 낮에 영향력을 행사하다가 자신이 비추어주던 모든 것을 어둠 속에 남기고 숨습니다. 그러나 지성의 태양은 한번 비추기 시작하면 항상 비추어주며, 모든 것 안에 비물질적으로 포함된 동시에 그 피조물로부터 뗄 수 없이 분리된 상태에 머뭅니다. 왜냐하면, 그것은 모든 것 안에 존재하는 동시에 피조물들 안에 존재하지 않기 때문입니다. 그것은 눈에 보이는 것 안에 존재하지만, 눈에 보이지 않습니다. 그것은 모든 곳에 존재하지만, 어느 곳에도 존재하지 않습니다.

- 155 -

그리스도는 처음이요 중간이요 마지막이십니다. 그분은 처음 된 자들과 중간에 있는 자들과 마지막에 있는 자들 안에 계십니다. 그분은 처음 된 자들 안에 계시듯이 만물 안에 계십니다. 유대인이나 헬라인이나 종이나 자유인이나 남자나 여자나 다 그리스도 예수 안에서 하나인 것처럼(갈 3:28), 그분은 그들을 차별하지 않습니다.

- 156 -

처음부터 마지막까지, 머리끝에서 발끝까지 스며드는 은밀한 사랑은 모든 것을 자신과 결합하여 들어 올리며 함께 묶고 연합하여 흔들림이 없이 튼튼하게 합니다. 그것은 모든 사람에게 같이 나타납니다. 하나님과 함께 있으면 마지막이 처음이 되고 처음이 마지막이 될 수 있습니다.

- 157 -

하나님께서 공정한 순서에 따라 천사들의 계급을 조명하셔서 신적인 빛이 첫째 계급에서 둘째 계급으로, 둘째 계급에서 셋째 계급으로 스며들어 모두에 스며들게 하시는 것처럼 천사들의 조명을 받는 성도들도 함께 연결되고 성령에 의해 결합하여 서로 비슷하게 되고 같은 지위에 속하게 됩니다. 게다가 대대로 이어서 등장하는 성도들은 하나님의 계명에 순종함으로써 조상들과 연결되며, 신적 은혜를 받아서 같은 빛으로 가득 차게 됩니다. 그들은 순서대로 일종의 황금 사슬을 형성하며,

각각의 성도는 이 사슬을 구성하는 고리로서 믿음과 바른 행동과 사랑에 의해서 처음 고리와 연결됩니다. 그것은 하나님 안에서 힘을 소유하며 깨지지 않는 사슬입니다.

~ 158 ~

시간상으로 마지막 성도에 대한 불신 때문에 사랑과 겸손 안에서 그 성도와 연결되고픈 소원을 표현하지 않는 사람은 이전의 성도들과 연결되지 못할 것이며, 그가 하나님과 모든 성도를 향한 사랑과 믿음을 가지고 있다고 생각한다 해도 그들을 계승하는 것이 허락되지 않을 것입니다. 그는 만세 전에 하나님이 그를 위해 정해 놓으신 장소를 겸손하게 받아들이며 하나님이 준비하신 대로 (시간상으로) 마지막 성도와 결합하기를 거부하기 때문에 그들 가운데서 쫓겨날 것입니다.

~ 159 ~

하나님은 우리에게 알려지기를 원하시므로 자신을 계시하십니다. 하나님이 자신을 계시하시므로 자격이 있는 사람은 하나님을 보고 알 수 있습니다. 그러나 땀 흘리며 수고하여 깨끗하고 단순하고 통회하는 마음을 획득하고 성령과 연합하지 않은 사람은 이것을 경험할 자격이 없습니다.

~ 160 ~

알파벳을 배우고 있는 사람에게 수사학과 철학을 가르치는 사람은 배우는 사람에게 유익을 주기는커녕 그를 분심하게 하며 이미 배운 것마저 잊게 할 것입니다. 이는 그의 정신이 그러한 주제들을 처리할 수 없기 때문입니다. 마찬가지로 초심자나 세으른 사람에게 완진함의 마지막 단계를 설명하는 것은 그들에게 유익을 주지 못하며 오히려 기초를 잃게 할 것입니다. 왜냐하면, 그들이 덕의 고지를 올려다보면서 자신이 정상에서 얼마나 멀리 떨어져 있는지 깨닫는 순간 그곳에 올라갈 수 없다고 생각할 것이며, 이미 시작한 유익한 일도 소용이 없다고 생각하여 포기하고 절망에 빠질 수 있기 때문입니다.

- 161 -

정념의 지배를 받아 휘둘리는 사람이 하나님 안에서 완전한 사람은 자신을 모든 사람이나 동물이나 짐승보다 더 부정하다고 여기며, 비방을 받을 때 기뻐하고, 자기를 비방하는 사람을 축복하며, 박해받을 때 인내하고, 원수를 위해 진심으로 슬퍼하며 눈물을 흘리면서 하나님께 기도한다는 말을 들으면, 완전한 사람도 자신과 같을 것으로 생각하기 때문에 그 말을 믿지 않습니다. 그러나 성경에 의해서 자기 생각이 옳지 않음이 증명되고, 이미 이것을 실천하여 증명한 성도들의 논박을 받으면, 그는 자신이 그 정도의 완전함에 이를 수 없다고 고백합니다. 그는 그렇게 행동하지 않으면 구원받을 수 없다는 말을 들어도 악한 습관을 버리고 죄를 뉘우치려 하지 않고 절망에 빠집니다.

- 162 -

깊은 겸손이 있는 곳에 많은 눈물이 있고, 이 두 가지가 있는 곳에 성령이 임합니다. 경건한 영의 은혜가 임하여 그 영향을 받는 사람에게 순결함과 거룩함이 가득하게 되며, 그리하여 그는 하나님을 보고 하나님은 그를 권고하십니다. 주님은 "무릇 마음이 가난하고 심령에 통회하며 내 말을 듣고 떠는 자 그 사람은 내가 돌보려니와"라고 말씀하십니다(사 66:2).

- 163 -

우리가 정념을 정복할 수 있지만 근절할 수는 없습니다. 우리에게 악을 행하지 않는 힘이 주어졌지만, 악을 생각하지 않는 능력은 주어지지 않았습니다. 그러나 참된 의는 악을 행하지 않을 뿐만 아니라 생각하지도 않는 것을 의미합니다. 악을 생각하는 사람에게는 순결함이 없습니다. 거울이 먼지 때문에 흐려지는 것처럼 부정한 생각 때문에 더러워진 사람의 마음이 어떻게 깨끗할 수 있겠습니까?

- 164 -

정념에 흔들리지 않을 뿐만 아니라 악한 것이나 세상의 것을 생각조차 하지 못하며 저항할 수 없는 사랑을 가지고 하나님을 기억하는 일에만 매달리는 사람은 청결한 마음을 가진 사람입니다. 영혼의 눈인 정신의 관상을 방해하는 것이 없으면, 순수한 빛 속에서 순수하게 하나님을 볼 것입니다.

~ 165 ~

정념의 명령을 따르지 않을 뿐만 아니라 그것을 갈망하는 것이 무엇인지도 알지 못하는 사람은 정념이 없는 사람입니다. 그뿐만 아니라 그의 정신이 그것에 대한 생각에서 벗어나서 원하는 대로 하늘을 자유로이 날아서 눈에 보이는 것과 감각적인 것들의 한계 너머에 이를 때, 마치 감각이 닫히고 정신은 초감각적인 것의 영역에서 떠다니는 것과 같을 것입니다. 그러나 독수리가 (하늘을 날아다닐 때도) 깃털을 가지고 있는 것처럼 여전히 감각을 유지할 것입니다.

~ 166 ~

정신은 감각이 없이 활동하지 않고, 감각은 정신이 없이 활동하지 않습니다.

~ 167 ~

내면에 세상 생각이 없이 하나님께 매달리며 하나님과 연합하여 슬픈 것이든지 기쁜 것이든지 세상 것을 기억하지 않고 관상 상태에 머물며 셋째 하늘에 올라가서 낙원에 들어가 성도들에게 유업으로 약속된 복을 보는 마음은 깨끗한 마음입니다. 그러한 마음은 연약한 인간이 가능한 한도까지 영원한 복을 반영합니다. 이것은 청결한 마음을 보여주는 진정한 표식으로서 사람은 그것에 의해서 자신의 청결함의 분량을 결정하며 거울로 보듯이 자신을 볼 수 있습니다.

- 168 -

집 밖에 있는 사람이 집 안에 있는 사람을 볼 수 없듯이, 자신을 십자가에 못 박고 세상에 대해 죽은 사람은 세상에 속한 것들과 행동들에 대한 느낌을 갖지 않습니다.

- 169 -

시체는 살아있는 것이나 함께 누워있는 시신들에 대해 아무것도 느끼지 못하듯이, 성령의 은혜 때문에 세상을 버리고 하나님과 함께 거하는 사람은 비록 육신의 욕구에 종속되지만, 세상이나 세상 것에 대해 애착을 느끼지 않습니다.

- 170 -

육체의 죽음에 선행하는 죽음이 있고, 행위와 경험과 능력과 진리에 의해서 몸의 부활에 선행하는 영혼의 부활이 있습니다. 유한한 지혜가 영원한 정신에 의해 파괴되고 생명에 의해서 죽음이 추방될 때, 죽은 자들 가운데서 부활한 영혼은 잠에서 깨어난 사람처럼 자신을 분명히 보며 자신을 부활하게 해주신 참 하나님을 알게 됩니다. 영혼은 하나님을 생각하고 하나님께 감사하며 말할 수 없는 즐거움으로 충만한 상태로 감각과 세상의 한계 너머로 올라가며, 그럼으로써 모든 유한한 움직임을 잠잠하게 합니다.

- 171 -

　우리 자신에 의해서 (구원의 생명 안에) 도입되는 것이 있고, 하나님께서 우리에게 주시는 것이 있습니다. 우리는 하나님을 향한 노력과 땀에 의해서 순수해질수록 그만큼 더 신적인 빛을 발하게 되며, 자신의 눈물에 의해 정화되어 자신에서 나오는 눈물을 바치고 그 대신에 하나님에게서 통회의 빛을 받습니다.

- 172 -

　자신에 기원을 둔 것을 가져온 사람은 하나님이 주시려는 것을 받지 못한 사람입니다. 가인과 에서가 행하고 당한 일을 보면 이것을 분명히 알 수 있습니다. 만일 어떤 사람이 바른 생각과 의로운 성향과 믿음과 겸손을 가지고서 자신의 것을 도입하지 않는다면, 하나님께서 그 사람을 자비로이 바라보시며 그가 바치는 것을 받으실 것이라고 기대할 수 없습니다. 또 그가 바치는 것을 거절하신 후에 그러한 경우 하나님이 주시는 것을 주실 것이라고 기대할 수도 없습니다.

- 173 -

　성도들이 볼 때 세상 및 그 안에 있는 사람들은 죽어 있습니다. 그러므로 세상의 사람은 거룩한 사람들의 선한 행동을 보아도 보지 못하며, 성령의 은혜로 주어지는 하나님의 말씀을 들어도 이해하지 못합니다. 반면에 신령하고 거룩한 사람은 세상의 악한 사람들의 악한 행동을 보지 못하며 그들의 정욕적인 말을 이해하지 못합니다. 다시 말해서 그는 세상에 있는 것을 보지 않으며, 세상에 있는 사람에 대한 말을 들을 때 마치 듣지 못하는 사람처럼 행동합니다. 이는 이렇게 거룩한 상태와 경향을 지닌 사람은 그런 것을 느낄 감각 기관을 가지고 있지 않기 때문입니다. 그러므로 영적인 것과 세상의 것, 세상의 것과 영적인 것 사이에 교제가 이루어지지 않습니다.

- 174 -

빛과 어둠은 분명히 구분되며 서로 섞일 수 없습니다: "빛과 어둠이 어찌 사귀며…믿는 자와 믿지 않는 자가 어찌 상관하며"(고후 6:14, 15). 성령을 소유한 사람과 소유하지 못한 사람도 구분됩니다. 성령을 소유한 사람은 천사처럼 되어 천국에서 살지만, 성령을 소유하지 못한 사람은 세상과 세상에 속한 것들의 사슬에 매여 조상의 어둠과 사망의 그늘에 앉습니다. 전자는 시들지 않는 내적인 빛의 조명을 받지만, 후자는 눈에 보이는 빛의 조명만 받습니다. 전자는 자기 자신과 이웃을 봅니다. 그러나 후자는 날마다 자신과 이웃의 영혼이 죽는 것을 보며, 죽은 자들의 부활과 심판, 그리고 각 사람의 행위에 따른 상이 있다는 것을 알지 못하고 믿지도 않습니다.

- 175 -

우리가 성령을 소유하고 있는지 아닌지는 내면의 작용 때문에 알 수 있습니다. 사도 바울은 다음과 같이 말합니다: "주의 영이 계신 곳에는 자유함이 있느니라"(고후 3:17), "몸은 죄로 말미암아 죽은 것이나 영은 의로 말미암아 살아 있는 것이니라"(롬 8:10), "그리스도 예수의 사람들은 육체와 함께 그 정욕과 탐심을 십자가에 못 박았느니라"(갈 5:24). 성령 안에서 세례받은 사람은 그리스도로 옷 입고, 빛의 아들이 되며, 지지 않는 빛 가운데 걸어가며 세상을 보아도 보지 못하고 세상 것을 들어도 듣지 않습니다. 육적인 사람은 하나님의 일을 보아도 보지 못하고 들어도 듣지 못하며, 영적인 것은 미친 것이라고 보이기 때문에 그것을 이해하지 못하며 흡수하지도 못합니다. 바울의 말처럼 성령을 소유한 사람은 몸을 가지고 있지만, 육체 안에 있지 않습니다: "만일 너희 속에 하나님의 영이 거하시면 너희가 육신에 있지 아니하고 영에 있나니"(롬 8:9). 그는 세상에 대해서 죽고 세상은 그에 대해서 죽습니다. 바울이 자기에 대해서 말한 것이 그런 사람에 대해서 말한 것입니다: "세상이 나를 대하여 십자가에 못 박히고 내가 또한 세상을 대하여 그러하니라"(갈 6:14).

- 176 -

인간이 몸과 혼으로 이루어져 있듯이, 세상은 보이는 것과 보이지 않는 것으로 이루어져 있습니다. 그것들은 각기 자신의 영에 상응하는 일과 염려를 소유합니다. 환상과 꿈에서도 같은 것을 발견합니다. 낮에 영혼을 사로잡는 것이 잠자는 동안 그의 꿈과 철학적인 해석의 주제가 됩니다. 만일 영혼이 낮에 인간적인 일과 관련된 활동을 하면서 지냈다면, 꿈속에서도 그것들에 대해 걱정합니다. 한편 낮에 거룩한 일을 연구하는 데 몰두했다면, 잠잘 때 그것에 대한 꿈을 꾸고 꿈속에서 지혜의 가르침을 받습니다. 선지자는 이렇게 말합니다: "너희의 젊은이들은 환상을 보고"(행 2:17). 그런 사람은 거짓 꿈 때문에 판단을 그르치지 않으며, 참 꿈을 꾸고 계시의 가르침을 받습니다.

- 177 -

영혼의 갈망하는 부분이 정념, 세상의 즐거움과 쾌락과 오락을 향해 움직일 때 그에 상응하는 꿈을 꿉니다. 또 영혼의 도발적인 부분이 같은 종류에 속해 있는 것에 대해 격노할 때 그 사람은 짐승과 파충류가 공격하는 꿈, 전쟁과 싸움의 꿈, 사람들과 소송하고 다투는 꿈을 꿉니다. 영혼의 사유하는 부분이 교만하고 자만해질 때 그 사람은 날개를 달고 높이 날아오르는 꿈, 판사나 왕이 앉는 높은 의자에 앉아 있는 꿈, 환영과 영접을 받는 꿈을 꿉니다.

- 178 -

성령의 은혜로 정신이 단순해지고 정념의 압박과 노예 상태에서 해방된 사람만이 잠자는 동안 참된 환상을 볼 수 있습니다. 그는 거룩한 것에 관해서만 염려하며, 장래의 복과 상만 생각하고, 일상생활을 초월하며, 분심되지 않고, 염려로부터 자유로우며, 평온하고 순수하고 자비와 지혜와 거룩한 지식 및 성령이 그의 내면에서 보살펴주시는 선한 열매가 가득합니다. 그렇지 못한 사람의 꿈은 거짓되고 무질서하며, 그의 안에 있는 것은 모조리 속임수요 망상입니다.

- 179 -

자기 의지를 죽인 사람에게는 자기의 의지가 없게 됩니다. 살아 움직이는 피조물은 의지를 가지고 있으며, 감각이나 움직이는 능력이 없는 것에는 의지가 없습니다. 식물은 영혼을 가지고 있지 않으므로 비록 내적인 움직임과 성장력을 가지고 있지만, 그것들이 본성적인 의지의 결과라고 말할 수 없습니다. 그러나 본성적으로 영혼을 가지고 있는 피조물은 모두 의지를 소유합니다. 그러므로 특별히 이 목적을 향해 열심히 노력하여 자기의 의지를 죽인 사람은 본성을 초월하여 본성 밖에 있는 사람입니다. 그런 사람은 자기 의지가 없으므로 아무것도 원하지 않으며, 선한 것이든지 악한 것이든지 스스로 행하지 않습니다.

- 180 -

성령의 도우심으로 하나님과 연합하여 형언할 수 없는 복을 맛본 사람은 사람들이 주는 헛된 영광을 좋아하지 않습니다. 돈이나 비싼 옷이나 보석을 원하지도 않습니다. 그는 무상하고 덧없는 재산에 애착하거나 매달리지 않습니다. 그는 참된 왕이나 통치자가 아닌 왕이나 귀족들에게 알려지기를 원하지 않는데, 이는 그들이 많은 정념에 사로잡혀 지배를 받고 있기 때문입니다. 그는 그들을 강하고 고귀하다고 여기지 않으며, 그들이 친구들에게 특별한 영광을 수여한다고 생각하지도 않습니다. 또 그는 세상에서 잘 알려지거나 유명한 사람들과 가까이하기를 원하지 않습니다. 왜냐하면, 부유함을 가난과 바꾸거나 수치를 당하고 영광을 빼앗기며 위대하고 강력한 영주가 되지 않고 사람 중에서 가장 낮은 사람이 되기를 원하는 사람은 없기 때문입니다.

- 181 -

기도할 때 말을 많이 하는 사람은 자기가 하는 말을 모두 의식하기 어렵습니다. 그러나 몇 마디로 기도하는 사람은 자기가 기도하면서 말하는 것을 의식할 수 있습니다. 자신이 말하는 모든 것을 의식하지 못하는 사람은 말을 많이 하라는 가르침을 받습니다. 그러나 자신이 기도하면서 말하는 것을 의식하는 법을 배운 사람은 정신이 산만해질까 두려워 말을 많이 하지 못합니다. 하나님께 말을 많이 할 필요가 없으며, 자신이 하는 몇 마디를 지적으로 의식해야 합니다. 다시 말해서 자신이 하는 말을 이해해야 합니다. 그런데 기도할 때 성령의 참여함이 없이는 지적으로 의식할 수 없습니다. 성령 안에서 주 예수 그리스도로 말미암아 하나님의 친구가 되지 않은 사람의 영혼은 지적인 의식을 가지고 기도할 수 없습니다. 어느 교부는 "기도할 때 성령의 힘으로 기도해야 합니다"라고 말했습니다. 그러므로 성령이 없이 자신이 바르게 기도하고 있다고 생각하는 사람의 기도는 하나님을 모독하는 것과 같습니다. 왜냐하면, 그는 부정하여 하나님의 친구가 되지 못했기 때문입니다.

- 182 -

태양을 계속 바라보면 무의식중에 시력의 변화가 생겨서 다른 사물을 보지 못하고 모든 것 안에서 태양만 보게 됩니다. 정신과 마음으로 항상 진리의 태양을 바라보는 사람도 무의식중에 정신적 시력의 변화가 생겨서 세상 것을 상상하지 못하고 만물 안에서 하나님만 보게 될 것입니다.

- 183 -

시므온은 어느 사제의 질문에 이렇게 대답했습니다: "나는 사제가 될 자격이 없지만, 사제가 지녀야 할 모습을 정확히 알고 있습니다. 우선 그는 몸과 영혼이 깨끗하여 죄가 없어야 합니다. 둘째로 그는 외적인 행위와 습관적인 행동뿐만 아니라 내적인 성향이 겸손해야 합니다. 게다가 제단 앞에 서서 성찬을 볼 때 내적으로 하나님을 보아야 합니다. 그 외에도 그는 성찬 안에 보이지 않게 현존하시는 분을 포착해야 하며, 자기 마음에 거하시는 분을 의식하고서 친구에게 하듯이 '하늘에 계신 우리 아버지, 이름이 거룩히 여김을 받으시오며'라고 기도할 수 있어야 합니다. 이렇게 기도하는 사람은 내면에 본질상 하나님의 아들이신 분과 아버지와 성령이 현존하신다는 것을 나타냅니다. 나는 그러한 사제들과 교부들과 형제들을 보았습니다."

- 184 -

그는 자신을 숨기고 사람들의 칭찬을 피하려 했지만, 언젠가 이웃에 대한 사랑 때문에 다음과 같은 이야기를 했습니다: "언젠가 나를 친구로 여기고 믿는 사제-수도사에게서 다음과 같은 말을 들었습니다: '나는 사제로 서임될 때 총대주교가 사제 서임의 기도문을 낭독하는 동안 성령이 나에게 내려오시는 것을 보았으므로 성찬예배를 드릴 때면 항상 성령을 봅니다.' 나는 그때 어떻게 어떤 형태의 성령을 보았느냐고 물었고, 그는 이렇게 대답했습니다: '형태가 없는 빛과 같았습니다. 나는 한 번도 본 적이 없는 것을 보았을 때 처음에는 놀라서 그것이 무엇인지 자신에게 질문했습니다. 그때 그분은 은밀하지만 분명한 음성으로 "나는 선지자와 사도들과 성도들과 하나님의 택함을 받은 사람들에게 그런 식으로 내려온다. 나는 하나님의 성령이다"라고 말씀하셨습니다.'"

믿음에 관하여,
그리고 세상에 사는 사람이 완덕에
이를 수 없다고 말하는 사람에게 주는 글

사람들 앞에서 하나님의 자비를 전파하는 것, 그리고 하나님이 우리에게 베푸시는 크신 긍휼과 은혜를 형제들에게 드러내는 것은 좋은 일입니다. 내가 아는 어떤 사람은 오랫동안 금식하지 않고 철야 하지 않고 맨땅에서 잠자지 않고 특별히 힘든 일도 하지 않지만, 자기의 죄를 기억하고 자신의 무가치함을 이해하며 자신을 판단하고 겸손하게 지냈습니다. 그런데 주님은 이것 때문에 그를 불쌍히 여겨 구원해 주셨습니다. 다윗은 "여호와는 마음이 상한 자를 가까이하시고 충심으로 통회하는 자를 구원하시는도다"라고 말합니다(시 34:18). 간단히 말해서 그 사람은 주님의 말씀을 신뢰했고, 주님은 그의 믿음 때문에 그를 받아주셨습니다. 겸손에 이르는 길에는 장애물이 많지만, 하나님의 말씀에 대한 믿음의 길에는 장애물이 없습니다. 우리는 마음으로 원하는 순간에 믿습니다. 믿음은 자비하신 하나님의 신물입니다. 하나님은 우리에게 그것을 주어 본성적으로 소유하게 하시고 우리의 자유의지에 따라 그것을 사용하게 하셨습니다. 결과적으로 스키타이 사람들(BC 6세기~BC 3세기경 남부

러시아의 초원지대에서 활약한 최초의 기마유목 민족)과 야만족도 본성적으로 믿음을 가지고 있으며 서로의 말을 믿습니다. 그러나 전심으로 믿는 믿음의 예를 들겠습니다.

콘스탄티노플에 20세쯤 된 조지라는 청년이 살고 있었습니다. 이것은 우리 시대에 발생하여 지금 우리가 기억하고 있는 일입니다. 그는 미남이었고, 그의 걸음걸이와 태도와 행동거지는 자기를 과시하는 듯했습니다. 그 때문에 상대방의 내면에 감추어져 있는 것을 알지 못한 채 표면만 보고 판단하리는 사람들은 이 청년에 대해서 여러 가지 좋지 못한 추측을 했습니다. 그 청년은 콘스탄티노플의 어느 수도원에 사는 수도사와 아는 사이였습니다. 청년은 이 수도사에게 마음속의 비밀을 털어놓았고, 자기 영혼을 구하려는 뜨거운 갈망도 이야기했습니다. 이 선한 수도사는 청년에게 지켜야 할 규칙, 그리고 성 마가St. Mark the Wrestler가 저술한 영적인 법에 관한 책을 주었습니다.

청년은 그 책을 마치 하나님이 친히 주신 것인 듯이 공손하고 받았고, 그 책으로부터 커다란 유익과 많은 결실을 거두기를 바라고 믿었습니다. 그는 집중하여 그 책을 통독하면서 큰 도움을 얻었습니다. 특히 세 단락이 그의 마음에 깊은 감명을 주었습니다. 첫째는 "병 낫기를 원한다면, 양심에 주의를 기울이고, 양심이 말하는 대로 행하십시오. 그것이 유익할 것입니다"였습니다. 둘째는 "계명을 실천하기도 전에 적극적인 성령의 은혜를 받으려 하는 사람은 마치 돈에 팔린 노예가 주인에게 해방문서에 서명할 것을 기대하는 것과 같습니다"였습니다. 셋째는 "영적인 이성을 획득하지 못한 채 표면적으로 기도하는 사람은 '다윗의 자손이여 나를 불쌍히 여기소서'(막 10:48)라고 외친 맹인과 같습니다. 그러나 또 다른 맹인은 눈을 뜨고 주님을 보았을 때 그분을 다윗의 자손이라고 부르지 않고 하나님의 아들로 예배했습니다"(요 9:35, 38). 이 세 단락이 청년을 기쁘게 했습니다. 그는 첫째 단락에서 주장한 것처럼 자신이 양심에 주의를 기울임으로써 영혼의 병이 나을 것이며, 둘째 단락에서 가르치는 것처럼 계명에 순종함으로써 성령에 의해 활력을 얻을 것이며, 셋째 단락에서 약속하는 것처럼 성령의 은혜에 의해서 내면의 눈을 떠서 주님의 아름다움을 보게 될 것이라고 믿었습니다. 그리하여 그는 이 아름다움을 향한 사랑 때문에 상처를 입었고, 아직 보지 못했지만, 그것을 향한 강력한 동경을 품었고, 결국 그것을 발견하게 될 것이라는 희망을 품고 그것을 추구했습니다.

그는 밤마다 잠자리에 들기 전에 빠짐없이 스승이 준 규칙을 실천하는 것 외에는 특별한 것을 행하지 않았습니다. 그러나 얼마 후 양심이 그에게 이렇게 말하기 시작했습니다: "더 많이 부복하고 몇 편의 시편을 몇 편 더 낭송하고, 가능한 한 여러 번 '주 예수 그리스도시여, 나를 불쌍히 여기소서' 라고 기도해라." 그는 양심에 복종했고, 양심의 소리가 하나님의 명령인 듯이 생각 없이 양심이 제안하는 것을 모조리 행했습니다. 그는 잠자리에 들기 전이면 '왜 이것을 하지 않고 저것을 하지 않았느냐?' 라고 말하는 양심의 책망을 받곤 했습니다. 날마다 그의 양심은 일상적인 규칙에 더 많은 것을 추가했는데, 며칠 후 그의 저녁 기도의 분량이 엄청나게 증가했습니다. 그는 낮에는 파트리키Patriky라는 사람의 집에서 지내면서 그곳 사람들에게 필요한 것을 조달해 주었습니다. 그가 저녁이 되어 집으로 돌아가서 무엇을 하는지는 아무도 몰랐습니다. 그는 집에서 한쪽 무릎을 굽히고 땅에 엎드려 눈물을 흘렸습니다. 서서 기도할 때는 두 발을 붙이고 움직이지 않았고, 마음으로 슬퍼하고 탄식하고 눈물을 흘리면서 성모 마리아에게 기도했습니다. 예수님께 기도할 때는 마치 그분이 육신으로 그곳에 계시는 것처럼 그분의 깨끗한 발아래 엎드려 옛날 맹인에게 하셨던 것처럼 자신을 불쌍히 여겨 영혼의 눈을 뜨게 해 달라고 기도했습니다. 그의 기도는 나날이 길어져서 한밤중이 되어서야 기도를 마쳤습니다. 그는 기도할 때 태만하거나 편한 자세를 취하지 않았고, 시선을 이리저리 움직이지 않고 마치 하나의 기둥처럼, 또는 몸이 없는 것처럼 전혀 움직이지 않았습니다.

언젠가 그가 이렇게 서서 정신으로 "하나님, 죄인인 나를 불쌍히 여기소서"라고 기도할 때 위로부터 밝고 거룩한 빛이 내려와서 방을 가득 채웠습니다. 사방에 빛 외에 다른 것이 보이지 않았기 때문에 청년은 자신이 방 안에 있다는 것을 망각했습니다. 심지어 자신이 바닥에 서 있다는 것도 의식하지 못했습니다. 세상의 모든 염려가 그에게서 떠났고, 그의 정신에 육신을 입은 사람들이 갖는 생각이 들어오지 않았습니다. 그는 초본질적인 빛 안에 용해되어 자신이 빛이 된 것처럼 보였습니다. 그는 세상을 망각했고, 눈물과 말할 수 없는 기쁨이 가득했습니다. 그때 그의 정신은 하늘로 올라가서 또 다른 빛, 그를 둘러쌌던 것보다 더 밝은 빛을 보았습니다. 놀랍게도 이 빛의 가장자리에 그에게 기도에 관한 가르침과 성 마가의 책을 준 거룩한 수도사가 서 있었습니다.

나는 청년의 말을 들으면서 그가 스승의 기도 때문에 크게 도움을 받앉고, 하나님께서 스승이 이룬 높은 덕을 보여주시려고 그에게 이러한 환상을 보여주신 것으로 생각했습니다. 청년은 계속해서 이야기했습니다. 환상이 사라지고 정신이 든 청년은 기쁨과 놀라움이 가득하여 눈물을 흘렸습니다. 그의 마음은 무척 상쾌했습니다. 그는 자정이 지나서 잠자리에 들었습니다. 잠시 후에 새벽기도 종소리가 울렸습니다. 청년은 항상 하던 대로 자리에서 일어나 아침 전례를 행했습니다. 결국 그날 밤 그는 한숨도 자지 못 했습니다. 이 일이 어찌해서 일어났는지는 주님만이 아십니다. 그것은 주님의 불가사의한 역사였습니다. 그러나 이 청년은 스승이 준 규칙을 지키며 믿음과 희망을 품고 그 작은 책에 기록된 가르침을 따른 것 외에 특별한 일을 행하지 않았습니다. 그가 이 모든 일을 시험 삼아 행했다고 말할 수 없습니다. 그는 그런 생각조차 하지 않았습니다. 시험하는 사람은 확고한 믿음을 갖지 않은 사람입니다. 이 청년은 음란하거나 방종한 생각을 털어버리고 양심이 제안하는 것을 정확하게 행하려 했기 때문에 세상에 속한 것에 대해서는 아무것도 느끼지 못했고, 심지어 배부르게 먹고 마시는 데서도 즐거움을 느끼지 못했습니다.

　형제들이여, 하나님에 대한 믿음이 올바른 행동으로 나타날 때 어떤 일이 일어나는지 아십니까? 사람에게 이성과 하나님에 대한 경외심이 부족하면, 젊음이 방해하지 못하고 늙음도 도움이 되지 못한다는 것을 이해하십니까? 정신을 집중하여 하나님의 행할 때 세상 및 세상의 염려가 하나님의 계명 성취를 방해하지 못한다는 것을 아십니까? 게으르고 나태하게 행한다면, 침묵하며 세상을 멀리해도 무익하다는 것을 아십니까?

우리는 다윗의 말을 들으면서 "다윗은 과거의 인물입니다. 지금은 그런 사람이 없습니다"라고 말합니다. 그러나 이 청년에게 다윗보다 더 위대한 일이 나타난 것을 볼 수 있습니다. 다윗은 하나님에게서 증거를 받고, 왕과 선지자로 기름 부음을 받았으며, 성령을 받았고, 하나님의 보증을 많이 가지고 있었습니다. 그러므로 그가 죄를 범하여 성령의 은혜와 예언의 은사를 상실하고 하나님과의 교제에서 단절되었을 때, 그는 자신이 버렸던 은혜를 기억하고 잃었던 복을 되찾으려고 노력했습니다.

그러나 이 청년은 그러한 것을 전혀 가지고 있지 않았습니다. 그는 세상일에 얽매여 있었고, 현세의 일만 보살폈고, 세상보다 더 고귀한 것을 생각할 시간도 없었습니다. 그러나 스승에게서 몇 마디 듣고 성 마가의 책을 읽고서 그는 자신이 듣고 읽은 것을 의심하지 않고 믿었고, 희망을 품고 실천에 옮겼습니다. 그리하여 비록 그가 행한 것이 적었지만 성모 마리아의 중보에 의해서 그는 정신이 하늘로 들려 올라갈 자격을 갖게 되었습니다. 그는 성모 마리아의 기도 덕분에 하나님의 자비와 성령의 은혜를 받았습니다. 그것이 강력하게 영향을 미쳤기 때문에 그는 많은 사람이 갈망하지만 보는 사람이 극히 드문 것을 볼 수 있었습니다. 이 청년은 오래 금식하지 않고 맨땅에서 자지 않고 고행복을 입지도 않았고, 영적으로는 세상을 버렸지만, 육신으로는 버리지 않았고, 철야기도도 오래 하지 않았지만 소돔의 롯보다 더 고귀하게 되었습니다. 그는 표면적으로는 인간이었지만 내면적으로는 천사였습니다. 그러므로 그는 영적인 진리의 태양이신 주 예수 그리스도의 빛을 보았습니다. 그 빛은 그가 다음 세상의 빛을 받을 것이라는 확신을 주었습니다. 또 하나님을 향한 그의 마음의 사랑과 매달림이 그의 영을 이 세상에서 분리하여 엑스터시의 상태에 들어가게 하고 그를 성령의 빛으로 변화시켰습니다. 그러나 그는 이 세상 도시에서 큰 집의 청지기로 일하며 자유인들과 노예들에게 필요한 것을 조달하면서 세상에서 해야 하는 온갖 일을 행했습니다.

당신을 자극하여 그 청년과 같은 사랑을 갖게 하려고 이 이야기를 했습니다. 그보다 더 위대한 이야기 듣기를 원하십니까? 하나님을 경외하는 것보다 더 크고 완전한 것이 무엇입니까? 그런 것은 없습니다.

신학자 그레고리St. Gregory the Theologian는 이렇게 말했습니다: "지혜의 시작은 여호와를 경외하는 것입니다. 두려움이 있으면 계명을 지킵니다. 계명을 지키면 육이 깨끗해집니다. 육이 정화되면, 영혼을 덮어서 신의 빛을 분명히 보지 못하게 하는 구름 속에서 빛이 솟아나며, 빛은 모든 갈망을 초월하는 갈망을 충족시켜 줍니다."

여기에서 그레고리는 성령의 조명이 덕의 목적이라는 것, 그리고 성령의 조명을 획득하는 사람은 감각적인 것과의 관계를 끊고 오로지 영적인 것들과 더불어 살기 시작한다는 것을 나타냈습니다. 이것들은 하나님의 이적입니다. 하나님은 자기의 은밀한 종들을 밖으로 끌어내시고, 선과 의를 사랑하는 사람들이 그들을 본받게 하시며, 악한 생각을 하는 사람이 핑계할 수 없게 하십니다. 사람이 덧없는 세상에서 많은 사람 가운데 살면서 마땅하게 생활한다면 구원을 얻습니다. 그가 나타내는 믿음 때문에 하나님이 큰 복을 주십니다. 그러므로 게으르고 태만하여 구원을 얻지 못한 사람은 심판날에 자기를 정당화하기 위해서 할 말이 없을 것입니다. 믿음 때문에 구원을 주시겠다고 약속하신 하나님의 말씀은 참됩니다.

사랑하는 형제들이여, 여러분 자신과 나에게 관심을 가지십시오. 나는 여러분을 사랑하며, 여러분을 위해서 끊임없이 눈물 흘립니다. 자비하시고 긍휼하신 하나님은 우리에게 자비하고 긍휼하며 우리 자신을 위해 염려하듯이 서로를 위해 염려하라고 명령하셨습니다. 전심으로 주님을 믿고, 이 세상을 미워하며, 무상하고 안전하지 못한 복에 관심을 두지 말고 하나님을 향해 노력하고 하나님께 매달리십시오. 잠시 후 이 세상이 끝나고 다음 세상이 올 것입니다. 그때 하나님의 나라에서 떨어지는 사람에게 화가 있을 것입니다. 그것을 생각하면 마음이 아프고 눈물이 앞을 가립니다. 성실하게 믿기만 하면 상상할 수도 없고 듣거나 기대하지도 못했던 놀라운 복을 주시는 은혜로우시고 자비하신 주님이 계시지만, 우리는 말 못하는 짐승처럼 생각 없이 이 세상과 세상에 속한 것을 택합니다. 그러나 우리 영혼이 정화되고 중생한 분량에 따라서 성령의 은혜로부터 방사되는 정신적인 음식을 먹고서 근원을 향해 방해받지 않고 올라가려면 우리의 몸이 그것들을 적절히 취해야 합니다.

하나님은 우리가 현세에 필요한 것을 위해서 주신 작은 복 때문에 하나님을 찬양하고 감사하고 사랑하여 내세에서 크고 영원한 복을 받을 자격을 갖추게 하려고 우리를 지적인 존재로 지으셨습니다. 장래에 관해서는 관심이 없고 지금 가지고 있는 것에 대해서도 하나님께 감사하지 않으므로 귀신보다 못한 우리에게 화가 있을 것입니다. 그러므로 우리는 귀신보다 더 큰 고통을 받아야 합니다. 우리는 기독교인이 되었고 많은 영적 은사를 소유하고 있으며, 우리를 위해서 인간이 되시고 우리를 죄와 망상에서 벗어나게 하려고 십자가에 달려 죽으신 하나님을 믿습니다. 이 모든 것에 대해서 무엇이라고 말할 수 있겠습니까? 우리에게 화가 있을 것입니다! 우리는 말로는 하나님을 믿지만, 행위로는 하나님을 저버립니다. 사방에서, 도시와 마을에서, 수도원에서나 산 위에서 사람들이 그리스도의 이름을 부릅니다. 사방에 기독교인들이 있습니다. 가능하다면 그들이 그리스도의 명령대로 행하는지 살펴보십시오. 많은 사람 가운데서 말과 행위에서 기독교인인 사람 하나를 발견하기 어려울 것입니다. 주 예수 그리스도는 "나를 믿는 자는 내가 하는 일을 그도 할 것이요 또한 그보다 큰 일도 하리니"라고 말씀하십니다(요 14:12). 우리 중에 "나는 그리스도의 일을 행하며 참으로 그리스도를 믿는다"라고 말할 사람이 있습니까? 심판날에 우리가 신실하지 못하다는 판결을 받고 불신자들, 즉 그리스도를 알지 못하는 사람들보다 더 심한 고통을 받게 될 수도 있지 않을까요? 두 가지 중 하나는 확실합니다. 즉 우리가 불신자들보다 더 심한 벌을 받아야 하거나, 그리스도께서 자기 말에 충실하지 못하신 것입니다. 그러나 그리스도가 자기의 말에 충실하시지 못한다는 것은 불가능한 일입니다.

 이 글을 쓰는 것은 사람이 세상을 부인하는 것을 막기 위해서가 아니고 침묵보다 세상에서의 생활을 더 좋아하게 만들기 위해서도 아니라, 바르게 행동하기를 원하는 사람은 세상에 있든지 침묵 속에 은거하든지 상관없이 하나님에게서 행동할 능력을 받는다는 것을 알려 주기 위해서입니다. 반대로 위에서 말한 이야기가 세상을 버리는 것에 대한 한층 큰 갈망을 고취할 수도 있습니다. 그러나 만일 세상에 살면서 세상이나 재산을 버리는 일이나 순종에 대해 생각해본 적이 없는 사람이 단지 믿고 전심으로 하나님을 의지했기 때문에 하나님의 자비를 받았다면, 온 세상과 모든 사람을 부인하고 하나님의 명령을 위해서 목숨까지 포기하는 사람에게 어떤 복이 예비되어 있겠습니까? 만일 어떤 사람이 굳은 믿음과 열심을 가지고 바르게 행동하기 시작하여 거기에서 오는 유익을 경험하기 시작한다면, 그는 세상의 염려 및 세상에서 살고 움직이는 것들이 하나님 안에서 살려는 사람에게 큰 장애물이라는 것을 깨달을 것입니다. 앞에서 말했듯이 이 청년에게 우리가 들어본 적이 없는 특별하고 놀라운 일이 발생했습니다. 그러나 만일 그러한 일이 다른 사람에게 발생했거나 발생한다면, 그 사람은 자신이 세상을 버리지 않으면 이미 받은 것을 상실하리라는 것을 알아야 합니다.

 그 청년이 서원하고 수도사가 되고 나서 3~4년 후에 나는 그를 만났습니다. 당시 그는 32세였습니다. 나는 그를 잘 알고 있었습니다. 우리는 어려서부터 함께 자란 친구였는데, 그는 나에게 다음과 같은 이야기를 해주었습니다. "이 놀라운 환상을 보고 내 안에 변화가 생기고 나서 며칠 후 나는 많은 세상 유혹의 공격을 받았기 때문에 은밀하게 하나님의 일을 행할 때 그것들 때문에 이 복을 조금씩 상실해가는 내 모습을 보았습니다. 그래서 나는 세상을 버리고 홀로 고독하게 살면서 나에게 나타나셨던 그리스도를 찾으려는 강한 갈망을 품었습니다. 나는 비록 자격이 없지만 나를 세상에서 떼 데려가려고 그리스도가 나타나셨던 것이라고 믿습니다. 그러나 나는 단번에 이 일을 행할 수 없었기 때문에 당신에게 말했던 모든 것을 조금씩 망각하고 완전한 어둠과 무감각 속에 빠졌고, 당신에게 말했던 것을 하나도 기억하지 못하게 되었습니다. 심지어 작은 생각이나 감정의 움직임도 기억하지 못했습니다. 나는 전보다 큰 악에 빠졌고, 그리스도의 말을 전혀 듣거나 이해한 적이 없는 것 같은 상태에 이르렀습니다. 심지어 나에게 작은 규칙과 마가의 책을 주셨던 성인도 우연히 만났던 사람들 중 하나처럼 되었습니다. 나는 그분과 관련하여 보았던 것을 전혀 생각하지 않았습니다."

그는 계속 이야기했습니다. "경건하지 못한 나는 태만 때문에 깊은 지옥에 빠졌지만, 후에 하나님이 말할 수 없이 큰 자비를 보여 주셨습니다. 어떻게 된 것인지 말할 수 없지만, 알지 못하고 있었지만 나의 마음 속에 거룩한 스승에 대한 사랑과 믿음이 남아 있었습니다. 이 사랑과 믿음 때문에 인자하신 하나님이 그분의 기도를 듣고 그분을 통해서 나를 망상에서 끌어내고 깊은 악에서 끌어올려 주셨습니다. 비록 나는 무가치하지만, 스승과 결별하지 않았습니다. 나는 그분의 가르침을 따르지 않으면서도 도시에 살 때 자주 그분의 수실을 방문하여 나에게 일어난 일을 고백했습니다. 그러나 자비하신 하나님은 무수히 많은 나의 죄를 간과하시고, 이 스승을 통해서 내가 수도사가 되도록 준비하셨으며 부족한 내가 항상 그분과 함께 지내는 것을 허락하셨습니다. 나는 세상을 버림, 나의 의지를 버리고 순종함, 그 밖에 여러 가지 엄격한 고행, 선한 것을 향한 저항할 수 없는 갈망 등을 품고 부지런히 노력하며 많은 눈물을 흘린 후에 희미하게나마 이 거룩한 빛에서 나오는 작은 광선을 다시 볼 수 있게 되었습니다. 그러나 지금까지도 전에 보았던 환상을 다시 보지 못하고 있습니다."

그는 눈물을 흘리면서 이 이야기와 다른 것을 이야기했습니다. 나는 그의 말을 들으면서 그가 하나님의 은혜로 가득하며 지혜롭다고 생각했습니다. 그는 실천과 경험을 통해서 영적인 것들에 대한 해박한 지혜를 획득했습니다. 나는 그에게 어떤 믿음이 그처럼 놀라운 현상을 만들어낼 수 있는지 말해주고 글로 설명해달라고 부탁했습니다. 그는 즉시 이것에 대해 말해주었고 자기가 말한 것을 기록해주었습니다. 그가 말해준 것은 다른 곳에서 이야기하겠습니다.

우리는 열심히 그리스도의 계명의 길을 걸어가야 합니다. 그리하면 수치를 당하지 않을 것입니다. 우리는 주님이 약속대로 주님 나라의 문을 열어주실 때까지 인내하면서 문을 두드리는 사람, 성령을 구하여 받는 사람이 되어야 합니다. 온 영혼으로 구하는 사람은 반드시 그분을 발견하고 그분의 은사를 받을 것입니다. 그러므로 우리는 분명히 주님을 사랑하는 사람들을 위해 예비된 복을 받을 것입니다. 이 세상에서는 부분적으로 받고, 다음 세상에서는 주 예수 그리스도 안에서 모든 세대의 성도들과 함께 완전히 받을 것입니다. 우리 주 예수 그리스도께 영광이 영원히 있을지어다. 아멘.

세 가지 정신집중과 기도 방법

- 1 -

　정신집중attention과 기도prayer에 세 가지 방법이 있습니다. 그것들에 의해서 영혼이 들려 올려지고 앞으로 움직이거나 버림을 받아 죽습니다. 이 세 가지 방법을 제때 바르게 사용하는 사람은 앞으로 나가지만, 옳지 못한 때 지혜롭지 못하게 사용하는 사람은 버림을 받습니다. 몸이 영혼에 연결되듯이, 정신집중도 기도와 뗄 수 없이 연결되어야 합니다. 정신집중이 정탐꾼처럼 앞서 가면서 원수를 찾아내야 합니다. 그것이 영혼 안에 들어오는 악한 생각을 대적할 때 먼저 채택되어야 합니다. 그 결과인 기도는 정신집중이 대적해온 악한 생각을 근절하고 죽입니다. 정신집중만으로는 그것을 죽일 수 없습니다. 정신집중과 기도로 생각을 대적하는 이 싸움에 영혼의 생사가 달려 있습니다. 정신집중으로 기도를 순수하게 보존하면 우리가 진보할 것이며, 기도를 순수하게 보존하기 위해 정신을 집중하지 않고 보호하지 않는 상태로 버려둔다면 기도가 악한 생각으로 더럽혀지고 우리는 실패한 상태에 머물 것입니다. 기도와 정신집중에 세 가지 방법이 있으므로, 구원을 사랑하는 사람이 가장 좋은 것을 선택할 수 있도록 각 방법의 특징을 설명해야 합니다.

- 2 -

첫째 방법의 특징은 다음과 같습니다.

서서 기도하면서 두 손과 눈과 정신을 하늘로 들어 올리고, 거룩한 것들을 생각하며, 하늘의 복과 천사들의 계급과 성도들의 거처를 상상하며, 성경에서 배운 모든 것을 정신 안에 모아들이고 기도하는 동안 이 모든 것을 깊이 생각하고 하늘을 우러러보며 영혼이 하나님을 사랑하고 동경하게 하며, 이따금 울며 눈물을 흘리는 것이 정신집중과 기도의 첫째 방법입니다.

그러나 이 방법만 선택하여 실천하는 사람은 무의식중에 마음속으로 자신을 자랑하기 시작합니다. 그가 행하는 것이 그에게 주는 위로로서 하나님의 은혜로 오는 듯합니다. 그는 자신이 항상 이러한 행동 안에 머물게 해달라고 하나님께 기도합니다. 그러나 이것(즉 이 기도 방법에 대해 이런 식으로 생각하는 것)은 망상의 상징입니다. 왜냐하면, 선한 것이라도 바르게 행해지지 않으면 것이 되지 못하기 때문입니다.

만일 그런 사람이 완전한 침묵에 몰두한다면(즉 헤시카스트나 은수사가 된다면), 미치는 것을 간신히 피할 수 있을 것입니다. 만일 정신이 나간다면, 그는 덕이나 무정념을 획득할 수 없을 것입니다. 이 방법에는 길을 잃을 수 있다는 또 다른 위험이 있습니다. 즉 어떤 사람이 빛을 보거나 달콤한 냄새를 맡거나 어떤 소리를 듣거나 그 밖에 이와 비슷한 현상을 만날 수 있습니다. 어떤 사람은 그것에 도취하여 미친 상태에서 이리저리 방황합니다. 또 어떤 사람은 알아채지 못하게 가장하고 나타난 마귀를 빛의 사자로 알고 길을 벗어납니다. 그는 다른 사람의 충고에 귀를 기울이지 않은 채 끝까지 그런 상태에 머뭅니다. 어떤 사람은 마귀의 부추김을 받아 절벽에서 떨어지거나 목을 매 자살하기도 합니다. 마귀가 우리를 유혹하기 위해서 사용하는 망상의 형태는 다양하고 무수히 많습니다. 그러므로 정신집중과 기도의 첫째 방법에서 어떤 해로움이 오는지 이해하기 어렵습니다. 그러나 어떤 사람이 공동체 안에서 살기 때문에 첫째 방법을 실천하는 동안 이러한 악을 유발하는 일을 피한다 해도, 평생 영성생활에 성공하지 못할 것입니다.

- 3 -

둘째 방법

어떤 사람은 모든 지각된 대상으로부터 정신을 떼 자신의 내면으로 인도하며, 감각을 지키고 생각을 집중시켜 이 세상의 헛된 것들 사이를 배회하지 못하게 합니다. 그는 이제 자기 생각을 성찰하고, 자신이 입으로 하는 기도의 표현에 대해 깊이 생각하며, 마귀에게 강탈되어 악하고 헛된 것을 향해 날아가는 생각을 거두어들이며, 어떤 정념에 사로잡히고 정복된 후에 수고하고 노력하여 정신을 차립니다.

이 방법의 특징은 그것이 머릿속에서 발생하며 생각이 생각을 대적하여 싸운다는 점입니다. 이처럼 자신을 대적하여 싸우는 사람은 자기 안에서 평화를 발견하지 못하며, 진리의 면류관을 얻기 위해서 덕을 실천할 시간도 발견하지 못합니다. 그런 사람은 어둠 밤에 원수와 싸우는 사람과 같습니다. 그는 원수의 음성을 듣고 공격을 받지만, 그가 누구인지, 어디에서 오는지, 무슨 목적으로 어떻게 공격하는지 분명하게 알 수 없습니다. 악한 생각은 마음에서 발생하는데, 이는 그가 머릿속에 머물고 있기 때문입니다. 그는 마음에 집중하지 않기 때문에 그것을 보지도 못합니다. 그 원인은 그의 정신을 덮고 있는 어둠과 그의 생각에서 사납게 날뛰는 폭풍우입니다(그것들이 그가 이것을 보지 못하게 합니다). 그는 귀신들에게서 빠져나오거나 그것들의 공격을 피할 수 없습니다. 설상가상으로 이 사람이 허영심에 사로잡혀 있으면서 자신이 스스로 집중하고 있다고 생각한다면, 이 불쌍한 사람은 헛수고하는 것이며, 영원히 상을 얻지 못할 것입니다. 그는 교만하게 사람들을 멸시하고 비판하며, 자신이 사람들을 먹이고 인도하는 목자의 자격이 있다고 여깁니다. 그러므로 그는 맹인을 인도하는 일을 맡은 맹인과 같습니다. 이것이 정신집중과 기도의 두 번째 방법입니다. 구원을 위해 노력하는 사람은 이것이 영혼에 주는 해로움을 알고 경계해야 합니다. 그러나 달이 없는 어두운 밤보다 달빛이 비치는 밤이 낫듯이, 이 방법은 첫째 방법보다 좋은 방법입니다.

- 4 -

셋째 방법

그것은 이해하기 어려울 뿐만 아니라 실천해보지 않은 사람은 믿기도 어렵습니다. 그런 사람은 그런 방법이 있다는 것도 믿지 않으려 합니다. 실제로 우리 시대에 이 방법을 경험하기 어렵습니다. 이 복이 순종과 함께 우리를 버리고 떠난 것 같습니다. 어떤 사람이 영적 아버지에게 순종한다면, 그는 그분의 어깨에 염려를 내려놓았기 때문에 그것에서 해방될 것입니다. 그러므로 망상에 예속되지 않은 참된 영적 아버지를 발견한 사람은 세상의 애착을 멀리하고 부지런히 셋째 방법을 실천하려 할 것입니다. 하나님께 복종하여 모든 염려를 하나님과 영적 아버지에게 맡긴 사람, 제멋대로 살거나 자기의 의지를 따르지 않으며 세상 애착과 자기 몸에 대해서 죽은 사람을 이 세상의 비본질적인 것이 정복하여 노예로 삼을 수 있겠습니까? 그런 사람에게 걱정이나 염려가 있겠습니까? 그러므로 사람을 유혹하여 다양한 생각을 하게 하려고 귀신들이 사용하는 궤계와 전략이 이 셋째 방법에 따라 파괴되고 와해합니다. 왜냐하면, 모든 것에서 자유로운 사람의 정신은 방해받지 않고서 귀신들이 도입한 생각을 조사할 시간이 있으며, 그것들을 배격하고 깨끗한 마음으로 하나님께 기도할 수 있기 때문입니다. 그것이 참된 영성생활의 시작입니다! 이런 방법으로 시작하지 않은 사람은 스스로 의식하지 못하지만 헛수고하는 것입니다.

 셋째 방법의 출발점은 두 손을 들거나 정신을 하늘의 것에게 집중하고 하늘을 응시하는 것이 아닙니다. 그것은 첫째 방법의 속성들이며 망상과 관련이 있습니다. 그것은 정신으로 감각을 지키는 일에 집중하여 내면에서 영혼을 공격하는 귀신들의 공격을 지키지 않는 것도 아닙니다 (그런 사람은 머릿속에서만 노력하기 때문에 방심하게 됩니다). 이것은 둘째 방법의 속성인데, 그것을 실천하는 사람은 귀신의 노예가 되며, 방어하지 못합니다. 왜냐하면, 원수가 공개적으로든 비밀리에든 항상 그를 공격하여 교만하고 허영심을 갖게 하기 때문입니다.

만일 당신이 구원받기를 원한다면, 다음과 같은 일을 시작하십시오: 마음으로 영적 아버지에게 순종하고, 매사에 하나님 앞에서 하는 것처럼 깨끗한 양심으로 행동하십시오. 순종하지 않으면 깨끗한 양심을 가질 수 없습니다. 이 세상의 것들에 대해서는 물론이요, 하나님과의 관계, 영적 아버지와의 관계, 그리고 이웃과의 관계 등 세 가지 측면에서 양심을 깨끗이 해야 합니다. 하나님과의 관계에서는 양심을 깨끗하게 하며 하나님이 기뻐하시지 않는다고 생각되는 행동을 허락하지 않는 것이 우리의 의무입니다.

영적 아버지와의 관계에서는 그분이 말하는 것만 행하며, 그보다 더 많이 하거나 덜 하지도 않고, 오직 그분의 뜻과 의도에 따라야 합니다. 이웃과의 관계에서 당신이 하기 싫은 것을 이웃에 하지 않는다면 당신의 양심을 깨끗하게 보존할 수 있을 것입니다. 물질과의 관계에서는 먹을 것과 마실 것과 입을 것을 바르게 사용함으로써 양심을 깨끗이 해야 합니다. 간단히 말해서 무슨 일을 하든지 하나님 앞에서 하듯이 하며, 당신이 제대로 하지 못하여 양심이 상처를 입거나 당신을 비난하는 것을 허락하지 말아야 합니다. 이런 식으로 하면, 당신이 셋째 방법으로 가는 참된 지름길을 평탄하게 할 것입니다.

셋째 방법의 특징은 정신을 마음에 두는 것입니다. 기도하는 동안 정신은 마음을 지키며, 항상 내면에 머물면서 마음속을 맴돌며, 마음속 깊은 곳에서 하나님께 기도를 올려보내야 합니다.[1] 모든 것이 그 안에 있습니다; 주님을 맛보는 것이 허락될 때까지 이런 식으로 일하십시오. 정신이 마음 안에서 마침내 주님이 선하시다는 것을 보고 기뻐할 때(수고는 우리가 하지만, 이것을 맛보는 것은 겸손한 마음 안에서 이루어지는 은혜의 작용입니다), 정신은 마음 안에 있는 이 장소를 떠나려 하지 않을 것이며(베드로처럼 "우리가 여기 있는 것이 좋사오니"[마 17:4]라고 말할 것입니다), 항상 마음 깊은 곳을 들여다보고 그 안에 머물면서 마귀가 심어놓은 악한 생각을 몰아낼 것입니다(이것이 셋째 방법을 제대로 실천하는 것입니다). 알지 못하고 경험하지 못한 사람이 볼 때 이것은 어렵고 답답하게 보일 것입니다. 그러

---

1) 제4권(95쪽 하단)이 이 부분을 이렇게 해석했다: "바르고 참된 집중(attentiveness)과 기도란 마음이 기도하는 동안 지성이 마음을 지켜 돌보는 것(watchfulness)입니다. 지성은 항상 마음 안에서 순찰해야 하며, 마음 깊은 곳에서 하나님께 기도해야 합니다."
 여기서 말하는바 "깨어 있음"(watchfulness)과 "집중"(attentiveness)은 흔히 같은 의미로 사용되기도 하지만, 수덕적 차원에서는 구분한다. "집중"은 "깨어 있음"의 결과이며, 상조하는 역할을 하므로 그 역(逆)도 성립한다.
 기독교에서 "깨어 있음"과 "집중"은 "기도"에 반드시 연합해서 사용한다. 그런데 "집중"은 그 대상에 따라서 선할 수도, 그렇지 않을 수도 있다. 그러므로 바른 집중을 하려면 지고의 선이신 하나님께 집중해야 한다. 그러므로 기독교에서 말하는 집중이란 "오직 지고의 선하신 하나님에 마음을 거둠"이라고 하겠다. 하나님은 이 마음에 "하나님을 보는 복을 주신다"(마 5:8 참조).
 "깨어 있어 기도함"과 관련된 말씀: "그러므로 깨어 있으라 어느 날에 너희 주가 임할는지 너희가 알지 못함이니라"(마 24:42); "사람이 잘 때에 그 와서 곡식 가운데 가라지를 덧뿌리고 갔더니"(마 23:25); "시험에 들지 않게 깨어 있어 기도하라"(막 14:38) 등.
 사막의 수도사들은 "깨어 있어 기도함"을 실천하는 것을 "철야"(visil)라고 하며, 이는 "효자가 출타한 아버지를 잠자지 않고 기다리는 것"으로 설명한다.

나 마음 깊은 곳에서 그것의 사랑스러움을 맛본 사람은 바울처럼 "누가 우리를 그리스도의 사랑에서 끊으리요"(롬 8:35)라고 외칩니다.

그러므로 교부들은 "마음에서 나오는 것은 악한 생각과 살인과 간음과 음란과 도둑질과 거짓 증언과 비방이니 이런 것들이 사람을 더럽게 하는 것이요"(마 15: 19, 20)라는 주님의 말씀을 경청하며, 또 "먼저 안을 깨끗이 하라 그리하면 겉도 깨끗하리라"(마 23:26)는 가르침을 들으면서 모든 영적인 일을 포기하고 마음을 지키는 일에 집중했습니다. 그들은 이렇게 함으로써 덕을 쉽게 획득할 수 있지만, 이것이 없으면 한 가지 덕도 굳게 세우지 못할 것이라고 확신했습니다. 이것을 마음의 침묵이라고 부르는 교부들이 있고, 정신집중이라고 부르는 교부들이 있고, 냉정과 생각을 대적하는 것이라고 부르는 교부들도 있고, 생각을 살피고 마음을 지키는 것이라고 부르는 교부들도 있습니다.[2] 그들은 모두 그것을 실천했으며, 그것을 통해서 하나님의 은사를 받았습니다.

전도자는 "네 어린 때를 즐거워하며 네 청년의 날들을 마음에 기뻐하여 마음에 원하는 길들과 네 눈이 보는 대로 행하며"(전 11:9), 악한 생

---

2) 제4권 205쪽 상단)에 이렇게 되어 있다: [어떤 교부는 이 수행을 "마음의 정적"(stillness of the heart)이라고 표현했고, 어떤 사람은 "집중"(attentiveness)이라고 표현하며, 또 어떤 사람은 "마음을 지킴"(guarding of the heart)키는 것이라고 부르며, 어떤 사람은 "깨어 경계하여 물리침"(watchfulness)이라고 표현하고, 또 어떤 사람은 "생각을 조사하고 지성을 지키는 것"(investigation of thoughts and the guarding of the intellect)이라고 표현합니다.] 요약하자면 "마음의 깨끗함"(마 5:8)과 관련된 수덕적 실턴에 관한 다양한 표현을 정립한 중요한 대목이다.

각을 마음에서 몰아내라고 말합니다. 그는 다른 곳에서도 같은 말을 합니다: "주권자가 네게 분을 일으키거든 너는 네 자리를 떠나지 말라"(전 10:4). 여기에서 자리는 마음을 의미합니다. 복음서에서 주님도 "너희는 무엇을 먹을까 무엇을 마실까 하여 구하지 말며 근심하지도 말라"(눅 12:29)라고 말씀하십니다. 이것은 정신을 가지고 이리저리 돌진하지 말라는 말입니다. 또 다른 곳에서 "심령이 가난한 자는 복이 있나니"(마 5:3)라고 말씀하십니다. 이것은 마음으로 세상에 애착하지 않고 세상 생각을 하지 않는 사람이 복되다는 말입니다. 교부들은 이것에 대해서 많은 글을 썼습니다. 원하는 사람은 그들의 글을 읽고 성 마가St. Mark the Wrestler나 사다리의 요한, 예루살렘의 헤시키우스Hesychius, 시나이의 필로테우스Philotheus of Sinai, 사부 이사야Abba Isaiah, 대 바르사누피우스Barsanuphius the Great 등의 글을 읽을 수 있을 것입니다.

간단해 말해서 자신의 내면에 집중하지 않고 마음을 지키지 않는 사람은 마음을 깨끗하게 할 수 없고, 그러므로 하나님을 볼 수 없습니다. 자기의 내면에 집중하지 않는 사람은 마음이 가난할 수 없으며, 눈물을 흘리고 통회할 수 없고, 온유하고 관대할 수 없고, 의에 주리고 목마를 수 없고, 긍휼할 수 없고, 화평하게 할 수도 없고, 의를 위해서 핍박을 받을 수 없습니다. 일반적으로 이런 종류의 집중을 통하지 않는 한 어떤 방법으로도 덕을 획득할 수 없습니다. 그러므로 내가 말하는 것을 경험하여 알려면, 이것을 얻기 위해 노력해야 합니다. 그것을 행하는 방법에 대해서 알려 한다면, 앞으로 이야기해 주겠습니다.

우리는 무엇보다도 세 가지를 준수해야 합니다: 첫째, 좋지 않고 헛된 것에 대한 염려뿐만 아니라 선한 것에 대한 염려 등 모든 염려로부터의 자유, 다시 말해서 모든 것에 대해서 죽어야 합니다. 둘째, 양심이 깨끗하여 어떤 일에도 당신을 비난하지 않아야 합니다. 셋째, 정욕적인 애착이 없어야 하며, 그리하여 생각이 세상 것에 기울지 않아야 합니다. 내면에 정신을 집중하십시오(머리가 아닌 마음에 집중하십시오). 정신을 마음에 두어야 합니다. 정신이 항상 마음에 거하려면 온갖 수단을 써서 마음이 있는 곳을 찾으십시오. 이렇게 씨름하는 동안 정신은 마음이 있는 장소를 발견할 것입니다. 이것은 기도 안에서 은혜가 사랑스러움과 따뜻함을 만들어낼 때 발생합니다. 그 순간부터는 어떤 측면에서 생각이 등장하든지 정신은 그것이 들어와서 하나의 생각이나 영상이 되기 전에[3] 예수님의 이름으로, 즉 "주 예수 그리스도여, 나를 불쌍히 여기소서"라고 기도하여 몰아냅니다. 그리고 그 순간부터 귀신들을 미워하며[4] 항상 그것들과 싸워 이깁니다. 이 활동에서 비롯되는 다른 결과들에 대해

---

[3] "분심(分心)을 일으키는 생각이 '상(相)으로 형성되어서 기억에 저장되기 전'에 예수 이름으로 기도함으로써 그것들을 제거한다"라고 해석할 수 있다.

[4] 제4권에서 "분노"를 "본성적인 분노"라고 했다. 우리는 "본성적"(natural)을 자연적으로도 해석한다. 가끔 "본성"을 부정적으로 사용되기도 하지만, "본디 창조의 목적에 부합된 상태"를 의미한다. 그러나 원죄로 말미암아 인간은 "부자연스럽게"(unnatural) 되었다(창 3:7-11 참조).
그동안 우리는 감각적 쾌락의 대상, 마귀, 세상에 호의를 본성으로 생각했지만, 실은 전도되고 부자연스러운 호감이었다. 그러나 제정신이 들면서 이들에 대해 분노를 느끼는 동시에 하늘나라에 대해 믿음과 호감을 가지게 된다. 다시 말해서 세상과 마귀는 "본성적인 분노"로써 대항한다.

서는 당신이 정신을 집중하고 마음으로 "주 예수 그리스도여, 나를 불쌍히 여기소서"라고 기도함으로써 직접 경험하여 배우게 될 것입니다. 어느 교부는 "당신이 수실에 앉아 있으면, 이 기도가 모든 것을 가르쳐 줄 것입니다" [5]라고 말했습니다.

질문: 기도와 정신 집중의 첫째 방법과 둘째 방법이 이런 결과를 맺지 못하는 이유는 무엇입니까?

답변: 그 두 가지 방법을 바르게 사용하지 않기 때문입니다. 사다리의 요한은 이 방법을 네 개의 가로장이 있는 사다리에 비유하면서 다음과 같이 말합니다: "어떤 사람은 정념을 억눌러 겸손해지고, 어떤 사람은 입으로 기도하고, 어떤 사람은 정신 기도를 실천하고, 또 다른 사람들은 관상기도를 합니다. 이 가로장들을 사용하여 사다리를 오를 때 위에서 아래로 내려가서는 안 됩니다. 첫째 가로장에 첫걸음을 딛고, 다음에 둘째 가로장, 그다음에 세 번째 가로장, 그리고 마지막으로 넷째 가로장을 내디뎌야 합니다. 사다리를 사용하여 세상에서 천국으로 올라가기를 원하는 사람이 사용하는 방법은 다음과 같습니다: 첫째, 자신의 정신과 씨름하고 정념을 정복해야 합니다. 둘째, 시편 기도를 실천해야 합니다. 즉 입으로 소리를 내 기도해야 합니다. 왜냐하면, 정념들이 정복되면,

---

5) 『사막 교부들의 금언』, 모세 6, 303쪽: "어느 형제가 스케테로 압바 모세를 찾아와서 한 말씀 해달라고 청했다. 압바 모세가 이렇게 말했다: '수실 안에 앉으십시오. 수실이 모든 것을 가르쳐줄 것입니다.'"

기도가 혀에도 달콤함과 즐거움을 주며 하나님도 그것을 기뻐 받으시기 때문입니다. 셋째, 정신적으로 기도해야 합니다. 넷째, 관상기도를 실천해야 합니다. 첫 단계는 초심자에게 적절하며, 둘째 단계는 어느 정도 기도에 성공한 사람에게 적절하고, 셋째 단계는 마지막 가로장에 가까이 간 사람에게 적절하고, 넷째 단계는 완전한 사람에게 적절합니다."

그러므로 우리가 시작할 수 있는 유일한 출발점은 정념을 줄이고 억제하는 것입니다. 그것은 마음을 지키고 정신을 집중함으로써만 성취될 수 있습니다. 주님은 사람을 더럽히는 악한 생각이 마음에서 나온다고 말씀하십니다. 그러므로 정신을 집중하고 마음을 지켜야 합니다. 마음이 정념을 대적하여 정복하면, 정신은 하나님을 갈망하기 시작하고 하나님께 가까이 가려 합니다. 그리고 그 목적을 위해서 더 많이 기도하며, 대부분 시간을 기도하면서 보냅니다.

이렇게 하나님을 동경하고 기도함으로써 힘을 얻은 정신은 마음의 주위를 돌면서 들어오려고 하는 생각들을 몰아내고, 기도로 그것들을 공격합니다. 그리하여 싸움이 시작됩니다. 악한 귀신들은 사납게 소리치며 일어나고, 정념들을 통해서 마음에 폭풍과 반란을 일으킵니다. 이것들은 예수 그리스도의 이름에 의해서 마치 불길 속의 밀랍처럼 사라집니다. 그러나 마음에서 추방되어 쫓겨난 귀신들은 소멸하지 않습니다. 그것들은 외부에서 감각을 통해서 정신을 어지럽게 하려 합니다. 그러나 여기에서도 정신은 곧 회복되며, 원래의 고요함을 다시 느끼기 시작합니다. 귀신들은 정신의 깊은 곳을 어지럽게 할 능력이 없으므로 표면만 뒤흔듭니다. 그러나 정신이 자신을 싸움에서 완전히 자유롭게 하거나 악한 귀신들의 공격을 받아 동요되지 않을 수는 없습니다.

이것은 완전한 사람들, 모든 것을 부인하고 마음에 끊임없이 집중하는 사람들만의 특성입니다. 그러므로 어떤 사람이 이 모든 것을 정해진 시기에 순서대로 실천하여 마음이 정념에서 정화된다면, 그는 시편 찬송에 전념하고 생각과 싸우고 육신의 눈으로 천국을 올려다보거나 영혼의 눈으로 천국을 보고 순수하게 기도할 수 있습니다. 그러나 공중에서 발견되는 악한 마귀들 때문에 육신의 눈으로 천국을 보는 일은 되도록 피하는 것이 좋습니다. 마귀들은 공중에서 다양한 형태의 망상을 만들어내기 때문에 공중의 영이라고 불립니다. 그러므로 조심해야 합니다. 하나님은 우리에게서 오직 한 가지, 즉 정신 집중으로 마음을 깨끗이 하는 것만 요구하십니다.

그 밖의 것에 대해서는 사도 바울이 말한 것과 같습니다: "뿌리가 거룩한즉 가지도 그러하니라"(롬 11:16). 눈과 정신을 들어 천국을 응시하고 위에서 말한 순서대로 하지 않고 무엇인가를 상상하는 사람의 마음은 깨끗하지 않기 때문에 참된 것이 아닌 거짓된 것을 볼 것입니다. 정신집중과 기도의 첫째 방법과 둘째 방법은 우리를 성공으로 이끌지 않습니다. 집을 지을 때 먼저 기초를 쌓고 건물을 지은 후에 지붕을 덮습니다. 영적인 일에서도 같이 행해야 합니다. 먼저 기초를 쌓아야 합니다. 즉 마음을 지키고 정념을 깨끗이 제거해야 합니다. 그다음에 영적인 집을 짓습니다. 다시 말해서 악한 영들이 우리의 감각을 통해서 일으키는 반란을 진압하며, 되도록 신속하게 그 공격을 근절하는 법을 배워야 합니다. 그런 후에 지붕을 덮어야 합니다. 즉 우리 자신을 완전히 하나님께 바치기 위해서 모든 것을 버려야 합니다. 그리하면 예수 그리스도 안에서 영적인 집을 완성하게 될 것입니다. 예수 그리스도께 영원히 영광이 있을지어다. 아멘.

크산토풀로스의 칼리스투스
와 동역자 이그나티우스

개설

 콘스탄티노플의 총대주교 크산토폴루스의 칼리스투스Callistus of Xanthopoulos는 안드로니쿠스 시대에 살았다. 그는 시나이의 성 그레고리의 제자로서 그의 전기를 저술했으며, 성 필로테우스 수도원 맞은편, 마굴 스케테에 있는 아토스 성산에서 영적 싸움을 하며 살았다. 그는 동료 은둔자인 마크Mark와 28년 동안 그곳에서 함께 지냈다. 또 그는 크산토풀로스의 이그나티우스Ignatius of Xanthopoulos와 마치 둘이 하나의 영혼을 가진 것처럼 친밀한 우정으로 결합하여 있었다. 후일 총대주교가 된 그는 세르비아의 교회를 방문했다. 그곳에 가는 도중에 아토스 성산을 방문했는데, 그곳에서 막시무스 카프소칼리비토스는 그가 일찍 사망할 것을 예고하면서 "이 스타레츠는 다시는 자기의 양들을 보지 못할 것이다. 그의 뒤에서 '죄 없이 길을 가는 사람이 복이 있다'는 장례식 노래가 들려온다"고 말했다. 그는 세르비아에 도착해서 무상한 생명을 버리고 영생을 소유했다.

 살로니카의 시므온Simeon of Salonika은 예수기도에 대해 이야기하면서 이 두 사람의 위대한 영적 사역자에 대해서 다음과 같이 말한다: "우리 시대에 새로운 로마의 총대주교이신 칼리스투스와 그의 동역자 이그나티우스는 마음에 하나님을 품고 성령에 의해 움직였고, 하나님에 대해 그들의 지혜로 저술한 책에 탁월한 글들을 남겼으며, 예수기도에 대한 완전한 지식을 준다. 칼리스투스는 (수도원에서) 순종하면서 수도사의 순결한 생활을 살았다. 후에 그리스도께서 우리를 위해서 아버지께 기도한 것처럼(요 26:11), 두 사람은 그리스도 안에 한 사람처럼 거하면서 거룩한 영적 투쟁의 생활을 했다. 그들은 사도 바울이 제자들을 위해 원했던 평안을 완성한 후에 세상을 떠나 순결하게 예수님을 보면서 고귀한 평안을 누렸다. 그들은 마음을 다하여 주님을 사랑하고 추구했고, 그분과 하나가 되어 그분의 사랑스러운 빛을 맛보았다. 그들은 이 세상에 있는 동안에도 관상과 행동으로 정화되고 하나님의 조명을 받았다. 그리하여 그들의 얼굴은 스데반의 얼굴처럼 하나님의 빛을 반영했다."

헤시카스트들에게 준 교훈

- 1 -
서로 선을 가르쳐야 할 필요성

우리는 하나님의 약속에 따른 하나님의 자녀요 그리스도와 함께 하나님의 기업을 물려받을 자이므로 하나님의 가르침을 받아야 하며(요 6:45), 불길보다 더 밝은 문자로 우리 마음에 신약성경을 새겨야 하며, 참되고 은혜로우신 성령의 다스림을 받아야 합니다. 우리는 "여호와를 알기" 위해서 사람의 가르침이 필요하지 않은 천사처럼 되어야 합니다(렘 31:34). 한편으로 우리는 어려서부터 선한 것에서 벗어나 악을 향해왔고, 다른 면에서는 벨리알의 유혹과 증오 때문에 영혼을 구원하는 하나님의 계명에서 등을 돌리며 영혼을 난파시키는 급류 속에서 이리저리 밀려다닙니다. 더욱 안타까운 것은 그들이 우리를 부추겨 우리 자신을 거슬러 생각하고 행동하게 했기 때문에 하나님을 이해하고 찾는 자가 없습니다(시 14:2). 우리는 모두 참 길에서 벗어났고, 더럽고 음란하며 은혜가 부족합니다. 그러므로 우리는 서로 선을 향하도록 지도하고 도와주어야 합니다.

이 가르침들이 어느 형제의 요청을 받고 교부들의 가르침에 순종하여 기록되었음을 보여주며, 기록자들이 기록하는 일과 독자들이 기록된 것을 이해하고 실천하는 일에 하나님의 도우심을 구하십시오.

당신은 주님의 말씀에 따라 생명을 주는 거룩한 성경을 조사하고 그 안에 있는 비밀들에 대해 오류가 없이 가르침 받기를 원하므로, 종종 당신과 사람들의 유익을 위한 말이나 규칙을 달라고 부탁하곤 했습니다: 우리는 하나님의 도움을 받아 사랑하는 영적 자녀인 당신의 건전한 소원을 충족시켜주는 것을 우리의 의무라고 여겼습니다. 우리는 당신을 사랑하며 당신의 행복을 원하기 때문에 게으름을 버리며, 선을 향한 당신의 열심과 지칠 줄 모르는 노력을 본받습니다. 이 모든 것은 자기의 재능을 땅에 파묻는 사람을 위협하는 하나님의 정죄에 대한 두려움으로 말미암습니다. 우리는 영적 교사와 아버지들이 하나님을 사랑하는 사람들에게 전하라고 명하시면서 주신 교훈에 순종합니다. 사랑의 아버지이신 하나님, 복을 후히 주시는 분, 분별이 없는 짐승에게도 언어를 허락해주신 하나님이 우리에게 유익한 말을 주시고 우리의 둔한 입을 열어서 들을 수 있는 사람에게 말할 수 있게 해주시기를 바랍니다. 하나님께서 당신과 당신의 동료들에게 우리가 말하는 것을 바르게 들을 지혜로운 귀를 주시고 하나님이 기뻐하시는 방식으로 살게 해주시기를 바랍니다. 하나님이 없으면 우리가 영혼에 유익하고 선한 것을 행할 수 없고(요 15:5), "여호와께서 집을 세우지 아니하시면 세우는 자의 수고가 헛됩니다"(시 127:1).

- 3 -

이 명령들의 강령

모든 일에는 목표가 있습니다. 우리의 목표는 당신이 성공하는 데 도움이 되는 모든 것을 힘이 닿는 한 이야기하는 것입니다. 한편 당신의 목표는 앞으로 우리가 말할 것에 당신의 삶을 일치시키는 것입니다. 우선 인생이라는 집의 기초가 무엇인지, 그 집을 짓는 방법과 지붕을 덮는 방법 등을 알려면 그리스도의 경륜을 살펴보아야 합니다. 이 일에 있어서 성령이 건축자가 되셔야 합니다.

- 4 -

명령의 기본 원리

우리 명령의 기본 원리는 다음과 같은 명제로 정리됩니다: 그리스도의 거룩한 계명 안에 있는 법과 일치하여 살기 위해서 모든 방법으로 노력해야 합니다. 우리는 그것을 지킴으로써 세례 때에 성령의 은혜에 의해서 주어진바 완전하게 재형성된 형상을 향해 다시 올라가야 합니다. 이 은사를 분명히 정의하자면, 옛 아담 및 그의 역사와 정욕을 몰아내고 새로운 영적 인간, 즉 우리 주 예수 그리스도로 옷 입어야 합니다. 사도 바울은 이렇게 말합니다: "나의 자녀들아 너희 속에 그리스도의 형상을 이루기까지 다시 너희를 위하여 해산하는 수고를 하노니"(갈 4:19), "누구든지 그리스도와 합하기 위하여 세례를 받은 자는 그리스도로 옷 입었느니라"(갈 3:27).

- 5 -
세례의 은혜의 영광

그것을 흐리게 하는 것과 회복하는 것. 이 은혜가 무엇이며, 어떻게 획득하며, 무엇이 그것을 흐리게 하고, 무엇이 그것을 깨끗하게 하는지 요한 크리소스톰John Chrysostom이 설명해줄 것입니다. 그는 이렇게 말합니다: "'우리가 다 수건을 벗은 얼굴로 거울을 보는 것 같이 주의 영광을 보매 그와 같은 형상으로 변화하여'(고후 3:18). 사도 시대의 신자들은 기적적인 은사가 발생하는 때를 분명히 알 수 있었습니다. 지금도 믿음의 눈을 가진 사람은 그것을 쉽게 이해할 수 있습니다. 세례받을 때 성령에 의해 깨끗해진 영혼은 태양보다 밝아집니다. 그때 우리는 하나님의 영광을 볼 수 있을 뿐만 아니라 우리 자신도 어느 정도 빛나게 됩니다. 깨끗이 연마된 은이 태양 빛을 받으면 자체의 본질에서 나오는 빛뿐만 아니라 태양에서 나오는 빛을 발산하듯이, 성령에 의해 깨끗해져서 은보다 더 찬란해진 영혼은 하나님의 영광의 빛을 받아 반사합니다. 그러므로 바울은 '우리가 다 수건을 벗은 얼굴로 거울을 보는 것 같이 주의 영광을 보매 그와 같은 형상으로 변화하여 영광에서 영광에 이르니'라고 말합니다. 즉 성령의 영광에서 우리 자신의 영광에 이르는데, 그것이 우리를 채워주며 '주의 영으로 말미암음' 같이 되어야 합니다."

그는 조금 뒤에 계속해서 말합니다: "사도들에게서 이것을 더 명백하게 볼 수 있습니다. 기적적인 효과가 있는 옷을 입었던 바울을 생각해 보십시오. 그림자에도 기적의 능력이 있었던 베드로를 생각해 보십시오. 만일 그들의 내면에 하늘나라 왕의 형상이 없었고 그들의 광채가 우리가 획득하는 것을 능가하지 않았다면, 그들의 옷과 그림자가 그러한 능력을 갖추지 못했을 것입니다. 강도들도 왕의 옷을 두려워합니다. 그들의 내면의 빛이 어떻게 몸에 스며드는지 알고자 합니까? '스데반을 주목하여 보니 그 얼굴이 천사의 얼굴과 같더라'(행 6:15). 그러나 이것은 그의 내면을 비춘 영광과 비교가 되지 않습니다. 모세의 얼굴에 나타났던 것을 그들은 영혼 안에 가지고 있었습니다. 모세가 가지고 있던 것은 유형적이었지만, 이것은 영적이었습니다. 빛을 반사할 수 있는 물체가 발광체의 빛을 받으면, 받은 빛을 가까이에 있는 다른 물체에 반사합니다. 신자들도 그렇습니다. 그것이 이러한 경험을 가진 사람이 세상의 것에서 이탈하여 하늘의 것만 생각하게 되는 이유입니다. 안타깝게도 우리는 통렬하게 신음해야 합니다. 우리는 고귀한 지위가 주어졌음에도 불구하고 쉽게 그것을 상실하고 감각적인 것으로 기울기 때문에 그것에 대한 말을 이해하지 못합니다. 이 말할 수 없이 큰 영광이 하루나 이틀 정도 우리 안에 머물지만, 그 후에 우리가 그것을 소멸시키면 세상 것들의 폭풍 및 그 영광의 광채를 거부하는 두꺼운 구름이 도입됩니다."(고린도후서에 관한 일곱 번째 설교).

그는 다른 곳에서 다음과 같이 말합니다: "하나님을 기쁘시게 하는 사람의 몸은 눈으로 볼 수 없는 영광을 입을 것입니다. 하나님은 구약성경과 신약성경에서 이것을 보여주는 표식과 희미한 흔적을 주셨습니다. 구약성경에서 모세의 얼굴이 영광으로 빛났기 때문에 이스라엘 백성이 그것을 볼 수 없었습니다. 신약성경에서 그리스도의 얼굴은 한층 더 큰 빛을 발하셨습니다."

성령의 말씀을 들어본 적이 있습니까? 성례의 능력을 생생하게 깨달은 적이 있습니까? 거룩한 세례반, 그 열매, 그 충만함, 그리고 승리의 훈장 등을 떠난 후에 완전한 영적 중생의 수고를 이해했습니까? 이 초자연적인 은혜를 증가시키거나 감소시킬 능력, 다시 말해서 그것을 나타내거나 흐리게 할 능력이 우리에게 얼마나 있는지 아십니까? 그것을 흐리게 하는 것은 세상의 염려와 그로 인한 정념의 어둠입니다. 그것은 회오리바람이나 사나운 격류처럼 우리를 공격하여 영혼을 쉬지 못하게 하고, 피조된 목적인 선하고 복된 것을 볼 가능성도 주지 않습니다. 영혼은 감각적인 정욕의 파도와 연기에 시달리며, 어둠과 방탕에 빠집니다. 반대로 육체로 행하지 않고 성령 안에서 행하는 사람의 영혼 안에 하나님의 계명에 의해서 은혜가 나타납니다. 성경은 "성령을 따라 행하라 그리하면 육체의 욕심을 이루지 아니하리라"고 말합니다(갈 5:16). 은혜가 그러한 영혼을 구원으로 인도하며, 마치 사다리에 의해서 하듯이 완전한 정상, 즉 사랑이신 하나님을 향해 올라가게 합니다.

- 6 -

우리는 세례에 의해서 값없이 은혜를 받습니다. 우리가 정념에 덮여 있을 때 계명에 순종함으로써 깨끗해질 수 있습니다.

거룩한 세례 안에서 우리는 값없이 완전한 하나님의 은혜를 받으니다. 만일 우리가 세례받은 후에 세속적인 것들의 남용이나 세상 활동에 대한 지나친 염려 때문에 그것을 정념의 안개로 덮어도, 회개와 계명 실천으로 그것을 되찾고, 그것의 초자연적인 밝음을 회복하여 그것의 나타남을 생생하게 볼 수 있습니다. 은혜는 각 사람이 믿음에 충실한 분량에 비례하여 나타나지만, 무엇보다도 주 예수 그리스도의 도우심과 자비하심을 통해서 나타납니다. 성 마가는 이렇게 말합니다: "완전한 하나님이신 그리스도는 세례받은 사람에게 성령의 완전한 은혜를 주십니다. 성령은 우리에게서 이자를 받지 않으시며, 우리가 계명을 지키는 데 따라서 자신을 드러내시고 믿음 안에서 우리에게 이자를 주시므로 '우리가 다 하나님의 아들을 믿는 것과 아는 일에 하나가 되어 온전한 사람을 이루어 그리스도의 장성한 분량이 충만한 데까지 이르게' 됩니다(엡 4:13)." 그러므로 우리가 중생한 후에 가져오는 것들은 과거에 그분이 우리 안에 감추어 두셨던 것들입니다.

- 7 -

하나님 안에 사는 사람은 계명을 따라야하지만, 으뜸
이 되는 계명에 대부분의 활동을 배정해야 합니다.

우리의 본성적인 활동의 근원과 원리는 계명에 따라 사는 것이며, 여기에서 기대되는 결과는 세례를 통해서 처음으로 주어진 성령의 완전한 은사를 되찾는 것입니다. 그것은 정념들 밑에 묻혀 있으면서 우리가 하나님이 주신 계명을 실천하는 것을 통해서는 드러나지만, 여전히 우리 안에 남아 있습니다(바울은 "하나님의 은사와 부르심에는 후회하심이 없느니라"[롬

11:29]라고 말합니다). 그러므로 우리는 계명을 열심히 행해야 하며, 이 정화에 의해서 우리 안에 존재하는 성령의 은혜를 드러내어 나타내고 분명히 볼 수 있게 해야 합니다. 다윗은 "주의 말씀은 내 발에 등이요 내 길에 빛이니이다"(시 119:105), "여호와의 계명은 순결하여 눈을 밝게 하시도다"(시 19:8), "내가 범사에 모든 주의 법도들을 바르게 여기고 모든 거짓 행위를 미워하나이다"(시 119:128)라고 말합니다. 주님의 가슴에 기댔던 제자는 이렇게 말합니다: "그의 계명을 지키는 자는 주 안에 거하고 주는 그의 안에 거하시나니"(요일 3:24); "그의 계명들은 무거운 것이 아니로다"(요일 5:3). 주님은 이렇게 가르치십니다: "나의 계명을 지키는 자라야 나를 사랑하는 자니 나를 사랑하는 자는 내 아버지께 사랑을 받을 것이요 나도 그를 사랑하여 그에게 나를 나타내리라"(요 14:21); "사람이 나를 사랑하면 내 말을 지키리니 내 아버지께서 그를 사랑하실 것이요 우리가 그에게 가서 거처를 그와 함께 하리라"(요 14:23); "나를 사랑하지 아니하는 자는 내 말을 지키지 아니하나니"(요 14:24).

무엇보다도 계명의 근원이라고 할 수 있는 근본적인 계명을 지키며 대부분의 활동을 그것에 할애해야 합니다. 그렇게 함으로써 하나님의 도움을 받아 넘어지지 않고 처음에 시작한 바른 행동의 목표와 우리가 노력하는 것의 목표, 즉 우리 안에 성령의 은혜가 나타나는 것을 성취할 것입니다.

~ 8 ~

하나님을 기쁘시게 하는 행동의 출발점은 믿음을 가지

고, 그리고 거기서 생겨나는 사랑과 평화를 가지고 주 예수 그리스도의 이름을 부르는 것입니다.

주님이 "나를 떠나서는 너희가 아무것도 할 수 없음이라"(요 15:5)고 말씀하신 것처럼 하나님을 기쁘시게 하는 행동의 출발점은 생명을 구원하는 우리 주 예수 그리스도의 이름을 믿음으로 부르며, 이 부름에 수반되는 사랑과 평화를 가지고서 부르는 것입니다. 바울은 평화에 대해서 "각처에서 남자들이 분노와 다툼이 없이 거룩한 손을 들어 기도하기를 원하노라"(딤전 2:8)고 말합니다. 요한은 "하나님은 사랑이시라 사랑 안에 거하는 자는 하나님 안에 거하고 하나님도 그의 안에 거하시느니라"라고 말합니다(요일 4:16). 사랑과 평화가 기도를 순조롭게 해줄 뿐만 아니라 이 기도에서 다시 사랑과 평안이 생겨나고 발산되어 증가하고 완전해집니다.

- 9 -

이 셋이 각기, 그리고 합하여 풍성한 복을 줍니다.

이 세 가지는 각기, 그리고 합하여 우리에게 복을 주며, 우리 안에 있는 복을 증가시킵니다. 우리는 믿음으로 주 예수 그리스도의 이름을 부름으로써 그리스도 안에 감추어져 있는 참 생명과 자비를 획득하기를 바라는데, 마음으로 순결하게 주 예수 그리스도의 이름을 부를 때 그것들은 마치 영원히 흐르는 거룩한 근원으로부터 나오듯이 그분에게서 솟아납니다. 이해를 초월하는 무한한 평화, 그리고 하나님 및 각 사람과의 화해가 우리에게 주어집니다. 하나님은 사랑이시므로, 율법과 선지자들의 시작과 끝인 사랑에 의해서 우리는 하나님과 연합합니다. 그때 하나님의 진리에 의해서 우리의 죄가 폐지되며, 사랑을 통해서 은혜의 아들이라는 신분이 우리 안에서 작용합니다. "사랑은 허다한 죄를 덮느니라"(벧전 4:8). 사랑은 "모든 것을 참으며 모든 것을 믿으며 모든 것을 바라며 모든 것을 견디느니라 사랑은 언제까지든지 떨어지지 아니하나"(고전 13:7, 8).

~ 10 ~

주 예수 그리스도는 우리의 구원을 위해 고난 받으실 때 제자들에게 궁극적인 계명이요 거룩한 유산으로 그것들을 주셨습니다. 부활 후에도 그렇게 하셨습니다.

자비하고 사랑이 많으신 주 예수 그리스도는 우리를 위해 자발적인 고난을 받으려 하실 때, 그리고 부활하신 후에 사도들에게 나타나셨을 때, 그리고 (본성적으로 주님의 아버지요, 은혜에 의해서 우리의 아버지가 되시는) 하나님께로 올라가실 즈음에 자녀를 사랑하시는 참된 아버지로서 마지막 명령과 위로를 남기셨습니다. 그것은 하나님이 주신 유산이라기보다 귀중하고 확실한 보증이었습니다.

주님은 우리의 구원을 위해 고난 겪으실 때 제자들에게 하신 다음과 같은 말에서 그것을 드러내셨습니다: "너희가 무엇이든지 아버지께 구하는 것을 내 이름으로 주시리라 지금까지는 너희가 내 이름으로 아무 것도 구하지 아니하였으나 구하라 그리하면 받으리니 너희 기쁨이 충만하리라"(요 16:23, 24). 부활하신 후에는 이렇게 말씀하셨습니다: "믿는 자들에게는 이런 표적이 따르리니 곧 그들이 내 이름으로 귀신을 쫓아내며 새 방언을 말하며"(막 16:17). 사도 요한도 같은 말을 합니다: "예수께서 제자들 앞에서 이 책에 기록되지 아니한 다른 표적도 많이 행하셨으나 오직 이것을 기록함은 너희로 예수께서 하나님의 아들 그리스도이심을 믿게 하려 함이요 또 너희로 믿고 그 이름을 힘입어 생명을 얻게 하려 함이니라"(요 20: 30:31).

바울은 이렇게 말합니다: "모든 무릎을 예수의 이름에 꿇게 하시고"(빌 2:10). 사도행전에는 다음과 같이 기록되어 있습니다: "이에 베드로가 성령이 충만하여 이르되 백성의 관리들과 장로들아 만일 병자에게 행한 착한 일에 대하여 이 사람이 어떻게 구원을 받았느냐고 오늘 우리에게 질문한다면 너희와 모든 이스라엘 백성들은 알라 너희가 십자가에 못 박고 하나님이 죽은 자 가운데서 살리신 나사렛 예수 그리스도의 이름으로 이 사람이 건강하게 되어 너희 앞에 섰느니라"(행 4:8-10); "다른 이로써는 구원을 받을 수 없나니 천하 사람 중에 구원을 받을 만한 다른 이름을 우리에게 주신 일이 없음이라"(행 4:12).

주님은 "하늘과 땅의 모든 권세를 내게 주셨으니"라고 말씀하십니다(마 28:18). 이것은 주님이 십자가에 달리시기 전에 사도들에게 하신 말씀에서 분명히 드러납니다: "평안을 너희에게 끼치노니 곧 나의 평안을 너희에게 주노라"(요 14:27); "이것을 너희에게 이르는 것은 너희로 내 안에서 평안을 누리게 하려 함이라"(요 16:33); "내 계명은 곧 내가 너희를 사랑한 것 같이 너희도 서로 사랑하라 하는 이것이니라"(요 15:12); "너희가 서로 사랑하면 이로써 모든 사람이 너희가 내 제자인 줄 알리라"(요

13:35); "아버지께서 나를 사랑하신 것 같이 나도 너희를 사랑하였으니 나의 사랑 안에 거하라 내가 아버지의 계명을 지켜 그의 사랑 안에 거하는 것 같이 너희도 내 계명을 지키면 내 사랑 안에 거하리라"(요 15:9, 10). 부활하신 후에 여러 번 제자들에게 나타나셔서 평안을 주시고 "너희에게 평강이 있을지어다"(요 20: 21)라고 말씀하셨습니다. 주님은 다른 제자들보다 뛰어난 사도 베드로에게 세 번이나 "요한의 아들 시몬아 네가 이 사람들보다 나를 더 사랑하느냐…내 어린 양을 먹이라"고 말씀하심으로써(요 21:15, 16), 양을 돌보는 일을 맡기는 것이 주 예수 그리스도를 향한 뜨거운 사랑에 대한 상임을 나타내셨습니다. 우리가 나타내는 세 가지 덕이 또 다른 세 가지 놀라운 열매—영혼의 정화, 조명, 그리고 영적 성숙—을 낳는다고 말하는 것은 우리의 목표나 주제와 거리가 먼 것이 아닙니다.

~ 11 ~

이 세 가지 덕 안에 모든 덕이 포함됩니다.

정신을 집중하여 자세히 조사해보면, 하나님이 지으신 덕들의 외투가 이 끊을 수 없는 세 겹의 줄에 매달려 있음을 발견할 것입니다. 하나님 안의 삶은 금으로 만든 귀한 사슬과 같습니다. 그 사슬을 이루는 하나의 덕은 다른 덕과 연결되어 있으며, 모든 것이 조화를 이루어 하나의 사슬을 형성합니다. 그것들은 하나의 통일체를 구성하므로, 그것들에 의해서 성실하게 사는 사람을 거룩하게 하며, 연결될 고리들로 그 사람을 부유하게 해줍니다. 사람은 믿음에 의해서, 그리고 소망과 겸손 때문에 부유해집니다. 그는 그것들을 가지고 사랑스러운 주 예수 그리스도의 이름을 부릅니다. 그는 사랑과 평안 때문에 부유해집니다. 이것들은 하나님이 심으신 세 줄기를 가진 생명 나무입니다. 알맞은 시기에 그것을 만지고 그 열매를 먹는 사람은 아담처럼 사망을 거두지 않고 영생을 거둡니다.

- 12 -

> 성령 강림과 성령의 은사는 예수 그리스도와 그의 거룩한 이름 을 통해 하나님 아버지에게서 신자들에게 주어집니다.

성령 강림과 은사는 아버지 하나님으로부터 예수 그리스도와 그의 거룩한 이름을 통해서 신자들에게 주어집니다. 거룩하시고 긍휼하신 주 예수 그리스도는 제자들에게 이렇게 말씀하셨습니다: "내가 떠나가는 것이 너희에게 유익이라 내가 떠나가지 아니하면 보혜사가 너희에게로 오시지 아니할 것이요 가면 내가 그를 너희에게로 보내리니"(요 16:7); "내가 아버지께로부터 너희에게 보낼 보혜사 곧 아버지께로부터 나오시는 진리의 성령이 오실 때에"(요 15:26); "보혜사 곧 아버지께서 내 이름으로 보내실 성령"(요 14:26).

- 13 -

> 교부들 및 그들 안에 거하시는 성령은 주 예수 그리스도께 기도하며 자비를 구하라고 명하십니다.

지혜롭게 침묵을 실천하며 다른 일이나 염려보다 주님께 기도하는 편을 택하며 희망을 품고 자비를 구하면서 거룩한 침묵을 받아들이고 하나님께 헌신하기를 원하는 사람은 내면에 성령을 소유하고 사는 위대한 교사와 훈계자들의 가르침을 받습니다. 그런 사람은 항상 주님의 거룩하고 사랑스러운 이름을 마음과 정신과 입에 담고 다니며 그 이름을 불러야 합니다. 그는 가능한 모든 방법으로 그분과 함께, 그분 안에서 살고 호흡하고, 자고 일어나고 걷고, 먹고 마셔야 합니다. 그분이 계시지 않을 때 온갖 해로운 것들이 우리에게 와서 영혼에 유익한 것이 들어올 여유가 없게 하듯이, 그분이 계실 때 모든 악이 몰려나가며 선한 것이 조금도 부족하지 않고 모든 것이 가능해집니다. 주님은 이렇게 말씀하십니다: "그가 내 안에, 내가 그 안에 거하면 사람이 열매를 많이 맺나니 나를 떠나서는 너희가 아무 것도 할 수 없음이라"(요 15:5). 그러므로 자격이 없는 우리도 믿음으로 이 두렵고 거룩한 이름을 부르며, 그분의 도움을 받아 이 글을 씁니다.

- 14 -

주님 안에서 비틀거리지 않고 침묵의 길을 걸어가려면, 모든 것을 버리고 순종해야 합니다.

"나는 세상의 빛이니"(요 8:12); "내가 곧 길이요 진리요 생명이니 나로 말미암지 않고는 아버지께로 올 자가 없느니라"(요 14:6); "내가 문이니 누구든지 나로 말미암아 들어가면 구원을 받고 또는 들어가며 나오며 꼴을 얻으리라"(요 10:9)고 하신 위대하신 하나님이요 구주이신 예수 그리스도의 이름으로 우리의 말과 충고를 들으십시오. 무엇보다도 거룩한 말씀에 따라서 세상에 속한 것을 버리고, 완전하고 진지한 순종을 선택하십시오. 이 목적을 위해서, 망상에서 해방된 교사와 인도자를 발견하기 위해 노력하십시오(그가 망상에서 벗어났다는 것이 그의 말을 확인해주는 성경의 증언으로 증명되어야 합니다). 그는 내면에 성령을 지니고 있어야 하며, 자기의 말과 일치하는 생활을 하며, 정신적으로 높은 이상을 품고, 겸손하며, 매사에 선한 성향을 지녀야 합니다. 전반적으로 거룩한 말씀에 따른 그리스도의 교사가 지녀야 할 성품을 지닌 사람이어야 합니다.

그런 사람을 발견하면, 아들이 아버지에게 매달리듯이 몸과 영으로 그에게 매달리며, 그의 명령에 순종하고 그의 견해에 동의하며, 그를 사람으로 보지 말고 그리스도를 보듯이 하십시오. 당신의 생각과 소원, 그리고 의심과 불신을 버리고 한 걸음씩 교사를 따라가십시오. 의심 없이 순종하면서 당신의 양심인 듯이 그분을 따라가십시오. 만일 선의 원수인 마귀가 이와 반대되는 말을 속삭인다면, 정욕이나 불을 피하듯이 도망치며 당신의 머리에 그러한 생각을 넣어준 유혹자를 반대하여 자신에게 지혜롭게 권면하십시오: "안내자가 안내받는 사람을 인도하는 것이지 안내받는 사람이 안내자를 인도하는 것이 아니다. 내가 스승의 죄를 짊어진 것이 아니라 스승이 나를 대신하여 죄를 짊어지셨다. 사다리의 요한의 말처럼 나를 판단하는 자는 내가 아니라 그분이시다."

자기의 죄가 기록된 보고서를 찢어버리고 구원받은 자들의 책에 기록되기를 원하는 사람이 그 목적을 이루는 데 가장 좋은 수단은 순종입니다. 사도 바울의 말에 의하면 우리를 위해서 우리와 같은 형상을 취하시고, 우리를 위해 아버지의 자비를 획득하신 하나님의 아들이시오 우리

하나님이신 주 예수도 이 순종의 길을 걸어가심으로써 인간의 형상 안에서 하나님을 기쁘시게 하고 영광을 받으셨습니다: "사람의 모양으로 나타나사 자기를 낮추시고 죽기까지 복종하셨으니 곧 십자가에 죽으심이라 이러므로 하나님이 그를 지극히 높여 모든 이름 위에 뛰어난 이름을 주사"(빌 2:8, 9). 그렇다면 우리의 지도자요 교사이신 예수 그리스도의 길을 따르지 않으면서 어찌 우리 구주 예수 그리스도의 영광과 교부들의 복을 얻기를 바랍니까?

학생이 스승처럼 되려면, 스승의 삶과 행위를 본보기요 가장 그럴듯한 원형으로 여겨 부지런히 따라가며 매사에 스승을 모방해야 합니다. 주 예수 그리스도에 대해서도 같은 말이 기록되어 있습니다. 주님은 부모를 "순종하여 받드셨습니다"(눅 2:51). 주님은 자신에 대해서 "인자가 온 것은 섬김을 받으려 함이 아니라 도리어 섬기려 하고 자기 목숨을 많은 사람의 대속물로 주려 함이니라"라고 말씀하셨습니다(마 20:28). 그러므로 지도자 없이 제멋대로 자기의 뜻에 순종하면서 살면서 하나님의 말씀과 일치하여 거룩한 생활을 한다고 생각할 수 있습니까? 그럴 수 없습니다. 사다리의 요한은 이렇게 말합니다: "안내자 없이 여행하는 사람이 쉽게 길을 잃듯이, 모든 세상의 지혜를 가지고 있어도 자기 의지에 따라 수도생활을 하는 사람은 쉽게 멸망합니다." 따라서 순종과 충고가 없이 나아가는 많은 사람은 자신이 땀 흘리며 수고한다고 생각하지만, 그들이 많은 것을 뿌리지만 거두는 것은 매우 적습니다. 그중 어떤 사람들은 자기의 판단과 즐거움에 따라서 자신의 삶을 구성했기 때문에 밀이 아닌 가라지를 수확합니다. 사다리의 요한은 이 주제에 대해

이렇게 말합니다: "이렇게 정신으로 믿음을 고백하는 길에 들어서기로 한 사람, 그리스도의 멍에를 메려 하는 사람, 이제부터 자기의 짐을 다른 사람에게 지우려 하며, 자발적으로 자신을 노예로 팔고 참 자유를 얻으려는 사람, 다른 사람의 도움을 받아서 이 넓은 바다를 헤엄쳐 건너려는 사람은 자기 의지라는 잘못된 곳으로 인도하는 짧지만 어려운 방법을 시도하고 있음을 알아야 합니다. 자기의 의지를 부인한 사람은 영적 투쟁의 삶을 시작하기 전에 이미 신령하고 선하고 하나님을 기쁘시게 한다고 여기는 모든 것을 획득합니다. 왜냐하면, 순종이란 선한 것이 자신에게서 오는 것이라고 믿지 않는 것을 의미하기 때문입니다."

그러므로 지혜롭게 이것을 이해했으며 앞으로 빼앗기지 않을 좋은 것, 즉 거룩한 침묵의 길을 배우려는 사람은 제정된 법을 엄격하게 따르며, 먼저 순종을 받아들이고 그다음에 침묵을 받아들이십시오. 행위가 관상을 향하는 단계이듯 순종도 침묵을 향하는 단계입니다. 다음의 말을 기억하십시오: "네 선조가 세운 옛 지계석을 옮기지 말지니라"(잠 22:28); "홀로 있어 넘어지고 붙들어 일으킬 자가 없는 자에게는 화가 있으리라"(전 4:10). 이처럼 기초를 놓는 데서부터 시작하면, 장차 당신의 영적 건물에 지붕을 얹게 될 것입니다. 기술이 없이 시작하면, 건축 전체가 무익하게 됩니다. 반대로 솜씨 좋게 시작하면, 모든 것이 규모가 있고 조화를 이룰 것입니다. 물론 때로 반대의 일도 발생할 수 있지만, 그것은 우리의 의지에 기인하는 것입니다.

참 수도사가 실수 없이 순종하게 해주는 참된 순종의 표식

이러한 생활방식에 대해서 말하기 어려운 것이 많으며, 사람마다 각기 달리 그것을 실천하므로, 일종의 표지 역할을 할 수 있는 몇 가지 분명한 특징들을 지적할 필요가 있습니다. 만일 당신이 이것들을 규칙이나 다림줄로 삼아 지킨다면, 책망할 것이나 죄가 없는 생활을 할 수 있을 것입니다. 그러므로 참 수도사는 다음과 같은 다섯 가지 덕을 따라야 합니다.

첫째는 믿음입니다. 교사를 그리스도처럼 여기고 그리스도에게 하듯이 순종하는 순수하고 진지한 믿음입니다. 주님은 이렇게 말씀하십니다: "너희 말을 듣는 자는 곧 내 말을 듣는 것이요 너희를 저버리는 자는 곧 나를 저버리는 것이요 나를 저버리는 자는 나 보내신 이를 저버리는 것이라"(눅 10:16). 사도들은 "믿음을 따라 하지 아니하는 것은 다 죄니라"라고 가르칩니다(롬 14:23).

둘째는 진실입니다. 즉 말과 행위와 생각의 고백이 진실해야 합니다. 성경은 이렇게 말합니다: "주의 말씀의 강령은 진리이오니"(시 119:160); "주께서는 중심이 진실함을 원하시오니"(시 51:6). 그리스도는 "내가 곧 진리요"라고 말씀하십니다(요 14:6).

셋째는 자기 뜻대로 행하지 않는 것입니다. 수도사가 자기 뜻대로 행하는 것은 매우 해로운 일이요 손해입니다. 수도사는 아버지의 강요를 받지 않아도 자발적으로 자기의 의지를 잘라내야 합니다.

넷째, 수도사는 언행이 일치하지 않거나 다투기를 좋아해서는 안 됩니다. 의로운 사람에게는 언행의 불일치와 다투기를 좋아하는 것이 어울리지 않습니다. 바울은 이렇게 말합니다: "논쟁하려는 생각을 가진 자가 있을지라도 우리에게나 하나님의 모든 교회에는 이런 관례가 없느니라"(고전 11:16). 일반적으로 기독교인에게 이러한 일이 금지되었는데, 순종의 서원을 한 수도사는 어떠해야겠습니까? 언행의 불일치와 다툼을 좋아하는 것은 불신앙과 거만함의 동반자인 자만심에서 옵니다. 반대로 언행이 일치하며 다툼을 좋아하지 않는 것은 바르고 겸손한 성향에서 옵니다.

다섯째, 모든 일을 성실하고 정확하게 스승에게 고백해야 합니다. 우리는 수도서원을 할 때 우리의 행동과 노력의 시작과 끝으로서 마음의 비밀을 고백하겠다고 맹세합니다. 다윗은 이렇게 말합니다: "내가 이르기를 내 허물을 여호와께 자복하리라 하고 주께 내 죄를 아뢰고 내 죄악을 숨기지 아니하였더니 곧 주께서 내 죄악을 사하셨나이다"(시 32:5). 사다리의 요한은 "종기를 도려내면 악화하지 않고 치료됩니다."라고 말합니다.

지혜롭게 이 다섯 가지 덕을 지키는 사람이 장차 의인이 천국에서 누릴 기쁨에 참여할 것이라는 약속을 받았다는 것을 확실히 알게 하십시오. 이것이 영원히 기억되어야 할 순종의 뿌리요 토대입니다. 이제 그것의 가지와 열매와 그 우거짐에 대해서 이야기하겠습니다.

사다리의 요한은 이렇게 말합니다: "순종은 겸손을 낳고, 겸손은 선한 판단을 낳고, 선한 판단은 분별을 낳고, 분별은 예지를 낳습니다."

그것은 하나님의 역사이며, 초자연적인 귀한 선물로서 하나님이 거룩하게 하신 사람에게만 주시는 것입니다. 또한, 성실하고 사려 깊게 순종하는 분량에 비례하여 마음속에 겸손이 탄생할 것이며, 겸손의 분량에 비례하여 선한 판단이 생겨날 것입니다. 일련의 덕 전체에 대해서도 같은 말을 할 수 있습니다. 그러므로 비틀거리지 않고 순종의 길을 걸어가기 위해 힘껏 노력하십시오. 그리하면 실수하지 않고 전진할 수 있을 것입니다. 만일 당신이 순종의 단계에서 비틀거린다면, 당신 앞에 놓인 과정, 즉 그리스도 안에 있는 생활을 완수하지 못할 것이며, 승리의 면류관을 쓰지 못할 것입니다. 그러므로 이러한 특징들을 가진 순종을 안내자, 또는 선원이 항로를 계획하기 위해 사용하는 나침반으로 삼으십시오. 그리하여 그것에 시선을 고정한다면 위험한 일을 만나지 않고 덕의 큰 바다를 건너 무정념의 안전한 항구에 도착할 수 있을 것입니다. 폭풍이나 소동의 공격은 당신의 순종에 비례할 것입니다. 마귀도 순종하는 수도사에게는 해를 끼치지 못합니다. 순종의 고귀함을 설명하기 위해서 다시 사다리의 요한의 말을 생각해 봅시다.

그리스도 안에 있는 삶의 가장 밝은 빛, 거룩한 사다리의 브살렐은 이렇게 말합니다: "교부들은 시편 기도는 무기요, 기도는 성벽이요, 깨끗한 눈물은 목욕이요, 순종은 신앙고백이라고 말합니다. 그것들이 없는 정욕적인 사람은 주님을 보지 못합니다." 이 탁월한 비유는 세 배나 복된 순종을 가장 효과적이고 영화롭게 해주는 듯합니다. 그러나 만일 본래 현재와 같은 상태로 피조되지 않았던 우리의 타락과 죽을 운명의 원인을 살펴보기 위해서, 그리고 우리의 거듭남과 불멸의 원인을 발견하기 위해서 과거를 바라본다면, 순종이 얼마나 큰일인지 경험을 통해서도 알 수 있습니다. 우리가 타락하여 죽을 운명이 된 원인은 아담의 자신감과 고집과 불순종이었고, 그것 때문에 하나님의 명령을 어기고 버렸습니다. 반면에 후자, 즉 우리가 거듭나서 불멸하게 된 원인은 둘째 아담, 즉 우리 하나님이요 구주이신 예수 그리스도, 아버지 하나님과 하나의 정신을 가지셨음에도 그분께 순종하여 명령을 지키신 분이십니다. 주님은 자신에 대해 이렇게 말씀하십니다: "내가 내 자의로 말한 것이 아니요 나를 보내신 아버지께서 내가 말할 것과 이를 것을 친히 명령하여 주셨으니 나는 그의 명령이 영생인 줄 아노라 그러므로 내가 이르는 것은 내 아버지께서 내게 말씀하신 그대로니라"(요 12:49, 50).

따라서 우리의 첫 조상 아담과 그를 닮은 사람 안에 있는 모든 악의 근원은 오만이며, 새로운 신인神人이신 예수 그리스도와 그분의 형상 안에서 살기로 한 사람들의 복의 근원과 원천과 기초는 겸손입니다. 세상에서는 교회 안에서 이 명령과 법이 지켜지듯이, 하늘에서는 거룩한 천사들의 세계에서 이 명령과 법이 지켜집니다. 이로 보건대, 무례하게도 이 근본적인 법에서 이탈하여 자기 뜻에 따라 사는 사람은 하나님과 거룩한 빛의 유산과 보편교회를 저버리며, 추방되어 바깥 어둠과 지옥 불에 던져집니다. 타락한 천사의 편에서 사람들을 속이는 악한 장사꾼들, 이따금 나타나는 바 악한 정신을 소유한 말 많은 이단자들도 같은 운명에 처힐 깃입니다. 그들은 교만함과 자기 고집 때문에 하나님의 영광으로부터, 그리고 하나님을 기쁘시게 하는 거룩한 공동체로부터 제거됩니다.

어느 지혜로운 사람의 말에 의하면 사물은 자신과 반대되는 것에 의해서 치료된다고 합니다. 그러므로 악의 원인은 불순종과 교만이고, 기쁨의 근원은 통회와 복종입니다. 죄 없이 살기를 원하는 사람은 망상에서 벗어난 노련한 스승, 오랫동안 열심히 일하여 거룩한 것에 대한 지식을 획득하고 덕을 실천하며 살아온 스승에게 복종해야 하며, 그분의 명령과 충고를 하나님의 음성과 충고로 여겨야 합니다. 지혜로운 솔로몬은 이렇게 말합니다: "지략이 많으면 평안을 누리느니라"(잠 11:14). 분별력이 없는 사람은 자기 자신의 원수입니다. 만일 어느 거룩한 교부가 순종하지 않고서 신적 침묵과 하나님 안에 있는 완전함을 획득했다면, 그것은 특별한 신적 계시에 기인하는 것으로서 극히 드문 현상입니다. 그리고 제비 한 마리가 봄을 오게 하는 것이 아닌 것처럼 희귀한 것은 교회의 법이 아닙니다. 우리는 참 순종이 복된 침묵을 위한 예비 교육이라고 믿으며, 특별 섭리 때문에 발생한 희귀한 사례에 매달리지 말며, 거룩한 교부들이 확립한 일반적인 것을 따라야 합니다. 그렇게 함으로써 법을 지키며 사는 사람을 위해 예비된 상을 얻게 될 것입니다.

    그다음에는 어떻게 해야 합니까? 만일 어떤 사람이 참된 안내자가 없이는 탐사된 적이 없는 미지의 길을 가려 하지 않는다면, 만일 솜씨 좋은 항해사를 동반하지 않고서는 바다로 나가려 하지 않는다면, 만일 숙련된 교사가 없이는 학문이나 기술을 배우려 하지 않는다면, 누가 기술 중의 기술과 학문 중의 학문을 실질적으로 연구하며, 하나님께로 가는 신비한 길에 들어서며, 끝없는 정신적인 바다—수도생활—를 항해하면서 안내자와 항해사와 노력한 참 교사가 없이 목표에 도달하리라고 확신하겠습니까? 그런 사람은 잘못 생각하고 있으며, 출발부터 다른 길을 가는 사람입니다. 반대로 교부들이 정한 법에 순종하는 사람은 한 걸음도 떼기 전에 목표에 도달합니다. 다른 방법으로 어떻게 육체와 싸우는 법, 그리고 귀신들과 정념을 대적하여 무장하는 방법을 알 수 있겠습니까? 나쁜 정념이 덕에 매달려서 떨어지지 않으며 영원히 덕의 문 앞에 서 있을 때 그러한 도움이 없다면, 어떻게 선과 악을 분별하는 법을 배울 수 있습니까? 그것들의 도움이 없다면, 우리가 어떻게 육체적인 감각을 억제하고 영혼의 능력을 마치 하프의 선을 고르듯이 조화롭게 조율할 수 있겠습니까? 무엇보다도 이러한 규정들이 없다면, 하나님이 주시는 음성과 계시와 암시와 환상, 그리고 귀신들의 올무와 망상妄想, *prelest*과 환영幻影, illusion을 어떻게 분별할 수 있겠습니까? 간단히 말해서 조명을 받은 참된 안내자에게서 이러한 신비의 초보를 배우지 않은 사람이 어떻게 하나님과 연합하며 하나님의 활동인 성례전과 성체성사를 배울 수 있습니까? 그것은 가능하지 않습니다. 택함을 받은 그릇이요 그리스도의 대변인이요 이 세상의 빛이요 보편적인 태양이요 온 세상의 교사인 바울은 자신의 설교를 조사하기 위해서 서둘러 동료 사도들에게 갔습니다. 그렇게 행동한 이유는 무엇입니까? "내가 달음질하는 것이나 달음질한 것이 헛되지 않게 하려 함이라"(갈 2:2). 지혜이신 주님은 다음과 같이 말씀하십니다: "내가 하늘에서 내려온 것은 내 뜻을 행하려 함이 아니요 나를 보내신 이의 뜻을 행하려 함이니라"(요 6: 38). 생명을 주시는 성령에 대해서 "그가 스스로 말하지 않고 오직 들은 것을 말하며 장래 일을 너희에게 알리시리라"(요 16:13)라고 말씀하십니다.

하늘과 땅의 모든 것을 포함하는 이 유익한 질서를 바라보면서 우리 자신의 연약함과 게으름, 그리고 자만과 분별없음 때문에 자기 마음대로 행동하고 법이나 질서가 없이 생활하여 멸망하는 사람들의 위험한 상태를 생각할 때 놀라움과 떨림과 공포로 가득합니다. 이것은 참으로 무서운 것입니다. 도중에 강도들이 많고, 많은 해적이 숨어 있고, 파선하는 배도 많습니다. 그러므로 많은 사람 중에서 극소수만이 구원을 받습니다. 그러나 사람마다 자신이 원하는 대로 살게 내버려 두십시오. 성경은 이렇게 말합니다: "각 사람의 공적이 나타날 터인데 그 날이 공적을 밝히리니 이는 불로 나타내고 그 불이 각 사람의 공적이 어떠한 것을 시험할 것임이라"(고전 3:13); "주께서 각 사람이 행한 대로 갚으심이니이다"(시 62:12). 사람들이 자신이 원하는 대로 살지 않고 마땅한 방식으로 원하고 살게 하십시오. "주께서 범사에 네게 총명을 주시리라"(딤후 2:7). 당신을 비롯하여 하나님 안에서 살기를 원하는 사람은 이러한 말씀들을 통해서 순종의 영적 구조 전체를 이해하고서 오류가 없고 완전한 스승을 찾아야 합니다. 바울은 이렇게 말합니다: "단단한 음식은 장성한 자의 것이니 그들은 지각을 사용함으로 연단을 받아 선악을 분별하는 자들이니라"(히 5:14).

이렇게 믿음을 가지고 열심히 찾으면 길을 잃지 않고 목표에 이를 것입니다. 복음서는 "구하는 이마다 받을 것이요 찾는 이는 찾아낼 것이요 두드리는 이에게는 열릴 것이니라"(마 7:8)라고 말합니다. 그는(당신이 발견할 교사) 하나님께 합당하고 만족한 것들을 올바른 순서대로 가르쳐 줄 것입니다. 만일 당신이 자신의 구원을 방해하는 지혜 없는 사람처럼 행하지 않고 먹을 것과 마실 것, 입는 것 등 매사에 중용과 단순함과 절제를 지키며 어떤 상황에서든지 필요한 것에 만족하며, 육체를 만족하게 하며 감각을 기쁘게 하는 것을 구하지 않는 것을 그가 본다면, 그는 더욱 신령하고 하나님을 기쁘시게 하는 것, 많은 사람의 능력을 초월하며 사람의 이해력을 초월하는 것들에게로 당신을 인도할 것입니다. 바울은 "우리가 먹을 것과 입을 것이 있은즉 족한 줄로 알 것이니라"(딤전 6:8)라고 말합니다.

당신은 그리스도 안에 있는 삶의 시작과 중간과 마지막에 관해서 우리에게 배우려 하며, 그것에 대한 성문화된 해설을 원하고 있습니다. 그 질문에 쉽게 대답하기 어렵습니다. 그러나 그리스도께서 손을 뻗어 도우실 것이며, 우리는 당신의 질문에 대한 답을 찾고, 순종이라는 견고한 기초 위에 칭찬받는 완전한 영적 건물―거룩한 침묵―을 건축할 것입니다. 그러므로 우리는 성령의 감화를 받은 교부들의 말에 기초를 두고 이야기를 계속하겠습니다.

- 16 -

하나님 안에서 침묵 생활을 받아들이려면 바른 믿음과
선한 행위로 채워지기 위해 노력해야 합니다.

(1) 주님은 "나더러 주여 주여 하는 자마다 다 천국에 들어갈 것이 아니요 다만 하늘에 계신 내 아버지의 뜻대로 행하는 자라야 들어가리라"고 말씀하십니다(마 7:21). 그러므로 거룩한 침묵을 향한 당신의 갈망이 말에 그치는 것이 아니라 행위로써 그것을 사랑한다면, 바른 신앙을 가지

려고 노력할 뿐만 아니라 선한 행위로 가득하기 위해 노력하십시오(성실하게 접근하는 사람에게는 세상에서도 이 거룩한 침묵이 천국을 나타내주는데, 그것은 다음 세상에서 한층 더 충만하고 완전해질 것입니다). 또 모든 사람과 더불어 화평하게 지내며(롬 12:18), 그 무엇 때문에도 분심되지 말고, 헛된 근심에 사로잡히지 말고, 말을 아끼고 잠잠하며, 범사에 감사하며, 자신의 연약함을 의식하십시오. 날마다 당신을 공격하는 다양한 유혹을 깨어 지켜보며, 인내하고 흔들리지 않는 마음으로 당신에게 임하는 환란과 슬픔을 대적하여 싸우십시오.

주님의 형제 야고보의 말에서 바른 믿음과 선한 행위와 관련된 가르침을 발견할 수 있습니다: 믿음이 없는 행위가 죽은 것이듯이, "행함이 없는 믿음은 죽은 것이니라"(약 2:26); "행함이 없는 네 믿음을 내게 보이라"(약 2:18). 야고보 이전에 모든 사람의 교사요 훈계자이신 주 예수 그리스도는 제자들에게 이렇게 말씀하셨습니다: "그러므로 너희는 가서 모든 민족을 제자로 삼아 아버지와 아들과 성령의 이름으로 세례를 베풀고 내가 너희에게 분부한 모든 것을 가르쳐 지키게 하라"(마 28:19, 20). 신학자 그레고리는 이렇게 말합니다: "하나님은 세례를 받은 사람에게 다음과 같은 세 가지 덕을 요구하십니다. 영혼에는 참믿음을, 몸에는 순결을, 입에는 진실을 요구하십니다."

(2) 두 종류의 믿음. 하나님이 감화하신 말씀에 의하면 믿음에는 두 종류가 있습니다. 하나는 모든 기독교인이 소유하는 것으로서 세례를 받을 때 받아 소유하며, 세상에 나갈 때 지녀야 하는 믿음입니다. 또 하나는 극소수의 사람만 소유하는 믿음입니다. 그는 하나님의 명령을 모

두 지킴으로써 하나님의 형상과 모양으로 변화되는 상태에 이른 사람입니다. 그는 이처럼 거룩한 은혜의 빛으로 부유해졌기 때문에 주님께 소망을 두며 기도할 때 마음으로 하나님께 청원하는 것을 생각하지 않고 믿음으로 필요한 것을 구하여 받습니다. 이 복된 사람은 지식과 생각과 망설임을 꾸준히 부인하고 모든 염려로부터 자신을 자유롭게 하고, 하나님을 향한 믿음과 소망과 사랑의 거룩한 기쁨에 몰입하여 다윗의 말처럼 "지존자의 오른손"(시 77:10)에 의해 한층 더 복되고 선한 상태로 변화되므로 순수한 행위를 통해서 견고한 믿음을 획득했습니다.

여기에서는 첫 번째 믿음에 대해서 상세히 말하기보다 첫 번째 믿음에서 솟아나와 꽃을 피우고 열매를 맺는 두 번째 믿음에 대해서 말하려 합니다. 이 믿음은 거룩한 침묵의 출발점이요 뿌리입니다. 사다리의 요한은 "만일 헤시카스트에게 믿음이 없다면, 어떻게 침묵 생활을 하겠습니까?"라고 말합니다. 다윗은 "말할 때에도 나는 믿었도다"라고 말합니다(시 116:10). 바울은 이렇게 말합니다: "믿음은 바라는 것들의 실상이요 보이지 않는 것들의 증거니"(히 11:1); "의인은 믿음으로 말미암아 살리라"(히 10:38). 제자들이 믿음을 더해달라고 부탁했을 때 주님은 이렇게 말씀하셨습니다: "너희에게 겨자씨 한 알만한 믿음이 있었더라면 이 뽕나무더러 뿌리가 뽑혀 바다에 심기어라 하였을 것이요 그것이 너희에게 순종하였으리라"(눅 17:6). 또 다른 때 "만일 너희가 믿음이 있고 의심하지 아니하면 이 무화과나무에게 된 이런 일만 할 뿐 아니라 이 산더러 들려 바다에 던져지라 하여도 될 것이요 너희가 기도할 때에 무엇이든지 믿고 구하는 것은 다 받으리라"(마 21: 21, 22).

성 이삭St. Issac은 다음과 같이 기록했습니다: "지식이 감각적인 것보다 더 미묘하며, 믿음이 지식보다 더 미묘합니다. 경외함으로 하나님을 공경하는 삶을 받아들인 성도들은 믿음의 힘으로 이 초자연적인 삶을 누립니다. 여기에서 믿음은 우리가 예배하는 거룩한 삼위에 대한 믿음이 아니고, 지극히 높으신 하나의 본질이신 하나님에 대한 믿음도 아니며, 인간의 본성을 취하심으로써 성육하신 기적적인 섭리에 대한 믿음도 아닙니다. 그것은 은혜의 빛에 의해서 영혼 안에 점화되는 믿음, 자부심이 없이 확실한 소망 안에 있는 마음을 정신의 증언에 의해 강화해주는 믿음, 귀로 듣기보다는 영적인 눈으로 영혼 안에 감추어진 비밀을 보는 믿음입니다. 그 비밀은 육의 자식의 눈에는 감추어져 있지만, 그리스도의 법을 실천함으로써 그리스도의 식탁에서 먹는 사람에게 성령이 계시해 주십니다. 주님은 이렇게 말씀하십니다: 만일 네가 내 계명을 지키면 내가 보혜사를 보내리니 '그는 진리의 영이라 세상은 능히 그를 받지 못하나니…그가 너희에게 모든 것을 가르치고 내가 너희에게 말한 모든 것을 생각나게 하리라'(요 14:17, 26). 주님은 이 거룩한 힘을 사람에게 계시해주시는데, 그것이 항상 그의 안에 거하면서 그를 보호해주고 그에게서 해로운 것을 몰아냅니다. 영적인 정신은 믿음의 눈으로 이 힘을 감지합니다. 이것은 믿음의 힘으로 영혼의 힘을 점화해주시는 보혜사입니다. 영혼은 하나님에 대한 소망 때문에 모든 위험을 잊고 높이 날아오릅니다. 영혼은 믿음의 날개를 달고 눈에 보이는 피조물 위로 날아오르며, 우리를 향한 하나님의 열심 앞에서 놀라 기쁨의 상태에 머물며, 순수하게 하나님을 봅니다. 이 같은 비밀들이 완성되고 우리에게 분명히 계시되기 전에는 믿음이 하나님과 성도들 사이에서 형언할 수 없는 비밀들을 공급해줍니다(즉 이러한 비밀들을 받고 보존하고 관상합니다). 그리스도의 은혜에 의해 이러한 비밀들이 이 세상과 천국에서 우리에게 주어지기를 간절히 구합니다."

(3) 모든 사람과 화목하여지기 바랍니다. 모든 사람과 화목해야 한다는 것에 관한 강력한 권면을 다윗의 말과 그리스도를 담고 다닌 바울의 말에서 발견할 수 있습니다. 다윗은 다음과 같이 말합니다: "주의 법을 사랑하는 자에게는 큰 평안이 있으니 그들에게 장애물이 없으리이다"(시 119:165); "내가 화평을 미워하는 자들과 함께 오래 거주하였도다"(시 120:6); "화평을 찾아 따를지어다"(시 34:14). 바울은 다음과 같이 말합니다: "모든 사람과 더불어 화평함과 거룩함을 따르라 이것이 없이는 아무도 주를 보지 못하리라"(히 12:14); "할 수 있거든 너희로서는 모든 사람과 더불어 화목하라"(롬 12:18).

(4) 분심되지 마십시오. 성 이삭은 분심되지 않아야 할 필요성에 대해서 이렇게 권면합니다: "감각 때문에 정욕이 생겨나면, 많은 헛된 분심거리 가운데서 정신의 평화를 유지한다고 장담하는 사람의 혀를 감각이 붙들게 하십시오. 그리고 그런 사람과 교제하지 마십시오."

(5) 근심하거나 걱정하지 마십시오. 평판이 좋은 것이나 나쁜 것에 대해 근심하거나 걱정하지 말아야 합니다. 복음서에 기록된 주님의 말에서 이에 관한 교훈을 발견할 수 있습니다: "그러므로 내가 너희에게 이르노니 목숨을 위하여 무엇을 먹을까 무엇을 마실까 몸을 위하여 무엇을 입을까 염려하지 말라 목숨이 음식보다 중하지 아니하며 몸이 의

복보다 중하지 아니하냐 공중의 새를 보라 심지도 않고 거두지도 않고 창고에 모아들이지도 아니하되 너희 하늘 아버지께서 기르시나니 너희는 이것들보다 귀하지 아니하냐 너희 중에 누가 염려함으로 그 키를 한 자라도 더할 수 있겠느냐 또 너희가 어찌 의복을 위하여 염려하느냐 들의 백합화가 어떻게 자라는가 생각하여 보라 수고도 아니하고 길쌈도 아니 하느니라 그러므로 염려하여 이르기를 무엇을 먹을까 무엇을 마실까 무엇을 입을까 하지 말라 이는 다 이방인들이 구하는 것이라 너희 하늘 아버지께서 이 모든 것이 너희에게 있어야 할 줄을 아시느니라 그런즉 너희는 먼저 그의 나라와 그의 의를 구하라 그리하면 이 모든 것을 너희에게 더하시리라 그러므로 내일 일을 위하여 염려하지 말라 내일 일은 내일이 염려할 것이요 한 날의 괴로움은 그 날로 족하니라"(마 6:25-28, 41-44). 성 이삭은 이렇게 말합니다: "염려에서 해방되지 않은 영혼 안에서 빛을 발견하기를 기대하지 못하며, 감각을 가라앉히고 그것과 화평하기를 기대할 수도 없습니다." 사다리의 요한을 이렇게 말합니다: "눈에 들어간 작은 눈썹이 눈을 성가시게 하고, 작은 염려가 침묵을 파괴합니다. 침묵이란 구원과 관련이 없는 생각을 내려놓는 것, 그리고 평판이 좋은 일에 대한 염려까지도 버리는 것을 의미합니다. 육신을 보살펴 주시겠다고 약속하신 분은 거짓말을 하시지 않으므로, 참된 침묵을 획득한 사람은 자기 육신에 대해 염려하지 않을 것입니다"(Ch. 27, 51, 52).

(6) 말을 삼가십시오. 말을 삼가야 합니다. 성 이삭은 이렇게 말합니다: "무엇보다도 말을 삼가십시오. 그것이 당신을 결실에 더 가까이 인도해줄 것입니다. 혀는 그것을 표현할 수 없습니다. 우선 말을 삼가십

시오. 그러면 당신 안에 침묵으로 인도해주는 것이 생겨날 것입니다. 하나님께서 이렇게 말을 삼가는 데서 생겨나는 것을 당신이 경험하게 해 주시기를 바랍니다. 당신이 이러한 생활을 받아들일 때 그것이 얼마나 많은 빛을 가져다줄 것인지 나는 말할 수 없습니다. 이러한 삶(수도사의 삶, 헤시카스트의 삶)의 모든 행위를 저울 한쪽에 올려놓는다면, 후자가 전자보다 더 무겁다는 것을 발견하게 될 것입니다"(Ch. 41). "침묵은 장래의 삶의 신비요, 말은 이 세상의 도구입니다"(Ch. 42). "말을 많이 하지 않는 사람은 마음이 정념에 물들지 않게 보존합니다. 마음을 정념으로부터 보존하는 사람은 매시간 하나님을 봅니다"(Ch. 8). 성 아르세니우스St. Atsenius는 다음과 같은 신의 음성을 들었습니다: "아르세니우스야! 도망쳐라. 말하지 말아라. 침묵 속에 거하여라. 침묵은 죄를 범하지 않는 상태의 근원이다."

(7) 침묵을 실천하십시오(독거를 사랑하십시오). 홀로 침묵 생활을 해야 합니다. 이것에 대해서 대 바실과 성 이삭이 믿을 만한 말을 합니다. 대 바실은 "침묵은 영혼 정화의 출발점이다"고 말하고, 성 이삭은 "침묵의 목적은 모든 것의 정지이다"라고 말합니다. 대 바실은 침묵의 출발점에 대해서, 그리고 성 이삭은 침묵의 목적을 간단히 묘사합니다. 구약성경은 다음과 같이 말합니다: "너희는 가만히 있어 내가 하나님 됨을 알지어다"(시 46:10). 사다리의 요한은 다음과 같이 말합니다: "침묵의 첫 번째 일은 선한 것이든지 악한 것이든지 모든 것에 대한 염려에서 해방되는 것입니다. 선한 것에 대한 염려에 문을 여는 사람은 악한 것에 대한 염려에 빠집니다. 두 번째 일은 기도를 게을리하지 않는 것입니다.

셋째는 강탈당하지 않은 마음의 행동입니다. 알파벳을 모르면 책을 읽을 수 없듯이, 침묵의 첫 번째 일을 습득하지 않으면 나머지 두 가지 일을 지혜롭게 실천할 수 없습니다"(Ch. 27, 46). 성 이삭은 다음과 같이 말합니다: "침묵을 실천하려면 죽음을 반길 준비가 되어 있어야 합니다. 이러한 생각이 없이 침묵을 실천하는 사람은 어떤 희생을 치르더라도 참고 견뎌야 할 것을 견뎌내지 못합니다"(Ch. 41).

(8) **범사에 하나님께 감사하십시오.** 모든 일에 하나님께 감사해야 합니다. 이와 관련하여 사도 바울은 "범사에 감사하라"라고 가르칩니다(살전 5:18). 성 이삭은 이렇게 말합니다: "선물을 받은 사람이 감사를 표현하면, 주는 사람은 전보다 더 큰 선물을 주게 됩니다. 작은 것에 감사하지 않는 사람은 큰일에 거짓되고 불공정합니다"(Ch. 2); "영원히 감사하는 입술은 하나님의 복을 받으며, 감사가 가득한 마음은 예기치 않게 은혜를 받습니다."

(9) **자기의 약함을 의식해야 합니다.** 만일 시편 6편을 곰곰이 묵상해 보면, 자기의 약함을 깨달은 사람 안에 얼마나 큰 선이 모이는지 이해할 수 있을 것입니다. 다윗은 이렇게 말합니다: "여호와여 내가 수척하였사오니 내게 은혜를 베푸소서"(시 6:2); "나는 벌레요 사람이 아니라 사람의 비방 거리요 백성의 조롱 거리니이다"(시 22:6). 성 이삭은 이렇게 말합니다: "자신의 약함을 깨달은 사람이 복된 사람입니다. 왜냐하면, 이러한 지식이 은혜의 기초요 뿌리요 출발점이 되기 때문입니다. 자신의 약함을 이해하고 느끼는 사람은 이성을 흐리게 하는 영혼의 헛된 교만을 억제함으로써 보호하심을 받습니다"(Ch. 61); "자기의 한계를 깨달은 사

람이 완전한 겸손을 획득한 사람입니다."

(10) 유혹을 용감하게 참아내십시오. 우리가 계획했던 열 가지를 마무리하는 이 단락은 우리를 공격하는 여러 가지 유혹을 용감하게 인내하며 저항해야 한다는 것을 보여줍니다. 이에 대한 성경 말씀을 들어보십시오. 사도 바울은 이렇게 말합니다: "우리의 씨름은 혈과 육을 상대하는 것이 아니요 통치자들과 권세들과 이 어둠의 세상 주관자들과 하늘에 있는 악의 영들을 상대함이라"(엡 6:12); "주께서 그 사랑하시는 자를 징계하시고 그가 받아들이시는 아들마다 채찍질하심이라"(히 12:6). 주님의 형제 야고보의 서신 1장의 의미는 "시험을 참고 견뎌내지 않은 사람은 시련을 당한 사람이 아니다."라는 의미입니다. 성 엘리아스 에크디코스 St. Elias Eddikos는 이렇게 말합니다: "하나님을 믿는 신자는 부주의하게 행동하지 말고, 항상 시험받을 것을 예상하고 대비해야 합니다. 시험이 오면, 그것을 이상하게 생각하거나 당황하지 않고 '여호와여 나를 살피시고 시험하사 내 뜻과 내 양심을 단련하소서'(시 26:2), '당신의 징계가 결국 나를 고쳐 주실 것입니다'는 선지자의 말을 기억하면서 감사하는 마음으로 고통의 짐을 져야 합니다. 선지자는 '당신의 징계가 나를 멸망시킬 것입니다' 고 말하지 않고 '결국 나를 고쳐 주실 것입니다' 고 말합니다."

시험의 원인이 무엇이며 어디에서 오는지 찾으려 하지 마십시오. 성 마가는 이렇게 말합니다: "시험이 오면, 그것의 원인이 무엇이며 어디에서 오는지 이해하려 하지 말고, 증오심이 없이 감사하며 그것을 감당하려 하십시오." St. Mark on Exculpation by Deeds, Ch. 198; "사람은 시험을 당하지 않으면 하나님을 기쁘시게 할 수 없으므로, 슬픈 일이 발생할 때마다 하나님께 감사해야 합니다"(ibid. Ch. 200); "고통은 우리의 의지가 향하는 경향, 즉 그것이 오른쪽으로 기우는지 왼쪽으로 기우는지를 드러내 줍니다. 고통은 당하는 사람을 시험하여 내면의 성향을 증명해 주기 때문에 시험이라고 불립니다"(ibid. Ch. 204).

성 이삭도 같은 말을 합니다: "시험은 누구에게나 유익합니다. 만일 바울에게 시험이 유익한 것이었다면, '모든 입을 막고 온 세상으로 하나님의 심판 아래에 있게 할 수 있을 것입니다'(롬 3:19). 영적인 실천가들이 시험을 받는 것은 더욱 부유해지게 하기 위해서입니다. 그리고 약한 사람들이 시험을 받는 것은 그들이 해를 입지 않도록 자신을 보호하기 위해서이며, 멀리 떨어진 사람들이 시험을 받는 것은 하나님께 더 가까이 가게 하기 위해서요, 하나님의 집에 거하는 사람들이 시험을 받는 것은 용감하게 그분 안에 거하기 위해서입니다. 짐 지는 일을 실천하지 않는 아들은 아버지 집의 재산을 상속받을 수 없습니다. 그러므로 하나님은 먼저 시험하시고 학대하신 후에 은혜의 선물을 드러내 주십니다. 쓴 약을 사용하여 건강하게 해주시는 주님을 찬양하십시오. 고통 없이 교육 과정을 통과할 수 없으며, 시험의 독을 마시면서 그것이 쓰다는 것을 발견하지 않는 사람도 없습니다. 시험이 없으면 영혼이 강한 체질을 획득할 수 없습니다. 그러나 시험에 저항하는 것은 우리의 능력 안에 있지 않습니다. 거룩한 불 때문에 단단해지지 않은 진흙이 어떻게 물의 작용에 저항할 수 있겠습니까? 우리가 하나님의 뜻이라는 멍에에 복종하며 항상 소원을 품고 겸손하게 기도한다면, 인내로 말미암아 우리 주 예수 그리스도에게서 모든 것을 받게 될 것입니다"(Ch. 37). 집회서는 이렇게 말합니다: "아들아, 네가 주님을 섬기려면 스스로 시련에 대비하여라. 네 마음을 곧게 가져 동요하지 말며 역경에 처해서도 당황하지 말아라"(집회서 2:1, 2).

하나님께 소망을 두고, 하나님에게서 오는 선한 것을 기대하십시오. 인간을 구원하실 수 있는 하나님 안에 소망의 닻을 내리고(히 6:19), 때가 되면 하나님이 시험을 중지시키실 것이라고 기대하십시오. 사도 바울은 이렇게 말합니다: "오직 하나님은 미쁘사 너희가 감당하지 못할 시험당함을 허락하지 아니하시고 시험당할 즈음에 또한 피할 길을 내사 너희로 능히 감당하게 하시느니라"(고전 10:13). 그 밖에도 성경은 다음과 같은 말씀이 기록되어 있습니다: "환난은 인내를, 인내는 연단을, 연단은 소망을 이루는 줄 앎이로다 소망이 우리를 부끄럽게 하지 아니함은"(롬 5:3-5); "그러나 끝까지 견디는 자는 구원을 얻으리라"(마 24:13); "너희의 인내로 너희 영혼을 얻으리라"(눅 21:19); "내 형제들아 너희가 여러 가지 시험을 당하거든 온전히 기쁘게 여기라 이는 너희 믿음의 시련이 인내를 만들어 내는 줄 너희가 앎이라 인내를 온전히 이루라 이는 너희로 온전하고 구비하여 조금도 부족함이 없게 하려 함이라…시험을 참는 자는 복이 있나니 이는 시련을 견디어 낸 자가 주께서 자기를 사랑하는 자들에게 약속하신 생명의 면류관을 얻을 것이기 때문이라"(약 1:2-4, 12); "현재의 고난은 장차 우리에게 나타날 영광과 비교할 수 없도다"(롬 8:18); "내가 여호와를 기다리고 기다렸더니 귀를 기울이사 나의 부르짖음을 들으셨도다 나를 기가 막힐 웅덩이와 수렁에서 끌어올리시고 내 발을 반석 위에 두사 내 걸음을 견고하게 하셨도다 새 노래 곧 우리 하나님께 올릴 찬송을 내 입에 두셨으니 많은 사람이 보고 두려워하여 여호와를 의지하리로다"(시 40: 1-3). 시므온Semeon Metaphrasates은 이렇게 말합니다: "사랑의 끈으로 하나님께 묶인 영혼은 고난을 아무렇지 않게 여기며, 슬픔 중에 기뻐하고, 비통 속에서 꽃을 피웁니다. 영혼은 그 사랑하는 분을 위해서 고통당하지 않을 때 한층 더 고난을 갈망하며, 고통을 피하듯이 위로에서 도망칩니다."

- 17 -
하나님 경외에 대하여

초심자와 완전한 사람의 경우. 거룩한 교부들은 덕의 순서를 언급할 때 믿음 다음에 하나님에 대한 경외심을 둡니다. 그러므로 하나님에 대한 두 종류의 경외심을 언급하려 합니다.

초심자의 경우. 하나님을 경외하는 데는 두 종류가 있습니다. 즉 초심자들의 경우와 완전한 사람들의 경우가 있습니다. 초심자들의 하나님 경외에 대해서는 다음과 같이 기록되어 있습니다: "여호와를 경외함이 지혜의 근본이라"(시 111:10; 잠 1:7); "너희 자녀들아 와서 내 말을 들으라 내가 여호와를 경외하는 법을 너희에게 가르치리로다"(시 34:11); "여호와를 경외함으로 말미암아 악에서 떠나게 되느니라"(잠 16:6). 경외심이 있으면 하나님의 계명을 지킵니다. 복된 이삭은 이렇게 말합니다: "여호와를 경외하는 것이 덕의 출발점입니다. 그것은 믿음의 자식으로 간주되며, 그것은 정신이 세상의 헛된 것을 멀리할 때 마음속에 뿌려지고,

장차 만물이 거듭날 것을 생각함으로써 흩어진 생각들을 모읍니다"(Ch. 1); "사람의 내면에서 참 생명의 출발점은 하나님을 경외하는 것입니다. 그것은 영혼 안에서 흩어진 생각들과 함께 머물지 못합니다"(ibid.); "하나님에 대한 경외심을 발전의 기초로 삼으려고 노력하십시오. 그리하면 며칠 후 당신은 방황하지 않고 그 나라의 문 앞에 서 있을 것입니다"(ibid.).

하나님에 대한 완전한 경외심. 다음은 하나님에 대한 두 번째 경외심, 또는 완전한 경외심에 대한 말입니다: "여호와를 경외하며 그의 계명을 크게 즐거워하는 자는 복이 있도다"(시 112:1); "여호와를 경외하며 그의 길을 걷는 자마다 복이 있도다"(시 128:1); "너희 성도들아 여호와를 경외하라 그를 경외하는 자에게는 부족함이 없도다"(시 34:9); "여호와를 경외하는 자는 이같이 복을 얻으리로다"(시 128:4); "여호와를 경외하는 도는 정결하여 영원까지 이르고"(시 19:9). 다마스쿠스의 피터St. Peter of Damascus는 다음과 같이 말했습니다: "첫 번째 경외심의 상징은 죄에 대한 미움과 분노로서, 들짐승에게 물린 사람의 분노와 같습니다. 완전한 경외심의 상징은 덕을 사랑하고 가변성을 두려워하는 것입니다. 왜냐하면, 변화로부터 안전한 사람은 없기 때문입니다. 그러므로 현세에서 우리는 행하는 모든 일에 실족하는 것을 두려워해야 합니다"(Book 2, Ch. 3). 그러므로 이 말을 듣는 당신도 위에서 언급된 모든 덕과 함께 첫 번째 경외심을 보존하려고 노력해야 합니다. 그것은 선한 행위를 보관하는 가장 튼튼한 보물창고입니다. 당신이 이것을 지킨다면 항상 주 예수 그리스도의 명령을 실천하려 할 것입니다. 이 길을 좀 더 걸어가면, 덕을 향한 사랑과 주님의 자비하심과 인자하심을 통해서 순수하고 완전한 경외심을 획득하게 될 것입니다.

- 18 -

주 예수 그리스도에 대한 믿음과 계명을 위해서 목숨도 아끼지 말아야 합니다.

필요하다면 생명을 주는 계명과 주 예수 그리스도에 대한 믿음을 위해서 목숨을 아끼지 않고 영혼까지도 버릴 준비가 되어 있어야 합니다. 주님은 이렇게 말씀하십니다: "누구든지 자기 목숨을 구원하고자 하면 잃을 것이요 누구든지 나와 복음을 위하여 자기 목숨을 잃으면 구원하리라"(막 8:35). 신인神人이시오 구주이신 예수 그리스도가 부활이요 생명이라는 것, 그리고 모든 것이 구원으로 이어진다는 것을 의심 없이 믿어야 합니다. 주님은 이렇게 말씀하셨습니다: "나는 부활이요 생명이니 나를 믿는 자는 죽어도 살겠고 무릇 살아서 나를 믿는 자는 영원히 죽지 아니하리니"(요 11: 25, 26); "하나님이 세상을 이처럼 사랑하사 독생자를 주셨으니 이는 그를 믿는 자마다 멸망하지 않고 영생을 얻게 하려 하심이라"(요 3:16); "내가 온 것은 양으로 생명을 얻게 하고 더 풍성히 얻게 하려는 것이라"(요 10:10). 그러므로 이러한 성향을 유지하면서 "한 일 즉 뒤에 있는 것은 잊어버리고 앞에 있는 것을 잡으려고" 달려며(빌 3:13), "뒤를 돌아보지"(눅 9:62) 말고 주 예수 그리스도와 함께 전진하십시오. 이제 니케포루스Nicephorus가 사용한 자연적인 방법, 호흡을 통한 정신집중으로 마음에 들어가는 방법을 설명하겠습니다. 그것은 생각의 집중에 도움을 줍니다. 니케포루스는 내면생활에 관해 많은 거룩한 교부들의 증언을 인용한 후에 자신의 경험을 토대로 하여 다음과 같이 말합니다:

- 19 -

"주 예수 그리스도, 하나님의 아들이시여, 나를 불쌍히 여기소서"라고 기도하면서 호흡을 통한 정신집중으로 마음에 들어가는 자연스러운 방법. 이 방법은 생각을 집중하는 데 이바지합니다.

"형제여, 당신은 우리가 어떻게 호흡하는지 알고 있습니다. 우리는 공기를 들이마시고 내쉽니다. 우리 몸의 생명이 이것에 기초를 두고 있으며, 체온도 이것에 의존합니다. 그러므로 수실에 앉아서 들이쉬는 공기와 함께 정신을 집중시켜 기도氣道를 통해서 마음으로 들어가서 머물게 하십시오. 그곳에 잠잠히 한가하게 두지 말고 다음과 같이 기도하게 하십시오: '주 예수 그리스도, 하나님의 아들이시여, 나를 불쌍히 여기소서.' 이 기도를 쉬지 말고 드리십시오. 이렇게 하면 정신이 꿈을 꾸지 못함으로써 원수의 속삭임에 넘어가지 않게 되고 거룩한 갈망과 사랑을 향해 나아가게 됩니다. 형제여, 정신이 마음에서 너무 빨리 나오지 않게 하십시오. 처음에는 내면에 은둔하여 갇혀 있는 것이 매우 고독하게 느껴집니다. 그러나 그것에 익숙해지면, 정신은 표면적인 것들 사이에서 이리저리 돌아다니는 것을 싫어하기 시작합니다. 하나님 나라는 우리 안에 있으므로 내면에서 그 나라를 보고 순수한 기도를 통해서 그것을 발견하고 경험한 사람은 외부에 있는 것들을 소중히 여기지 않고 매력도 느끼지 않습니다. 이제 그는 내면에 거하는 것을 싫어하지 않고 불쾌하게 여기지도 않습니다. 집을 떠났다가 돌아온 사람이 아내와 자식들을 보면 매우 기뻐하듯이 분심되었던 정신이 다시 영혼과 결합하면 큰 기쁨과 사랑으로 가득 차게 됩니다." 이것은 정신이 자연적인 방법의 영향을 받아 일상적인 분심을 버리고 자체에 집중하며, 그 집중을 통해서 자체와 재결합하여 기도와 하나가 되고, 기도와 함께 마음으로 내려가서 그곳에 영원히 머물도록 가르치기 위한 말입니다. 거룩한 지혜가 가득하며 이 거룩한 행위에 숙련된 어느 교부는 위에서 말한 것을 설명하기 위해서 다음과 같이 말합니다:

- 20 -

호흡과 연결하여 예수 그리스도를 부르는 자연적인 방법에 대한 상세한 설명

숨을 들이쉬는 동안에 정신이 내면으로 들어가는 데 익숙해지면, 정신이 마음으로 들어가려는 순간에 생각을 거부하고 단순하고 적나라하게 되어 모든 기억을 버리고 오직 우리 주 예수 그리스도를 부르는 것만 기억하게 됩니다. 반대로 정신이 마음에서 나와 외적인 것을 향하는 즉시 여러 가지 기억 때문에 분심됩니다.

- 21 -

요한 크리소스톰은 마음으로 "주 예수 그리스도, 하나님의 아들이시여, 나를 불쌍히 여기소서"라고 기도하는 것에 대해서 가르칩니다.

크리스소톰Chrysostom은 "형제들이여, 이 기도의 규칙을 무시하거나

범하지 마십시오."라고 말합니다. 또 이렇게 말합니다: "수도사는 먹거나 마시거나 의식을 집전할 때나 여행을 하거나 무슨 일을 하든지 끊임없이 '주 예수 그리스도, 하나님의 아들이시여, 나를 불쌍히 여기소서!'라고 기도해야 합니다. 그리하면 예수의 이름이 마음 깊은 곳으로 내려가서 내면의 목장을 다스리는 뱀을 정복하고 영혼에 생명과 구원을 가져옵니다. 그는 예수의 이름과 더불어 생활해야 합니다. 그리하면 마음이 주님을 흡수하고 주님은 마음을 흡수하여 둘이 하나가 됩니다." 그는 다음과 같은 말도 합니다: "마음을 하나님에게서 멀어지게 하지 말고 하나님 안에 거하며 주 예수 그리스도의 이름을 기억함으로써 마음을 지키십시오. 주님의 이름이 마음에 뿌리를 내리게 하며 마음이 다른 것을 생각하지 않게 하십시오. 당신에게서 그리스도가 영광을 받으시기를 기도합니다."

- 22 -

사다리의 요한과 헤시키우스의 가르침

사다리의 요한은 이렇게 말합니다: "예수님에 대한 기억을 호흡과 결합하십시오. 그리하면 침묵의 효력을 이해하게 될 것입니다"(Ch. 27, 61). 헤시키우스는 이렇게 말합니다: "참으로 생각을 부끄럽게 여기며, 제대로 침묵하고, 노력하지 않고서도 냉정한 마음을 유지하기를 원한다면, 당신의 호흡에 예수기도를 결합하십시오. 며칠 후면, 그것이 실현될 것입니다"(Ch. 182).

- 23 -

냉정한 정신을 유지하려는 사람

특히 초심자는 기도 훈련을 위해 수실에서 불을 희미하게 밝히고 살아야 합니다. 그렇게 하면 정신과 생각이 하나로 결합합니다. 위에서 말한 것은 오래전에 교부들이 정한 것입니다. 그것은 호흡하면서 하나님의 아들이신 주 예수 그리스도와 함께 마음으로 내려가서 기도하고 묵상하고 평정한 정신을 실천하며 그분의 거룩하고 생명을 주는 이름 안에서 도움을 구하는 방법입니다. 거기에 다음과 같이 덧붙일 수 있습니다: 마음 안에서 정신적인 평정을 실천하려고 노력하는 사람, 특히 초심자는 경험이 많은 거룩한 교사들과 교부들이 지시하고 충고하는 것처럼 항상, 그리고 특별히 정해진 기도 시간에 희미하게 불을 밝힌 고요한 수실에 들어가야 합니다. 흔히 눈으로 보는 것이 생각을 흩어지고 분심하게 만들기 때문입니다. 그러나 사람이 컴컴하고 고요한 방에 문을 닫고 들어가 있으면 생각이 이리저리 돌아다니거나 증가하지 않기 때문에 정신이 점차 고요해지고 집중됩니다. 대 바실은 이렇게 말합니다: "정신이 외적인 것들에 의해서 분심되지 않고 감각에 의해서 세상 것들 가운데 흩어지지 않으면 제정신으로 돌아옵니다."

- 24 -

믿음을 가지고 마음으로 주님의 이름을 부르면, 주 예수 그리스도께서 정신을 가라앉혀 주십니다.

이렇게 호흡에 의해 마음으로 내려가는 것, 그리고 홀로 어두운 방에 들어가 앉는 것만이 정신을 집중하는 데 도움을 줍니다. 이 정신적인 행동의 성공은 진심으로 순수하게 집중하여 주 예수 그리스도를 부르는 것, 그리고 거룩한 은혜의 도움에 달려 있습니다. 호흡에 의해서 마음으로 내려가거나 홀로 어두운 방에 들어가 앉는 것만으로는 이것을 성취할 수 없습니다. 교부들이 이 방법을 창안해낸 유일한 이유는 생각을 모으고 흩어져 있는 정신을 집중시키는 데 도움을 주기 위해서입니다.

생각을 모으고 주의를 집중하는 것은 정신이 산만하지 않고 순수하게 끊임없이 기도하게 해줍니다. 성 네일로스St. Nilus는 이렇게 말합니다: "기도를 찾기 위해 주의를 집중하면 기도를 발견할 것입니다. 주의를 집중하면 자연히 기도하게 됩니다. 우리는 기도하는 일에 가장 큰 노력을 기울여야 합니다"(Ch. 179). 육에 속해 있지만 선한 생활을 사랑하며 몸을 입고 있지만 몸으로부터 자유롭게 살기를 원하는 사람은 다음과 같은 규칙을 따라야 합니다:

- 25 -

헤시카스트가 저녁부터 아침에 일어날 때까지 시간을
보내는 방법

해가 진 후 자비하시고 전능하신 주 예수 그리스도의 도움을 구한 뒤에 희미하게 불을 밝힌 고요한 수실에 들어가서 낮은 의자에 앉으십시오. 습관적으로 외부를 선회하고 방황하는 정신을 집중시키고 호흡으로 마음에 끌어들이면서 호흡과 연결하여 "주 예수 그리스도, 하나님의 아들이시여, 나를 불쌍히 여기소서"라고 기도하십시오. 이렇게 호흡과 결합하면서 기도를 마음속으로 도입하십시오.

헤시키우스는 이렇게 말합니다: "호흡에 냉정한 정신, 예수님의 이름, 죽음과 수치에 대한 기억 등을 결합하십시오. 이것들은 큰 유익을 줍니다"(189). 그 밖에도 자신을 모든 사람 중에서 가장 큰 죄인이요 귀신들보다 더 비열하다고 간주하면서 악한 행위와 선한 행위에 대한 상과 심판에 대한 기억을 이 기도와 결합하며, 자신이 영원히 지옥에서 고통을 받아 마땅하다고 생각하십시오. 만일 이런 생각 중 하나가 통회와 눈물을 흘리게 한다면, 눈물이 저절로 그칠 때까지 그 생각에 머무십시오. 만일 눈물의 은사가 주어지지 않으면, 그 은사를 얻기 위해서 겸손한 생각을 가지고 기도하십시오. 우리는 눈물에 의해서 정념과 더러움으로부터 정화되며, 유익하고 선한 성향을 획득합니다.

사다리의 요한은 이렇게 말합니다: "불이 나무를 태우듯이, 깨끗한 눈물은 눈에 보이는 더러움과 정신적인 더러움을 태워 없앱니다"(Ch. 7. 31). 또 다른 교부는 이렇게 말합니다: "우리는 눈물을 통해서 나쁜 것을 제거하고 눈물을 흘림으로써 덕을 획득합니다. 통회하지 않는 사람은 허영에 사로잡힌 사람입니다. 허영은 영혼이 통회하는 것을 막습니다." 만일 눈물이 흐르지 않으면, 앉아서 기도하면서 약 한 시간 동안 그러한 생각에 집중한 후에 일어서서 정신을 집중하고 끝기도終禱를 드리십시오. 그다음에 다시 앉아서 약 30분 동안 걱정이나 생각이나 꿈을 꾸지 말고 정신을 집중하여 순수하게 같은 기도를 드리십시오. 마지막으로 당신 자신과 침대에 십자성호를 긋고 침대에 앉아서 장래의 복과 고통, 이 세상 것의 무상한 본질, 갑자기 임하는 죽음, 죽음 전후에 받는 끔찍한 반대심문 등을 깊이 생각하십시오. 당신의 죄를 기억하고 용서를 구하십시오. 하루를 어떻게 보냈는지 성찰하고 나서 침대에 누워서 계속 기도하십시오. 어떤 사람은 "예수기도와 더불어 잠자리에 들고 그 기도와 함께 잠드십시오."라고 말했습니다. 일반적으로 밤의 길이에 의해서 수면 시간을 정하되 5~6시간 정도가 좋습니다.

- 26 -

잠에서 깨어 아침이 될 때까지 시간을 보내는 방법

잠에서 깨어나면, 먼저 하나님을 찬양하고 중보기도를 한 후에 약 한 시간 동안 가장 중요한 일, 즉 마음 안에서 분심되지 않은 상태로 순수하게 기도하십시오. 그렇게 하면 정신이 저절로 고요해지고 평온해집니다. 우리는 최초의 것과 가장 좋은 것을 하나님께 드려야 합니다. 우리는 깨끗한 마음의 기도를 드리면서 자신의 처음 생각을 주 예수 그리스도께 바쳐야 합니다.

성 네일로스는 이렇게 말합니다: "자신의 처음 생각을 익은 열매를 바치듯이 하나님께 드리는 사람의 기도는 응답을 받습니다"(Ch. 126). 완전한 침묵에 기초를 두지 않았기 때문에 위에서 언급한 것처럼 여러 가지 이유로 제대로 기도할 수 없을 수도 있습니다. 이런 일은 초심자에게 자주 발생하지만, 드물게 어느 정도 이 기도에 성공했지만 아직 완전한 단계에 이르지 못한 사람에게도 발생합니다. 왜냐하면, 완전한 사람들만이 "능력 주시는 자 안에서 모든 것을 할 수" 있기 때문입니다(빌 4:13). 그런 경우에 잠자리에서 일어나서 정신을 차린 후에 먼저 정신을 집중하여 내용을 생각하면서 찬송하십시오. 그다음에 앉아서 분심되지 않고 순수하게 마음으로 기도하십시오. 그렇게 약 1시간 동안 기도하십시오. 은혜를 주시는 분이 허락하신다면 더 오래 할수록 좋습니다. 사다리의 요한은 "밤에는 시편 찬송보다 기도를 더 많이 하고, 낮에는 능력에 따라 일하십시오."라고 말합니다(Ch. 27, 77). 이렇게 한 후에도 잠이 깨지 않고 나른하다면, 잠에서 깨기 위해서 노력하면서 계속 기도하십시오(성 이삭은 "밖에 나가서 잠시 산책하십시오"라고 말합니다). 그런 후에 앉아서 순수한 기도로 순수하신 하나님과 대화하기 위해 최대한 주의를 기울이면서 기도하십시오. 그다음에 일어서서 육시과六時課, 시편 51편, 그리고 당신이 선택한 미사전문을 노래하십시오. 다시 자리에 앉아서 약 30분 동안 정신을 차리고 기도하십시오. 그다음에 다시 일어나서 일상적인 영광송과 1시과를 찬송하고 폐회송을 부릅니다. 우리는 입술의 열매를 주님께 바치라는 명령을 받았으므로, 글을 읽을 때는 자신만이 들을 수 있을 정도로 소리를 내어 읽으십시오. 무한히 자비하셔서 밤의 심연을 안전하게 건너 밝은 낮을 맞이하게 해주신 지혜로우신 하나님께 영혼과 생각을 다해 감사하십시오. 그리고 정념과 귀신들이 사납게 날뛰는 험한 태풍 속을 안전하게 항해할 힘을 달라고 기도하십시오.

- 27 -

아침부터 저녁 식사 전까지 시간을 보내는 방법

아침부터 저녁까지 하나님만 의지하고, 연약하고 게으르고 분별이 없는 당신을 도와달라고 통회하면서 기도하십시오. 힘이 닿는 한 분심되지 않은 순수한 정신으로 마음의 기도와 독서를 하면서 시간을 보내십시오. 배정된 시편과 복음서를 일어서서 읽으십시오. 주 예수 그리스도와 성모 마리아에게 드리는 기도문을 낭송할 때에도 일어서십시오. 그 외에 성경의 다른 부분은 앉아서 읽으십시오. 정해진 시간이 되면 악의 스승인 게으름을 몰아내고 그것의 원인인 정념을 피하고자 영혼의 힘을 다해서 집중하여 시간경을 노래하십시오.

- 28 -

나태함을 피하고 교회의 전통을 지켜야 할 필요성

성 이삭은 이렇게 말합니다: "형제들이여, 나태함을 조심하십시오. 그것은 죽음을 감추고 있습니다. 그것은 수도사를 원수의 수중에 넘깁니다. 그 날에 하나님은 우리가 시편이나 기도를 소홀히 한 것을 때문이 아니라 그것들을 소홀히 함으로써 귀신들에게 문을 열어주었기 때문에 우리를 정죄하실 것입니다. 귀신들은 들어오는 문을 발견하고 들어와 우리 눈의 문을 닫습니다. 그런 후에 하나님의 정죄와 가장 무서운 형벌을 가져다줄 온갖 종류의 더러운 것으로 우리를 채웁니다. 그리스도를 위해 힘써 돌보아야 할 가치가 있다고 간주하는 것을 소홀히 하는 사람에 대해서 다음과 같이 기록되어 있습니다: '자기의 뜻을 하나님의 뜻에 복종시키지 않는 사람은 하나님 원수의 멍에 아래 떨어질 것입니다.' 그러므로 당신은 수실에 들어가서 교회의 법을 받은 사람들이 우리의 생명을 보존하려는 목적을 위한 영의 계시에 기초를 두고 정한 일을 지혜롭게 행해야 합니다. 하찮게 보여도 이 일이 당신을 잡으려는 원수로부터 당신을 보호해주는 성벽이라고 여겨야 합니다. 이것에서 오는 해로움을 고려하지 않는 지혜롭지 못한 사람은 그것을 하찮게 여깁니다. 그러한 사람에게 있어서 그 길의 시작과 과정은 억제되지 않은 자유인데, 그것은 정념들의 어머니입니다. 그러므로 이 작은 일을 소홀히 하여 죄를 범하지 않기 위해 노력해야 합니다. 그러한 불길한 자유의 결과는 끔찍한 종살이입니다"(Ch. 71).

그는 계속해서 말합니다: "정념을 향한 충동은 무척 매력적입니다! 우리는 이따금 정욕적인 행동을 끊어버리고 그 대상으로부터 물러나 휴식함으로써 내면에 어느 정도 평화를 유지할 수는 있지만, 정욕적인 충동을 정지시킬 수는 없습니다. 그러므로 우리는 자기 뜻과는 상관없이 시험을 당합니다. 그리고(정념이 솟아오를 때) 그것 때문에 슬퍼하면서도 그것의 충동이 오래 지속하기를 원합니다. 우리는 죄를 원하지 않지만, 우리를 죄로 인도하는 충동을 기꺼이 받아들입니다. 따라서 실제로 후자가 전자의 원인이 됩니다. 정념의 사탕을 즐기는 사람은 무의식중에 그것에게 예속되고, 자기의 뜻과는 달리 그것의 노예가 됩니다. 자기의 죄를 미워하는 사람은 범죄를 중지할 것이며, 죄를 고백하는 사람은 사함을 받을 것입니다. 그러나 죄를 고백하지 않으면 용서받을 수 없듯이, 죄를 미워하지 않으면 죄의 습관에서 해방될 수 없습니다. 전자는 참된 겸손의 원인이며, 후자는 통회의 원인입니다"(ibid.). "회개되지 않은 죄가 아닌 한 용서받지 못할 죄가 없습니다"(Ch. 2).

시간경을 찬송한 후에 앉아서 식사하십시오. 하나님의 은혜에 의해서 끊임없이 기도하는 수행을 획득하려면 음식을 먹는 동안 계속 기도하십시오. 먼저 영혼에 생명과 힘을 주는 음식에 관해 이야기해야 하므로, 창조주의 무한한 지혜 안에서 육신을 지탱해주는 음식에 대한 명령들은 잠시 뒤로 미루어 두겠다. 왜냐하면, 영혼이 육신보다 훨씬 더 귀하기 때문입니다.

- 29 -

기도, 그리고 항상 기도해야 할 필요성에 대해서

영혼이 떠난 몸이 죽어 악취가 나듯이, 기도하지 않는 영혼은 죽고 저주를 받고 악취를 풍깁니다. 한순간이라도 기도하지 못하는 것보다는 죽음을 선택한 선지자 다니엘은 기도를 빼앗기는 것을 죽음보다 더 나쁜 것으로 여겨야 함을 가르쳐줍니다. 요한 크리소스톰도 이것에 대해서 말합니다: "사람은 기도할 때 하나님과 대화합니다. 각 사람은 인간이므로 하나님과 대화하는 것이 얼마나 큰일인지 이해합니다. 그러나 이것이 천사들의 상태보다 더 고귀한 것이기 때문에 누구도 그 영광을 말로 표현할 수 없을 것입니다." "기도는 천사들과 인간들 모두가 행하는 것이며, 천사들의 기도와 인간의 기도가 다르지 않습니다. 기도는 말씀이 부족한 사람들로부터 당신을 분리하여 천사들과 결합해줍니다. 평생 기도를 실천하고 하나님을 섬기려고 노력하는 사람은 생명, 영광, 신분, 지혜, 명철 등에 있어서 천사들과 비슷하게 됩니다."

"마귀는 덕의 보호를 받는 영혼을 보면, 기도 때문에 그에게 주어진 힘과 능력이 두려워 가까이 오지 못합니다. 기도가 영혼에 공급해 주는 양분이 음식이 몸에 공급해주는 것보다 더 풍성합니다."

"기도는 영혼의 신경입니다. 몸은 신경 때문에 질서를 유지하고 살고 움직이고 안정을 유지하지만, 신경이 손상되면 몸의 조화가 파괴됩니다. 마찬가지로 영혼은 기도 때문에 유지되고 안정성을 획득하며 의의 길로 순탄하게 움직입니다. 기도를 중지하는 것은 마치 물고기를 물에서 꺼내는 것과 같습니다. 물고기에게는 물이 생명을 의미하듯이, 당신에게는 기도가 생명을 의미합니다. 물고기가 물속을 헤엄쳐 다니듯이, 영혼도 대기를 통과하여 하늘로 올라가 하나님 앞에 설 수 있습니다."

"사람은 기도 및 기도함을 통해서 하나님의 전이 됩니다. 왕의 궁전을 금과 보석과 대리석으로 장식하듯이, 그리스도가 거하시는 성전인 신자의 영혼은 기도로 장식합니다. 기도가 우리를 하나님의 전으로 만들어 준다는 것, 그리고 하늘들도 담을 수 없는 분이 기도할 때 살아 있는 영혼 안에 들어오신다는 것보다 더 위대한 찬양이 있을 수 없습니다."

"사도 바울에게서 기도의 능력을 볼 수 있습니다. 그는 날개를 단 것처럼 우주를 여행하고 감옥에 갇히고 채찍에 맞고 쇠사슬에 묶이고 고난 당하고, 귀신들을 쫓아내고 죽은 사람들을 살리고 병을 고쳐주면서도 사람들을 구원하는 일을 할 때 이런 것들을 신뢰하지 않고 오직 기도로 자기 영혼을 안전하게 지켰습니다. 또 기적을 행하여 죽은 사람을 살린 후에는 서둘러 모든 시도의 최후를 장식하는 최고의 행위인 기도를 했습니다. 왜냐하면, 기도가 죽은 사람을 살리는 능력을 비롯하여 모든 능력을 주기 때문입니다. 성도들의 삶에서 기도가 지니는 능력은 나무의 생명 안에서 물이 지니는 능력과 같습니다."

"기도는 구원의 원인이요, 불멸의 근원이요, 무너지지 않는 교회의

담이요, 공격할 수 없는 요새입니다. 그것이 귀신들을 두렵게 만들며 의를 행하는 우리를 보호해줍니다."

"여왕이 어느 마을에 들어갈 때 온갖 종류의 부를 지니고 가듯이, 영혼 안에 들어가는 기도의 기차에는 온갖 종류의 덕이 실려 있습니다."

"영혼 안에서 기도는 집의 기초와 같습니다. 우리는 영혼 안에 기도라는 기초를 놓고 그 위에 순결, 가난한 사람을 보살핌, 그리고 그리스도의 법의 성취라는 건물을 지어야 합니다."

"열렬한 기도는 정신과 영혼의 빛, 꺼지지 않는 빛입니다. 기도하는 동안 원수는 무수히 많은 더러운 생각으로 우리의 정신을 덮고 영혼을 흠뻑 젖게 하며, 우리의 머릿속에 들어온 적이 없었던 많은 것을 한 곳에 모아들입니다."

"기도는 위대한 무기요 보호장비입니다."

신학자 시므온은 다음과 같이 말합니다: "하나님을 기억하는 일이 숨을 쉬는 것보다 더 중요합니다", "호흡하는 것보다 더 자주 하나님을 생각해야 합니다."

성 이삭은 이렇게 말합니다: "정신으로 기도한 후에 다른 것에 대해 염려하면 생각이 흩어집니다", "몸을 피로하게 하며 마음으로 통회하게 하지 않는 기도는 마치 유산된 태아와 같습니다. 왜냐하면, 그러한 기도에는 영혼이 없기 때문입니다."

사다리의 요한은 이렇게 말합니다: "본질상 기도는 인간과 하나님의 교제요 연합입니다. 실질적으로 기도는 세상을 지탱해주는 것이요, 하나님과의 화목이요, 눈물의 근원인 동시에 결과요, 속죄요, 시험을 극복하는 다리요, 슬픔을 막아주는 담이요, 전쟁의 중지요, 천사들의 행위요, 영들의 양식이요, 장래의 복이요, 끝도 없고 한계도 없는 행동이요, 덕의 근원이요, 은사를 찾아 발견하는 자요, 보이지 않는 성취요, 영혼의 양식이요, 정신의 빛이요, 절망을 베어버리는 칼이요, 희망의 증거요, 슬픔의 속박을 풀어주는 것이요, 수도사의 보화요, 헤시카스트의 보물이요, 노염이 점점 감소하여 없어지는 것이요, 성취의 거울이요, 사람이 이른 단계의 척도요, 영적 상태의 증거요, 미래를 예고하는 자요, 영화의 상징입니다. 참되게 기도하는 사람의 기도는 고문실이요, 정의의 법정이요, 주님의 보좌입니다"(Ch. 28, 1), "기도는 보이는 세상과 보이지 않는 세상에서 떠나는 것입니다."

성 네일로스는 이렇게 말합니다: "기도에 성공하려면, 모든 것을 물려받기 위해서 모든 것을 버리십시오", "기도는 정신이 하나님에게 올라가는 것입니다", "빵은 몸의 양식이요, 덕은 영혼의 양식입니다: 기도는 정신을 위한 영적인 양식입니다."

그러므로 기도를 영혼의 양식이라고 생각하십시오.

이제 육체를 위한 양식의 양과 질에 관해 이야기하겠습니다.

~ 30 ~

헤시카스트를 위한 음식 규정

성경에 하나님을 위해 사는 데 필요한 만큼 음식을 달아서 먹고 마시라고 기록되어 있습니다(겔 4:9-11). 어느 교부가 말했듯이 우리가 피를 바치지 않으면 성령을 받지 못할 것입니다. 사도 바울은 이렇게 말합니

다: "내가 내 몸을 쳐 복종하게 함은 내가 남에게 전파한 후에 자신이 도리어 버림을 당할까 두려워함이로다"(고전 9:29). 다윗도 같은 말을 합니다: "금식하므로 내 무릎이 흔들리고 내 육체는 수척하오며"(시 109:24). 신학자 시므온은 이렇게 말합니다: "하나님을 위해서 고난과 육체적인 궁핍함을 당하는 것은 하나님을 가장 기쁘시게 합니다. 그리고 눈물만큼 하나님의 인자하심을 끌어내는 것은 없습니다."

성 이삭은 다음과 같이 말합니다: "어머니가 아들을 돌보듯이, 그리스도도 고난 겪는 사람(그리스도를 위해서 육체적인 고난을 인내하는 사람)을 돌보시며 항상 그의 몸 가까이에 계십니다"(Ch. 58); "눈물을 뿌리는 사람이 기쁨을 거두듯이, 하나님을 위해서 고난 겪는 사람(자발적으로 육체적인 고난을 겪는 사람)은 기쁨이 가득하게 됩니다"; "자신을 창조주에게서 끌어내는 감각적인 즐거움으로 통하는 문에 빗장을 지르는 사람은 복 있는 사람입니다"(Ch. 75).

"나는 오랫동안 사방에서 시험을 받음으로써 자신을 살펴볼 기회가 있었으며, 원수로부터 무수히 공격을 받았으며, 은밀하게 큰 도움을 받았습니다. 나는 여러 해가 흐르면서 경험을 얻었고, 하나님의 은혜의 도움으로 다음과 같은 것을 깨달았습니다:

'모든 선의 기초, 영혼이 원수의 속박에서 벗어나는 길, 생명과 빛으로 인도해주는 길은 다음과 같은 방법 안에 포함되어 있습니다: 홀로 정신을 집중하고 계속 금식하십시오. 즉 음식에 관한 지혜롭고 현명한 규칙에 복종하며, 항상 한곳에 머물면서 하나님을 생각하십시오.

'거기에서 감각의 정복이 이루어지고, 감각의 정복에서 맑은 정신이 이루어지며, 맑은 정신에서 몸 안에서 일어난 정념을 길들이는 일이 이루어지고, 정념을 길들일 때 생각이 평온해지며, 생각이 평온해지면 생각의 분명한 움직임이 나타나고, 그러한 움직임이 나타나면 덕을 열심히 실천하게 되며, 덕을 실천하면 고귀한 생각을 하게 되고, 그러한 생각을 하면 항상 눈물을 흘리며 죽음을 기억하게 되며, 죽음을 기억하면 생각을 부추길 수 있는 백일몽이 제거된 순결이 이루어지며, 순결이 이루어지면 총명해지고 시야가 넓어집니다. 시야가 넓어지면 정신이 하나님 말씀의 도움을 받아서 이해하는 깊고 신비한 개념, 영혼 안에서 발생하는 내면의 움직임, 그리고 거룩한 능력으로부터 오는 영적인 것들과 헛된 망상이 구분되고 분별됩니다.

'거기서부터 게으름과 부주의함을 제거해주는 정신적 바다와 고가도로에서의 두려움이 생기고, 모든 위험과 두려움을 극복하는 불같은 열심이 생기고, 정신에서 그것을 제거하려 하며 무상한 것에 대한 기억을 망각하게 하는 두려움이 생깁니다. 간단히 말해서 거기서부터 참된 인간의 자유, 영혼의 기쁨, 그리고 그리스도의 나라에서 그리스도와 함께 하는 부활 등이 생깁니다.

'이 두 가지 수단을 소홀히 하는 사람은 우리가 말한 모든 일에서 자신에게 해를 끼칠 뿐만 아니라 그 두 가지 덕을 게을리함으로써 덕의 기초를 잠식하게 될 것입니다. 그것들을 내면에 보존하며 그것들 안에 거하는 사람에게 있어서 이 두 가지 덕은 영혼 안에서 거룩한 행동의 정상이요 출발점이며, 그리스도에게 가는 길이요 문입니다. 마찬가지로 그것들을 무시하고 거부하는 사람은 두 가지 악덕, 즉 육체적인 방탕과 탐식에 빠지게 됩니다. 이것들은 위에서 말한 모든 것과 반대되는 것의 출발점이며 영혼 안에서 정념을 일으킵니다'(Ch. 75)."

그는 다른 곳에서 다음과 같이 말합니다: "언약하며 자기의 일을 시작할 때 열심이 없는 사람은 그것들 및 그와 비슷한 공격에 의해서만 아니라 나뭇잎 소리만 들려도 공포와 혼란에 빠지며, 작은 욕구나 배고픔이나 병 때문에 하던 일을 버리고 도망칩니다. 그러나 경험이 많은 참된 사람은 곡물과 채소를 지나치게 많이 먹지 않고 마른 풀을 먹으며 정해진 시간이 되기 전에는 아무것도 먹지 않으며, 몸이 지치면 맨땅에 눕습니다. 그는 영양실조가 되어 거의 사물을 보지 못하거나 음식을 먹지 못하여 죽을 지경이 되어도 자신에 대한 승리를 포기하거나 결심을 포기하려 하지 않습니다. 그는 현세에서 편안하게 지내기보다는 곤경을 참고 견디며 하나님을 향한 사랑 때문에 덕을 위해 일하는 편을 선택하고 또 그것을 바랍니다. 그는 시험이 닥치면 기뻐하며, 시험을 통해서 더욱 완전해집니다. 심지어 힘든 노동을 하면서도 그리스도를 향한 사랑이 흔들리지 않으며, 살아있는 동안 물러서지 않고 담대하게 공격에 저항하기를 원합니다. 왜냐하면, 그것을 통해서 완전함을 얻기 때문입니다"(Ch. 60).

이러한 말들 및 그와 비슷한 교훈을 따르며 "좌로나 우로나 치우치지 말고 네 발을 악에서 떠나게 하라"(잠 4:27)는 말씀에 순종하면서 음식에 관한 규칙을 설명해보면 다음과 같습니다:

- 31 -

월요일, 수요일, 그리고 금요일에 음식을 먹는 방법

주일의 둘째 날과 넷째 날과 여섯째 날에는 즉 하루에 한 번 아홉 시에만 음식을 먹습니다. 약 160g의 마른 빵을 먹고 서너 컵의 물을 마십니다. 이것은 사도들의 69번째 규칙을 따른 것입니다: "만일 주교나 사제나 부제나 봉독자나 독창자가 병에 걸리지 않았는데도 부활절 전 사십 일 동안, 또는 수요일이나 금요일에 금식하지 않는다면, 그를 내쫓으십시오. 만일 그가 평신도라면, 그를 파문하십시오." 후대의 거룩한 교부들은 월요일에 금식하는 법을 제정했습니다.

- 32 -

화요일과 목요일에 음식을 먹는 방법

화요일과 목요일에는 하루에 두 번 음식을 먹습니다. 역시 160g 정도의 빵, 조리된 음식과 마른 음식을 조금 먹고, 물로 희석한 포도주 서너 잔을 마십니다. 저녁에는 80g 정도의 빵과 약간의 마른 음식이나 채소를 먹고, 물을 탄 포도주를 한두 컵 마십니다. 갈증과 철야는 눈물을 만들어내는 데 도움이 됩니다. 사다리의 요한은 "갈증과 철야는 마음을 통회하게 하며, 통회하는 마음이 눈물을 만들어냅니다"고 말합니다 (Ch. 6, 13). 성 이삭은 "하나님을 위해서 갈증을 참고 견디십시오. 그리하면 하나님이 사랑으로 갈증을 해소해 주실 것입니다"고 말합니다. 만일 하루에 한 끼만 먹기를 원한다면, 그렇게 해도 좋습니다. 왜냐하면, 금식과 금욕은 모든 덕의 기초와 근원이기 때문입니다. 어느 지혜로운 평신도는 "가장 좋은 삶을 선택하여 그것이 습관이 되면 즐거워질 것입니다"고 말합니다. 대 바실은 "장애물이 없는 곳에 확고한 의지가 있습니다"고 말합니다. 또 어느 거룩한 교부는 "꽃은 열매의 출발점이요, 금욕은 활동적 삶의 출발점입니다"고 말합니다(Nilus, part 1).

어떤 사람들은 이것 및 이에 따르는 것을 어렵거나 불가능하게 여깁니다. 그러나 결과적으로 얻는 유익을 고려하며 그것 때문에 생겨나는 영광스러운 상태를 그려보는 사람은 그것을 어렵게 여기지 않을 것이며, 주 예수 그리스도의 도움을 받아 최대한으로 노력함으로써 그것이 쉽게 이루어질 수 있다는 것을 말과 행동으로 보여주고 증명할 것입니다. 성 이삭은 이렇게 말합니다: "깨끗한 사람이 먹는 빈약한 음식은 영혼에서 정념을 깨끗이 씻어줍니다. 주님을 위해 금식하고 밤새 기도하고 노동하는 사람들의 식탁에서 당신의 삶을 위한 치료법을 차용하며, 당신의 죽은 영혼을 살리십시오. 사랑하는 주님이 그들의 식탁에 기대어 그들의 음식을 거룩하게 하시고 그들의 빈약한 음식의 쓴맛을 단맛으로 변화시켜 주시며, 그분의 영적인 종들이 그들과 그들의 거룩한 음식을 둘러쌉니다"(Ch. 8); "금식하는 사람의 호흡은 향기로우며, 그와의 만남이 지혜로운 사람의 마음을 기쁘게 합니다. 하나님은 금욕하는 사람의 행위를 기뻐하십니다."

토요일에 음식 먹는 법; 철야 및 철야하는 동안 음식 먹는 법

부활절 전야를 제외하고 매주 토요일에는 화요일과 목요일처럼 하루에 두 번 음식을 먹습니다. 이는 거룩한 규율에 의해 정해져 있으며 사순절 전 주간을 제외하고는 매 주일 철야해야 하기 때문입니다. 그러나 거룩한 날이나 성인의 날이 있는 주간에는 그 날 철야하고 주일에는 철야하지 않습니다. 어쨌든 토요일에는 하루에 두 번 음식을 먹습니다. 철야 기도를 하는 것은 유익하므로, 매주 주일날에 철야하며, 그 밖에 위에서 언급한 날에도 철야하는 것이 유익합니다. 그렇게 하면 곧 그것이 가져다주는 유익을 알게 될 것입니다. 선지자 이사야는 이렇게 말합니다: "네 빛이 새벽 같이 비칠 것이며 네 치유가 급속할 것이며"(사 58:8).

성 이삭은 이렇게 말합니다: "특히 내면의 죄와 싸우는 사람에게 있어서 금식과 철야는 죄와 정욕을 대적하는 시도의 출발점입니다. 이것은 눈에 보이지 않는 싸움을 하는 사람의 내면에 있는 죄와 정욕에 대한 미움을 보여줍니다. 금식하면 거의 모든 정욕적인 충동이 감소합니다. 그다음에 영적인 행위에 특별히 도움이 되는 것이 철야입니다. 이 두 가지를 평생 동반자로 삼아 행하는 사람은 순결의 친구입니다. 위를 만족하게 하고 지나치게 잠을 많이 자는 것은 모든 악의 출발점으로서 사람을 약하게 하고 간음이라는 정욕을 자극합니다. 그러므로 금식, 철야, 그리고 맑은 정신으로 하나님을 섬기는 것 등은 하나님의 거룩한 길이요 모든 덕의 기초입니다"; "하나님에 대한 기억과 밤낮 끊임없이 행하는 철야로 말미암아 빛나는 영혼 안에서 주님은 낮에는 구름을 만들어 그것을 덮어주고 밤에는 불빛을 만들어 조명해주시며 그것을 확고하고 안전하게 해주십니다"; "당신을 위해서 사랑스러운 행동을 선택하십시오. 즉 끊임없이 철야를 실천하십시오. 교부들은 그것에 의해서 옛 아담에게서 해방되고 정신을 새롭게 했습니다. 영혼은 밤에 영원한 생명을 느끼며 그 감각이 정념의 어둠에서 해방되어 성령을 받습니다"; "철야를 존중하십시오. 그러면 당신의 영혼이 위로를 발견할 것입니다"; "수도사에게 철야보다 더 큰 일이 있다고 생각하지 마십시오"; "분별 있게 철야하는 수도사를 육신을 입은 인간으로 보지 마십시오. 왜냐하면, 그것은 천사들의 행동이기 때문입니다"; "거룩한 철야를 하려고 노력하는 영혼은 스랍 천사의 눈을 갖게 되고, 그 눈으로 항상 거룩한 것을 볼 것입니다."

홀로, 또는 같은 정신을 가진 사랑하는 친구와 함께, 통회의 뜨거운 느낌을 가지서 정신을 집중하여 기도하고 찬송하고 성경을 읽으면서 철야하십시오. 철야를 마친 후에는 당신이 참고 견딘 수고에 대한 작은 위로를 허락해주고, 저녁 식사 시간에는 약 80g 정도의 빵, 그리고 식욕을 만족하게 해줄 정도의 마른 음식을 먹고, 물을 섞은 포도주 세 컵 정도를 마십시오. 만일 하루에 한 끼만 먹어야 하는 요일에 철야하게 된다면, 철야하기 위해서 그 규칙을 깨지 마십시오. 전자를 지키면서 후자도 게을리해서는 안 됩니다.

~34~

일요일의 식사 및 그 밖의 것에 관하여

일과 겸손에 관하여. 일요일에도 토요일에 하듯이 하루에 두 번 식사 합니다. 병들었을 때 외에는 이 규칙을 엄격히 지켜야 합니다. 거룩한 교부들이 허락한 것에 관해서, 또는 어떤 이유에서인지 오랜 관습에 의해서 확립되었을 때는 다른 날과 같이 행합니다. 그런 날에는 한 끼만 먹거나 마른 음식만 먹지 않고, 금지되지 않은 것이면 좋은 것을 모두 먹습니다. 또 채소가 있으면 정해진 분량을 초과하지 않고 조금만 먹습니다. 이는 모든 일에 절제하는 것이 좋기 때문입니다. 병들었을 때는 몸에 좋은 것과 허락된 음식을 모두 먹을 수 있습니다. 거룩한 교부들은 정념을 죽이라고 가르친 것이지 몸을 죽이라고 가르친 것이 아닙니다. 허락된 것이란 기독교인들 모두에게 허락된 것이 아니라 수도사들에게 허락된 것을 의미합니다. 오만을 피하고 하나님의 영광을 위해서 감사하게 먹되 지나치게 먹지 마십시오. 성 이삭은 이렇게 말합니다: "빈약한 음식은 무의식중에 금욕을 가르쳐줍니다. 반대로 우리에게 물건이 넉넉하고 쉽게 접근할 수 있으면, 절제하기 어렵습니다." 육체의 생활을 편하게 해주는 것을 사랑하지 마십시오. 성 이삭은 이렇게 말합니다: "하나님을 사랑하는 영혼은 하나님 안에서만 위로를 발견합니다." 노동과 가난한 삶, 그리고 겸손을 선택하는 것이 좋습니다. 어느 성인은 "노동과 겸손이 그리스도를 획득해준다"고 말합니다.

- 35 -
사순절 기간의 생활 방법과 식사법

사순절 기간의 식사와 생활방법에 대해서 상세히 이야기할 필요가 없다고 생각합니다. 토요일과 일요일을 제외하고는 한 끼만 먹어야 해야 하는 월요일과 수요일과 금요일의 규정과 같이 행하십시오. 그러나 할 수 있으면 그보다 더 엄격하고 착실하게 행하십시오. 특히 사순절의 사십일은 일 년의 십일조를 하나님께 드리는 기간으로서 부활의 밝은 날에 그리스도 안에 있는 정복자들은 수고에 대한 상을 받게 됩니다.

- 36 -
선한 판단 및 행동의 절제가 가장 귀중하다는 것, 그리고 순종에 대하여

이 모든 일 및 그와 비슷한 일을 실천할 때 마음의 평화를 유지하면서 당신의 이중 본성의 욕구를 만족하게 하려면 신중하게 판단해야 합니다. 솔로몬은 "집은 지혜로 말미암아 건축되고 명철로 말미암아 견고하게 되며 또 방들은 지식으로 말미암아 각종 귀하고 아름다운 보배로 채우게 되느니라"라고 말합니다(잠 24:3, 4). 거룩한 탈라씨Thalassy는 "적절한 궁핍과 엄격함은 지름길이요, 분별없는 엄격함과 비이성적인 방종은 해롭습니다. 왜냐하면, 그것들은 분별이 없는 것들이기 때문입니다"고 말합니다. 성 이삭은 이렇게 말합니다: "지체들이 야해지면 생각들이 들끓고 격분하게 됩니다. 지나친 노동은 낙담으로 이어지고, 낙담은 격분으로 이어집니다. 격분에는 여러 종류가 있습니다. 한 가지 격분은 정욕을 공격하며, 다른 격분은 우리가 고요한 거처를 버리고 이리저리 돌아다니게 합니다. 어렵지만 인내하면서 적절하게 행하는 노동은 무척 귀중한 것입니다. 수도사의 생활에서 노력을 게을리하면 악한 정욕이 증가하며, 그것이 지나치면 격분으로 이어집니다"(Ch. 71).

고백자 막시무스Maximus the Confessor는 이렇게 말합니다: "몸에만 관심을 쏟지 말고, 몸의 능력에 맞는 일을 배정한 후에 내면에 있는 것에 주의를 기울이십시오. '육체의 연단은 약간의 유익이 있으나 경건은 범사에 유익합니다'(딤전 4:8)"(On love, 63). "몸이 영혼보다 무거우면, 영혼을 괴롭히고 부담을 주며, '육체의 소욕은 성령을 거스르고 성령은 육체를 거스르나니'(갈 5:17)라는 말씀처럼 꼴사납고 부패한 욕망과 충동을 향해 영혼을 몰아갑니다. 그때 금욕의 재갈로 그것을 억제하고 죽여야 합니다. 그리하면 마침내 그것이 '우리의 겉사람은 낡아지나 우리의 속사람은 날로 새로워지도다'(고후 4:16)라는 바울의 말을 기억하고 다스리는 자에게 순종하고 가장 좋은 것에게 복종하게 됩니다."

성 이삭은 이렇게 말합니다: "나태하게 살기보다 노력하다가 죽으십시오. 그리스도의 믿음을 위해 죽은 사람들뿐만 아니라 계명을 지키기 위해서 죽은 사람들도 순교자들입니다"; "노력하다가 죽는 것이 타락한 상태로 사는 것보다 낫습니다"; "예수 그리스도 안에 있는 영적 아버지에게 충고를 구하여 받는 것이 먼저 해야 할 일입니다. 그렇게 하면 감당할 수 없는 것들과 유혹들이 쉽게 여겨질 것이며, 마치 약간 경사진 들판으로 실려 가는 것처럼 느낄 것입니다."

이제 다시 본래의 주제로 돌아가겠습니다.

식사 시간부터 해질 때까지 지내는 방법

우리의 행위의 분량에 따라 하나님의 복이 증가한다는 것을 믿어야 할 필요성. 음식을 먹어 영양을 보충한 후에는 "이기기를 다투는 자마다 모든 일에 절제하나니"(고전 9:25)라는 바울의 말대로 자리에 앉아서 거룩한 교부들의 글, 특히 절제에 관해 가르치는 글을 읽으십시오. 만일 낮이 길다면, 그다음에 1시간 정도 잠자십시오. 잠에서 깨어난 후 계속 기도하면서 약간의 손노동을 하고, 그다음에 앞에서 설명한 것처럼 기도하고 다시 글을 읽고 생각하며 가능한 모든 방법을 사용하여 겸손해지며 자신을 낮게 여기는 훈련을 하십시오. 주님은 "무릇 자기를 높이는 자는 낮아지고 자기를 낮추는 자는 높아지리라"(눅 18:14)고 말씀하십니다. 성경에서는 다음과 같이 말합니다: "그런즉 선 줄로 생각하는 자는 넘어질까 조심하라"(고전 10:12); "하나님이 교만한 자를 물리치시고 겸손한 자에게 은혜를 주신다 하였느니라"(약 4:6; 잠 3:34); "오만은 주님을 저버리는 데서 시작되고"(집회서 10:12); "교만한 자들이 나를 심히 조롱하였어도 나는 주의 법을 떠나지 아니하였나이다"(시 119:51); "높은 데 마음을 두지 말고 도리어 낮은 데 처하며 스스로 지혜 있는 체하지 말라"(롬 12:16).

크리소스톰은 이렇게 말합니다: "자신이 아무것도 아니라고 생각하는 사람이 자신을 가장 잘 아는 사람입니다. 그리고 자신을 모든 것 중에서 가장 마지막 것이라고 여기는 것이 하나님을 가장 기쁘게 합니다."

성 이삭은 이렇게 말합니다: "겸손한 사람에게 비밀이 계시됩니다", "겸손이 지배하는 곳에서 주님의 영광이 솟아납니다", "겸손에는 은혜가 따르고, 자만심에는 징계가 따릅니다."

성 바르사누피우스는 이렇게 말합니다: "당신이 참으로 구원받기를 원한다면, 행동으로 순종을 나타내십시오. 두 발을 땅에서 들어 올리고 정신을 하늘로 인도하여 밤낮 그곳에서 당신의 생각 안에 머무십시오. 동시에 자신을 비열하다고 여기며, 매사에 당신을 누구보다 비천하게 여기려고 노력하십시오. 이것이 참된 방법입니다; '능력 주시는'(빌 4:13) 그리스도를 통해서 구원받기를 원하는 사람에게는 이것 외에 다른 방법이 없습니다. '너희도 상을 받도록 이와 같이 달음질하라'(고전 9:24). 이것이 원하는 사람에게 영생을 주기를 원하시는 살아계신 하나님 앞에서 내가 증언하는 것입니다"(Answer 477).

사다리의 요한은 이렇게 말합니다: "나는 금식하지 않고 철야하지 않고 맨땅에서 잠을 자지도 않았지만, 자신을 낮춰 아무것도 아닌 것으로 여기려 했고, 주님은 나를 구원해 주셨습니다."

성 바르사누피우스는 이렇게 말합니다: "모든 염려로부터의 자유가 당신을 도시 가까이에 데려갑니다. 사람들 가운데서 자신을 아무것도 아니라고 여기는 것이 당신을 도시 안에 앉힙니다. 모든 사람에 대해서 죽는 것이 당신을 그 도시 및 도시의 보물을 물려받게 합니다", "구원받기를 원한다면, 당신 자신을 아무것도 아니라고 여기고 앞으로 나아가십시오."

이 성인의 제자 성 요한St. John은 "자신을 무로 여긴다는 것은 자신을 누구와 비교하지 않는 것을 의미하는 것이 아니며, 어떤 선한 행위에 대해서 '나도 그런 행동을 한 적이 있다'고 말하지 않는 것입니다."

이렇게 한 후에 분심되지 않은 상태에서 저녁까지 기도하십시오. 그 다음에 저녁 예배 찬송을 부르고, 덕을 위한 우리의 수고와 고난에 비례하여, 그리고 우리가 행한 분량대로 우리에게 은사를 주시고 면류관을 씌워주시고 위로해 주신다고 믿으십시오. 다윗은 "내 속에 근심이 많을 때에 주의 위안이 내 영혼을 즐겁게 하시나이다"(시 94:19)라고 말합니다. 주님은 "수고하고 무거운 짐 진 자들아 다 내게로 오라 내가 너희를 쉬게 하리라"(마 11:28)라고 말씀하십니다. 사도 바울은 "우리가 그와 함께 영광을 받기 위하여 고난도 함께 받아야 할 것이니라 생각하건대 현재의 고난은 장차 우리에게 나타날 영광과 비교할 수 없도다"(롬 8:17, 18)라고 말합니다.

거룩한 것을 지혜롭게 이해한 성 막시무스는 이렇게 말합니다: "하나님의 은사가 주어지는 원인은 각 사람의 믿음의 분량에 있습니다. 우리는 믿는 분량에 비례하여 자기의 믿음에 따라 행동하기 위해 열심을 내는 능력을 소유합니다. 그러므로 믿음에 따라 행동하는 사람은 행동으로 믿음의 분량을 드러내며, 믿음의 분량에 비례하여 은혜를 받습니다. 믿음에 따라 행동하지 않는 사람은 그 게으름에 비례하여 불신앙의 분량을 드러내며, 믿음의 부족 때문에 은혜를 빼앗깁니다. 그러므로 진보하는 사람을 시기하는 것은 잘못된 행동입니다. 왜냐하면, 진보하는 것이 그의 능력 안에 있는데, 다른 사람이 믿음의 분량 안에 있는 은혜를 받기 위해 믿음에 따라 행동하고 그의 믿음을 이용할 수 없기 때문입니다."

마지막으로 기독교인으로서 평생 회개하며 평화롭게 살면서 괴로움 없고 흠 없이 평화롭게 죽을 수 있게 해달라고, 그리고 당신이 주 하나님이신 예수 그리스도의 심판대 앞에서 자신을 변호할 수 있게 해 달라고 주님께 기도하십시오.

- 38 -

순수한 기도가 모든 행동보다 더 위대합니다.

형제여, 모든 수단과 방법, 모든 규칙, 그리고 다양한 수행은 우리가 분심되지 않은 상태로 순수하게 기도할 수 없으므로 제정된 것들입니다. 그러므로 주 예수 그리스도의 자비와 은혜로 말미암아 이런 일이 우리 안에 일어난다면, 다양하게 많은 것들을 버리고 이성을 초월하는 연합 안에서 직접 한 분, 단일하시고 통합시키시는 분과 연합할 것입니다.

신학자 시므온은 이렇게 말합니다: "하나님이 신들(즉 신을 닮은 사람들)과 연합하시고 그들에게 알려지실 때, 성령의 꿰뚫음 때문에 마음에 광채가 가득 찹니다." 그것은 위에서 말한 것과 같은 분심되지 않은 순수한 마음의 기도로부터 생겨납니다. 그리스도의 은혜에 의해서 이 상태를 획득도록 허락된 사람은 극소수입니다. 천 명 중 한 사람에게만 허락될 것입니다. 한층 더 높이 올라가서 영적 기도를 획득하고 장래의 삶의 비밀을 계시받는 일은 극소수의 사람에게 주어집니다. 그런 사람이 몇 세대에 한 사람쯤 나타날 수 있을 것입니다.

성 이삭은 다음과 같이 말합니다: "계명 및 합법적인 모든 것을 성취하고 영혼의 순수성을 획득한 사람을 수천 명 중에서 한 사람 발견할 수 있듯이, 기도를 순수하게 보존하기 위해 노력하여 그것을 성취하고 이 세상의 속박을 깨고 그 비밀을 소유하게 된 사람은 수천 명 중에 한 사람도 찾아보기 어려울 것입니다. 그러므로 많은 사람이 순수한 기도를 획득하는 데 실패했고, 소수의 사람만이 성공했습니다. 그러나 그리스도의 은혜를 통해서 순수한 기도 다음에 주어지며 그것을 초월하는 신비에 이른 사람은 여러 세대에도 발견하기 어렵습니다"(Ch. 16).

그러므로 만일 당신이 예수 그리스도 안에서 경험으로 그러한 새로운 비밀을 획득하기를 원한다면, 항상 무슨 일을 할 때든지 분심되지 않고 순수하게 마음으로 기도하려고 노력하십시오. 이렇게 계속 실천하면 젖 먹는 아기의 상태에서 "온전한 사람을 이루어 그리스도의 장성한 분량이 충만한 데까지 이를" 것이며(엡 4:13), 법정에서 지혜롭게 발언한 사람, 즉 삶이 말과 일치하며 흔들리지 않을 사람으로서 신실하고 지혜로운 건축자(청지기)와 함께 칭찬과 상을 받을 것입니다.

필레몬은 이것에 대해서 이렇게 말합니다: "형제여, 만일 하나님이 당신에게 분심되지 않은 순수한 기도를 주신다면, 낮이든지 밤이든지 당신의 규칙에 관심을 두지 말고 하나님께 힘껏 매달리십시오. 그리하면 하나님이 당신의 영적인 행위 안에서 당신의 마음을 조명해주실 것입니다." 어느 지혜로운 교부는 이렇게 말했습니다: "당신이 몸 안에 있으면서도 영적인 존재로서 하나님을 섬기기를 원한다면, 끊임없이 행하는 은밀한 마음의 기도를 획득하십시오. 그리하면 죽기 전에도 당신의 영혼이 천사처럼 될 것입니다."

성 이삭은 침묵생활에서 가장 중요한 것, 즉 사람이 침묵 생활에서 완전함에 이르렀는지를 깨닫게 해주는 것이 무엇인가 하는 질문에 다음과 같이 대답했습니다: "그것은 끊임없이 드리는 기도가 주어진 때입니다. 그것을 획득했다는 것은 곧 그가 덕의 정상에 도착했으며 성령의 거처가 되었음을 의미합니다. 이 보혜사의 은혜를 받지 못한 사람은 기뻐하면서 마음에 이 기도를 보존하지 못합니다. 그러므로 성령이 어떤 사람 안에 거하러 오시면 그 사람은 끊임없이 기도한다고 합니다. 왜냐하면, 그때 성령이 그 사람 안에서 끊임없이 기도하시기 때문입니다(롬 8:26). 그렇게 되면 그가 잠들었든지 깨어있든지 영혼 안에서 기도가 멈추지 않습니다. 먹거나 마실 때, 잠자거나 일 때, 심지어 깊이 잠들었을 때도 그의 마음은 노력하지 않고서도 기도의 향기와 탄식을 내보냅니다. 그리하여 기도가 그에게서 떠나지 않으며, 비록 겉으로는 잠잠하지만 매시간 계속 은밀하게 내면에서 작용합니다. 그러므로 어떤 사람은 순수하게 그리스도를 담고 가는 사람의 침묵을 기도라고 말했습니다. 왜냐하면, 그의 생각은 하나님의 움직임이요, 순수한 마음과 정신의 움직임은 은밀하게 존재하시는 분을 은밀하게 찬양하는 사람들의 온유한 음성이기 때문입니다"(Ch. 21).

이 밖에도 은밀하게 은혜의 가르침을 받은 거룩한 사람들이 놀라운 말을 했지만, 여기에서는 생략하려 합니다.

- 39 -

하루 동안 무릎을 꿇는 횟수에 관하여

거룩한 교부들은 일주일 중 닷새 동안에는 매일 삼백 번 무릎을 꿇었습니다. 토요일과 일요일, 그리고 신비하고 은밀한 이유로 관습적으로 정해진 날에는 그것을 삼가야 합니다. 그러나 사람들은 각기 자신의 체력과 결심에 따라 무릎을 꿇기 때문에 어떤 사람은 많이 무릎을 꿇고, 어떤 사람은 그보다 덜 꿇습니다. 그러므로 당신도 자신의 체력에 따라서 행해야 합니다. 모든 경건한 일에 열심을 내며 무릎을 꿇는 일에도 열심을 내는 사람은 복된 사람입니다. "천국은 침노를 당하나니 침노하는 자는 빼앗기" 때문입니다(마 11:12).

- 40 -

은사는 우리의 노력과 행위의 분량에 따라, 그리고 경험과 능력, 믿음과 본성적인 성향에 따라 주어집니다. 하나님의 은사는 우리의 노력과 행동의 분량에 따라 주어질 뿐만 아니라 이러한 생활방식에서의 경험과 능력, 믿음과 본성적인 성향에 따라 주어집니다. 성 막시무스는 이렇게 말합니다: "정신은 지혜에 속한 기관이고, 이성은 지식에 속하는 기관입니다. 그 둘로부터 파생된 본성적인 확신은 그 둘에 따라서 형성된 믿음의 기관입니다. 사람의 본성적인 사랑은 치유의 은사에 속하는 기관입니다. 각각의 은혜의 선물에는 경험이나 능력이나 성향처럼 그것을 받을 수 있게 해주는 상응하는 본성적인 기관이 있습니다. 다시 말해서 정신에서 감각적인 환상을 깨끗이 제거한 사람은 지혜를 받고, 이성이 우리 안에 내재하는 정념, 즉 노염과 정욕을 다스리는 사람은 지식을 받고, 정신과 이성에 의해서 거룩한 것을 확실히 인식한 사람은 능력 있는 믿음을 받고, 사람들에 대한 본성적 사랑이 진보한 사람이 이기심에서 해방되면 치유의 은사를 받습니다."

당신이 행하는 것을 스승 외에 다른 사람이 알지 못하게 하십시오. 말만 하고 선을 행하지 못하는 우리가 먼저 하나님을 만족하게 하는 것을 행하고 나서 사람들에게 충고하고 가르치게 해달라고 기도하십시오. 주님은 "누구든지 이(계명)를 행하며 가르치는 자는 천국에서 크다 일컬음을 받으리라"고 말씀하십니다(마 5:19). 전능하신 하나님께서 당신에게 이것을 듣고 실천할 힘을 주시고 도와주시기를 바랍니다. 바울은 "하나님 앞에서는 율법을 듣는 자가 의인이 아니요 오직 율법을 행하는 자라야 의롭다 하심을 얻으리니"라고 말합니다(롬 2:13). 하나님께서 당신을 구원하는 선한 행위로 인도해 주시며, 당신이 앞에 놓인 거룩한 정신적인 일을 할 때 성도들의 기도 때문에 성령께서 당신을 인도해 주시기를 기도합니다. 아멘.

적극적이고 선한 판단에 관해서 이야기했으므로 이제는 포괄적이고 완전하게 선한 판단에 관해서 간단히 이야기하겠습니다. 교부들의 증언에 의하면 그것은 다른 모든 덕보다 더 위대한 것입니다.

- 41 -

완전하고 포괄적인 판단에 관하여

육체를 따라 악하게 사는 사람, 본성적으로 영혼에 따라서 사는 사람, 그리고 초자연적으로 성령을 따라 사는 사람에 대해서. 정욕적이고 악하게 사는 사람은 선한 판단을 상실한 사람입니다. 악을 피하고 선을 행하기로 한 사람("악을 버리고 선을 행하며 화평을 찾아 따를지어다"[시 34:14]), 그리고 새로 선의 영역에 들어와서 가르침을 받은 사람은 초심자에게 알맞은 약간의 판단 의식을 획득합니다. 자기의 영혼과 본성에 따라 사는 사람, 즉 상식과 판단력을 가지고 사는 사람은 자신과 관련된 것 및 자기와 비슷한 사람과 관련된 것들을 자기의 능력에 따라서 판단합니다. 마지막으로 본성을 초월하여 성령을 따라 사는 사람은 정욕적인 상태, 초심자의 상태와 중간 상태의 한계를 초월하며 그리스도의 은혜로 말미암아 완전함—초본질적인 조명과 완전한 판단—을 획득한 사람으로서 자신을 분명히 보고 판단합니다. 그런 사람은 자신은 사람들로부터 바르게 판단을 받지 못하지만, 사람들을 바르고 정확하게 보고 판단합니다. 바울은 "신령한 자는 모든 것을 판단하나 자기는 아무에게도 판단을 받지 아니하느니라"고 말합니다(고전 2:15).

- 42 -

판단에 대한 몇 가지 비유

첫 번째 사람은 어두운 밤에 여행하는 사람과 같습니다. 그는 사방을 둘러싸고 있는 어둠 속을 방황하면서 자신을 보지도 못하고 판단하지도 못합니다. 그는 자신이 어디로 가고 있는지, 어디에 서 있는지도 알지 못합니다. 주님은 "어둠에 다니는 자는 그 가는 곳을 알지 못하느니라'라고 말씀하십니다(요 12:35). 두 번째 사람은 별들이 빛나는 밤에 다니는 사람과 같습니다. 그는 희미한 별빛 속에서 가끔 무분별이라는 돌에 걸려 비틀거리고 넘어지면서 천천히 걸어갑니다. 이 사람은 짙은 그림자 속에서 어느 정도 자신을 보고 판단합니다. "잠자는 자여 깨어서 죽은 자들 가운데서 일어나라 그리스도께서 너에게 비추이시리라"(엡 5:14). 세 번째 사람은 보름달이 빛나는 밤에 걸어가는 사람과 같습니다. 그는 달빛 때문에 확실하게 걸어갑니다. 그는 자신과 동료 여행자들을 거울로 보듯이 보고 판단합니다. "우리에게는 더 확실한 예언이 있어 어두운 데를 비추는 등불과 같으니 날이 새어 샛별이 너희 마음에 떠오르기까지 너희가 이것을 주의하는 것이 옳으니라"(벧후 1:19).

네 번째 사람은 햇빛이 빛나는 한낮에 걸어가는 사람과 같습니다. 그런 사람은 햇빛에 보듯이 자신을 분명히 보며 자신과 사람들을 진실하게 판단합니다. 다시 말해서 그는 모든 것을 위에서 인용한 바울의 말에 따라 판단합니다. 그는 길을 잃지 않으며, 동료들을 생명이요 진리이신 참된 빛으로 인도합니다. 그런 사람에 대해서 "너희는 세상의 빛이라"라고 기록되어 있습니다(마 5:14). 바울은 "어두운 데에 빛이 비치라 말씀하셨던 그 하나님께서 예수 그리스도의 얼굴에 있는 하나님의 영광을 아는 빛을 우리 마음에 비추셨느니라"(고후 4:6)라고 말합니다. 다윗은 이렇게 말합니다: "여호와여 주의 얼굴을 들어 우리에게 비추소서"(시 4:6); "주의 빛 안에서 우리가 빛을 보리이다"(시 36:9). 주님은 "나는 세상의 빛이니 나를 따르는 자는 어둠에 다니지 아니하고 생명의 빛을 얻으리라"라고 말씀하십니다(요 8:12).

모든 사람에게 발생하는 변화. 그리고 높은 단계의 겸손에
대하여

자기 정화와 조명을 통해서 (부분적인 완전함만 가능한 우리 시대에 가능한 한 도까지의) 완전함에 이른 사람이 항상 불변의 상태에 머물지 않는다는 것을 알아야 합니다. 본성적인 약함이나 때때로 몰래 숨어들어오는 자기 과시 때문에 그러한 사람도 이따금 변화를 겪으며, 일종의 시험으로서 얻은 것을 빼앗기지만 나중에 가장 강력한 중재가 다시 주어집니다. 안정성과 불변성은 장래의 삶의 특성입니다. 현세에서는 순결과 평화와 거룩한 위로의 시기, 그리고 그것들에 부정과 슬픔이 섞이는 시기가 있을 수 있습니다. 이런 일은 각 사람의 생활과 진보에 따라서, 그리고 우리의 연약함을 깨닫게 하려고 주님의 불가해한 방법에 따라서 발생합니다. 사도 바울의 말에 의하면 우리는 "자기를 의지하지 말고 오직 죽은 자를 다시 살리시는 하나님만 의지해야" 합니다(고후 1:9).

성 이삭은 이렇게 말합니다: "어떤 사람은 몇 번이고 거듭 율법을 범하고 회개함으로써 영혼을 치료하며 은혜를 받습니다. 지각을 가진 존재는 무수히 변화하며 사람은 시간마다 변합니다. 선한 판단력을 가진 사람에게는 이것을 이해할 기회가 많습니다. 그가 냉정하게 자신을 관찰한다면, 날마다 당하는 시련이 이 일에 있어서 특별한 힘을 가지고 그를 지혜롭게 해줍니다. 그리하여 그는 무엇보다도 정신적으로 자신을 관찰하며 자기의 영혼이 매일 어떻게 변화하는지, 온유함과 평화로운 성향을 버리고 갑자기 혼란에 빠지는지, 그때 어떤 위험이 그를 위협하

는지 알게 됩니다. 마카리우스Macarius는 형제들에 대한 보살핌과 관심 때문에 그들이 배우고 기억하게 하려고 이것에 대한 글을 썼습니다. 그는 역경을 당했을 때 절망하지 말라고 충고합니다. 왜냐하면, 때때로 대기가 차가워지듯이 깨끗함을 획득한 사람도 끊임없이 실패하기 때문입니다. 그가 게으르거나 부주의하지 않아도, 성취한 분량에 따라서 움직일 때도 그가 지향하는 목표와는 달리 실패할 수 있습니다"(St. Issac, Ch. 46).

　마카리우스는 "대기 안에서 변화가 발생하듯이, 모든 사람에게도 변화가 발생한다"고 말합니다. 인간이 본질상 같으므로 그는 "모든 사람"이라고 말합니다. 그러므로 그가 가장 비천하고 연약한 사람만 언급한다고 생각해서는 안 되며, 완전한 사람들이 정욕적인 생각을 하지 않으며 변화와는 상관없이 같은 단계에 머문다고 말하는 것으로 생각해서도 안 됩니다. 마카리우스의 말은 무엇을 의미합니까? 그는 날씨가 변화하여 춥기도 하고 덥기도 하며, 우박이 내리기도 하고 청명하기도 하듯이, 우리의 삶에서도 변화가 발생한다고 말합니다: 즉 우리가 공격받기도 하고 은혜의 보호를 받기도 하며, 영혼이 사나운 파도에 에워싸이기도 하고 은혜가 임하여 마음에 기쁨과 하나님의 평화와 깨끗하고 평온한 생각이 가득하기도 합니다. 그는 여기에서 깨끗한 생각들이 나타나기 전에는 상스럽고 더러운 생각들이 나타나서 우리를 권면했다고 암시하면서 이렇게 말합니다: "이 깨끗하고 온건한 생각들 다음에 나쁜 생각들의 공격을 받아도 슬퍼하거나 낙심하지 마십시오. 은혜가 주어지는 고요한 시기에 자신을 찬양하거나 자만하지 말며, 기쁨의 시기에 슬픔을 대비해야 합니다"(ibid.).

그는 계속해서 말합니다: "모든 성도가 이러한 일을 경험했다는 것을 알아야 합니다. 우리가 이 세상에 사는 한 슬픔에는 은밀하게 넘쳐흐르는 위로가 따릅니다. 우리는 주님을 향한 사랑의 경험을 하기 위해서 매일 매시간 유혹과 싸워야 합니다. 이것이 우리가 분투하다가 슬퍼하거나 낙심하지 말아야 한다는 것의 의미입니다. 그리하여 우리가 나아가는 방향이 교정됩니다. 이 길에서 벗어나는 사람은 늑대의 먹이가 됩니다." 이 거룩한 교부는 이 사상을 확증하여 그것이 지혜로 가득하다는 것을 입증하고 독자들이 품는 의심을 잠재웁니다. 그는 이렇게 말합니다: "빗나가서 늑대의 먹이가 된 사람은 바른길을 따라가려 하지 않으며, 자기 나름의 길, 거룩한 교부들이 걸어간 길이 아닌 길로 걸어감으로써 자기의 목표를 획득하려 합니다"(ibid.).

그는 계속해서 말합니다: "행위가 없어도 겸손하면 많은 죄를 용서받습니다. 그러나 겸손이 없는 행위는 소용이 없습니다. 겸손과 덕의 관계는 소금과 음식의 관계와 같으며, 겸손이 많은 죄의 세력을 파괴할 수 있습니다. 결과적으로 우리는 자신의 이해력을 과신하지 않으면서 겸손을 얻기 위해 주의를 기울여야 합니다. 만일 우리가 겸손을 획득한다면, 그것은 선한 행위가 없이도 우리를 하나님의 자녀로 만들고 주님 앞으로 인도할 것입니다. 겸손이 부족하면, 우리의 행위와 덕과 노력이 소용이 없습니다. 외부로부터의 도움이 없어도 겸손은 우리를 이끌어 하나님을 대면하게 해주며 우리를 위해 변론해줄 수 있습니다"(ibid.).

그는 또 이렇게 말합니다: "어느 성인은 교만한 생각이 떠올라 '너의 덕을 기억해라' 고 속삭이면 '이보게 늙은이, 당신의 색욕을 보게나' 라고 대답했습니다."

- 44 -

회개, 깨끗함, 그리고 완덕에 관하여

성 이삭은 다음과 같이 말합니다: "우리의 진보의 완성은 회개, 깨끗함, 그리고 완덕이라는 세 가지로 이루어집니다. 회개란 무엇입니까? 과거의 일 때문에 슬퍼하고 그것을 버리는 것입니다. 깨끗함이란 무엇입니까? 피조물을 향한 동정심이 가득한 마음입니다. 완덕이란 무엇입니까? 깊은 겸손으로서 눈에 보이는 것과 보이지 않는 것을 모두 버리는 것을 의미합니다. 눈에 보이는 것은 감각적인 것을 의미하며, 보이지 않는 것은 정신세계에서 창조된 것을 의미합니다"(Ch 48, 298).

"회개는 모든 것에 대해 자발적으로 죽는 것입니다. 긍휼한 마음은 모든 피조물, 사람들, 동물들, 귀신들과 모든 창조를 향한 따뜻한 마음입니다"(ibid.). "우리가 육신을 입고 이 세상에 사는 한 하늘에 올라간다 해도 행위와 노동이 없이, 그리고 염려가 없이 살 수 없습니다. 그 안에 완전함이 있습니다. 그 너머에는 생각이나 정식적인 기도가 없는 마음의 은밀한 교육이 있습니다"(Ch. 47).

성 막시무스는 다음과 같이 말합니다: "덕을 사랑하면 본성의 무정념이 만들어지는 것이 아니라 의지의 무정념이 만들어집니다. 의지의 무정념을 통해서 거룩한 복이라는 정신적인 은혜가 영혼 안에 들어옵니다"; "육체적인 슬픔과 기쁨을 경험한 사람은 육체적인 것의 기분 좋음과 불쾌함을 경험했기 때문에 경험이 있다고 할 수 있습니다. 이성의 힘으로 육체적인 기쁨과 슬픔을 정복한 사람은 완전하다고 할 수 있습니다. 하나님을 향한 꾸준한 노력으로 생각하고 행동하는 습관을 변함없이 유지하는 사람은 온전하다고 할 수 있습니다. 이런 까닭에 선한 판단을 가장 고귀한 덕으로 간주합니다. 하나님의 은혜로 내면에 선한 판단을 소유한 사람은 거룩한 빛의 조명을 받으며, 신비하고 은밀한 환상뿐만 아니라 인간적이거나 신적인 것들을 정확하게 분별할 수 있습니다."

이제 거룩한 침묵의 출발점에 관해 설명할 시간입니다. 이것에 대해서 이야기할 때 하나님이 인도해 주시기를 기원합니다.

- 45 -

초심자가 실천해야 하는 초보적 침묵과 관련된 다섯 가지 활동: 기도, 시편 찬송, 독서, 신적인 것들에 대한 생각, 손노동.

이제 막 침묵을 실천하기 시작한 초심자는 하루 24시간을 하나님이 기뻐하시는 다섯 가지 활동을 하면서 보내야 합니다. 첫째, 기도해야 합니다. 다시 말해서 외부로부터 오는 생각이나 상상을 배제하고 입을 다물고 항상 주 예수 그리스도를 기억하면서 위에서 설명한 것처럼 호흡에 의해서 마음에 들어갔다가 다시 나옵니다. 이 기도는 수실에서 실천하며, 음식과 잠과 감각을 통제하는 전반적인 금욕 및 진지한 겸손을 병행해야 합니다. 초심자는 기도 외에도 시편 찬송, 서신서와 복음서와 교부들의 글, 특히 기도와 맑은 정신에 관한 글, 그리고 그 밖에 성령의 말씀을 읽어야 합니다. 진심으로 아픔을 느끼면서 자기의 죄를 기억하고,

심판날이나 죽음이나 영원한 고통이나 복 등을 기억하며, 낙담하지 않기 위해서 손노동을 해야 합니다. (이러한 활동들, 특히 손노동을 한 후에는) 자신을 몰아쳐서 노력하기 어려워도 다시 기도해야 합니다. 그리하면 마침내 정신이 끊임없이 주 예수 그리스도를 기억하고 자주 내면의 방이나 마음의 은밀한 장소에 들어가서 확실하고 온전히 주님께 집중함으로써 이리저리 배회하는 것을 억제하는 방법을 배우게 됩니다.

성 이삭은 이렇게 말합니다: "당신의 내면의 방으로 들어가기 위해 노력하십시오. 그리하면 천국의 방을 볼 것입니다. 이는 그 두 가지는 서로에게로 들어가는 문이기 때문입니다." 성 막시무스는 이렇게 말합니다: "마음이 몸의 모든 기관을 다스립니다. 은혜가 마음의 목장을 채우면, 마음은 모든 지체와 모든 생각을 다스립니다. 정신과 영혼의 모든 생각이 그곳에서 발견되어야 하며, 우리는 거룩한 성령의 은혜가 그 안에 성령의 법을 새겨놓았는지 살펴보아야 합니다." 마음은 다스리는 기관이요, 정신과 영혼의 모든 생각이 발견되어야 하는 은혜의 보좌입니다.

- 46 -

침묵을 실천하는 방법; 그것의 시작, 성장, 발달,
그리고 완성

침묵을 실천하기 시작한 초심자가 먼저 해야 하는 일은 다음과 같습니다: 초심자는 하나님에 대한 경외심, 끊임없이 하나님의 모든 계명의 실천하고 선한 것이든지 악한 것이든지 모든 것에 관심을 두지 말아야 합니다. 특히 믿음, 자신이 하는 일과 반대되는 것으로부터의 완전한 철수, 그리고 존재하는 것을 향하는 진지한 경향을 가지고 시작해야 합니다. 그는 부끄러움 없이 신뢰하면서 성장하며, 마음의 기도 안에 거함으로써 분심됨이 없이 하나님께 매달림으로써 그리스도의 장성한 분량의 충만을 향해 뻗어 나가야 합니다. 그렇게 함으로써 끊임없이 드리는 영적 기도를 통해서 완전함으로 들어가며, 거기서 완전한 사랑으로부터 모든 갈망의 초점인 하나님과의 연합과 엑스터시가 생겨납니다. 그것은 행위를 통하여 관상을 향해 가는 죄가 없는 전진입니다. 주님의 조상 다윗은 이것을 경험하고 변화되었을 때 "내가 놀라서 이르기를 모든 사람이 거짓말쟁이라 하였도다"라고 외쳤습니다(시 116:11).

이러한 상태에 이른 또 한 사람은 이렇게 말했습니다: "기록된바 하나님이 자기를 사랑하는 자들을 위하여 예비하신 모든 것은 눈으로 보지 못하고 귀로 듣지 못하고 사람의 마음으로 생각하지도 못하였다 함과 같으니라 오직 하나님이 성령으로 이것을 우리에게 보이셨으니 성령은 모든 것 곧 하나님의 깊은 것이라도 통달하시느니라"(고전 2:9-10).

- 47 -

초심자의 침묵 실천

초심자는 수실을 자주 떠나지 말아야 하며, 필요한 경우가 아니면 사람들과의 만남과 대화를 피해야 합니다. 어쩔 수 없을 때도 되도록 억제하고 주의를 기울여야 합니다. 성 이삭은 이렇게 말합니다: "무슨 일을 하든지 자신을 지키는 것을 기억해야 합니다. 이는 자신을 지키는 데서 오는 도움이 일하는 데서 오는 도움보다 더 크기 때문입니다." 초심자뿐만 아니라 진보한 사람의 경우에도 그러한 만남이나 대화는 생각을 분산시키고 산만하게 합니다. 이에 대해서 성 이삭은 이렇게 말합니다: "육체에 영합하는 것은 젊은 사람에게만 해를 끼치지만, 통제의 부족은 젊은이와 늙은이 모두에게 해를 끼칩니다"; "침묵은 외부의 감각을 죽이고 내면의 움직임을 살립니다. 반대로 외적인 접촉은 외부의 감각을 살리고 내면의 움직임을 죽입니다."

사디리의 요한은 다음과 같이 말합니다: "헤시카스트는 육신이 없는 존재입니다. 그는 영혼을 육체의 한계 안에 붙잡아 두려고 노력하는데, 그것은 매우 놀라운 일입니다"; "헤시카스트는 '내가 잘지라도 마음은 깨었다'(아 5:2)고 말하는 사람입니다"; "당신의 수실의 문을 닫아 몸이 들어오지 못하게 하며, 입술의 문을 닫아 대화하지 말며, 영혼의 문을 닫아 악한 영들이 들어오지 못하게 하십시오"(Ch. 27).

- 48 -

맑은 정신으로 집중하여 드리는
마음의 기도 및 실천 방법

아무 생각도 하지 않고 상상도 하지 않고 맑은 정신으로 집중하여 영적으로 고요히 "주 예수 그리스도, 하나님의 아들이시여"라고 반복하여 드리는 기도는 우리의 정신을 주 예수 그리스도께로 인도합니다. "나를 불쌍히 여기소서"라는 말에 의해서 정신은 기도하는 사람에게 돌아옵니다. 왜냐하면, 그는 아직 자신에 대해서 기도할 수 없기 때문입니다.

그러나 완전한 사랑을 경험한 사람은 둘째 부분(자비에 관한 부분)에 대한 실질적인 증거를 받았기 때문에 주 예수 그리스도만 향해 뻗어 갑니다 (그러므로 어떤 사람은 사랑이 넘쳐 흐르는 마음으로 "주 예수 그리스도!"라는 말로만 기도합니다).

- 49 -
기도 방법에 대한 교부들의 가르침

교부들 모두가 항상 완전하게 예수기도를 해야 한다고 가르치는 것은 아닙니다. 어떤 교부들은 완전하게 해야 한다고 가르치며, 다른 교부들은 기도하는 사람의 능력과 상태에 따라서 일부만 해도 된다고 가르칩니다. 크리소스톰은 예수기도를 완전하게 하라고 가르칩니다: "형제들이여, 기도의 규칙을 버리거나 소홀히 하지 마십시오. 어떤 교부들은 '하나의 규칙을 소홀히 하거나 무시하는 사람을 어찌 수도사라고 할 수 있겠습니까? 수도사는 집에 있을 때나 여행을 할 때, 또는 무엇을 하든지 항상 "주 예수 그리스도, 하나님의 아들이시여, 나를 불쌍히 여기소서"라고 기도해야 합니다'고 말하는데, 그것은 그 사람을 자극하여 주님의 이름을 기억함으로써 원수와 싸우게 하기 위한 것입니다. 영혼은 주님의 이름을 기억함으로써 선한 것과 악한 것 등 내면에 있는 모든 것을 발견할 수 있습니다. 영혼은 먼저 내면, 즉 마음에서 나쁜 것을 보고, 그다음에 선한 것을 볼 것입니다. 주님의 이름을 기억하는 것은 뱀을 몰아내고 정복하기 위한 것입니다. 이것이 우리 안에 있는 죄를 드러내고 죽일 수 있습니다. 이것이 마음에 있는 원수들을 몰아낼 수 있고, 조금씩 그것들을 정복하고 근절할 수 있습니다. 주 예수 그리스도의 이름은 마음속 깊은 곳으로 내려가서 마음의 목장을 지배하고 있는 뱀을 정복하며, 우리 영혼을 구원하고 살릴 것입니다. 그러므로 항상 주 예수 그리스도의 이름과 함께 거하십시오. 그리하면 마음이 주님을 삼키고 주님이 마음을 삼켜 둘이 하나가 될 것입니다. 이 일은 하루 이틀 사이에 이루어지는 것이 아니라 오랜 시간이 필요합니다. 원수를 몰아내고 그리스도께서 우리 안에 거하시려면 오랫동안 노력해야 합니다."

그는 또 이렇게 말합니다: "정신을 억제하고 통제하며 주 예수 그리스도의 이름을 부름으로써 악한 자의 행동과 악한 생각을 억제하려면, 자신을 내면에 가두어야 합니다"; "몸이 있는 곳에 정신도 함께 있어야 합니다. 그리하면 마음을 차단하고 정신을 하나님으로부터 분리하는 담 같은 것이 하나님과 마음 사이에 존재하지 않을 것입니다. 혹시 정신이 무엇에 매료된다면 그것을 곰곰이 생각하게 내버려 두지 마십시오. 그렇지 않으면 하나님께서 사람의 은밀한 것들을 심판하시는 날에 주님 앞에서 그것이 죄로 간주될 것입니다. 항상 자신을 자유롭게 하며 주 하나님이 후히 주실 때까지 그분과 함께 거하십시오. 영광의 주님에게서 구할 것은 자비뿐입니다. 아침부터 저녁까지, 가능하다면 밤새도록 주님을 부르면서 겸손하고 뜨거운 마음으로 자비를 구하십시오: '주 예수 그리스도여, 나를 불쌍히 여기소서.' 정신이 죽을 때까지 이 일을 하게 하십시오. '생명으로 인도하는 문은 좁고 길이 협착하므로'(마 7:14) 이 일을 강요해야 하며, 천국은 침노하는 자가 빼앗으므로(마 11:12) 자신을 몰아치는 사람만이 천국에 들어갈 것입니다. 그러므로 당신의 마음을 하나님에게서 거두어들이지 말며, 항상 주 예수 그리스도의 이름을 기억함으로써 마음을 지키면 마침내 주님의 이름이 마음에 깊이 뿌리내리게 되고 당신은 당신 안에 계시는 주님을 찬송하는 일만 생각하게 될 것입니다."

크리소스톰 이전에 바울은 다음과 같이 말했습니다: "네가 만일 네 입으로 예수를 주로 시인하며 또 하나님께서 그를 죽은 자 가운데서 살리신 것을 네 마음에 믿으면 구원을 받으리라 사람이 마음으로 믿어 의에 이르고 입으로 시인하여 구원에 이르느니라"(롬 10: 9, 10); "성령으로 아니하고는 누구든지 예수를 주시라 할 수 없느니라"(고전 12:3). "성령으로"는 성령 때문에 마음이 활동하게 되고 성령을 통해서 기도하게 되는 것을 의미합니다. 이것이 자기의 일에 성공하고 내주하시는 그리스도에 의해 부유해진 사람의 특징입니다.

성 디아도쿠스St. Diadochus도 같은 사상을 표현합니다: "우리가 하나님을 기억함으로써 정신의 문을 닫으면, 정신은 그 활동성을 충족시키기 위해서 의무적인 일을 해야 합니다. 그때 정신에 주 예수의 거룩한 이름만 주어져야 합니다. 그것이 스스로 세운 목표를 달성하려는 정신의 열심을 충족시키십시오. 사도 바울이 '성령으로 아니하고는 누구든지 예수를 주시라 할 수 없느니라'고 말했듯이 정신은 그것을 깨달아야 합니다. 정신이 산만해져서 헛된 꿈을 꾸지 않으려면, 그 자체 안에 갇혀서 위의 기도('주 예수 그리스도여…')를 끊임없이 되풀이해야 합니다. 정신적으로 마음 깊은 곳에 이 거룩하고 영광스러운 이름을 항상 보존하는 사람은 자기의 정신의 빛(생각의 명료함, 또는 내적 움직임에 대한 분명한 의식)을 볼 수 있습니다"; "주의 깊게 이 놀라운 이름을 생각 속에 보존하면, 그것이 영혼 안에 나타나는 더러움을 효과적으로 태워 죽입니다. 바울은 '우리 하나님은 (모든 악을) 소멸하는 불이심이니라'(히 12:29)라고 말합니다. 결국, 주님은 영혼을 불에서 꺼내어 주님의 영광을 향한 큰 사랑 속으로 데려가십니다. 정신의 기억을 통해서 이 영광스러운 이름이 마음속에 자리 잡으면 더는 이것을 방해하는 것이 없으므로, 이 영광스러운 이름은 그분의 선하심을 향한 억제되지 않는 사랑의 습관을 낳습니다. 이것이 사람이 자기의 소유를 팔아 사고 기뻐하는 귀한 진주입니다"(Ch. 59).

헤시키우스는 그것에 대해서 이렇게 말합니다: "영혼이 죽어 하늘나라 문에 도착했을 때 그리스도가 그와 함께 그를 위해 계신다면 원수들이 그를 부끄럽게 하지 못할 것이며, 영혼은 담대하게 '성문에서 원수와 담판할' 것입니다(시 127:5). 사람이 죽을 때까지 밤낮 주 예수 그리스도, 하나님 아들의 이름을 부르는 일에 싫증을 내지 않는 한 주님은 불의한 재판관의 비유에서 주신 참된 약속에 따라서 속히 그 원한을 풀어 주실 것입니다: 현세에서와 죽은 후에 '속히 그 원한을 풀어 주시리라'(눅 18:8)"(Ch. 149). 사다리의 요한은 이렇게 말합니다: "예수의 이름으로 원수를 채찍질하십시오. 이 세상에서나 천국에서 원수를 대적할 때 이것보다 더 강한 무기는 없습니다"(Ch. 21); "당신의 호흡에 예수기도를 결합하십시오. 그리하면 침묵의 유익을 알게 될 것입니다"(Ch. 27).

- 50 -

교부들뿐만 아니라 사도들에게서도 이 기도를 발견할 수 있습니다.

교부들의 글에서만 아니라 베드로와 바울과 요한과 같은 사도들에게서도 이 거룩한 기도를 발견할 수 있습니다. 바울은 "성령으로 아니 하고는 누구든지 예수를 주시라 할 수 없느니라"(고전 12:3)라고 말합니다. 요한은 다음과 같이 말합니다: "은혜와 진리는 예수 그리스도로 말미암아 온 것이라"(요 1:17), "예수 그리스도께서 육체로 오신 것을 시인하는 영마다 하나님께 속한 것이요."(요일 4:2).

주님이 제자들에게 "사람들이 인자를 누구라 하느냐"(마 16:13)라고 질문하셨을 때, 제자 중에서도 특히 선택받은 베드로는 "주는 그리스도시요 살아 계신 하나님의 아들이시니이다"라고 대답했습니다(마 16:16). 그러므로 우리의 교사들, 특히 망설이지 않고 사막에서의 침묵 생활의 길을 받아들인 사람들은 교회의 기둥인 이 세 사람의 말을 수집하고 계시를 통해서 성령에 의해 적법하게 제정된 거룩한 말씀으로 편집했습니다. 그들은 내면에 거하시는 성령의 도움으로 그것들을 훌륭하게 결합하여 조화를 이루게 했고, 거룩한 기도를 입안하여 기도의 기둥이라고 명명하고 추종자들에게 전해주어 같은 형태로 유지하고 보존하게 했습니다.

천국 지혜의 보증을 지닌 분명한 질서와 순서를 보십시오. 한 사람은 "주 예수"라는 이름을, 또 다른 사람은 "예수 그리스도", 세 번째 사람은 "그리스도, 하나님의 아들"이라는 이름을 부르는 것이 마치 거룩하게 작용하는 세 개의 단어가 일치하도록 서로를 따르고 붙드는 것 같습니다. 그들은 각기 앞사람의 말에서 사용된 끝 단어를 취하여 자기 말의 첫 단어로 사용합니다. 바울은 주 예수라고 말했고, 요한은 마지막 단어인 "예수"를 첫 단어로 사용하여 "예수 그리스도"라고 고백했습니다. 베드로는 "그리스도"를 첫 단어로 사용하여 "주는 그리스도시요 살아계신 하나님의 아들이시니이다"라고 고백했습니다. 우리의 거룩한 기도는 이렇게 훌륭하게 판단되어 마치 세 가닥으로 이루어진 튼튼한 밧줄처럼 지혜롭게 구성되고 짜였습니다.

그 기도가 우리에게 전해졌고, 우리가 사용하고 있으며, 장차 같은 형태로 후대 사람들에게 전해질 것입니다. "주 예수 그리스도, 하나님의 아들"이라는 구원을 이루는 표현에 "나를 불쌍히 여기소서"라는 말이 추가되었습니다. 그것은 교부들이 주로 덕의 일에서 어린아이와 같은 사람들과 초심자들과 불완전한 사람들을 위해 추가한 것입니다. 그리스도 안에서 진보한 사람들과 완전한 사람들은 그러한 형태 중 어느 것에나 만족합니다: "주 예수", "예수 그리스도", "그리스도, 하나님의 아들", 또는 단순히 "예수"는 단어를 그들에게 지성과 보는 것과 듣는 것을 초월하는 기쁨과 복을 채워주는 완전한 기도의 행위로 여겨 받아들입니다.

사랑이 많으신 주 예수 그리스도, 하나님의 아들은 이것의 확실한 증거로서 다음과 같이 말씀하십니다: "나를 떠나서는 너희가 아무것도 할 수 없음이라"(요 15:5); "내 이름으로 무엇이든지 내게 구하면 내가 행하리라"(요 14:14). 그리스도의 말이 곧 행위요, 그분의 말씀은 생명이요 성령이십니다.

- 51 -

> 초심자는 어떤 때는 예수기도를 완전하게 하고 어떤 때는 일부만 해도 되지만, 마음으로 항상 기도해야 합니다.

기도의 표현을 자주 바꾸면 안 됩니다. 초심자는 때로는 예수기도를 완전하게 하고 어떤 때는 일부만 해도 되지만, 항상 마음으로 기도해야 합니다. 디아도쿠스는 이렇게 말합니다: "항상 마음 안에 머무는 사람은 현세의 유혹을 멀리합니다. 그는 성령 안에서 행하므로 육적인 정욕을 경험할 수 없습니다. 그런 사람은 덕의 보호를 받아 전진하며, 이 덕을 자신의 순결이라는 성의 문지기로 세웁니다. 그러므로 그를 향한 귀신들의 계략이 실패합니다"(Ch. 57). 성 이삭은 다음과 같이 말합니다: "매시간 자기 영혼을 지켜보는 사람의 마음은 계시 때문에 기쁘게 됩니다. 정신의 눈을 내면에 집중하는 사람은 그곳에서 성령이 나타나심을 봅니다. 산만한 정신을 싫어하는 사람은 마음속에서 주님을 봅니다"(Ch. 8).

초심자는 예수기도의 표현을 자주 바꾸지 말아야 합니다. 자칫하면 이렇게 집중의 대상을 자주 바꿈으로써 정신이 한 가지 일에 집중하는 데 익숙해지지 못하고 그것에서 이탈하기 때문에 영구적으로 내면에 뿌리내리지 못하게 되며, 따라서 여러 번 옮겨 심은 나무처럼 열매를 맺지 못하게 될 것입니다.

마음으로 드리는 내면의 기도를 오랫동안 강제적으로
행해야 합니다. 일반적으로 오랫동안 노력하면 선한
것을 얻을 수 있습니다.

즉흥적인 행동이나 쉽게 잠시 행함으로써는 마음으로 끊임없이 드리는 기도 및 그에 따르는 것에 이를 수 없습니다. 하나님이 불가해한 방법으로 어떤 사람에게 이런 것을 주시기도 하지만, 몸과 영혼으로 오랫동안 노력하고 수고하며 강하게 추진해야만 그것을 획득할 수 있습니다. 우리가 참여하고자 하는 은혜와 은사는 탁월한 것이기 때문에 우리의 능력으로 그에 상응하는 노력을 해야 하며 그것을 하는 시간과 범위를 확정해야 합니다. 거룩한 교사들의 말에 의하면 이것의 목적은 마음의 목장에서 원수를 몰아내고 그 자리에 주님이 거하시도록 하는 데 있습니다.

성 이삭은 이렇게 말합니다: "내면에서 주님을 보고자 하는 사람은 끊임없이 하나님을 기억하여 마음을 깨끗하게 하려고 노력해야 합니다. 그리하면 조명된 마음 안에서 항상 주님을 보게 될 것입니다"(Ch. 8).

성 바르사누피우스는 이렇게 말합니다: "하나님과 함께 하는 내면의 행동이 도움되지 못하면, 우리의 외적인 노력은 헛수고가 됩니다. 왜냐하면, 통회하는 마음으로 행하는 내면의 행동이 깨끗함을 가져오고, 깨끗함이 참된 마음의 침묵을 가져오며, 이 침묵이 겸손을 가져오고, 겸손은 사람이 하나님의 거처가 되도록 예비해 주기 때문입니다. 우리 안에 거하시는 하나님의 능력에 의해서, 귀신들과 정념이 쫓겨나가며, 우리는 거룩함과 빛과 깨끗함과 은혜가 가득한 하나님의 성전이 됩니다. 마음속 깊은 곳에서 주님을 보며 인자하신 주님께 애통하면서 기도를 쏟아내는 사람은 복 있는 사람입니다"(Answer 210).

카르파토스의 요한St. John of Karpathos은 이렇게 말합니다: "식지 않는 마음을 가진 사람이 그리스도가 거하시는 새로운 마음의 천국을 획득하려면 오랫동안 힘써 기도해야 합니다. 사도 바울은 '예수 그리스도께서 너희 안에 계신 줄을 너희가 스스로 알지 못하느냐 그렇지 않으면 너희는 버림받은 자니라'라고 말합니다(고후 13:5)."

크리소스톰은 다음과 같이 말합니다: "항상 주 예수의 이름과 함께 거하십시오. 그리하면 마음이 주님을 삼키고 주님이 마음을 삼켜 둘이 하나가 될 것입니다. 이것은 하루 이틀에 되는 것이 아니라 오랫동안 노력해야 합니다. 오랫동안 수고하면 원수가 쫓겨나고 그리스도께서 우리 안에 거하러 오실 것입니다."

- 53 -
불순한 마음의 기도, 그리고 분심되지 않은 순수한 기도를 획득하는 방법에 관하여

깨끗하고 분심되지 않은 기도를 획득하기 위해서, 그리고 생각과 외적인 접촉에서 장애물을 극복하기 위해서 이 방법을 지속해서 적용하는 사람은 결국 스스로 강요하지 않고서 분심됨이 없이 순수하게 기도하는 습관, 또는 정신이 항상 마음 안에 있는 상태에 이릅니다. 이제는 호흡에 의해 정신을 마음으로 내려가게 하려고 노력할 필요가 없습니다. 정신은 그곳에 머물면서 끊임없이 기도하는 것을 사랑합니다. 헤시키우스는 이렇게 말합니다: "생각에서 해방된 기도를 하지 않는 사람은 전쟁터에서 무기가 없는 사람과 같습니다. 여기에서 기도란 마음의 은밀하고 깊은 곳에서 끊임없이 활동하여 우리 주 예수 그리스도의 이름을 부름으로써 은밀하게 공격하는 원수를 보이지 않게 채찍질하고 불로 태워 죽이는 기도를 말합니다"(Ch. 21); "공기가 우리 몸을 에워싸거나 불길이 장작에 붙듯이, 마음으로 끊임없이 예수님을 부르면서 생각으로 예수기도에 매달리는 사람은 복된 사람입니다. 지구 위로 지나가는 태양이 낮의 햇빛을 만들어내며, 정신 속에서 항상 빛나는 주 예수님의 거룩한 이름은 태양 같은 생각을 무수히 많이 만들어냅니다"(Ch. 196).

~ 54 ~

분심되지 않은 순수한
마음의 기도 및 거기서 생겨나는 뜨거움

마음의 기도란 분심되지 않은 순수한 기도, "내 마음이 내 속에서 뜨거워서 작은 소리로 읊조릴 때에 불이 붙으니"(시 39:3)라는 것같이 노래하는 뜨거움을 만들어내는 기도입니다. 이것은 주 예수 그리스도께서 오셔서 우리 마음의 땅에 던지려 하시는 불입니다. 전에는 우리 마음에서 정념의 가라지가 자랐지만 이제는 은혜로 말미암아 신령한 열매를 맺습니다. 주 예수 그리스도는 이렇게 말씀하십니다: "내가 불을 땅에 던지러 왔노니 이 불이 이미 붙었으면 내가 무엇을 원하리요"(눅 12:49). 이 불이 과거에 글로바와 동료의 마음을 뜨겁게 하여 서로 '길에서 우리에게 말씀하시고 우리에게 성경을 풀어 주실 때에 우리 속에서 마음이 뜨겁지 아니하더냐'(눅 24:32)라고 말하게 했습니다. 다마스쿠스의 요한은 '내 마음속에서 성모 마리아를 향해 타오르는 사랑의 불이 나를 노래하게 한다'고 말합니다. 성 이삭은 이렇게 말합니다: "강력한 행동은 마음에서 새로 생겨나는 생각에 불을 붙임으로써 마음의 뜨거움을 강화합니다. 관상의 은혜에 의해 만들어진 이 뜨거움이 눈물을 흐르게 합니다. 끊임없이 흐르는 눈물이 영혼 안에 있는 생각을 잠잠하게 하고 정신을 깨끗하게 합니다. 그리고 사람은 깨끗한 정신으로 하나님의 비밀을 보게 됩니다. 그다음에 정신은 선지자 에스겔이 본 것과 같은 계시와 상징들을 보게 됩니다"(Ch. 59); "기도하는 동안에 눈물이 우리를 머리를 치고 땅에 구르게 하며 마음속에 뜨거움을 만들어냅니다. 그리고 마음은 엑스터시 상태에서 '내 영혼이 하나님 곧 살아 계시는 하나님을 갈망하나니 내가 어느 때에 나아가서 하나님의 얼굴을 뵈올까'(시 42:2)라고 외치며 하나님께로 날아오릅니다."

사다리의 요한은 이렇게 말합니다: "마음에 들어온 (영적인) 불이 기도를 되살립니다. 기도가 되살아나서 높이 올라간 후에 거룩한 불은 영혼의 방으로 내려갑니다"(Ch. 28); "뜨거움을 유지하며 죽을 때까지 불에 불을, 뜨거움에 뜨거움을, 갈망에 갈망을, 열심에 열심을 더하는 사람이 참되고 지혜로운 수도사입니다."

성 엘리아스 에크디코스 St. Elias Ekdikos는 이렇게 말합니다: "불이 쇳덩이를 둘러싸서 불덩이로 만들듯이, 영혼이 모든 외적인 것에서 해방되어 기도와 연합하면, 기도가 불길처럼 영혼을 둘러쌉니다. 그때 영혼은 뜨겁게 달아오른 쇳덩이 같으므로 외적인 것이 영혼에 접촉할 수 없습니다"(Ch. 103); "이 세상에 사는 동안 이러한 현상을 선물로 받은 사람, 그리고 본질상 썩어질 자신의 형상이 은혜로 말미암아 불같이 되는 것을 보는 사람은 복 있는 사람입니다."

~ 55 ~

뜨거움의 근원은 여러 가지입니다. 순수한 마음의 기도에서 나오는 뜨거움이 가장 참됩니다. 우리 안에 있는 이 뜨거움의 본질과 근원은 다양합니다. 위에서 인용한 교부들의 말에서 이것을 분명히 알 수 있습니다. 그중에서 가장 참된 뜨거움은 순수한 마음의 기도에서 나오는 뜨거움입니다. 그 뜨거움은 순수한 마음의 기도와 더불어 생겨나고 자랍니다. 그것은 우리를 충만하게 조명해 줍니다.

~ 56 ~

마음의 뜨거움의 직접적인 결과

이 뜨거움은 순수한 기도의 실천을 방해하는 것을 몰아냅니다. 하나님은 불, 귀신들과 우리의 정념의 악한 궤계들을 태우는 불이십니다. 성 디아도쿠스는 이렇게 말합니다: "귀신이 쏘는 화살에 맞은 마음이 타는 듯한 고통을 느끼며 화살에 찔렸음을 느끼는 것은 영혼이 정념을 미워하기 시작한 표식입니다. 이것이 정화의 시작입니다. 영혼이 죄의 몰염치함 때문에 고통을 느끼지 않는다면, 후에 진리의 은혜를 충분히 누릴 수 없습니다. 그러므로 마음을 깨끗이 하기를 원하는 사람은 항상 주 예수를 기억하여 마음을 불태우며, 주 예수를 기억하는 것을 영적 행동과 생각의 유일한 목적으로 삼아야 합니다. 자신에게서 부패함을 제거하려는 사람은 기도처에서 멀리 떨어진 곳에 살고 있어도 항상 맑은 정신으로 기도하는 훈련을 해야 합니다. 금을 정련하려면 잠시라도 용광로의 불이 꺼지지 않아야 합니다. 불이 꺼지면 광석이 다시 단단해지기 때문입니다. 마찬가지로 불규칙하게 기도하던 사람이 기도를 중지하면 기도함으로써 얻은 것처럼 보이는 것을 잃게 됩니다. 덕을 사랑하는 사람은 항상 하나님을 기억함으로써 마음의 저속함을 태웁니다. 이 복된 기억의 불의 작용으로 악이 서서히 제거되고, 영혼은 그 본성적인 광채와 영광을 획득할 것입니다"(Ch. 97).

이것이 정신이 방해를 받지 않고 마음에 거하면서 배회하지 않고 순수하게 기도하는 방법입니다. 어느 성인은 이렇게 말합니다: "기도하는 동안 정신이 마음을 지킨다면, 방황하지 않고 순수하게 기도할 수 있습니다." 헤시키우스는 "맑은 정신을 유지하는 사람이 참된 수도사입니다. 그리고 정신을 맑게 유지하는 사람의 마음에는 그 자신과 하나님만이 존재합니다"(Ch. 159).

- 57 -

뜨거운 기도와 정신집중에서 비롯된 갈망과 하나님을 지향함에 관하여

정신을 집중하여 드리는 뜨거운 기도, 즉 깨끗한 기도가 마음에 하나님을 향하려는 갈망, 그리고 영원히 기억되시는 주 예수 그리스도를 향한 사랑을 낳습니다. 성경에 이렇게 기록되어 있습니다: "네 이름이 쏟은 향기름 같으므로 처녀들이 너를 사랑하는구나"(아 1:3), "내가 사랑하므로 병이 났음이니라"(아 2:5). 막시무스는 다음과 같이 말합니다: "모든 덕은 정신이 하나님을 향하도록 도와주지만, 으뜸이 되는 것은 순수한 기도입니다. 정신은 기도를 통해서 하나님에게 올라갈 때 모든 것에서 벗어납니다."

~ 58 ~

마음의 눈물과 하나님을 향하려는 갈망에 관하여

그러한 마음은 종종 눈물을 흘리는데, 그 눈물은 사람을 지치게 하거나 마르게 하는 것이 아니라 오히려 깨끗하고 부유하게 해줍니다. 후자는 하나님에 대한 경외심에서 오며, 전자는 영원히 기억되는 주 예수 그리스도를 향한 강한 갈망과 사랑에서 옵니다. 그러므로 황홀한 기쁨에 빠진 영혼은 이렇게 외칩니다: "그리스도여, 주님은 나에게 갈망의 기쁨을 주셨고, 나로 당신을 향하게 하심으로써 변화하게 하셨습니다", "오 나의 구주여, 당신은 나의 갈망이시오, 생각을 초월하는 아름다움이십니다." 그러한 영혼은 바울과 함께 "그리스도의 사랑이 우리를 강권하시는도다"(고후 5:14) ; "누가 우리를 그리스도의 사랑에서 끊으리요···내가 확신하노니 사망이나 생명이나 천사들이나 권세자들이나 현재 일이나 장래 일이나 능력이나 높음이나 깊음이나 다른 어떤 피조물이라도 우리를 우리 주 그리스도 예수 안에 있는 하나님의 사랑에서 끊을 수 없으리라"(롬 8:35, 38, 39).

- 59 -

능력 이상의 것을 구하지 말라는 권면과 마음으로 항
상 주 예수 그리스도를 기억하는 일에 관한 지침

그다음에 임하는 것을 획득하기를 원하는 사람은 다음의 규칙을 고수해야 합니다: "때가 되면 임할 것을 앞질러 구하지 마십시오. 선한 것이라도 행하는 방법이 옳지 못하면 선한 것이 아닙니다." 성 마가는 이렇게 말합니다: "첫 번째 수행을 하기 전에 두 번째 수행을 알려 하는 것은 유익하지 못합니다. '지식은 교만하게 하며 사랑은 덕을 세우나니, 모든 것을 참으며'(고전 8:1; 13:7)." 표면적으로나 외부에서가 아니라 마음 깊은 곳에서 주 예수 그리스도를 항상 기억하기 위해서 노력을 아끼지 말아야 합니다. 성 마가는 이렇게 말합니다: "만일 충분한 영적 소망이 우리 마음의 창고를 열지 못하면, 그 안에 무엇이 있는지 알 수 없고, 우리가 입으로 드리는 제물이 받아들여지는지 아닌지도 알 수 없습니다."

- 60 -

열심에 관하여: 우리 안에 하나님이 나타나심. 그리고
우리에게 스며드는 은혜의 빛에 관하여

영적 완전을 얻기 위해 열심을 내는 사람은 이렇게 함으로써 악한 행위뿐만 아니라 정욕적인 생각과 좋지 않은 상상을 피할 수 있을 것입니다. 성경에 이렇게 기록되어 있습니다: "너희는 성령을 따라 행하라 그리하면 육체의 욕심을 이루지 아니하리라"(갈 5:16). 덕을 향한 열심을 품은 사람은 자신의 감각과 정신 안에서 활동하던 악한 영향력 및 악을 선동하는 귀신들을 태워 없애듯이, 그는 모든 생각과 상상을 멈출 것입니다. 성 이삭은 이렇게 말합니다: "뜨거운 열심을 품고 원수가 심어놓은 가시나무의 뿌리를 제거하는 사람은 귀신들에게 두려움을 불어넣고, 하나님과 그의 천사들을 기쁘게 합니다"(Ch. 8). 그런 사람은 자신을 향한 하나님의 사랑의 증거를 받으며, 자신에게 스며들어 있는 은혜의 빛의 적극적인 나타남과 거룩한 은혜의 내주하심을 받을 것입니다. 그는 기뻐하면서 거룩한 세례의 은혜에 의해 신비하게 주어진 영적 아들의 신분과 고귀한 지위를 회복할 것입니다.

성 이삭은 이것을 다음과 같이 말합니다: "이것이 주님의 말씀에 따라 우리 안에 감추어져 있는 예루살렘이요 하나님의 나라입니다(눅 17:21). 이것은 마음이 깨끗한 사람만 들어가서 주의 얼굴을 볼 수 있는 거룩한 영광의 구름입니다." 우리는 자신의 내면에서 하나님의 나타나심을 구하지 말아야 합니다. 그렇지 않으면 어둠을 빛으로 오해할 수 있습니다.

- 61 -

하나님의 영향력과 원수의 영향력

그러므로 자신이 추구하지 않을 때 정신이 빛을 본다면, 그것을 받아들이지 말고 거부하지도 마십시오. 성 마가는 이렇게 말합니다: "그리스도 안에서 어린아이 같은 사람은 알지 못하는 은혜의 작용이 있습니다. 또 진리와 비슷한 모습을 취하는 악한 세력의 작용이 있습니다. 망상에 빠지지 않으려면 그러한 현상에 대해 너무 깊이 생각하지 않는 것이 좋습니다. 진리를 범하지 않으려면, 그것을 저주하지도 말아야 합니다. 어떤 상황에서든지 유익한 것을 아시는 유일하신 하나님을 의지하는 것이 가장 좋습니다. 그러나 하나님의 뜻대로 가르치고 판단하는 능력과 은혜를 받은 사람에게 조언을 부탁해야 합니다."

- 62 -

잘못이 없는 지혜로운 교사에 관해서

성경에서, 그리고 신적 조명의 경험을 통해서 배웠기 때문에 가르칠 능력이 있는 사람을 발견하면 하나님께 영광을 돌리십시오. 만일 그런 사람을 발견하지 못하면, 이런 것들을 받아들이지 말고, 자신이 그러한 환상을 볼 자격이 없다고 여기고 겸손하고 성실한 마음으로 하나님을 의지하는 것이 좋습니다. 우리는 성경을 통해서, 그리고 성령의 감동으로 말하는 사람, 거짓말을 하지 않는 사람에게서 신비하게 이러한 충고를 받았습니다. 부분적으로 경험을 통해서 배웠습니다.

- 63 -

참 조명과 거짓 조명, 즉 하나님의 빛과 원수의 속이는 빛

교부들은 망상이 없는 조명의 상징과 망상 자체인 조명의 상징을 지적합니다. 라트로스의 폴Paul of Latros은 제자의 질문에 대한 답변에서 이렇게 말했습니다: "원수의 빛은 연기가 자욱한 불길과 같습니다. 정념을 정복하여 깨끗해진 영혼은 그것을 미워하고 혐오합니다. 선한 영의 빛은 선하고 깨끗하며 기쁨을 줍니다. 그것은 우리에게 와서 빛으로 조명해주며 영혼에 기쁨과 평안을 채워 온유하고 긍휼하게 합니다."

~ 64 ~

적절한 상상과 부적절한 상상, 그리고 그것들을 대하는 태도

앞에서 옳지 못한 상상에 대해서 언급했습니다. 이제 그것에 대해서 더 상세하게 이야기하며, 상상에 대해서 전반적으로 이야기하는 것이 유익할 것 같습니다. 옳지 못한 상상은 마음으로 드리는 깨끗한 기도와 정신이 분심되지 않고 일하지 못하게 하는 장애물입니다. 그러므로 교부들은 그것을 자주 다룹니다. 교부들의 말에 의하면 이것은 여러 가지 형태를 취하며 악한 귀신들이 건너다니면서 영혼과 교제하거나 섞이고 영혼을 벌집, 즉 정욕적이고 무익한 생각들의 거처로 만드는 다리 역할을 합니다. 종종 회개와 통회, 애통함과 겸손을 위해서, 특히 이 혼란스러운 상상을 부끄럽게 하려면 이러한 상상을 확실히 몰아내야 합니다. 또 규모 있는 상상으로 그것을 대적하며, 그 둘을 섞어놓아 서로 대적하여 싸우게 함으로써 혼란스러운 상상을 꺾고 승리하게 해야 합니다. 이것은 해를 초래하는 것이 아니라 많은 유익을 줍니다. 흠 없이 선하게 판단하여 처리하면 규모 있는 상상으로 혼란스러운 상상을 죽이며 다윗이 골리앗을 이긴 것처럼 원수에게 치명타를 가할 것입니다(삼상 17:49).

순수한 기도와 단순하고 일치된 행동을 할 때 부적절한 상상뿐만 아니라 적절한 상상도 배제해야 합니다. 그 방법은 어린아이나 초심자에게만 적절합니다. 여러 해 동안 노력하여 진보한 사람은 적절한 상상과 부적절한 상상을 흔적도 남지 않게 몰아내야 합니다. 밀랍이 불 속에서 녹듯이, 정신은 순수한 기도의 작용 아래 영상이 없이 단순하게 하나님께 매달려 자신을 맡기며 하나님과의 연합을 통해서 상상이 사라집니다. 헤시키우스는 이렇게 말합니다: "생각은 정신 안에 감각적인 대상의 영상을 만들어냅니다. 정신적인 세력인 원수는 우리에게 익숙한 감각적인 것을 사용함으로써 우리를 유혹할 수 있습니다"(Ch. 180); "생각은 감각적인 것을 상상함으로써 마음에 들어오므로(또 감각적인 것이 정신적인 것을 방해하므로), 정신이 모든 것에서 해방되고 형태들을 비우면 신의 빛이 정신을 비추어주기 시작합니다. 생각에서 해방되어 깨끗한 정신 안에 이러한 조명이 나타납니다"(Ch. 89). 대 바실도 같은 말을 합니다: "여호와는 사람의 손으로 지은 전에 거하시지 않듯이, 타락한 영혼을 성벽처럼 둘러싸고 모습을 드러내는 상상이나 정신적인 구조물(환상) 안에 거하시지 않습니다. 따라서 직접 진리를 바라보면서도 거울이나 점치는 것에 의존하는 것은 무익한 일입니다." 에바그리오스는 이렇게 말합니다: "하나님이 거하신다고 인정되는 곳에서 하나님이 알려집니다. 그런 까닭에 깨끗한 정신을 하나님의 보좌라고 부릅니다. 하나님의 생각은 정신 안에 영상을 남기는 생각 안에서 발견되는 것이 아니라 영상을 남기지 않는 생각 안에서 발견됩니다. 그러므로 기도하는 사람은 정신에 영상을 새기는 생각을 몰아내기 위해서 모든 방법을 동원해야 합니다."

막시무스는 디오니시우스의 글을 주석하면서 이렇게 말합니다: "상상은 생각이나 생각하는 것과는 다릅니다. 그것들은 서로 다른 요인에 의해서 만들어지며, 움직임의 특성도 각기 다릅니다. 생각은 정신의 작용 또는 산물입니다. 반면에 상상은 정념의 열매, 감각적인 것이나 감각적인 것처럼 보이는 것을 나타내는 영상의 흔적입니다. 그러므로 하나님과의 관계에서는 상상을 허락해서는 안 됩니다. 왜냐하면, 하나님은 정신을 초월하시는 분이시기 때문입니다."

대 바실은 이렇게 말합니다: "외적인 사물들 가운데 흩어지지 않으며 감각에 의해 세상을 이리저리 배회하지 않는 정신은 자체에 돌아오며, 자체에서부터 하나님의 생각으로 올라갑니다. 이 아름다움에 따라 조명된 정신은 본성 자체를 망각합니다."

이것을 아는 사람은 하나님의 도움을 받아 매시간 환상이나 상상이나 영상이 없이 완전한 정신과 영혼과 마음으로 기도해야 합니다. 성 막시무스는 이에 대해서 다음과 같이 말합니다:

~ 66 ~

정신과 영혼과 마음의 완전함과 깨끗함에 관하여

깨끗한 정신에 관하여: "무지에서 해방되어 하나님의 빛의 조명을 받는 정신은 깨끗합니다."

깨끗한 영혼에 관하여: "정념에서 해방되고 하나님의 사랑 때문에 끊임없이 기뻐하는 영혼은 깨끗합니다."

깨끗한 마음에 관하여: "형태나 영상이 없는 기억을 하나님께 바치는 마음은 하나님에게서 오는 영상만 받을 준비가 되어 있으며, 하나님은 그것에 의해서 자신을 더 자주 나타내십니다."

완전한 정신에 관하여: "지식을 초월하시는 하나님에 대한 지식을 믿음으로 받고, 하나님의 피조물을 조사해보고 하나님의 섭리와 피조물 안에 나타난 하나님의 판단을 받은 정신은 완전합니다."

완전한 영혼에 관하여: "갈망하는 힘이 하나님만 향할 때 영혼은 완전합니다."

완전한 마음에 관하여: "사물이나 영상을 향한 본성적인 충동을 갖지 않은 마음은 완전합니다. 마음은 잘 연마된 돌판과 같습니다. 하나님은 깨끗한 돌판에 하나님의 법을 새기십니다."

여기에 다음과 같은 말을 추가할 수 있습니다:

깨끗한 정신에 관하여: 성 디아도쿠스는 "정신을 깨끗하게 하는 것은 성령의 일"이라고 말합니다. 사다리의 요한은 "정신의 방황을 멈추게 하는 것은 성령의 일"이라고 말합니다. 성 네일로스는 이렇게 말합니다: "자기의 정신의 참모습을 보려면 생각에서 벗어나야 합니다. 그렇게 하면 사파이어나 천국의 모습 같은 그것을 볼 것입니다"; "정신은 기도하는 동안에 성 삼위일체의 빛이 나타나는 천국의 높은 고지입니다." 성 이삭은 이렇게 말합니다: "정신이 옛 아담을 버리고 은혜의 새 사람을 입으면, 천국의 모습 같은 깨끗함을 볼 것입니다. 그것이 하나님께서 산 위에 나타나셨을 때 이스라엘 자녀들의 장로들이 하나님의 장소라고 부른 것입니다"(Ch. 16).

공상이나 영상이 없이 깨끗하게 기도하는 사람은 성도들의 발자취를 따라 앞으로 나아갈 것입니다. 그렇지 않은 사람은 헤시카스트가 아닌 몽상가가 될 것이며, 포도가 아닌 가시를 수확할 것입니다.

- 67 -

선지자들이 영상에 의해서 환상을 본 방법

선지자들이 본 이상과 영상과 계시 등이 공상이었고 자연 질서에 속하는 것이었다고 가정하는 사람은 자신이 진리에서 멀리 떨어져 있음을 깨달아야 합니다. 과거의 선지자들과 우리 시대의 거룩한 은수사들은 자연 질서나 자연법에 따른 것이 아니라 자연을 초월하는 거룩한 방식으로 환상을 보았습니다. 그들이 본 환상은 성령의 은혜와 능력에 의해서 만들어진 것이었습니다. 대 바실은 이렇게 말합니다: "선지자들의 정신이 분심되지 않고 깨끗할 때 형언할 수 없는 능력이 그들의 정신에 영상을 주었고, 그들은 내면에서 발언 되는 하나님의 말씀을 들었습니다"; "선지자들은 성령의 활동 때문에 환상을 보았습니다. 성령이 그들의 정신에 탁월한 영상을 남겼습니다." 신학자 그레고리Gergory the Theologian는 이렇게 말합니다: "성령은 먼저 천사들의 세력들 안에서 활동하셨고, 그다음에 하나님을 보거나 알고 있는 선지자들과 교부들 안에서 활동하셨습니다. 그리고 성령에게서 영상을 받은 탁월한 정신의 소유자들은 미래를 예시했습니다."

- 71 -

깨끗한 기도에 대하여

성 네일로스는 이렇게 말합니다: "기도하는 동안 정신을 귀머거리와 벙어리로 만드십시오. 그렇게 하면 제대로 기도할 수 있습니다"(On Prayer, Ch. 11): "기도하는 동안 영상이나 공상도 없이 유지할 수 있는 정신은 복됩니다"(ibid. Ch. 117). 필로테우스는 이렇게 말합니다: "고요한 정신을 가진 사람을 찾기가 어렵습니다. 이것이 자신을 하나님의 은혜로 이끌어 가서 그곳에서 흘러나오는 영적인 위로로 채우기 위해서 가능한 모든 수단을 사용하는 사람의 특성입니다." 대 바실은 이렇게 말합니다: "영혼 안에 하나님 기억을 적극적으로 심는 기도가 올바른 기도입니다. 마음에 하나님이 거하신다는 것은 기억으로 하나님을 내면에 확고하게 심어놓는 것을 의미합니다. 그때 이 기억은 세상 염려의 방해를 받지 않으며, 정신은 정욕적인 충동 때문에 어지럽혀지지 않습니다. 하나님을 사랑하는 사람은 모든 것에서 도망하여 하나님에게 갑니다.

- 72 -

정신의 무정념은 참된 기도와 다릅니다. 후자가 전자보다 훨씬 더 고귀합니다. 성 막시무스는 "정신이 다양하고 많은 관상을 행하지 않은 채 바르게 활동하는 것만으로는 정념에서 벗어날 수 없습니다"고 말합니다. 그러나 네일로스에 의하면 정신이 정념에서 벗어나고서도 참된 기도를 소유하지 못하고 여러 가지 생각 때문에 분심되어 하나님에게서 멀리 머물 수 있습니다. 네일로스는 이에 관해서 이렇게 말합니다: "무정념을 성취한 사람들 모두가 참된 기도를 소유하지는 않습니다. 그런 사람도 여전히(사물에 애착하는 정욕적인 움직임은 없지만, 사물에 대한) 단순한 생각에 사로잡히고 그것들의 이야기(또는 그것들의 영상들과 다양한 관계들) 때문에 분심되어 하나님에게서 멀어질 수 있습니다"(Ch. 56); "그러나 정신이 사물에 대한 단순한 생각에 매달려 있지 않다는 것이 기도의 장소를 발견했음을 의미하지는 않습니다. 왜냐하면, 정신이 이러한 것들에 관한 (철학적) 사변에 사로잡혀 그것들의 우연한 관계들을 생각하고 있을 수도 있기 때문입니다. 이 모든 것이 추상개념들이지만 사물에 대한 생각이므로 정신에 영상을 남기고 정신을 하나님에게서 멀어지게 합니다 (정신은 기도하는 것이 아니라 철학적으로 사색합니다: 이것은 학자의 상태입니다)"(Ch. 57).

사다리의 요한은 이렇게 말합니다: "참으로 기도하는 방법을 배운 정신의 소유자는 왕의 귀를 소유한 사람처럼(즉 가장 신뢰받고 가까운 종들처럼) 주님과 대면하여 대화합니다."

위의 말들을 토대로 두 가지 방식의 삶과 행동의 차이점을 이해하고 비교할 수 있습니다. 하나는 위로부터 오는 영향력 아래 사는 삶이고, 나머지 하나는 인간의 능력에 의해 조직되는 삶입니다. 전자의 활동은 학습과 다양한 정신적 사색이요, 후자의 활동은 참된 기도입니다. 정신의 무정념과 참된 기도는 서로 다릅니다. 참된 기도를 소유한 사람은 무정념의 정신을 소유하지만 무정념의 정신을 소유한 사람이 참된 기도를 소유한다고 말할 수 없습니다.

정신의 상상과 공상, 그리고 영적 망상의 표식과 진리의 표식에 관하여

영적 망상의 표식: 침묵하며 오로지 하나님과 함께 있기를 원하면서도 내면이나 외부에서 그리스도나 천사나 성인의 모습이나 빛나는 형상 등 감각적인 것이나 정신적인 것을 본다면 그것을 받아들이지 마십시오. 경험이 있는 사람에게 질문하기 전에는 비록 그것이 선한 것이라도 믿지 마십시오. 그것이 가장 실질적이고 유익하며 하나님이 기뻐하시는 행동입니다. 정신에서 색깔, 영상, 형태, 특성, 모습 등을 비우고 기도하는 내용에만 귀를 기울이며, 내적인 마음의 움직임 속에서 그것들에 관해 곰곰이 생각하고 배우십시오. 사다리의 요한은 이렇게 말합니다: "기도의 출발점은 생각이 나타나는 즉시 몰아내는 것입니다. 기도의 중간 단계는 우리가 생각하거나 말하는 기도의 표현에 정신을 담아두는 것입니다. 기도의 완성은 주님께 매료되는 것입니다"(Ch. 28). 성 네일로스는 이렇게 말합니다: "완전한 사람이 드리는 최고의 기도는 정신이 매료되어 감각적인 것을 초월하는 것입니다. 그때 하나님 앞에서 '성령이 말할 수 없는 탄식으로 우리를 위하여 친히 간구하십니다'(롬 8:26). 하나님은 우리 마음을 펼친 책처럼 들여다보시며 그 안에 기록된 소리 없는 기호들에 의해서 마음의 소원을 암시해주십니다. 사도 바울은 '셋째 하늘에 이끌려' 갔습니다. '그가 몸 안에 있었는지 몸 밖에 있었는지 나는 모릅니다'(고후 12:2). 베드로는 '기도하려고 지붕에 올라갔다가' 환상을 보았습니다(행 10:9). 이것보다 낮은 기도의 단계는 통회하는 정신이

기도의 대상을 의식하면서 단어들을 발음하는 것입니다. 그러나 육신의 염려 때문에 방해를 받고 그것과 섞인 기도는 기도하는 사람에게 어울리는 단계가 아닙니다." 정욕적인 정신이 정복되지 않은 한 아무것도 받아들이지 말고 경험이 있는 사람에게 질문하십시오.

진리의 표식: 진리의 표식, 생명을 주는 성령의 표식은 다음과 같습니다: "사랑, 희락, 화평, 오래 참음, 자비, 양선, 충성, 온유, 절제"(갈 5:22). 바울은 이 덕들을 성령의 열매라고 부릅니다. 그는 다른 곳에서 이렇게 말합니다: "빛의 자녀들처럼 행하라 빛의 열매는 모든 착함과 의로움과 진실함에 있느니라"(엡 5:8, 9). 이것과 반대되는 것은 망상의 속성입니다. 하나님의 지혜를 가진 사람은 질문을 받고서 이렇게 대답합니다: "사랑하는 형제여, 당신은 구원에 이르는 바른길에 관해 질문하셨습니다. 생명으로 인도하는 길이 많고 사망으로 인도하는 길도 많습니다. 생명으로 인도하는 하나의 길은 그리스도의 계명을 지키는 것입니다. 이 계명 안에서 모든 종류의 덕, 겸손과 사랑과 자비를 발견할 것인데, 이것들이 없으면 주님을 보지 못할 것입니다. 이 세 가지는 마귀를 대적하는 확실한 무기입니다. 성 삼위께서는 우리에게 겸손과 사랑과 자비를 주셨습니다. 마귀의 군대는 그것을 보지도 못합니다. 그것들은 겸손을 가지고 있지 않으며, 허영으로 눈이 멀었기 때문에 영원한 지옥 불이 그들을 기다립니다. 인류를 증오하며 밤낮으로 끊임없이 공격하는 그들에게 사랑이나 자비가 있겠습니까? 그러므로 우리는 이 무기들을 사용해야 합니다. 이 무기들을 사용하는 사람은 원수에게 잡히지 않습니다.

성 삼위께서 우리를 위해 만드신 이 세 가닥으로 된 밧줄은 셋인 동시에 하나입니다. 명칭과 형태는 셋이지만, 능력과 작용, 우리를 하나님께서 이끌어가고 하나님을 향한 열정을 주며 하나님께 복종하도록 도와주는 일에서 하나입니다. 주님은 그것들에 대해서 이렇게 말씀하십니다: '내 멍에는 쉽고 내 짐은 가벼움이라' (마 11:30). 주님의 사랑받는 제자는 '그의 계명들은 무거운 것이 아니로다' (요일 5:3)라고 말합니다. 그러므로 깨끗하게 살고 계명을 지키고 이 세 가지 무기를 취함으로써 하나님과 동화된 영혼은 하나님으로 옷 입게 되며, 겸손과 자비와 사랑을 통해서 하나님처럼 됩니다. 영혼은 유형적인 이원성을 초월하고 율법의 완성인 사랑 너머로 올라가서 빛을 받아들이는 빛에 의해서 초본질적이고 생명을 주시는 삼위일체와 연합하고 직접 대화하며, 한결같고 영원한 기쁨을 누립니다."

지금까지 영적 망상, 그리고 진리의 상징과 열매를 부분적으로 지적했습니다. 이제는 이것들이 주는 위로에 관해서 교부들의 말을 인용하여 설명하겠습니다. 즉 은혜에서 오는 거룩한 위로와 원수에게서 오는 거짓 위로에 관해서 이야기하겠습니다. 디아도쿠스는 그것들에 대해서 다음과 같이 말합니다:

거룩한 위로와 거짓 위로

"정신이 성령의 위로를 느끼기 시작하면, 사탄은 영혼이 밤에 쉬는 동안, 잠이 들기 시작하여 기분 좋게 느낄 때 영혼 안에 사탄의 위로를 슬그머니 밀어 넣습니다. 그 순간에 정신이 주 예수 그리스도의 이름을 기억하고 그것을 망상을 대적하는 무기로 사용하면, 이 교활한 미혹자는 즉시 물러가지만, 마지막에는 (생각을 사용하는 대신에) 그의 인격으로 영혼을 공격합니다. 그러므로 영혼은 악한 자의 기만적인 망상을 정확히 분별하고 영적인 것을 분별하는 한층 더 큰 경험을 하게 됩니다"(Ch. 31).

"육신이 깨어 있을 때나 잠이 들어 사랑으로 하나님을 기억하면서 매달릴 때 복된 위로가 우리에게 임합니다. 거짓 위로는 우리가 약간 졸린 상태에서 하나님을 강력하게 기억하지 못할 때 임합니다. 하나님에게서 오는 위로는 의를 얻기 위해 노력하는 사람의 영혼을 풍부한 감정의 발로 속에서 하나님 사랑을 향해 움직이게 합니다. 사탄에게서 오는 위로는 망상의 바람으로 영혼을 선동합니다. 또 정신이 어느 정도 깨어 하나님을 기억하지만, 육신이 잠든 동안 기분 좋은 것을 맛보게 함으로써 감정을 사로잡으려 합니다. 그럴 때 맑은 정신으로 주 예수를 기억하면, 원수가 내쉬는 기분 좋은 것처럼 보이는 숨이 즉시 사라지며, 정신은 칭찬받을 만한 영적 경험 안에서 은혜에 의해 그것을 대적하는 무기를 받아 그것을 장악하게 됩니다"(Ch. 32).

"영혼이 망설이거나 헛된 꿈을 꾸지 않고 거룩한 사랑의 불길로 타오르며 육신을 형언할 수 없는 깊은 사랑 속에 끌어들이는 것, 거룩한 은혜의 영향을 받는 사람이 깨어 있을 때나 잠들 때 자신이 갈망하는 것 외에 다른 것을 생각하지 않는 것은 성령의 작용입니다. 이 말할 수 없이 거룩한 달콤함의 의식이 차고 넘쳐흐르게 된 영혼은 다른 것을 생각하지 못하고 무한히 기뻐합니다. 만일 이렇게 고무된 정신이 의심이나 더러운 생각의 공격을 받을 때 하나님 사랑에 의해서만 나아가지 않고 주님의 거룩한 이름을 악을 대적하는 무기로 사용한다면, 그가 누리는 위로는 미혹자에게서 오는 것이요 망상에 불과합니다. 그러한 기쁨은 외부로부터 오는 것이며, 영혼의 특성도 아니고 영속적인 성향도 아닙니다. 원수는 영혼이 간음하게 하려 합니다. 만일 정신이 자신의 느낌에 대한 확실한 경험을 나타내기 시작하면, 원수는 영혼이 선한 것처럼 보이는 위로에 현혹되어 자신이 미혹자와 섞이고 있음을 분별하지 못하기를 바라면서 선한 것처럼 보이는 위로로 영혼을 위로하려 합니다. 이러한 표식들에 의해서 '진리의 영과 미혹의 영'(요일 4:6)을 식별할 수 있습니다. 그러나 은혜가 정신 깊은 곳에 거한다는 것을 알지 못하는 사람은 하나님의 선하심을 느낄 수 없고 귀신들의 뻔뻔스러움을 경험할 수도 없습니다. 한편 악한 영들은 마음의 지체들 주위에 둥지를 틉니다. 귀신들은 정신이 이 지식을 확실하게 소유하고 하나님에 대한 기억에 의해서 그들을 대적하여 무장하지 못하게 하려고, 이 지식을 획득하는 것을 강력하게 반대합니다"(33).

이것에 대한 정보를 충분히 다루었습니다. "너는 꿀을 보거든 족하리만큼 먹으라 과식함으로 토할까 두려우니라"(잠 25:16)라고 말한 지혜자의 충고처럼 그 정도에 만족하여지기 바랍니다.

- 75 -

마음에서 솟아나는 거룩한 기쁨에 대해서

꿀을 먹어본 적이 없는 사람에게 꿀의 단맛을 어떻게 설명하겠습니까? 거룩한 기쁨과 살아있는 기쁨의 초본질적인 샘, 깨끗한 마음의 기도에서 흘러나오는 기쁨을 맛보지 못한 사람에게 그것을 설명하는 것은 그보다 훨씬 더 어렵습니다. 인자이신 예수님은 이렇게 말씀하십니다: "내가 주는 물을 마시는 자는 영원히 목마르지 아니하리니 내가 주는 물은 그 속에서 영생하도록 솟아나는 샘물이 되리라"(요 4:14); "누구든지 목마르거든 내게로 와서 마시라 나를 믿는 자는 성경에 이름과 같이 그 배에서 생수의 강이 흘러나오리라 하시니 이는 그를 믿는 자들이 받을 성령을 가리켜 말씀하신 것이라"(요 7:37-39). 바울은 다음과 같이 말합니다: "하나님이 그 아들의 영을 우리 마음 가운데 보내사 아빠 아버지라 부르게 하셨느니라"(갈 4:6).

- 76 -

이 영적 달콤함에는 여러 가지 표식이 있지만 이름은 없습니다. 이 영적 달콤함, 초본질적인 생명의 샘은 본질적인 빛과 광채, 상상할 수 없는 아름다움, 갈망 중의 갈망, 하나님에 대한 지식과 신화神化와 같은 것입니다. 그것은 어느 정도 경험해도 표현할 수 없고, 어느 정도 지식이 있어도 일부를 알 수 없으며, 어느 정도 이해한 후에도 일부는 불가해합니다.

디오니시우스는 그것에 대해서 이렇게 말합니다: "우리는 빛을 초월하는 이 어둠에 들어가기 위해서, 그리고 보지 않음의 상태non-vision와 알지 못함의 상태non-knowledge를 통해서 시각과 지식을 초월하시는 분을 보고 알기 위해서, 즉 그분의 불가시성과 불가지성을 보고 알기 위해서 기도합니다. 이것은 그분 안에 있는 피조된 특성을 부인함으로써 초본질적인 것을 보고 알며, 초본질적으로 그분을 노래하는 것입니다"; "신적 어둠은 접근할 수 없는 빛입니다. 우리는 초본질적으로 빛나기 때문에 접근할 수 없고, 측량할 수 없이 나타나시기 때문에 볼 수 없는 하나님이 그 안에 사신다고 고백합니다. 하나님을 보는 것과 아는 것을 허락받은 사람은 이 어둠 속에 거합니다. 그것은 그가 참으로 보거나 알지 못하기 때문인데, 그때 그는 자신이 시각과 지식을 초월하시는 분 안에 있음을 발견하며 그분이 정신과 감각으로 인식할 수 있는 것의 한계를 초월하신다는 것을 깨닫습니다."

대 바실은 이렇게 말합니다: "번개처럼 번쩍이는 하나님의 아름다움은 표현할 수 없고 묘사할 수 없으며, 말로 표현할 수 없고 귀로 들을 수 없습니다. 우리가 새벽의 밝음이나 달빛의 깨끗함이나 햇빛의 찬란함에 이름을 붙인다 해도, 그것들은 참빛의 영광과 비교될 수 없으며, 깊은 밤과 어둠이 한낮의 밝은 빛에서 먼 것처럼 멀리 제거됩니다. 육신의 눈으로 볼 수 없고 오직 영혼과 생각만 접근할 수 있는 이 아름다움의 조명을 받아 견딜 수 없이 뜨거운 갈망의 상처를 입은 사람은 세상 생활에 싫증을 느껴 다음과 같이 소리칩니다: '메섹에 머물며 게달의 장막 중에 머무는 것이 내게 화로다'(시 120:5); '내가 어느 때에 나아가서 하나님의 얼굴을 뵈올까'(시 42:2); '내가 그 둘 사이에 끼었으니 차라리 세상을 떠나서 그리스도와 함께 있는 것이 훨씬 더 좋은 일이라나'(빌 1:23); '내 영혼이 하나님 곧 살아 계시는 하나님을 갈망하나니'(시 42:2); '주재여 이제는 말씀하신 대로 종을 평안히 놓아 주시는도다'(눅 2:29). 거룩한 갈망에 접촉한 영혼을 가진 사람이 감옥에 갇힌 사람처럼 현세의 삶의 압박을 받으면서 하나님을 향해 기울이는 노력은 대단한 것이었습니다. 그는 하나님의 아름다움을 보려는 충족되지 않는 갈망 때문에 하나님의 아름다움을 보는 일이 영원히 지속하기를 기도했습니다"(vol. 5, p. 100).

신학자 시므온은 이렇게 말합니다: "두려움이 있으면 계명을 지킵니다. 계명을 지키면 육신이 정화됩니다. 즉 영혼을 덮어 거룩한 광선을 분명히 보지 못하게 하는 구름이 제거됩니다. 육신이 정화되면 빛이 솟아나오며, 빛이 비치면 모든 갈망을 초월하는 갈망이 성취됩니다."

니케아의 그레고리는 이렇게 말합니다: "선한 삶을 향한 열정이 마음의 더러움을 씻어버리면, 경건한 아름다움이 당신 안에서 빛날 것입니다. 녹슨 쇠를 연마하여 녹을 제거하면 빛나고 반짝이며 햇빛을 반사하듯이, 악한 자의 더러움 때문에 눈동자에 낀 더러운 것을 제거한 우리의 속사람도 원래의 형상을 되찾습니다."

성 네일로스는 "기도와 뗄 수 없는 하나님의 불가해성을 이해한 사람은 복된 사람입니다"고 말합니다. 사다리의 요한은 이렇게 말합니다: "깊은 슬픔은 위로를 낳고, 깨끗한 마음은 조명을 받습니다. 이 조명은 보지 않고 보며 앎이 없이 알게 해주시는 성령의 작용입니다"(Ch. 7, 55).

그러므로 마리아처럼 좋은 편, 즉 영적인 생활방식을 선택한 사람, 그리하여 기쁨이 가득한 거룩한 운명을 허락받아서 바울처럼 외칠 수 있는 사람은 세 배나 복됩니다: "우리 구주 하나님의 자비와 사람 사랑하심이 나타날 때에 우리를 구원하시되 우리가 행한 바 의로운 행위로 말미암지 아니하고 오직 그의 긍휼하심을 따라 중생의 씻음과 성령의 새롭게 하심으로 하셨나니 우리 구주 예수 그리스도로 말미암아 우리에게 그 성령을 풍성히 부어 주사 우리로 그의 은혜를 힘입어 의롭다 하심을 얻어 영생의 소망을 따라 상속자가 되게 하려 하심이라"(딛 3:4-7); "우리를 너희와 함께 그리스도 안에서 굳건하게 하시고 우리에게 기름을 부으신 이는 하나님이시니 그가 또한 우리에게 인치시고 보증으로 우리 마음에 성령을 주셨느니라"(고후 1:21, 22); "우리가 이 보배를 질그릇에 가졌으니 이는 심히 큰 능력은 하나님께 있고 우리에게 있지 아니함을 알게 하려 함이라"(고후 4:7).

하나님의 조명을 받은 사람들은 위와 같이 말합니다. 우리가 그들의 기도의 도움을 받아서 부분적으로나마 그들처럼 하나님의 자비와 은혜에 의해서 살기를 기원합니다.

- 77 -

침묵을 실천하려는 사람은 마음이 온유해야 합니다. 우리가 무엇보다 먼저 또는 모든 것과 함께 알아야 할 것이 있습니다. 화살 쏘는 법을 배우려는 사람은 과녁이 있을 때만 활시위를 당겨야 하듯이, 침묵의 실천을 배우려는 사람은 온유한 마음을 과녁으로 삼아야 합니다. 이시도어 St. Isidore는 이렇게 말합니다: "덕을 위해 노력하는 것만으로는 부족합니다. 덕을 위해 노력할 때 적절한 한도를 지키는 것(또는 한 종류의 일이나 행동을 다른 일이나 행동과 연결하는 것)이 중요합니다. 예를 들면 온유함을 실천하다가 어떤 반항적인 움직임 때문에 그것을 중지한다면, 그것은 우리가 구원을 원하면서도 그것으로 인도해주는 일을 행하려는 소원을 품

고 있지 않음을 의미합니다." 이시도어보다 훨씬 이전에 다윗은 "온유
한 자를 정의로 지도하심이여 온유한 자에게 그의 도를 가르치시리로
다"라고 말했습니다(시 25:9). 시락은 "하느님은 당신의 오묘함을 겸손한
사람에게만 드러내신다"고 말했습니다(집회서 3:19). 가장 사랑스러우신 예
수님은 이렇게 말씀하십니다: "나는 마음이 온유하고 겸손하니 나의 멍
에를 메고 내게 배우라 그리하면 너희 마음이 쉼을 얻으리니"(마 11:29);
"온유한 자는 복이 있나니 그들이 땅을 기업으로 받을 것임이요"(마 5:5).
땅은 마음을 의미합니다. 그 마음은 장차 하나님의 은혜로 열매를 맺을
것이며(초심자와 진보한 사람과 완전한 사람의 지위에 따라 어떤 사람의 마음은 삼십
배, 어떤 사람의 마음은 육십 배, 또 어떤 사람은 백 배의 열매를 맺을 것입니다), 의와
관련된 것이 아니면 결코 괴로워하거나 괴롭힘을 당하지 않을 것입니
다. "무릇 마음이 가난하고 심령에 통회하며 내 말을 듣고 떠는 자 그 사
람은 내가 돌보려니와"(사 66:2).

- 78 -

온유함을 얻는 방법; 영혼의 세 가지 능력(도발적인 능
력, 갈망하는 능력, 그리고 추론하는 능력)에 대하여

만일 당신이 자신에게서 모든 것을 내쫓고 영혼이 사랑을 향하도록
압박한다면, 만일 당신이 말을 적게 하고 음식을 삼가며 항상 기도한다
면, 당신은 쉽게 노염을 없애고 온유해질 수 있을 것입니다. 교부들은
이렇게 말했습니다: "영혼의 도발적인 부분을 사랑으로 억제하십시오.
금욕함으로써 갈망하는 능력을 정복하고, 기도로 추론하는 부분에 날

개를 달아주십시오. 그리하면 당신의 정신의 빛이 흐려지지 않을 것입니다"; "노염을 억제하는 고삐는 시기적으로 적절한 침묵이요, 어리석은 욕망을 억제하는 고삐는 빈약한 음식이요, 통제되지 않는 생각을 제어하는 고삐는 성실한 기도입니다"; "세 가지 덕은 정신을 드러내 줍니다. 사람들에게서 악한 의도를 보지 말고, 당신에게 닥치는 모든 일을 당황하지 않고 참고 견디며, 악을 행하는 사람에게 선을 행하십시오. 이 세 가지 덕은 한층 더 큰 세 가지 덕을 낳습니다. 악한 의도를 보지 않는 것은 사랑을 낳고, 닥치는 일을 참고 견디는 것은 온유함을 낳고, 악을 행하는 사람에게 선을 행하는 것은 화평을 낳습니다"; "수도사에게 필요한 것이 세 가지입니다. 첫째는 행동으로 죄를 범하지 않는 것이요, 둘째는 정욕적인 생각이 영혼 안에 머물지 못하게 하는 것이요, 셋째는 여인의 얼굴이나 당신에게 죄를 범한 사람의 얼굴에 나타난 정신을 정념이 없이 들여다보는 것입니다."

- 79 -

실수한 후 속히 회개함으로써 또 다른 유혹에 대비하여 자신을 튼튼하게 해야 합니다. 이따금 불안하거나 어떤 충동이 생기거나 해야 할 일을 하지 않는 일이 발생하면, 즉시 그것을 바로잡아야 합니다. 만일 어떤 사람이 당신의 기분을 상하게 하거나 당신이 어떤 사람의 기분을 상하게 했다면, 속히 화해해야 합니다. 이 목적을 위해서 마음으로 회개하고 눈물을 흘리며 울고, 매사에 당신 자신을 탓해야 합니다. 그리하여 장래를 대비하여 자신을 튼튼하게 한 후에 지혜롭게 자신에게 집중해야 합니다. 예수님은 이렇게 가르치십니다: "예물을 제단에 드리려다가 거기서 네 형제에게 원망들을 만한 일이 있는 것이 생각나거든 예물을 제단 앞에 두고 먼저 가서 형제와 화목하고 그 후에 와서 예물을 드리라"(마 5:23, 24). 바울은 이렇게 말합니다: "너희는 모든 악독과 노함과 분냄과 떠드는 것과 비방하는 것을 모든 악의와 함께 버리고 서로 친절하게 하며 불쌍히 여기며 서로 용서하기를 하나님이 그리스도 안에서 너희를 용서하심과 같이 하라"(엡 4: 31, 32); "분을 내어도 죄를 짓지 말며 해가 지도록 분을 품지 말라"(엡 4:26); "너희가 친히 원수를 갚지 말고 하나님의 진노하심에 맡기라"(롬 12:19); "악에게 지지 말고 선으로 악을 이기라"(롬 12: 21). 이 말씀들은 화해 대해서 성경에 기록된 것들입니다.

~ 80 ~

잘못을 범하는 것과 회개

성 이삭은 작은 잘못에 대해서 다음과 같이 말합니다: "우리는 작은 잘못 때문에 슬퍼하기보다는 그 안에서 무감각해지는 것을 슬퍼해야 합니다. 완전한 사람도 종종 잘못을 범하지만, 같은 잘못 안에서 무감각해지는 것은 완전한 죽음을 의미합니다. 우리가 잘못을 범했을 때 느끼는 슬픔은 은혜로 말미암아 깨끗한 행위로 간주됩니다. 그러나 회개를 의지하고서 같은 잘못을 다시 범하는 사람은 하나님께 정직하지 못한 사람입니다. 그러므로 사망은 그가 바라던 덕행을 성취할 시간을 주지 않고 경고 없이 그를 공격할 것입니다"(Ch. 90); "하루 24시간 동안 항상 회개가 필요하다는 것을 깨달아야 합니다. '회개'라는 단어는 '지칠 줄 모르고 하나님께 청원하며, 통회의 기도로 하나님께 이야기하면서 과거를 묵과해주실 것을 청하는 것'을 의미합니다. 그것은 미래를 보호하는 것에 관한 관심이기도 합니다"(Ch. 47); "세례의 은혜에 추가되는 은혜로 회개가 주어졌습니다. 회개는 하나님에게서 오는 두 번째 탄생입니다. 그 은사, 우리가 믿음에 의해 받은 것에 대한 약속이 회개 때문에 획득됩니다. 회개는 구하는 사람에게 열리는 문, 자비로 들어가는 문입니다. 이 문을 통해서 하나님의 자비 안에 들어갑니다. 다른 문을 통해서는 이 자비를 발견할 수 없습니다. 성경은 '모든 사람이 죄를 범하였으매 하나님의 영광에 이르지 못하더니 그리스도 예수 안에 있는 속량으로 말미암아 하나님의 은혜로 값없이 의롭다 하심을 얻은 자 되었느니라'라고 말합니다(롬 3:23, 24). 회개는 두 번째 은혜인데, 마음 안에서 믿음과 두려움에서 태어납니다. 두려움은 아버지의 매로서 우리가 영적 낙원을 획득할 때까지 우리를 다스립니다. 우리가 영적 낙원을 획득하면, 두려움이 우리에게서 떠나갑니다. 낙원은 하나님의 사랑으로서 모든 복을 누리게 해줍니다"(Ch. 83); "배가 없으면 바다를 건널 수 없듯이, 두려움이 없으면 사랑을 획득할 수 없습니다. 우리와 내면의 낙원 사이에 놓인 고약한 냄새가 나는 바다는 회개의 배를 타고 두려움이라는 노를 저어야 건널 수 있습니다. 만일 두려움으로 회개의 배를 추진하여 이 세상의 바다를 건너 하나님께 접근하지 않는다면, 우리는 이 냄새 나는 바다에 빠질 것입니다"(Ch. 83).

회개, 두려움, 사랑, 애통함, 눈물, 자책 등에 관하여

성 이삭은 다음과 같이 말합니다: "회개는 배요, 두려움은 배의 조타수이며, 사랑은 거룩한 항구입니다. 두려움이 우리를 회개의 배에 타게 하고, 인생이라는 냄새 나는 바다를 건너서 거룩한 항구, 즉 사랑에 데려갑니다. 회개의 무거운 짐을 지고 수고하는 모든 사람이 이 항구로 옵니다. 사랑을 얻은 사람이 하나님께 도착하면 항해가 끝납니다. 왜냐하면, 우리는 아버지와 아들과 성령이 거하시는 다른 세계의 섬에 도착했기 때문입니다"(Ch. 83).

하나님을 찾는 슬픔에 대해서 주님은 "애통하는 자는 복이 있나니 그들이 위로를 받을 것임이요"(마 5:4)라고 말씀하십니다. 성 이삭은 눈물에 대해서 이렇게 말합니다: "기도하는 동안 흘리는 눈물은 회개하는 영혼에 주어지는 하나님 자비의 상징입니다. 그것은 기도가 받아들여졌고 눈물 때문에 깨끗한 영역에 들어가기 시작했다는 것을 나타내는 상징입니다. 만일 사람이 세속적인 생각에서 벗어나지 못했다면, 만일 세상의 희망을 버리며 세상을 멸시하지 않는다면, 만일 이 세상으로부터의 의로운 이별을 준비하지 않으며 장차 자기를 기다리고 있는 것을 생각하지 않는다면, 그는 눈물 흘릴 수 없을 것입니다. 눈물은 분심됨이 없이 깨끗하게 하나님을 생각하는 것, 빈번하고 확고하게 내면에 거하는 생각, 정신 속에서 발생하는 미묘한 것에 대한 기억, 마음에 슬픔을 가져다주는 기억 등으로부터 한없이 흘러나옵니다"(Ch. 30).

사다리의 요한은 이렇게 말합니다: "불이 나무를 태우듯이, 깨끗한 눈물이 눈에 보이는 더러움과 정신적인 더러움을 태웁니다"(Ch. 7); "우리는 영원으로 들어가는 문을 깊이 생각하는 데서 생겨나는 망상이 없는 깨끗한 눈물을 얻기 위해 노력해야 합니다. 그러한 눈물이 있으면 약탈이나 자화자찬이 없고 오직 죄와 정욕을 깨끗이 해주는 하나님의 사랑 안에서의 정화와 진보만 있습니다"(ibid); "정념에서 완전히 정화되기 전에는 당신의 눈물의 근원을 신뢰하지 마십시오. 방금 포도주 틀에서 나온 포도주는 신뢰할 수 없는 법입니다"(ibid.); "두려움에서 나오는 눈물은 두려움에 의해 보존됩니다. 그러나 마음에 큰불이 붙지 않는 한 사람을 사랑하는 데서 생겨나는 눈물은 쉽게 사라집니다. 두려움 때문에 흘리는 눈물이 사랑 때문에 흘리는 눈물보다 오래 견딥니다."

- 82 -

지혜롭고 신중하게 자기의 길을 유지하며 집중해야 할 필요성

바울은 집중과 신중함에 대해서 이렇게 말합니다: "그런즉 너희가 어떻게 행할지를 자세히 주의하여 지혜 없는 자 같이 하지 말고 오직 지혜 있는 자 같이 하여 세월을 아끼라 때가 악하니라"(엡 5:15, 16). 성 이삭은 다음과 같이 말합니다: "지혜여, 그대는 참으로 놀라우며, 멀리 내다보고 신중합니다. 지혜를 획득한 사람은 복됩니다. 그는 청년의 부주의함에서 해방됩니다. 적은 비용으로 큰 정념을 치료하는 것이 훌륭한 행동입니다. 지혜를 사랑하는 것은 작은 행동, 아주 작은 행동에도 주의를 기울이는 것을 의미합니다. 그런 사람은 큰 평화라는 보물을 얻습니다. 그는 불길한 것이 자신에게 임하지 못하게 하려고 잠을 자지 않으며, 그 원인을 미리 제거합니다. 그는 작은 일에서 적게 고난받음으로써 큰 고난을 피합니다"; "깨어 당신의 삶을 지키십시오. 정신의 잠은 참된 죽음과 비슷합니다."

바실은 "작은 일에 부주의한 사람이 큰일에 열심을 낼 것이라고 믿을 수 없습니다다"라고 말합니다(Ch. 75).

- 83 -

침묵을 실천하는 사람은 앞에서 말한 모든 일에 주의를 기울여야 하지만, 특히 온유하고 고요하며 마음에서 나오는 깨끗함으로 주 예수 그리스도를 부르기 위해서 온갖 수단을 써야 합니다. 그러므로 이 모든 일에서 주의하며, 특별히 고요하고 온유하게 지내면서 마음 깊은 곳에서 깨끗한 양심을 가지고 주 예수 그리스도를 부르려고 노력하십시오. 그런 식으로 추진해 나가면, 하나님의 은혜가 당신의 영혼 안에 머물 것입니다. 사다리의 요한은 이렇게 말합니다: "노여움, 자만, 위선, 원한 등에 빠진 사람은 침묵의 가장자리에도 접촉하지 말아야 합니다. 그렇지 않으면 그는 미칠 것입니다. 이러한 정념들이 없이 깨끗한 사람은 결국 무엇이 유익한지 스스로 깨달을 것입니다. 그러나 그 사람도 혼자 힘으로 배우는 것이 아닙니다"(Ch. 27). 하나님의 은혜가 당신의 영혼 안에 머물 뿐만 아니라 당신의 영혼도 과거에 영혼을 괴롭히며 부담을 주던 모든 것—귀신들과 정념들—에서 벗어나서 편히 쉴 것입니다. 그것들이 계속 영혼을 괴롭혀도, 아무런 결과를 거두지 못할 것입니다. 영혼은 더는 그것들의 편을 들지 않고 그것들 안에 담긴 쾌락을 갈망하지 않을 것입니다.

- 84 -

하나님에 대한 순수하고 몰아적인 사랑에 대하여, 그리고 거룩한 아름다움에 관하여

그런 사람은 마음에서 우러난 몰아적 사랑과 모든 성향이 초본질적이고 복된 하나님의 아름다움, 교부들이 갈망의 대상들 중 가장 고귀한 것이라고 부르는 것을 향합니다. 대 바실은 이렇게 말합니다: "의로운 사랑(즉 하나님의 사랑)이 영혼을 덮으면, 영혼은 모든 형태의 전쟁(즉 영혼을 유혹하려는 시도들)을 비웃게 되며, 큰 고통도 아픔이 아니라 주님을 위한 기쁨이 됩니다", "하나님의 아름다움보다 더 놀라운 것이 무엇입니까? 하나님의 영광을 생각하는 것보다 더 즐거운 생각이 무엇입니까? 악을 깨끗이 씻어낸 영혼 안에 하나님이 심으신 것보다 더 뜨거운 영혼의 갈망이 무엇입니까? 그런 영혼은 내면 깊은 곳에서 '내가 사랑하므로 병이 났음이니라'(아 2:5)라고 외칩니다."

- 85 -

싸움에 관하여,
그리고 하나님에게서 버림받는 것에 관하여

그런 사람도 영적 싸움을 하게 되고, 하나님에게서 버림받지는 않지

만, 학습을 위해서 하나님이 그에게서 떠나시기도 합니다. 그 이유는 무엇입니까? 그가 얻은 복 때문에 정신이 자만하지 않게 하기 위해서입니다. 그러한 공격 때문에 항상 겸손해야 한다는 것을 그에게 가르치기 위해서입니다. 그렇게 함으로써 그는 자기를 공격하는 것들을 극복할 뿐만 아니라 한층 더 큰 복을 받아 인간의 본성으로 가능한 한도까지 전진할 수 있습니다. 그리고 육체라는 피할 수 없는 족쇄에 묶여 있음에도 불구하고 그리스도 안에서 완전함과 무정념을 향해 나아갈 수 있습니다.

성 디아도쿠스는 이렇게 말합니다: "사탄이 천사들의 거처를 보지 못하게 하려고 하늘로부터 번개같이 떨어지는 것을 보았다고 주님은 말씀하십니다(눅 10:18). 그렇다면 하나님의 선한 종들과 교제할 자격이 없다고 여겨진 사탄이 어떻게 인간의 정신이라는 거처를 하나님과 공유할 수 있겠습니까? 하나님의 뜻이면 그렇게 될 수 있다고 말하는 사람이 있어도, 그러한 논거가 타당하다고 간주할 수 없습니다. 학습을 위해서 하나님이 떠나실 때 영혼이 하나님의 빛을 빼앗기지 않습니다. 앞에서 말한 것처럼 영혼이 정신의 악한 영향력에 복종할 때 은혜가 정신에서 모습을 감춥니다. 이것은 영혼이 두려워하면서 겸손하게 하나님의 도움을 구하기 위해서 귀신들의 증오를 경험하게 하기 위한 것입니다. 아기가 잘못된 행동을 하면서 젖을 빠는 적절한 규칙을 따르지 않으면 엄마는 아기를 잠시 내려놓습니다. 그러면 아기는 주위의 낯선 사람이나 동물을 보고 무서워하면서 어머니에게 안아달라고 팔을 뻗고 눈물을 흘립니다. 하나님 소유하기를 원하지 않는 영혼은 하나님에게서 버림받아 귀신들에게 넘겨집니다. 그러나 우리는 고아가 아니라 하나님의 은혜의 자녀입니다. 우리는 은혜의 젖을 먹고 자라며, 아주 드물게 하나님이 우리를 떠나시기도 하지만 종종 위로를 받습니다. 그러므로 우리는 '온전한 사람을 이루어 그리스도의 장성한 분량이 충만한 데까지'(엡 4:13) 이르러야 합니다"(Ch. 86).

그는 계속하여 말합니다: "처음에는 영혼 안에 있는 허영심과 갈망을 죽이고 영혼을 적절히 겸손한 상태로 몰아가기 위해서 하나님이 떠나시고 영혼이 홀로 남겨지면, 큰 슬픔, 가치가 저하된 느낌, 그리고 어느 정도 무력함이 임합니다. 그때 영혼은 하나님을 두려워하고, 눈물을 흘리며 죄를 고백하며 탁월한 침묵을 간절히 원하게 됩니다. 그러나 하나님이 영혼을 버리고 떠나가시면, 영혼은 절망과 불신, 오만과 노염으로 가득 찹니다. 우리는 하나님이 학습을 위해서 영혼을 홀로 남겨두시는 것과 하나님이 영혼을 버리고 떠나시는 것에 대해서 알았으므로, 각자의 특성에 따라 하나님께 다가가야 합니다. 전자의 경우에 우리에게 선과 악을 분별하는 법을 가르치시기 위해 위로를 빼앗아감으로써 우리의 제멋대로 행하는 성향을 자비로이 징계하셨으므로 우리는 하나님께 감사하고 맹세해야 합니다. 후자의 경우에 전처럼 하나님의 자비를 얻고 하나님이 우리 마음을 돌보시게 하려는 희망을 품고 끊임없이 죄를 고백하고 눈물을 흘리며 홀로 고독하게 지내야 합니다. 하나님께서 영혼을 가르치기 위해서 영혼을 사탄과 싸우게 하실 때는 비록 모습을 감추지만, 은혜가 은밀하게 영혼을 도우면서 영혼이 원수들을 이기고 승리하리라는 것을 원수들에게 보여 주십니다"(Ch. 87).

성 이삭은 이렇게 말합니다: "영적인 전쟁에서 우리가 지혜롭게 하나님의 섭리를 알고 하나님을 의식하며, 하나님을 향한 믿음 안에서 튼튼해지는 일은 우리가 겪은 시련의 강도에 비례합니다. 은혜는 우리 안에 자부심이 모습을 나타내기 시작하는 것을 보면 즉시 우리가 자신의 연약함을 깨닫고 겸손하게 하나님께 달려가서 붙들 때까지 우리를 대적하는 시험이 자라서 힘을 얻는 것을 허락합니다. 그러므로 우리는 하나님의 아들에 대한 완전한 믿음과 신뢰 때문에 장성한 분량에 이르고 사랑으로 올라갑니다. 인간이 희망을 죽이는 환경에 처해 있을 때 그를 향한 하나님의 크신 사랑이 나타납니다. 그때 하나님은 그를 구원하여 능력을 보여주십니다. 인간은 결코 쉽게 하나님의 능력을 배울 수 없으며, 하나님은 침묵의 땅과 광야에서, 많은 사람이나 소문이 없는 장소에서만 활동하십니다. 사람들이 있는 곳에는 항상 소문이 무성하기 마련입니다"(Ch. 49).

~ 86 ~

무정념에 관해서; 인간의 무정념이란 무엇입니까?

무정념과 완전함에 대해서 더 이야기하겠습니다. 대 바실은 무정념에 대해서 이렇게 말합니다: "하나님을 사랑하며 불완전하게라도 하나님의 무정념에 참여하기를 원하는 사람, 영적인 고결함과 평온과 고요와 온유에 참여하며, 그들에게서 생겨나는 기쁨과 즐거움을 맛보려는 사람은 영혼을 괴롭힐 수 있는 유형적인 정념들로부터 생각을 멀리 끌어가며 분명한 눈으로 거룩한 것을 보고 거룩한 빛을 즐기려고 노력해야 합니다. 이러한 습관과 성향을 영혼 안에 심은 사람은 하나님처럼 됩니다. 용감하게 이 크고 어려운 일을 시작하여 유한한 본성에도 불구하고 육욕적인 정념들의 혼합물을 벗어버린 깨끗한 생각을 하나님께 보냄으로써 하나님과 교제할 수 있게 된 그를 하나님은 환영하십니다.

인간의 무정념에 대해서 성 이삭은 이렇게 말합니다: "무정념이란 정념을 느끼지 않는 것이 아니라 받아들이지 않는 것을 의미합니다. 분명한 것이든지 감추어진 것이든지 성도들이 획득한 다양한 덕들 덕분에 정념들이 그들 안에서 힘을 잃으며, 쉽게 영혼을 공격하지 못하게 되었습니다. 이제 생각이 정념에 주의를 집중해야 할 필요가 없습니다. 왜냐하면, 영혼의 시간이 의식적으로 정신 안에서 활동하는 완전한 관상을 생각하고 연구하고 조사하는 것에 집중되어 있기 때문입니다. 정념들이 움직이거나 자극을 받기 시작하면, 정신은 갑자기 자기 안에 들어온 거룩한 것에 대한 인식으로 그것들을 피하기 때문에 그것들은 효력을 발휘하지 못합니다.

성 마가는 이렇게 말했습니다: '하나님의 은혜 때문에 덕을 실천하여 지식에 가까이 간 정신은 영혼의 어리석고 악한 부분에서 오는 것을 거의 느끼지 못합니다. 왜냐하면, 이 지식이 영혼을 높이 날아오르게 하고, 세상에 있는 모든 것에서 떼어내기 때문입니다. 성인들은 오랫동안 침묵을 실천하여 육체가 시들었기 때문에 그들의 정신은 순결, 예리한 통찰력, 그리고 행위로 말미암아 정화되고 빛이 가득하게 됩니다. 그러므로 그들 각 사람에게 관상이 쉽고 신속하게 임하여 그들 안에 거하면서 그들을 관상하는 대상의 깊은 곳으로 인도합니다. 이 상태에서 그들의 내면에서 관상이 매우 증가하며, 그들은 더 고등한 이해의 주제들을 생각합니다. 그러므로 그들의 내면에 성령의 열매가 존재합니다. 이것을 오래 경험하면 영혼 안에서 정념들을 선동하는 기억이 마음에서 지워지고 마귀의 지배력이 약해집니다. 이는 영혼이 다른 관심사에 사로잡혀 있어 정념들을 생각하지 않으면, 정념들의 세력이 영적인 느낌을 지배할 수 없기 때문입니다"(Ch. 48).

디아도쿠스는 이렇게 말합니다: "무정념이란 귀신들의 공격을 받지 않는 것이 아닙니다. 그런 경우에 우리는 사도 바울의 말처럼 '세상 밖으로 나가야 할' 것입니다(고전 5:10). 무정념은 공격받을 때 정복되지 않는 것을 의미합니다. 갑옷을 입은 용사들처럼 원수의 공격을 받고 날아오는 화살 소리를 들으며 자신에게 날아오는 화살들을 보지만, 갑옷의 힘 때문에 상처를 입지 않습니다. 칼의 보호를 받는 용사는 전쟁터에서 상처를 입지 않습니다. 우리는 바른 행동으로 말미암아 거룩한 빛의 갑옷과 구원의 투구를 썼으므로, 귀신들의 세력을 쫓아낼 것입니다. 장래에 악을 행하지 않는 것만으로는 깨끗함을 가져올 수 없습니다. 선을 향한 진정한 열심에 의해 자신에게서 악을 근절해야 합니다"(Ch. 98).

성 막시무스는 네 종류의 무정념을 지적하면서 다음과 같이 말합니다: "죄를 향한 육적인 충동을 행동으로 옮기지 않는 것이 첫 번째 무정념입니다. 두 번째 무정념은 영혼이 정욕적인 생각을 부인함으로써 정욕적인 충동이 작용하도록 자극을 받지 않고 시들어 버리는 것입니다. 세 번째 무정념은 정욕적인 욕망이 전혀 움직이지 않는 것으로서 보통은 두 번째 무정념, 즉 깨끗한 생각 안에 위치합니다. 네 번째 무정념은 정욕적인 상상을 완전히 버리는 것입니다. 이것은 정욕적인 심상을 제공하는 감각적인 상상이 전혀 없는 것으로서 세 번째 무정념을 발생시키기도 합니다"; "무정념은 영혼의 평화로운 성향으로서 이것이 있으면 영혼이 쉽게 악으로 이동하지 못합니다."

- 87 -

무정념과 완전함에 관하여

에프렘은 무정념과 완전함에 대해서 이렇게 말합니다: "정념이 없는 사람이 만족을 모르고 바라는 가장 높은 선을 향해 나아가면 완전한 것을 불완전하게 합니다. 이는 영원한 복에는 끝이 없기 때문입니다. 인간의 능력에 따라서 판단할 때 완전은 유한하거나 완전합니다. 그것은 날마다 증가하고 하나님을 향해 오름으로써 영원히 더 높이 오릅니다."

성 네일로스도 완전에 대해서 같은 말을 합니다: "세속적인 것과 영원한 것 등 두 종류의 완전함을 받아들여야 합니다. 이에 대해 사도 바울은 다음과 같이 말합니다: '온전한 것이 올 때는 부분적으로 하던 것이 폐하리라'(고전 13:10). '온전한 것이 올 때는'이라는 말은 이 세상에서는 신적인 완전함을 이룰 수 없음을 보여줍니다"; "바울은 두 종류의 완전함을 알고 있으며, 한 사람이 동시에 완전하기도 하고 불완전하기도 하다고 간주하여, 현세와의 관계에서는 완전하고 내면에 내재하는 참된 완전함과의 관계에서는 불완전하다고 말합니다. 그러므로 그는 '내가 이미 얻었다 함도 아니요 온전히 이루었다 함도 아니라 오직 내가 그리스도 예수께 잡힌 바 된 그것을 잡으려고 달려가노라'(빌 3:12); '그러므로 누구든지 우리 온전히 이룬 자들은 이렇게 생각할지니'(빌 3:15).”

- 88 -

정념, 주색, 애착, 무정념 등에 관하여

성 엘리아스 에크디코스는 이렇게 말합니다: "몸에 속한 악한 것은 정념이고, 영혼에서 악한 것은 주색酒色이며, 정신에서 악한 것은 애착입니다. 정념은 접촉에 의해 드러나고, 주색과 애착은 다른 감각에 의해 드러납니다. 그것들과 반대되는 것, 즉 무정념은 반대되는 성향에 의해서 나타납니다"; "주색에 빠지는 사람은 정욕적인 사람과 가깝고, 애착하는 사람은 주색에 빠지는 사람과 가깝습니다. 무정념한 사람은 이것들 모두를 멀리합니다"(Ch. 71).

- 89 -

정욕적인 사람, 주색에 빠지는 사람, 애착하는 사람, 그리고 무정념한 사람; 그들 모두를 다루는 방법

엘리아스 에크디코스는 이렇게 말합니다: "정욕적인 사람은 표면적으로는 아직 죄를 범하지 않지만, 내면에서는 생각보다 죄의 매력이 더 강합니다. 주색에 빠지는 사람은 내면에서 정욕적으로 악한 갈망을 맛보지만, 악한 행동(죄를 범하려는 욕망)이 생각보다 약합니다. 전자나 후자에게 예속될 때 사람은 애착하게 됩니다. 이런 다양한 충동이나 상태를 알지 못하는 사람(그것들을 경험하지 않는 사람)은 무정념한 사람입니다."

그는 그것들을 다루는 방법을 분명히 지적합니다: "정념은 금식과 기

도로 영혼에서 몰아내고, 주색은 말을 삼가는 것과 철야로 몰아내며, 애착은 침묵(독거)과 집중으로 몰아내며, 무정념은 하나님을 기억함으로써 확립하십시오"(Ch. 72, 73).

- 90 -
믿음과 소망과 사랑에 관하여

믿음과 소망과 사랑은 처음이요 중간이요 나중입니다. 그것들은 모든 덕과 복 중에서 으뜸이 되는 것들입니다. 그것들은 세 가닥으로 짠 거룩하게 한 밧줄을 이루며, 사랑이라고 불립니다(요일 4:8). 그러므로 그것들을 언급하여 이 글에 부족한 것을 채워야 합니다.

특히 성 이삭은 "사람이 완전한 사랑을 획득하면 성령의 열매가 익는다"고 말합니다(Ch. 21). 이에 대해서 거룩한 교부들이 어떻게 말했는지 살펴보겠습니다. 사다리의 요한은 이렇게 말합니다: "밀접하게 연결된 모든 것을 연결하고 결합하는 '믿음, 소망, 사랑, 이 세 가지는 항상 있을 것인데 그중에 제일은 사랑' 입니다(고전 13:3). 이는 하나님의 이름이 사랑이기 때문입니다(요일 4:8). 나는 믿음은 광선이요 소망은 빛이요 사랑은 원반이지만, 이 세 가지가 함께 하나의 빛나는 광휘를 이룬다고 이해합니다. 믿음이 모든 것을 행하고 모든 것을 세울 수 있습니다. 하나님의 자비가 소망을 둘러싸서 부끄럽지 않게 합니다. 사랑은 부족함이 없이 끊임없이 흐르며, 또 사람은 사랑에 싫증을 느껴 그 복된 도취 상태를 미루지도 않습니다"(Ch. 30); "사랑의 말은 천사들에게 알려지지만, 조명의 행동으로 알려집니다. 하나님은 사랑이십니다. 그리고 사랑의 경계를 세우려는 사람은 깊은 바닷속의 모래알을 세려 하는 소경과 같습니다. 사랑은 속성에서 인간으로서 가능한 한도까지 하나님을 닮는 것이며, 행동에서는 영혼의 도취상태이며, 특성에서는 믿음의 근원이요 오래 참음의 심연이며 겸손의 바다입니다. 사랑은 반대되는 생각을 부인하며 '악한 것을 생각하지 않습니다'(고전 13:5). 사랑, 무정념, 아들됨 등은 명칭으로만 다릅니다. 빛과 불과 불길이 하나의 활동 안에 결합하는 것처럼 이 세 가지도 그렇습니다"(Ch. 5-9).

성 디아도쿠스는 이렇게 말합니다: "형제여, 영적 관상에서 믿음과 소망과 사랑을 우위에 두되, 사랑을 가장 우위에 두십시오. 믿음과 소망은 보이는 복을 무시하는 것을 가르치는 데 반해, 사랑은 덕을 통해서 영혼을 하나님과 연합하게 하며 정신적인 인식으로 보이지 않는 분을 이해합니다"(Ch. 7); "본성적인 사랑이 있고, 성령이 영혼에 부어 주시는 사랑이 있습니다. 전자는 우리의 갈망에 비례하고 또 그것에 의해 움직이므로, 우리의 의지가 그 안에 거하도록 강요하지 않으면 쉽게 악한 영들에 약탈당합니다. 그러나 후자는 영혼을 하나님의 사랑으로 타오르게 하므로, 영혼의 모든 부분이 단순한 목적을 가지고 이 거룩한 사랑의 형언할 수 없는 즐거움에 매달립니다. 그때 영적 은혜의 활동 때문에 풍부해진 정신은 사랑과 기쁨의 격류를 내보냅니다."

성 이삭은 이렇게 말합니다: "외적인 것에 의해 야기된 사랑은 기름을 연료로 하는 등불이나 비가 오면 흐르고 비가 오지 않으면 흐르지 않는 시냇물과 같습니다. 그러나 하나님을 대상으로 하는 사랑은 땅속에서 솟아오르는 샘처럼 끊임없이 흐릅니다. 왜냐하면, 하나님이 이 사랑의 근원이며 절대 부족해지지 않는 양식이시기 때문입니다"(Ch. 30).

성 이삭은 "다양한 성령의 열매를 성숙하게 하는 요인은 무엇입니까?"라는 질문에 대해서 "사랑이 완전한 사랑을 획득하는 것"이라고 대답했습니다. 그는 "사람이 그것을 획득했는지 어떻게 알 수 있습니까?"라는 질문에 대해 다음과 같이 대답했습니다: "우리의 정신 안에 하나님에 대한 기억이 소생하면, 즉시 마음에 하나님 사랑의 불이 타오르며 눈물이 한없이 흐르기 시작합니다. 사랑하는 사람을 기억할 때 눈물이 흐르며, 우리로 하여금 하나님을 기억하게 하는 것이 우리 안에서 작용하기 때문입니다. 그런 사람은 잘 때도 하나님과 대화합니다. 이는 사랑이 그러한 작용을 하기 때문입니다"(Ch. 21); "하나님에 대한 사랑은 격렬하며, 그 사랑이 넘쳐흐르면 영혼이 몰아의 상태에 들어갑니다. 그러므로 그것을 경험하는 사람의 마음은 그것을 견디지 못하고, 자신을 채우는 사랑의 특성에 따라 특별하게 변화됩니다. 그때 감지할 수 있는 표식은 다음과 같습니다: 얼굴이 달아오르고 즐거운 표정을 지으며 몸이 뜨거워집니다. 수치심과 두려움이 사라지고 엑스터시 상태에 놓인 사람처럼 됩니다. 정신을 집중시켜 주는 힘이 사라지기 때문에 정신 나간 사람처럼 됩니다. 그에게는 끔찍한 죽음도 즐거운 것이 되며, 거룩한 것에 대한 정신적인 관상이 계속됩니다. 그것이 부재할 때도 보이지는 않지만 현존하는 것처럼 대화합니다. 당연히 그의 지식과 시각이 멈추며, 그는 감각적인 대상들 사이에서의 움직임을 느끼지 못합니다. 그는 정신이 관상 상태에 있으므로 자신이 하는 일을 의식하지 못하며, 그의 생각은 항상 다른 사람과 대화하는 것처럼 보입니다. 사도들과 순교자들이 이러한 영적 도취상태를 경험했습니다. 사도들은 사역하고 박해를 받으면서 온 세상을 여행했습니다. 순교자들은 사지가 잘려 피를 흘리며 끔찍한 고문을 받았지만, 용기를 잃지 않고 모든 것을 견뎠습니다. 사람들은 지혜로운 그들을 어리석다고 여겼습니다. 그 밖에 어떤 사람은 사막이나 산이나 동굴이나 절벽을 방황하면서 온갖 무질서 속에서 규모 있게 지냈습니다. 하나님께서 우리에게 그러한 무질서를 허락해 주시기를 기도합니다"(Ch. 73).

- 91 -

깨끗한 양심으로 성찬에 참여하는 데서 오는 거룩한 교제와 복

영혼의 정화, 정신의 조명, 몸과 성화, 몸과 정신의 거룩한 변화, 정념과 귀신들을 몰아내는 것, 하나님과의 초본질적인 연합 및 그분과 결합하고 섞이는 데 있어서 가장 도움이 되는 것은 거룩하고 순수하고 불멸하여 생명을 주는 주 예수 그리스도, 우리 구주 하나님의 귀한 몸과 피의 성찬에 인간으로서 가능한 한도까지 순수한 마음과 성향으로 자주 참여하는 것입니다. 그러므로 이것에 관해서 이야기하겠습니다. 성찬에 참여해야 할 필요성에 대해서 언급한 교부들이 많으며, 생명과 진리이신 그리스도께서도 분명히 말씀하십니다: "내가 곧 생명의 떡이니라…이는 하늘에서 내려오는 떡이니 사람으로 하여금 먹고 죽지 아니하게 하는 것이니라 나는 하늘에서 내려온 살아 있는 떡이니 사람이 이 떡을 먹으면 영생하리라 내가 줄 떡은 곧 세상의 생명을 위한 내 살이니라 "(요 6:48, 50, 51); "인자의 살을 먹지 아니하고 인자의 피를 마시지 아니하면 너희 속에 생명이 없느니라 내 살을 먹고 내 피를 마시는 자는 영생을 가졌고 마지막 날에 내가 그를 다시 살리리니 내 살은 참된 양식이요 내 피는 참된 음료로다 내 살을 먹고 내 피를 마시는 자는 내 안에 거하고 나도 그의 안에 거하나니 살아 계신 아버지께서 나를 보내시매 내가 아버지로 말미암아 사는 것 같이 나를 먹는 그 사람도 나로 말미암아 살리라 이것은 하늘에서 내려온 떡이…이 떡을 먹는 자는 영원히 살리라"(요 6:53-8).

바울은 이렇게 말합니다: "내가 너희에게 전한 것은 주께 받은 것이니 곧 주 예수께서 잡히시던 밤에 떡을 가지사 축사하시고 떼어 이르시되 이것은 너희를 위하는 내 몸이니 이것을 행하여 나를 기념하라 하시고 식후에 또한 그와 같이 잔을 가지시고 이르시되 이 잔은 내 피로 세운 새 언약이니 이것을 행하여 마실 때마다 나를 기념하라 하셨으니 너희가 이 떡을 먹으며 이 잔을 마실 때마다 주의 죽으심을 그가 오실 때까지 전하는 것이니라 그러므로 누구든지 주의 떡이나 잔을 합당하지 않게 먹고 마시는 자는 주의 몸과 피에 대하여 죄를 짓는 것이니라 사람이 자기를 살피고 그 후에야 이 떡을 먹고 이 잔을 마실지니 주의 몸을 분별하지 못하고 먹고 마시는 자는 자기의 죄를 먹고 마시는 것이니라 그러므로 너희 중에 약한 자와 병든 자가 많고 잠자는 자도 적지 아니하니 우리가 우리를 살폈으면 판단을 받지 아니 하려니와 우리가 판단을 받는 것은 주께 징계를 받는 것이니 이는 우리로 세상과 함께 정죄함을 받지 않게 하심이라"(고전 11:23-32).

성찬의 기적에 대해서, 즉 성찬이 무엇인지, 그것을 주신 이유는 무엇이며 무슨 유익이 있는지 알아야 합니다. 크리소스톰은 이렇게 기록합니다: "성찬의 기적에 대해서 알아야 합니다. 그것이 무엇으로 이루어지며, 어떤 목적으로 주어졌고 어떤 유익을 주는지 알아야 합니다. 성경은 '몸이 하나요'(엡 4:4), '우리는 그 몸의 지체임이니라'(엡 5:30)라고 말합니다. 초심자는 이 말씀에 귀를 기울여야 합니다. 사랑 안에서만 아니라 실제로 그리스도의 몸의 지체가 되려면, 이 몸과 연합해야 합니다. 이것은 그리스도께서 우리를 향한 큰 사랑의 증표로 주신 양식을 통해서 이루어집니다. 이 목적을 위해서 주님이 우리와 연합하시고 자기 몸을 우리와 섞으셨으므로, 몸과 머리가 결합하여 하나가 되듯이 우리도 그분과 하나가 되어야 합니다. 이것은 큰 사랑의 표식입니다. 욥은 그분을 사랑하여 그분의 몸과 결합하기를 바라는 사람들에 대해 말하면서 이것을 가리켰습니다: '주인의 고기에 배부르지 않은 자가 어디 있느뇨'(욥 31:31). 그들은 그분을 향한 자기들의 큰 사랑을 표현하려고 이렇게 말했습니다.

그리스도도 같은 목적으로 행동하셨습니다: 즉 우리를 인도하여 자신과 연합하게 하시며 자기의 사랑을 보여주려 하셨습니다. 주님을 볼 뿐만 아니라 주님의 살을 만지고 맛보고 깨물고 주님과 연합하며 주님을 통해서 소원을 충족시키기를 원하는 사람들에게 그것을 주셨습니다"(Discourse on John, 46); "이 피를 마시는 사람은 그리스도의 옷을 입고 영적 무기로 무장하고 천사들과 천사장을 비롯한 높은 세력들과 함께 섭니다. 그들은 왕이신 분을 옷 입습니다. 이 신비가 크고 놀라우므로 깨끗하게 그것에 다가간다면 구원을 위해 그것에 접근하지만, 만일 양심이 악하면 형벌과 괴로움을 거둘 것입니다. 성경에 '주의 몸을 분별하지 못하고 먹고 마시는 자는 자기의 죄를 먹고 마시는 것이니라' 라고 기록되어 있습니다(고전 11:29). 왕의 옷을 더럽히는 사람이 그 옷을 찢는 사람과 같은 형벌을 받는다면, 더러운 영혼으로 그리스도의 몸을 먹는 사람은 그리스도를 못 박은 사람들과 같은 벌을 받을 것입니다. 바울이 얼마나 무서운 벌을 말하는지 보십시오: '모세의 법을 폐한 자도 두세 증인으로 말미암아 불쌍히 여김을 받지 못하고 죽었거든 하물며 하나님의 아들을 짓밟고 자기를 거룩하게 한 언약의 피를 부정한 것으로 여기고 은혜의 성령을 욕되게 하는 자가 당연히 받을 형벌은 얼마나 더 무겁겠느냐 너희는 생각하라'(히 10: 28, 29) ; "주님의 몸을 먹고 주님의 피를 마실 때 우리는 높은 곳에 앉아 천사들의 예배를 받으시는 분, 불멸하는 힘 가까이에 계시는 분의 몸을 먹는다는 것을 기억해야 합니다. 구원으로 인도하는 많은 길이 있습니다. 주님은 우리를 자기의 몸으로 만드시고 자기의 몸을 주셨지만, 우리는 아직도 악에서 돌아서지 않고 있습니다. 참으로 맹목적이고 무감각한 우리입니다"(에베소서에 관한 세 번째 설교); "어느 장로에게서 들은 말입니다. 그는 임종하는 사람이 깨끗한 양심으로 성찬을 받으면, 죽은 후에 이 성찬 때문에 천사들이 그를 맞이하여 높은 곳으로 데려간다는 말을 듣고 보았다고 합니다."

다마스쿠스의 요한은 이렇게 말합니다: "우리는 이중적인 존재이므로, 우리의 탄생도 이중적이며 우리의 양식도 복합적임이 분명합니다. 우리에게는 물과 성령에 의한 탄생이 주어지며, 우리의 양식은 생명의 떡, 즉 하늘에서 내려오신 우리 주 예수 그리스도이십니다; "흔히 사람들은 물로 씻고 기름을 바르므로, 주님은 성령의 은혜에 물과 기름을 결합하여 영생의 욕실로 만드셨습니다. 마찬가지로 우리가 흔히 떡을 먹고 물과 포도주를 마시므로, 우리가 일상적이고 본성적인 것을 통해서 본성을 초월하는 상태를 얻게 하려고 주님은 그것들을 자신의 신성과 결합하여 자기의 몸과 피로 만드셨습니다. 하늘로 올라가셨던 몸이 내려오시기 때문이 아니라 떡과 포도주가 우리 주 하나님의 몸과 피로 변화되기 때문에 몸이 신성과 결합합니다. 주님이 성령에 의해서 동정녀 마리아로부터 자신의 몸을 만드셨던 것처럼 성령에 의해서 이러한 일이 발생합니다. 우리는 하나님의 말씀이 참되고 효과적이고 전능하다는 것 외에 다른 것을 알지 못하며, 수단에 대해서는 아무것도 알지 못합니다"; "믿음으로 합당하게 먹고 마시는 사람에게 성찬은 죄 사함이요 영생이며, 영혼과 몸의 보존입니다. 그러나 믿음이 없이 합당하지 못하게 성찬에 참여하는 사람에게 성찬은 저주요 주님의 죽음과 같은 괴로움입니다. 떡과 포도주는 단순히 그리스도의 몸과 피의 상징이 아닙니다. 그것은 그리스도의 거룩한 몸이요 피입니다. 그러므로 주님은 '내 살은 참된 양식이요 내 피는 참된 음료로다'고 말씀하십니다"; "그리스도의 살과 피는 우리의 영혼과 몸을 튼튼하게 해줍니다. 그것들은 소진되지 않고 썩지도 않으며, 우리를 보호해주고 더러움을 깨끗이 해줍니다. 그분에 의해서 정화된 우리는 그리스도의 몸과 영과 연합하여 그리스도의 몸이 됩니다. 이 떡은 초본질적인 장래의 떡의 출발점입니다. '초본질적'인 것이란 장래의 떡, 즉 장래의 삶의 떡을 가리키거나 현재 우리의 존재를 보존하기 위해서 받는 떡을 가리킵니다. 그리스도의 몸은 생명을 주는 성령에게서 잉태되었으므로, 생명을 주는 영입니다. 성령에게서 난 것은 영입니다. 이것은 몸의 본질을 부인하려는 말이 아니라 그것이 생명을 주는 것이요 신적인 것임을 보여주기 위한 말입니다."

그 장 마지막에서는 이렇게 말합니다: "이 몸과 피는 앞으로 올 것의 상징이라고 불리는데, 이는 그것들이 참으로 그리스도의 몸과 피이기 때문이 아니라 다음 세상에서 정신적으로 행할 일은 지금은 정신을 통해서 그분을 관상함으로써 그것들을 통해서 그리스도의 신성에 참여하기 때문입니다."

거룩한 마카리우스는 이렇게 말합니다: "포도주가 몸의 모든 지체를 통과하여 흐르면 포도주가 그 사람 안에 있고 그 사람이 포도주 안에 있듯이, 그리스도의 피를 마시는 사람은 하나님의 영으로 가득하게 됩니다. 그분이 영혼 전체에 퍼지면 영혼은 그분 안에 거하여 성화 되어 우리 주 그리스도에게 합당하게 됩니다. 바울은 '다 한 성령을 마시게 하셨느니라'(고전 12:13)라고 말합니다. 마찬가지로 참되게 성찬에 참여하여 떡을 먹는 사람에게는 성령 안에 참여하는 것이 허락되며, 그리하여 합당하게 된 영혼은 생명을 소유할 수 있습니다. 몸의 생명이 몸 자체에서 오는 것이 아니라 외부에서, 즉 흙에서 오듯이, 하나님은 영혼이 고기와 마실 것과 의복을 소유하게 하셨습니다. 그것은 영혼 자체의 본성에서 오는 것이 아니라 하나님의 신성, 하나님의 영과 빛에서 오는 생명을 영혼에 줍니다. 신성에 생명의 떡이 담겨 있습니다. 그분은 '나는 생명의 떡이요'(요 6:35) 생명수요, 즐거움을 주는 포도주요 기쁨의 기름이라고 말씀하셨습니다."

성 이시도어는 이렇게 말합니다: "성찬은 우리를 그리스도와 연합하게 하고 그의 나라에 참여하게 해주므로 하나님의 비밀에 참여하는 것을 의미합니다."

성 네일로스는 이렇게 말합니다: "두려움과 믿음과 사랑 안에서 그리스도의 몸과 피의 성찬을 받지 않으면, 구원을 받고 죄 사함을 받고 하늘나라에 들어갈 수 없습니다."

대 바실은 카이사레아에 보낸 편지에서 같은 말을 합니다: "매일 성찬에 참여하여 그리스도의 몸과 피를 먹고 마시는 것은 매우 유익합니다. 그리스도는 '내 살을 먹고 내 피를 마시는 자는 영생을 가졌다'고 말씀하십니다(요 6:54). 끊임없이 생명에 참여하는 것은 가장 풍성한 생명을 소유하는 것을 의미합니다. 우리는 매주 일요일과 수요일과 금요일과 토요일에 네 차례 성찬을 행하며, 성인들을 기념하는 날에도 성찬을 행합니다"(Vol. VI, Letter 89).

이 성인은 걱정이 많아서 매일 전례를 행할 수 없었기 때문에 일주일에 네 번 성찬을 행했다고 생각됩니다. 성 아폴로스St. Appolos는 이렇게 말했습니다: "할 수 있으면 수도사들은 매일 성찬에 참여해야 합니다. 성찬을 멀리하는 사람은 하나님에게서 멀어지며, 항상 성찬을 받는 사람은 항상 구주를 자기 안에 영접하기 때문입니다. 주님은 '내 살을 먹고 내 피를 마시는 자는 내 안에 거하고 나도 그 안에 거하나니'라고 말씀하십니다(요 6:56). 수도사들은 성찬 때문에 항상 우리의 구원을 위한 그리스도의 수난을 기념하기 때문에 이것을 실천하는 것이 수도사들에게 매우 유익합니다. 그들은 날마다 성찬에 참여하여 죄사함을 받기에 합당하도록 스스로 준비해야 합니다." 성 아폴로스의 제자들은 항상 이 규칙을 지켰습니다.

사다리의 요한은 이렇게 말합니다: "만일 다른 몸과 접촉하는 몸이 그 영향을 받아 변화된다면, 깨끗한 손으로 그리스도의 몸을 만지는 사람이 어찌 변화되지 않겠습니까?"(Ch. 28). Hierondic에 다음과 같은 내용이 기록되어 있습니다: "더러운 영을 다스리는 능력을 소유한 거룩한 사람 보스트로스의 요한이 귀신들린 처녀들 안에 살면서 날뛰는 귀신들에게 '너희가 기독교인에게서 두려워하는 것이 무엇이냐?'라고 물었습니다. 귀신들은 '당신들은 세 가지 위대한 것을 가지고 있습니다: 첫째는 당신들의 목에 걸고 있는 것이고, 둘째는 교회에서 당신들이 씻는 물이고, 셋째는 공동체 안에서 당신들이 나누어 먹는 것이다'고 대답했습니다. 성인이 다시 '그 세 가지 중에서 가장 두려운 것이 무엇이냐?'라고 물었는데, 귀신들은 '만일 당신들이 공동체에서 나누어 먹은 것을 잘 지킨다면 우리는 기독교인을 해칠 수 없을 것이다'고 대답했습니다. 우리의 치명적인 원수들이 가장 두려워하는 것은 십자가와 세례와 성찬입니다."

요청한 사람에게 준 상세한 설명과 개인적인 권면

사랑하는 자녀여, 우리는 하나님의 도움을 받아 당신의 요청을 허락했습니다. 당신이 원하고 기대하는 것을 충족시켜 주지 못했을 수도 있지만, 우리는 최선을 다했습니다. 우리가 최선을 다해서 일할 때 하나님은 기뻐하십니다. 배우는 일을 사랑하고 그것을 위해 수고할 뿐만 아니라 실제 행동에서 지혜를 향한 당신의 열심과 사랑을 증명하십시오. 주님의 형제는 이렇게 말합니다: "너희는 말씀을 행하는 자가 되고 듣기만 하여 자신을 속이는 자가 되지 말라 누구든지 말씀을 듣고 행하지 아니하면 그는 거울로 자기의 생긴 얼굴을 보는 사람과 같아서 제 자신을 보고 가서 그 모습이 어떠했는지를 곧 잊어버리거니와 자유롭게 하는 온전한 율법을 들여다보고 있는 자는 듣고 잊어버리는 자가 아니요 실천하는 자니 이 사람은 그 행하는 일에 복을 받으리라"(약 1:22-25).

교부들의 말을 듣고 받아들이는 방법

먼저 교부들이 정한 영적인 거룩한 법을 바르게 듣고 받아들이는 방법을 알아야 합니다. 마카리우스는 이렇게 말합니다: "경험하지 못한 사람은 영적인 주제들을 파악할 수 없습니다. 그러나 거룩하고 신실한 영혼은 성령의 도움을 받아 이해할 수 있습니다. 그때 그것들을 경험한 사람에게만 성령의 거룩한 보물이 분명히 드러나지만, 기초를 배우지 못한 사람은 그것들을 생각도 하지 못합니다. 그러므로 경건한 마음으로 그것들을 들으십시오. 그리하면 마침내 믿음을 통해서 같은 것이 주어질 것입니다. 그때 영혼의 경험을 통해서 기독교인의 영혼이 현세에서 어떤 복과 신비에 참여할 수 있는지 알게 될 것입니다."

이 상태에 머물러 있으면 곧 당신이 읽는 것과 듣는 것이 매우 증가할 것이며, 그것들로부터 많은 도움을 받게 될 것입니다. 배운 것을 실천하는 것과 지식을 결합하면 많은 것을 얻을 것이며, 대부분 사람이 접근할 수 없는 거룩한 일에 대한 당신 자신의 경험을 토대로 사람들을 지도하고 권면할 수 있을 것입니다. 당신이 전능하신 우리 주 예수 그리스도의 인도하심을 받아서 이것을 성취하도록 하나님께서 허락해주시기를 기도합니다. 아멘.

과식하면 몸이 불편하듯이, 지나치게 많은 말은 귀를 불쾌하게 합니다. 모든 일에 중용이 가장 좋으므로, 우리도 지나침을 피하고 중용을 받아들여야 합니다. 이 주제에 대해 조금 더 이야기하고 요약한 후에 이 글을 마칩니다.

- 95 -

기도하는 방법, 그리고 참된 조명과
신적 능력에 관하여

교부들의 말에 의하면 절제의 실천을 원하는 지혜로운 사람은 호흡에 의해서 마음속으로 내려가며, 항상 분심됨이 없이 순수하게 기도하며, 기도의 내용을 경험하면서 그것들 속으로 깊이 들어가야 합니다. 즉 정신이 마음속에서 조명을 받을 때까지 "주 예수 그리스도 하나님의 아들이여, 나를 불쌍히 여기소서"라고 기도해야 합니다.

성 디아도쿠스는 이렇게 말합니다: "이 거룩하고 영광스러운 이름을 마음 깊은 곳에 정신적으로 보존하는 사람은 결국 자기의 정신의 빛을 볼 수 있습니다"(Ch. 59). 하나님의 손짓에 의해서 이것이 이루어지는 순간부터 하나님 안에 있는 우리 인생의 행로가 오류나 비틀거림에서 벗어날 것입니다. 왜냐하면, 그때 우리가 빛 가운데 걸어가며 빛의 자녀가 될 것이기 때문입니다. 빛을 주시는 분이는 이렇게 말씀하십니다: "너희에게 아직 빛이 있을 동안에 빛을 믿으라 그리하면 빛의 아들이 되리라"(요 12:36); "나는 세상의 빛이니 나를 따르는 자는 어둠에 다니지 아니하고 생명의 빛을 얻으리라"(요 8:12).

다윗은 이렇게 외칩니다: "주의 광명중에 우리가 광명을 보리이다"(시 36:9). 바울은 이렇게 말합니다: "어두운 데에 빛이 비치라 말씀하셨던 그 하나님께서 예수 그리스도의 얼굴에 있는 하나님의 영광을 아는 빛을 우리 마음에 비추셨느니라"(고후 4:6). 신실한 사람은 꺼지지 않는 밝은 등불의 인도함을 받듯이 하나님의 인도하심을 받으며 감각적인 것들의 한계 너머를 봅니다. 또 하나님은 마음이 깨끗한 사람에게 고귀하고 거룩한 생활방식과 성향으로 들어가는 천국 문을 열어주십니다. 그러므로 태양에서 빛이 나오듯이 그를 위해 빛이 솟아나며 그가 영적으로 추론하고 판단하고 보고 예견할 수 있게 해줍니다. 전반적으로, 그분을 통해서 미지의 신비들이 계시되고 드러나며, 그는 성령 안에서 초자연적이고 거룩한 능력이 가득 차게 됩니다. 이 초자연적인 능력은 그의 육체를 더 가볍고 정교하게 해주며 운석처럼 하늘 높이 날게 해줍니다. 어떤 교부들은 몸 안에 있으면서도 성령 안에서 이 빛의 능력 때문에 강이나 깊은 바다를 발을 적시지 않고 건넜습니다. 또 여러 날 동안 여행해야 하는 먼 거리를 한순간에 여행했습니다. 또 하늘이나 땅, 바다, 사막, 도시, 태양, 모든 나라와 모든 장소, 짐승들, 파충류, 그리고 전반적으로 모든 피조물과 모든 요소 안에서 놀라운 일을 행했습니다. 그들이 서서 기도할 때면 그들의 거룩하고 귀한 몸이 마치 날개를 단 것처럼 공중으로 떠올랐습니다. 죽은 후에도 그들의 몸은 썩지 않았고, 여러 가지 기적과 기사를 행했습니다. 바울이 주장한 것처럼 장차 부활한 후에 그들은 "그들과 함께 구름 속으로 끌어 올려 공중에서 주를 영접하게 하시리니 그리하여 우리가 항상 주와 함께 있을 것입니다"(살전 4:17).

성 마카리우스는 이렇게 말합니다: "믿음과 덕을 향한 열심 때문에 이 세상에서 그리스도로 옷 입은 영혼은 자신의 썩지 않는 형상의 거룩한 빛과 연합하여 있으므로 하늘의 비밀에 대한 구체적인 지식을 받습니다. 그러나 부활의 날에는 동일하게 영광스럽고 거룩한 형상 덕분에 몸의 영광이 영혼의 영광과 동등할 것이며, 주님의 영광의 몸과 일치할 수 있게 되었기 때문에 성령에게 붙들려 공중에서 주님을 만날 것입니다."

- 96 -

요약

말로 묘사할 수 없는 이 새로운 것들과 이해의 근원 및 출발점은 앞에서 말한 침묵으로서 하나님의 계명을 실천하는 것에 기초를 두고 그것의 보호를 받는 기도와 집중과 애착을 벗어버림 등과 결합하여 있습니다. 이것들, 즉 기도와 주의 집중과 애착을 벗어버림이 마음을 움직이게 하며 마음 안에 뜨거움을 만들어내는데, 이 뜨거움이 용광로처럼 정념들과 귀신들을 태워죽이고 마음을 깨끗하게 합니다. 이것이 주 예수 그리스도를 향한 끝없는 갈망과 사랑을 가져옵니다. 이것은 마음에서 마치 우슬초처럼 회개하고 감사하며 신앙을 고백하는 영혼과 몸을 씻어 깨끗이 하고 부유하게 해주는 달콤한 눈물의 샘을 열어줍니다. 이것들로부터 이해를 초월하는 끝없는 평화와 생각의 고요함이 오며, 이것에서부터 눈처럼 찬란하고 밝은 조명이 옵니다. 이 모든 것의 종착점은 인간으로서 가능한 한도의 무정념; 몸의 부활 이전의 영혼 부활; 하나님의 모양과 형상을 취함; 그리고 하나님을 향한 철저한 노력 및 행동과 관상, 믿음과 소망과 사랑에 의해 그러한 상태로 돌아감; 하나님과의 직접적인 연합; 몰아의 상태 및 하나님 안에서의 안식; 그리고 하나님 안에 거함 등입니다. 현세에서 이처럼 하나님 안에 거하는 것은 거울을 통해서 보는 것처럼 하나의 상징에 불과하지만, 장래에는 하나님과 완전히 교제하고 영원히 그분을 누리면서 얼굴을 대면하여 보는 것을 의미합니다.

- 97 -

교부들이 전한바 하나님 안에 있는 생활 양식인 침묵과 순종은 참되고 오류가 없습니다. 성인들은 그것을 그리스도 안에 있는 은밀한 생활이라고 부릅니다. 하나님 안에 있는 이러한 영성생활, 참 기독교인의 거룩한 수행 방식은 참되고 오류가 없으며 진정 그리스도 안에 있는 은밀한 생활입니다. 사랑스러운 예수, 하나님이요 인간이신 분이 이 길을 정하시고 신비한 지침을 주셨습니다. 사도들과 그들을 따른 사람들이 그 길을 걸어갔습니다. 그리스도께서 세상에 오셨을 때부터 우리 시대에 이르기까지, 주님을 따른 훌륭한 교사들은 생명을 담고 있는 말과 훌륭한 행위의 빛을 등불처럼 비추면서 오늘에 이르기까지 이 선한 씨앗, 신성한 음료, 거룩한 배아, 더럽혀지지 않은 상징, 위로부터 오는 능력과 은혜, 귀한 진주, 교부들의 유산, 밭에 숨겨진 보화, 성령의 약혼, 왕의 상징, 흐르는 생명수, 거룩한 불, 귀중한 소금, 선물, 인印, 빛 등을 서로에게 전달해왔습니다. 이 유산은 앞으로도 그리스도의 재림 때까지 전해질 것입니다. "내가 세상 끝날까지 너희와 항상 함께 있으리라"(마 28:20)고 말씀하신 분의 약속은 참됩니다.

- 98 -

구원에 이르는 길들이 있지만, 이것이 하나님의 자녀가 되는 지름길입니다. 전통적으로 그 길을 따라가는 사람에게 평화를 주고 구원으로 인도하는 길, 의롭다고 간주해온 많은 관습과 생활방식이 있습니다. 그러나 이 길은 영혼이 몸을 능가하듯이 다른 수행들을 능가하는 지름길입니다. 왜냐하면, 그것이 사람을 새롭게 하여 하나님의 자녀가 되게 해주며 성령 안에서 놀랍게 신화神化해 주기 때문입니다. 대 바실은 이렇게 말합니다: "성령은 영혼에 돌아가서 생명을 주고 불멸을 주고, 엎드린 자를 일으켰습니다. 성령의 영속적인 움직임에 의해 움직여진 것은 살아 거룩하게 되었습니다. 그리고 티끌이요 먼지였던 사람이 성령이 들어감으로 말미암아 선지자와 사도와 천사와 하나님의 지위를 부여받았습니다."

- 99 -

이 수행은 고결한 것이며, 명칭이 여러 가지입니다. 교부들은 이 생활 방식에 여러 가지 명칭을 붙였습니다: 건전한 방법, 칭찬할 행위, 참 관상, 폭넓은 기도, 정신의 절제, 정신적인 행동, 내세의 활동, 천사 같은 삶, 거룩한 삶, 신적인 행위, 생생하고 신비한 환상의 땅, 완전한 영적 만찬, 하나님이 지으신 낙원, 천국, 하늘나라, 하나님의 나라, 빛 너머의 어둠, 그리스도 안에 있는 은밀한 생활, 하나님을 봄, 가장 초자연적인 신화神化 등. 우리도 이 교부들을 본받아 사랑하는 당신의 요청을 받아들이기로 했습니다. 그리고 비록 더러운 생각과 말과 행위 안에 살고 있지만, 당신을 향한 사랑 때문에, 그리고 교부들의 명령에 순종하여 당신이 요청한 것을 부지런히 행했습니다. 이 천사 같은 삶에서 우리를 지도하시는 분은 불멸하시는 아버지의 선하신 뜻과 성령의 도우심에 의한 성육신을 통해서 세상에 세우신 형언할 수 없는 새로운 섭리 안에 계신 하나님의 아들, 말씀이신 하나님이십니다.

- 100 -

결론

우리도 하나님의 은혜와 도우심을 받아서 힘껏 노력하며 행해야 합니다; 이 세상에서 우리가 초자연적인 큰 은사들을 상징으로 받으며, 게으름 때문에 그것들을 잃는 일이 없기를 바랍니다. 이러한 복이 장래에 약속된 것들에 대한 소망으로서 놓여 있는 것이 아니라 실제로 우리 앞에 놓여 있으므로, 시간이 있을 때 그것을 얻기 위해 노력해야 합니다. 일시적인 적은 열심과 수고에 대한 보답으로, 은혜의 선물로서 그것들을 얻기 위해서 노력해야 합니다. 거룩한 전도자 바울은 "생각하건대 현재의 고난은 장차 우리에게 나타날 영광과 비교할 수 없도다"라고 말합니다(롬 8:18). 그의 말을 들어야 합니다. 지금부터 바울의 말에 따라 노력한다면, 출발점이요 약혼으로서 그것을 획득하게 될 것입니다(롬 8:23; 고후 1:22).

그러므로 우리는 참고 견뎌야 합니다. 신분이 낮은 사람이 왕의 초대를 받으면, 그 목적에 맞게 말하고 행동하고 생각해야 합니다. 심지어 그는 위험을 무릅쓰고 접근하기 어려운 것을 붙잡습니다. 이 모든 일을 일시적이고 무상한 영광과 영예를 위해서 행하는 데, 종종 그것이 유익이 되지 않고 멸망으로 이어집니다. 그렇다면 영원히 거하시면서 친척들에게 가장 빛나고 영원한 영광과 영예를 주시는 하나님과 결혼하고 연합하라는 부름을 받을 때는 얼마나 더 열심히 노력해야 하겠습니까? 우리가 하나님의 자녀가 되는 능력을 받았을 때 얼마나 열심히 노력해야 하겠습니까?

복음서에서는 이렇게 말합니다: "영접하는 자 곧 그 이름을 믿는 자들에게는 하나님의 자녀가 되는 권세를 주셨으니"(요 1:12). 하나님은 우리에게 능력을 주시지만, 우리의 뜻을 거슬러 강압적으로 끌고 가시지 않습니다. 강압하게 되면, 악을 악으로 갚기 위해서 강압하는 자에 대한 저항이 일어납니다. 이렇게 하나님은 우리의 옛 주권을 존중하십니다.

그러므로 하나님의 은혜와 뜻 때문에 선한 행동이 완전히 행해진다면, 그것의 성취를 우리의 열심과 수고에 기인하는 것으로 간주해야 합니다. 비록 주 하나님께서 모든 것을 행하셨지만, 그분은 모든 것을 동등하게 지으셨고 그것들을 구하시기 위해서 죽으셨습니다. 그분은 그분에게로 가고 믿고 그분처럼 되고 두려움 없이 사랑하는 우리에게 보호자를 섬기는 힘을 주셨습니다. 그분은 우리를 사랑하셨기 때문에 악의 아비요 우리의 원수인 마귀의 압제에서 우리를 자유롭게 하며 우리를 아버지 하나님과 화목하게 하고 하나님의 후사가 되고 공동 상속자가 되게 하려고 죽음을 받아들이셨습니다. 이것은 놀랍고 복된 것입니다. 사소하고 단명하고 자기를 만족하게 하는 태만이나 게으름, 또는 허울뿐인 즐거움을 얻기 위해서 그러한 복과 영예와 기쁨을 버리는 일이 없어야 합니다. 우리는 마땅히 해야 할 일을 열심히 행하며, 하나님이심에도 불구하고 우리를 위해서 목숨을 아끼지 않으신 우리 주님을 기쁘게 하기 위해서라면 목숨도 아끼지 않고 수고해야 합니다. 그리하면 지금, 그리고 장래에 면류관을 쓰고 복을 받을 것입니다. 우리가 모두 우리 주 예수 그리스도, 우리를 위해 신을 낮추시고 현세에서도 자신의 초본질적이고 거룩한 은혜를 풍성하게 주신 주 하나님의 자비와 은혜에 의해서 그것들을 얻게 되기를 기도합니다. 영원하신 아버지와 아들, 그리고 거룩하고 의롭고 생명을 주시는 성령과 하나님께 영광과 존귀와 예배가 지금부터 영원히 세세토록 있을지어다. 아멘.

기도에 관하여 (칼리스투스 총대주교)

- 1 -

제대로 기도하기를 원한다면, 나무망치로 철선을 때려 소리 내는 악기인 덜시머dulcimer 연주자를 본받으십시오. 그는 약간 고개를 숙이고, 줄이 울리는 소리에 귀를 기울이면서 솜씨 좋게 철선을 때리면서 자신이 만들어내는 멜로디를 즐깁니다.

- 2 -

덜시머는 마음이요, 철선은 감정이요, 나무망치는 하나님을 기억하는 것이요, 연주자는 정신입니다. 정신이 하나님과 신적인 것들을 기억함으로써 하나님을 두려워하는 마음에서 거룩한 감정들을 끌어내면, 말할 수 없는 달콤함이 영혼을 채우며, 깨끗한 정신은 신적 조명에 의해서 들어 올려집니다.

- 3 -

덜시머 연주자는 자신이 즐기는 멜로디 외에 다른 것을 인식하지 않고 듣지 않습니다. 마찬가지로 기도하는 동안 맑은 정신이 마음 깊은 곳에 내려가면 하나님 외에 다른 것에는 귀를 기울이지 못하게 됩니다. 그의 내적 존재 전체가 다윗처럼 "나의 영혼이 주를 가까이 따르니"(시 63:8)라고 말합니다.

~ 4 ~

육체의 감각을 차단하지 않으면, 주님이 사마리아 여인에게 약속하신 생수의 샘이 우리 안에서 솟아오르지 않을 것입니다. 유형적인 물을 찾던 이 여인은 내면에서 흐르는 생명수를 발견했습니다. 본질적으로 땅에 물이 담겨 있다가 배출구가 열리는 순간에 솟아오르는 것처럼 마음의 땅에도 본질적으로 영적인 물이 담겨 있다가 솟아날 수 있는 상황이 되면 우리의 조상 아담이 죄를 범함으로 상실했던 빛처럼 솟아 나옵니다.

~ 5 ~

유형적인 물이 그 근원에서 나와 끊임없이 흐르듯이, 영혼이 열리는 순간 솟아 나는 생명수도 끊임없이 흐릅니다. 거룩한 이그나티우스는 영혼 안에서 흐르는 생명수 때문에 이렇게 말했습니다: "내 안에는 물질을 사랑하는 불이 없으며, 다만 내 안에서 활동하고 말하는 물이 있을 뿐입니다."

- 6 -

이 복된 물, 즉 영혼의 정신적인 맑음은 땅속에서 솟아오르는 물과 같습니다. 근원에서 흘러나온 물이 시내를 채우며, 마음에서 솟아나며 항상 성령에 의해 움직이는 물이 속사람을 거룩한 이슬로 채우고 겉사람을 뜨겁게 합니다.

- 7 -

외적인 것을 모조리 제거하고 적극적인 덕에 의해 감각을 제어한 정신은 마음 안에서 움직이지 않고 쉽니다. 그리고 정신의 눈이 중심에 고정됩니다. 정신은 그곳에서 번갯불과 같은 정신적인 조명을 받으며, 그럼으로써 신적인 이해를 얻습니다.

- 8 -

기초적 가르침을 받지 않은 사람이나 "젖이나 먹어야" 할 사람(히 5:12)이 그것을 만지지 못하게 하십시오. 이것은 때가 되기 전에 만지는 것이 금지되어 있습니다. 교부들의 표현에 의하면 때가 되어야 올 것을 조급하게 얻으려 하는 사람, 그리고 적절한 준비 없이 무정념의 항구에 들어가려고 노력하는 사람은 미친 사람입니다. 글씨를 모르는 사람은 책을 읽을 수 없습니다.

- 9 -

노력의 결과로서 성령이 영혼 안에 일으킨 움직임이 마음을 고요하게

기도에 관하여 389

하고 끊임없이 "아빠 아버지"라고 외치게 합니다. 여기에는 상상이 동반되지 않고 심상도 나타나지 않습니다. 우리는 신적인 빛의 나타남 때문에 변화되는데, 그 빛은 성령의 타오름에 따라서 하나의 이미지를 우리에게 부여해 주고 하나님의 능력에 의해서 우리를 변화시켜 줍니다. 그러나 그 방법은 그분만이 아십니다.

- 10 -

절제함으로써 정화되었지만, 끊임없이 예수를 기억함으로써 외적인 것에서 해방되지 않은 정신은 쉽게 흐려집니다. 마찬가지로 적극적인 실천과 관상을 결합한 사람은 공개적으로든지 은밀하게든지 자신에 대한 소문에 이의를 제기하지 않으며, 자신에 관한 이야기를 피하지 않습니다. 그리스도를 향한 거룩한 사랑 때문에 병이 난 영혼(아 2:5)은 그리스도만 따라갑니다.

- 11 -

선지자는 "너희는 가만히 있어 내가 하나님 됨을 알지어다"(시 46:10)라고 말합니다. 우리는 세상에 사는 동안 육적인 정념들 및 그것들의 급증을 억제하며 그것들의 영향을 받지 않고 고요히 지낼 수 있지만, 그것들을 완전히 몰아내고 제압할 수는 없습니다. 사막 생활은 그것들을 근절할 능력을 갖추고 있습니다.

- 12 -

빨리 흐르는 강물이 있고, 천천히 조용히 흐르는 강물이 있습니다. 전자는 빨리 흐르기 때문에 흐린 상태에 오래 머물지 못하며, 이따금 약간 흐려져도 빠른 물의 흐름 때문에 곧 깨끗해집니다. 그러나 물의 흐름이 바뀌어 천천히 흐르면 강물은 흐려집니다. 그때 다시 물을 맑게 하는 방법은 빨리 흐르게 하는 것뿐입니다.

- 13 -

마귀는 분명한 소리나 분명하지 않은 소리로 초심자, 덕을 훈련하고 있는 사람과 활동적인 사람에게 접근합니다. 또 관상기도를 실천하는 사람을 시험하기 위해서 공상을 만들어 내거나 공중에 빛과 비슷한 색깔을 만들어 내거나 불꽃 같은 형태를 만들어냄으로써 접근합니다.

- 14 -

기도하는 방법을 배우려면 기도의 목적, 정신 집중의 목적을 응시해야 합니다. 기도의 목적은 경모, 마음의 통회, 그리고 이웃 사랑입니다. 그것은 정욕적인 생각, 비방의 속삭임, 이웃에 대한 미움 등 반대되는 것에서 분명히 드러납니다. 이런 것들은 기도와 양립할 수 없습니다.

제2부

예루살렘의 헤시키우스

Hesychius of Jerusalem

헤시키우스Hesychius는 예루살렘에서 태어났고, 젊어서는 신학자 그레고리의 제자였다. 이 위대한 교사가 사망한 후 그는 팔레스타인의 은거지에서 생활하면서 서적, 팔레스타인의 영적 사역자들과의 대화, 자신의 경험과 연구 등을 통해서 기독교의 정신을 연구했다. 이 지혜로운 사제 수도사는 A.D. 412년에 예루살렘의 대주교로 임명된 이후 교회사에서 가장 유명한 교사 중 하나로 등장했다. 스키토폴리스의 키릴은 스승 유티미우스의 전기에 다음과 같이 기록했다: "예루살렘의 총대주교이신 성 유베날이 429년에 유태미우스의 수도원을 교회에 헌정하러 오면서 교회의 사제요 교사인 지혜로운 헤시키우스를 데려왔을 때 위대한 유티미우스는 매우 기뻐하셨다." 테오판의 연대기에 의하면 그는 테오도시우스Theodosius the Youngest 통치 26년, 즉 A.D. 432-3년에 사망했다. 바실 황제의 연감에서는 3월 28일이 그를 기념하는 날이다. 동방교회에서는 성회聖灰 수요일 주간 토요일에 거룩한 사람들과 함께 그를 기린다. 주상성인 테오돌의 미사전문에서는 그를 대 바실, 신학자 그레고리, 요한 크리소스틈, 대 아타나시우스, 예루살렘의 키릴과 알렉산드리아의 키릴, 성 에피파네스, 닛사의 그레고리 등과 함께 위대한 교사에 포함한다. 그는 신학자 그레고리의 이름을 따서 신학자라고 불리기도 한다. 학문적인 저술에서 헤시키우스는 신학자 그레고리의 제자였다. 바실 황제의 연감에서는 헤시키우스를 설교자요 성경해석자라고 지적하며 다음과 같이 말한다: "그는 성경 전체를 분명하게 해석하고 해설했기 때문에 사람들에게 알려지고 존경을 받았다."

우리는 헬라어 '필로칼리아'를 모방하여 테오둘루스에게 보낸 203개로 나누어진 그의 많은 글 중에서 맑은 정신과 주의집중과 마음을 지키기를 원하는 사람들에게 유익한 것들을 선별하였다. 포티우스는 그의 '필로칼리아'에서 이렇게 말한다: "하늘나라를 얻기 위해 노력하는 사람에게는 이것이 어떤 글보다 더 적절하다. 그의 해석은 분명하고, 추상적인 연구를 좋아하지 않고 활동적인 삶의 실질적인 일에 열심을 내고 노력하는 사람들에게 적절하다."

맑은 정신과 기도,
그리고 영혼 구원에 관하여
(헤시키우스가 테오둘루스에게 쓴 글)

- 1 -

　맑은 정신은 하나님의 도움으로 오랫동안 부지런히 실천하면 정욕적인 생각과 말과 악한 행위에서 풀려나게 해주는 영적인 기술입니다. 그것은 진행되면서 불가해한 분이신 하나님에 대해서 가능한 한도 내에서 확실한 지식을 주며, 하나님의 은밀한 비밀들에 대한 은밀한 해결책을 공표합니다. 그것이 신구약 성경에 기록된 계명을 모두 행하며 다음 세상에서 복을 줍니다. 그것은 본질상 깨끗한 마음으로서 그 위대함과 고귀한 특성들 때문에, 정확하게 말하자면 우리의 부주의함과 방심 때문에 오늘날 수도사들에게서 찾아보기가 매우 어렵습니다. 그것은 그리스도께서 "마음이 청결한 자는 복이 있나니 그들이 하나님을 볼 것임이요"(마 5:8)라고 말씀하신 복된 것입니다. 그러므로 비싼 값을 주고 그것을 사야 합니다. 만일 사람의 내면에 항상 맑은 정신이 존재한다면, 그것이 하나님을 기쁘시게 하는 의로운 삶으로 인도하는 안내자가 될 것입니다. 그것은 관상으로 올라가는 사다리이며, 영혼의 세 부분(생각하는 능력, 도발적인 능력, 그리고 갈망하는 능력)의 움직임을 바르게 다스리는 법을 가르쳐주며, 감각을 안전하게 지키며, 날마다 네 가지 큰 덕(지혜, 정의, 용기, 절제)을 증가시킬 것입니다.

- 2 -

모세 또는 성령은 이 덕의 완전하고 깨끗하고 포괄적이고 고상하게 해주는 본질을 보여주며, 또 그것을 시작하고 완성하는 방법을 가르쳐 주면서 다음과 같이 말합니다: "삼가 너는 마음에 악한 생각을 품지 말라"(신 15:9). 여기에서 악한 생각은 하나님이 싫어하시는 악한 것의 정신적 이미지를 의미합니다. 교부들은 그것은 마귀가 우리 마음에 속삭이는 암시로서 우리의 정신에 그것이 제공되는 즉시 우리의 생각이 그것의 뒤를 따르며 정욕적으로 그것과 대화한다고 말합니다.

- 3 -

맑은 정신은 덕과 하나님의 계명의 길입니다. 그것은 마음의 침묵이라고 불리기도 하며, 공상으로부터 정신을 지키는 것입니다.

- 4 -

나면서부터 앞을 보지 못하는 사람은 햇빛을 보지 못합니다. 맑은 정신으로 살지 않는 사람은 위로부터 오는 은혜의 밝음을 보지 못합니다. 그는 하나님이 미워하시는 악한 행위와 말과 생각에서 해방되지 못할 것이며, 그렇기 때문에 세상을 떠날 때 만나게 되는 지옥을 다스리는 자들의 방해를 받을 것입니다.

- 5 -

집중은 생각의 구속을 당하지 않는 지속적인 침묵입니다. 그것은 항상 끊임없이 하나님의 아들이시오 하나님이신 예수 그리스도를 호흡하며, 그분께 부탁하며, 그분과 함께 용감하게 원수들과 싸우며, 죄를 용서하는 능력을 가지신 분께 고백합니다. 그런 영혼은 끊임없이 그리스도를 부름으로써 마음을 살피시는 분을 맞이합니다. 그는 악한 자가 쉽게 들어와 그가 이루어놓은 작업을 파괴하지 못하게 하려고 그 달콤함과 내적인 성취를 사방의 모든 사람에게 감추려 합니다.

- 6 -

맑은 정신은 생각을 고정해 마음의 문 앞에 세워 도둑이나 강도 같은 생소한 생각이 들어오는 것을 보며 이 파괴자들이 말하는 소리를 들으며, 공상으로 정신을 유혹하려 하는 귀신들이 내면에 새긴 심상을 보게 합니다. 이 일이 사랑의 수고로 행해질 때, 그것은 경험으로 정신적 전쟁의 기술을 우리에게 계시해주며 그것에 숙련되게 해줍니다.

- 7 -

하나님이 교훈하기 위해서 우리를 버리시는 것과 외적인 유혹의 발생은 큰 두려움을 가져옵니다. 그것은 악한 생각과 행위의 샘을 봉인하려고 노력하는 사람의 정신 안에 집중하며 관찰하는 태도를 만들어냅니다. 특히 이러한 집중과 맑은 정신의 결과인 평화를 맛보고서도 태만해졌을 때, 하나님은 이 목적을 위해서 우리에게서 떠나가시며 예기치 않은 유혹을 보내어 우리의 삶을 바로잡으십니다. 성실함은 습관을 낳고, 습관은 맑은 정신이 자연스럽게 지속하게 하며, 맑은 정신이 지속하면 전쟁을 보는 능력이 생기며, 그다음에 끊임없이 예수님께 기도하며 공상이 없는 고요한 정신 및 예수님과의 연합에서 오는 놀라운 상태에 이릅니다.

- 8 -

똑바로 서서 원수들을 대적하여 그리스도를 부르고 그분께 달려가 피하는 정신은 마치 피신처에서 사냥개들에게 둘러싸여 있으면서 용감하게 대적하는 들짐승과 같습니다. 그것은 평화를 주시는 예수님께 기도하면서 도움을 구하기 때문에 정신적으로 보이지 않는 원수들이 매복한 장소를 멀리서 분별하며 그것들에 의해 상처를 입지 않습니다.

- 9 -

당신이 아침에 주님 앞에 서서 주님이 당신을 보고 당신은 주님을 볼 수 있었다면(시 5:3, 5), 내 말을 이해할 수 있을 것입니다. 만일 그렇지 못하다면, 맑은 정신을 지니십시오. 그리하면 받을 것입니다.

- 10 -

바다에는 많은 강물이 혼합되어 있습니다. 영혼이 깨어 침묵하는 것, 그리고 말로 표현할 수 없는 관상과 지혜로운 겸손과 의와 사랑의 깊이 등이 탁월하게 맑은 정신, 생각이 없이 탄식하면서 낙심하지 않고 노력하며 끊임없이 예수 그리스도께 드리는 기도를 이룹니다(눅 18:1).

- 11 -

주님은 "나더러 주여 주여 하는 자마다 다 천국에 들어갈 것이 아니요 다만 하늘에 계신 내 아버지의 뜻대로 행하는 자라야 들어가리라"라고 말씀하십니다(마 7:21). 아버지의 뜻은 "여호와를 사랑하는 너희여 악을 미워하라"는 것입니다(시 97:10). 그러므로 우리는 예수께 기도하며 악한 생각을 미워하고 하나님의 뜻을 행해야 합니다.

- 12 -

육신을 입으신 우리 주 하나님은 인류에게 주는 모범으로서 덕의 이미지를 우리에게 주셨습니다. 그리고 우리를 과거의 타락으로부터 복귀시키기 위해서 육신을 입으신 그분의 고결한 삶을 우리 앞에 놓으셨습니다. 여러 가지 좋은 본보기가 있지만, 주님은 자신이 세례받으신 후에 광야에서 금식하시면서 평범한 사람을 공격하듯이 공격해오는 마귀들과 어떻게 정신적인 씨름을 시작하셨는지 보여 주셨습니다. 이러한 방식의 승리를 통해서 무익한 종인 우리에게 악한 영들을 대적하는 방법을 가르쳐 주셨습니다. 즉 겸손하게 금식하고 맑은 정신으로 기도하라고 가르치셨습니다. 주님은 하나님이시므로 이런 것들이 필요하지 않았음에도 불구하고 그것들을 지키셨습니다.

- 13 -

정신에서 정욕적인 생각을 조금씩 제거하는 방법, 맑은 정신을 유지하는 방법은 무척 많습니다. 당신에게 소박하고 단순한 언어로 그것을 보여드리겠습니다. 이 설교를 하면서 외적인 전쟁을 설명할 때처럼 행하는 것, 즉 단순한 사람들에게 유익한 것을 감추기 위해서 장황하게 말하는 것이 옳다고 생각하지 않습니다. 사도 바울은 "내가 이를 때까지 읽는 것과 권하는 것과 가르치는 것에 전념하라"고 말합니다(딤전 4:13).

- 14 -

맑은 정신을 유지하는 한 가지 방법은 상상이나 암시를 지켜보는 것입니다. 상상이 없으면 사탄이 생각을 형성할 수 없으며 정신을 유혹하기 위해서 속임수에 의해서 그 생각을 정신에 보여줄 수 없습니다.

- 15 -

마음을 깊이 침묵하게 하는 또 다른 방법은 생각을 가라앉히고 기도하는 것입니다.

- 16 -

또 다른 방법은 끊임없이 겸손하게 주 예수 그리스도께 도움을 청하는 것입니다.

- 17 -

또 다른 방법은 영혼 안에서 끊임없이 죽음을 기억하는 것입니다.

- 18 -

이 모든 행동이 문지기처럼 악한 생각을 몰아냅니다. (정신이 항상 하늘의 일을 관상하면서) 하늘만 바라보며 세상과 세상에 속한 것들을 무로 여겨야 할 필요성에 대해서는 나중에 자세히 다루겠습니다.

~ 19 ~

만일 정념의 원인을 제거하고 잠깐 영적인 일에 전념하지만, 평생 그 일을 지속하지 않는다면, 쉽게 육체의 정념에 돌아오며 궁극적으로 정신이 흐려지고 유형적인 것에 깊이 빠지는 것 외에 다른 열매를 거두지 못할 것입니다.

~ 20 ~

내적인 싸움을 하는 사람은 매 순간 다음과 같은 네 가지를 실천해야 합니다: 겸손, 철저한 집중, 생각에 대한 저항, 그리고 기도. 이 싸움은 교만한 귀신들을 대적한 것이므로 마음 안에서 항상 그리스도의 도움을 받으려면 겸손을 실천해야 합니다. 주님은 교만한 자를 미워하십니다. 또 마음이 선한 것처럼 보이는 생각이라도 받아들이지 못하게 하려면 집중이 필요합니다. 자신에게 접근하는 것이 누구인지 구분하면서 악한 자를 대적하려면 저항이 필요합니다. 시편 기자는 이렇게 말합니다: "그리하시면 내가 나를 비방하는 자들에게 대답할 말이 있사오리니"(시 119:42); "나의 영혼이 잠잠히 하나님만 바람이여"(시 62:1). 저항한 후에 즉시 마음 깊은 곳에서 탄식하면서 그리스도께 부르짖으려면 기도가 필요합니다. 그때 싸우는 사람은 예수님의 이름 때문에 원수가 바람에 날리는 먼지나 연기처럼 흩어지는 것을 볼 것입니다.

~ 21 ~

생각에서 벗어난 기도를 소유하지 못한 사람은 전쟁에서 사용할 무기가 없는 사람과 같습니다. 여기에서 기도는 영혼의 내면 은밀한 곳에서 활동함으로써 은밀하게 공격하는 원수를 보이지 않게 채찍질하며, 주 예수 그리스도의 이름을 부름으로써 태워 없애는 것을 의미합니다.

~ 22 ~

우리는 정신의 예리한 시선으로 내면을 들여다보면서 누가 들어오는지 감지해야 합니다. 그리고 들어오는 것을 감지하면, 저항하여 단번에 뱀의 머리를 내리치는 동시에 신음하면서 그리스도를 불러야 합니다. 그렇게 하면 보이지 않는 신적 중보의 경험을 얻을 것이며, 마음의 진실(마음이 바르게 일하는지, 그리고 마음의 바른 일이 어디에 존재하는지)을 분명히 보게 될 것입니다.

~ 23 ~

사람들 가운데서 손에 거울을 들고 있는 사람이 거울을 들여다보면 자기의 얼굴뿐만 아니라 거울을 들여다보는 다른 사람의 얼굴도 볼 수 있습니다. 마찬가지로 집중하여 자기 마음을 들여다보는 사람은 그 안에서 자기의 상태를 볼 뿐만 아니라 정신적 에티오피아인들의 검은 얼굴도 봅니다.

~ 24 ~

정신이 홀로 악한 상상을 정복할 수 없으며, 그런 시도를 하면 안 됩니다. 우리의 원수들은 매우 교활하므로 패배한 체하면서 다른 쪽에서 허영심으로 우리의 뒤꿈치를 걸어 넘어지게 하기 때문입니다. 우리가 예수의 이름을 부르면, 원수가 잠시도 우리를 대적하거나 속이지 못할 것입니다.

~ 25 ~

옛날 이스라엘처럼 자신을 높이 평가하여 스스로 싸우는 방법을 고안해 내며 자신을 정신적인 원수에게 넘기지 않도록 조심하십시오. 이스라엘 백성은 하나님에 의해서 이집트에서 구출된 후에 금송아지를 만들었습니다.

~ 26 ~

우리의 금송아지가 연약한 이성이라는 것을 알아야 합니다. 악한 영들을 대적하여 예수 그리스도의 이름을 부르면 쉽게 그것을 몰아낼 수 있으며, 보이지 않는 원수의 군대를 참패시킬 수 있습니다. 어리석게 자신을 신뢰하면 떨어져 죽습니다. 주님을 신뢰하는 사람은 이렇게 고백합니다: "여호와는 나의 힘과 나의 방패이시니 내 마음이 그를 의지하여 도움을 얻었도다"(시 28:7); "누가 나를 위하여 일어나서 행악자들을 치며 누가 나를 위하여 일어나서 악행하는 자들을 칠까 내 속에 근심이 많을 때에 주의 위안이 내 영혼을 즐겁게 하시나이다"(시 94: 16, 19). 하나님을 신뢰하지 않고 자신을 신뢰하는 사람은 넘어질 것입니다.

~ 27 ~

사랑하는 자여, 만일 바르게 싸우기를 원한다면, 거미에게서 마음으로 침묵하는 방법과 그 순서를 배우십시오. 거미는 작은 파리를 붙잡아 죽입니다. 당신도 (거미줄 중앙에 앉아 있는) 거미처럼 힘껏 노력하면서 영혼 안에서 침묵하며 끊임없이 바벨론의 어린 것들을 죽일 수 있을 것입니다. 그렇게 하면 성령이 다윗의 입을 통해서 당신을 유복하게 하실 것입니다(시 137:9).

~ 28 ~

별들이 반짝이는 하늘에서 홍해를 볼 수 없고 땅 위를 걸어가는 사람이 호흡하지 않을 수 없듯이, 항상 예수 그리스도의 이름을 부르지 않으면 마음에서 정욕적인 생각을 제거하며 정신적인 원수들을 몰아낼 수 없습니다.

~ 29 ~

만일 당신이 겸손하게 생각하고 죽음을 기억하며 자신을 책망하고 생각에 저항하며 예수 그리스도를 부른다면, 당신은 항상 마음 안에 머물 것입니다. 또 만일 당신이 날마다 이러한 무기들을 가지고 좁은 정신의 길을 기쁘고 즐겁게 걸어간다면, 거룩한 것들에 대한 관상에 이를 것이며, "그 안에는 지혜와 지식의 모든 보화가 감추어져 있는" 그리스도가 깊은 비밀들에 대한 지식으로 조명해주실 것입니다(골 2:3). 이는 "그 안에는 신성의 모든 충만이 육체로 거하시기" 때문입니다(골 2:9). 당신은 예수 안에서 마음에 성령이 들어오시는 것을 느낄 것입니다. 사람의 정신은 성령의 조명을 받으며 "수건을 벗은 얼굴로 거울을 보는 것 같이 주의 영광을" 봅니다(고후 3:18). 주님을 찾는 자에게 은밀하게 (주님에 관한 비밀을 확언해 주시는) "성령으로 아니하고는 누구든지 예수를 주시라 할 수 없습니다"(고전 12:3).

~ 30 ~

우리를 시기하는 악한 귀신들이 종종 정신적 전쟁을 가라앉히고 몸을 숨긴다는 것을 알아야 합니다. 귀신들은 그것이 하나님께로 올라갈 때 우리에게 가져다주는 큰 도움 및 그것을 통해서 얻는 지식을 시기합니다. 그것은 우리가 귀신들의 공격 위험을 망각하고 게을러질 때 다시 우리가 마음에 집중하지 못하게 하기 위한 것입니다. 귀신들은 하나의 목표와 하나의 싸움에 매달립니다. 즉 날마다 집중을 실천할 때 영혼에 임하는 부유함을 알기 때문에 마음이 집중하지 못하도록 방해합니다. 그러므로 전쟁이 잠잠해질 때 우리는 주 예수 그리스도를 기억하면서 영적 관상을 더욱 열심히 실천해야 합니다. 그리하면 우리의 정신에 전쟁이 돌아올 것입니다. 우리는 주님의 충고대로 겸손하게 모든 일을 행해야 합니다.

~ 31 ~

공동체 안에서 사는 우리는 다스리는 권위를 가진 사람에게 복종하며, 자발적으로 결정하고 열렬한 마음으로 자기의 소원을 제거하고 하나님의 도움을 받아 의도적으로 의지를 없애야 합니다. 또 비이성적이고 부자연스러운 노염의 움직임을 허락하거나 격한 성질에 휘둘리지 않으려고 노력해야 합니다. 그렇지 못하면 영적 전쟁을 할 때 우리가 용감하지 못한 것이 증명될 수 있습니다. 우리가 자기 뜻을 자발적으로 제거하지 않으면, 우리의 의지는 우리의 동의 없이 강제로 그것을 제거하려 하는 사람에게 화를 낼 것입니다. 그런 까닭에 노여움이 일어나서 사납게 짖어대면서 전쟁에 대한 우리의 이해—이것을 획득하기가 매우 어렵거나 거의 불가능합니다—를 흐리게 합니다. 노여움의 본질은 파괴적입니다. 만일 그것이 악한 생각을 대적하여 움직인다면, 그것을 파괴하고 근절할 것입니다. 그러나 그것이 사람을 대적한다면, 우리 안에서 선한 생각을 죽일 것입니다. 노염은 악한 생각과 선한 생각 등 모든 종류의 생각을 파괴합니다. 그것은 하나님께서 우리에게 방패와 활로 주시는 것인데, 그 기능에서 벗어나지 않으면 좋지만, 그 기능과 반대로 작용하면 파괴적인 것이 됩니다. 나는 늑대들과 싸우는 개가 이따금 양을 공격하여 물어 죽이는 것을 보았습니다.

~ 32 ~

우리는 (이웃에게 무모할 정도로 함부로 행동하는) 무모함을 독뱀을 피하듯이 피하며, 뱀들과 독사의 새끼들을 피하듯이 빈번한 대화를 피해야 합니다. 이런 것들은 우리를 내적 전쟁을 잊게 하며, 깨끗한 마음에 의해 도달한 복된 고지에서 영혼을 끌어내리는 힘을 가지고 있습니다. 이 저주받은 망각과 집중은 불과 물처럼 상극입니다. 망각은 태만으로, 태만은 (영성생활의 규칙에 대한) 경멸과 낙심과 정욕으로 발전합니다. 그러므로 개가 그 토하였던 것에 돌아가듯이, 우리도 뒤에 있는 것으로 돌아갑니다 (벧후 2:22). 그러므로 우리는 죽음의 독에서 도망치듯이 고집에서 도망쳐야 합니다. 또 정신을 지키고 항상 주 예수 그리스도를 부름으로써 망각의 악영향 및 거기서 솟아나는 것들을 치료해야 합니다. 예수 그리스도가 없으면 우리는 아무것도 할 수 없습니다(요 15:5).

~ 33 ~

뱀의 친구가 되어 그것을 가슴이 품고 다니는 것은 정상적인 행동이 아니며 그렇게 할 수도 없습니다. 온갖 방법으로 육신을 만족하게 하고 필요 이상으로 육신을 사랑하면서 거룩한 덕에 주목할 수 없습니다. 뱀의 본성은 그것의 비위를 맞추는 사람을 정욕의 움직임으로 더럽히는 것입니다. 육신이 죄를 범하면 포도주를 마시고 취해서 도망간 노예를 다루듯이 피가 흐를 때까지 채찍으로 때려야 합니다. 그가 선술집에서 포도주를 마시듯이 정욕에 취하면, 주인(정신)에게서 벌을 받는다는 것을 알아야 합니다. 이 유한한 진흙, 어둠의 딸이 영원한 주인(영혼)을 알지 못하도록 버려두지 마십시오. 세상을 떠날 때까지 육신을 신뢰하지 마십시오. 성경에 이렇게 기록되어 있습니다: "육신의 생각은 하나님과 원수가 되나니 이는 하나님의 법에 굴복하지 아니할 뿐 아니라 할 수도 없음이라"(롬 8:7); "육체의 소욕은 성령을 거스르고"(갈 5:17); "육신에 있는 자들은 하나님을 기쁘시게 할 수 없느니라 만일 너희 속에 하나님의 영이 거하시면 너희가 육신에 있지 아니하고 영에 있나니"(롬 8:8, 9).

~ 34 ~

내면의 전쟁에서 발휘하는 선한 분별력의 작용은 싸우고 자신을 책망하려는 도발적인 능력을 자극하는 것입니다. 지혜의 작용은 지속적이고 엄격하게 맑은 정신과 영적 관상을 유지하려는 사고력을 자극하는 것입니다. 정의의 작용은 우리의 갈망하는 능력을 덕과 하나님을 향하게 하는 것입니다. 용기의 작용은 속사람이나 마음이 다섯 가지 감각에 의해 더럽혀지지 않으며 또 겉사람이나 몸도 더럽혀지지 않도록 다섯 가지 감각을 인도하고 통제하는 것입니다.

~ 35 ~

"그의 위엄이 이스라엘(가능한 한도까지 하나님 영광의 아름다움을 보는 정신) 위에 있고 그의 능력이 구름 속에 있도다"(시 68:34). 그것은 영혼 안을 빛처럼 비추며 새벽을 들여다봅니다. 그것은 아버지의 오른편에 앉아 계신 분의 아름다움을 드러내며, 태양이 깨끗한 구름에 광선을 보내듯이 그에게 빛을 보내고 사랑스러움을 줍니다.

~ 36 ~

전도자는 "죄인 한 사람이 많은 선을 무너지게 하느니라"라고 말합니다(전 9:18). 정신은 죄를 범함으로써 천국의 먹을 것과 마실 것을 못 쓰게 합니다.

~ 37 ~

우리는 삼손만큼 강하지 못하고 솔로몬만큼 지혜롭지 못하며, 거룩한 것에 대해서 다윗만큼 많이 알지 못하며, 사도 중 으뜸인 베드로만큼 하나님을 사랑하지도 못합니다. 그러므로 우리는 자신을 신뢰하지 말아야 합니다. 자신을 신뢰하는 사람은 실족한다고 성경은 말합니다.

~ 38 ~

우리는 그리스도에게서 겸손한 마음을 배우고, 다윗에게서 겸손함을, 베드로에게서 우발적인 실수 때문에 우는 법을 배워야 합니다. 그러나 삼손과 유다, 그리고 사람 중 가장 지혜로운 솔로몬처럼 낙심해서는 안

됩니다.

~ 39 ~

"마귀가 우는 사자 같이 두루 다니며 삼킬 자를 찾나니"(벧전 5:8). 그러므로 게으르지 말고 마음의 집중, 맑은 정신, 생각에 대한 저항, 주 예수 그리스도께 드리는 기도를 실천해야 합니다. 인생에서 예수보다 더 훌륭한 도움을 발견하지 못할 것입니다. 하나님이신 우리 주님만이 귀신들의 악행들과 속임수와 계략을 아십니다.

~ 40 ~

그러므로 영혼은 그리스도를 신뢰하고 그분을 부르며 원수를 두려워하지 말아야 합니다. 왜냐하면, 영혼이 혼자 싸우는 것이 아니라 두려운 왕이신 예수 그리스도, 보이는 것과 보이지 않는 것, 형체가 있는 것과 없는 것 등 모든 것을 지으신 분의 도움을 받기 때문입니다.

~ 41 ~

비가 많이 내리면 그만큼 땅이 부드러워지듯이, 우리가 다른 생각을 하지 않고 그리스도의 거룩한 이름을 많이 부를수록 우리의 마음 밭이 부드러워지며 기쁨과 즐거움이 가득해집니다.

~ 42 ~

몸과 산만한 생각 때문에 무거워서 땅으로 떨어지는 우리에게는 형체가 없고 보이지 않는 원수들, 아담의 때부터 오늘까지 벌어진 싸움에서 능숙하고 재빠르게 미숙한 우리를 해쳐온 심술궂은 원수들이 있음을 알아야 합니다. 맑은 정신으로 우리를 지으신 하나님 예수 그리스도를 부르지 않는 한 우리는 결코 그것들을 정복할 수 없습니다. 예수 그리스도께 드리는 기도가 미숙한 사람이 선한 것을 경험하고 알게 해주는 동기와 안내자가 되기를 기원합니다. 그러나 경험이 있는 사람에게 선을 가르쳐 주는 가장 훌륭한 교사는 행동과 실천으로 시험해보며 선한 것을 맛보는 것입니다.

~ 43 ~

순진한 어린아이가 기적을 행하는 사람을 보면 기뻐하면서 순진하게 그를 따라가듯이, 선하신 주님이 지으신 단순하고 선한 우리 영혼도 마귀의 환상적인 속삭임에 미혹되어, 마치 비둘기가 새끼들을 잡으려고 그물을 치는 자에게 달려가는 것처럼, 그리고 마치 선한 자에게 가듯이 악한 자에게 달려가며, 자기 생각과 마귀가 제안한 공상을 혼합합니다. 혹시 아름다운 여인의 얼굴을 보거나 그리스도의 계명이 금지한 것을 보면, 자신이 본 사랑스러운 것을 현실화하기 위해서 무엇인가를 고안하려 하며, 생각 속에서 본 불법한 것을 몸으로 실행하려 하여 정죄에 이릅니다.

~ 44 ~

이것이 악한 자가 사용하는 기술입니다. 악한 자는 이러한 화살로 해를 끼칩니다. 그러므로 정신이 전쟁의 경험이 없으면 생각이 마음에 들어오는 것을 허락하는 것이 안전하지 못합니다. 특히 영혼이 귀신들의 속삭임에 공감하고 즐거워하며 따라가는 첫 단계에서 안전하지 못합니다. 우리는 생각이 영향을 미치는 것을 발견하는 즉시 그것을 제거해야 합니다. 그러나 오랜 후에 정신이 이 놀라운 일을 훈련하고 그것에 대해서 알아야 할 것을 모두 알고 이 싸움을 하는 기술이 늘어서 생각을 식별하여 선지자의 말처럼 "작은 여우"를 잡을 수 있게 된다면(아 2:15), 노련하게 그것들을 들여보내고 그리스도의 도움으로 대적하여 싸워 물리칠 수 있습니다.

~ 45 ~

불과 물이 함께 하나의 통로를 통과할 수 없듯이, 죄는 먼저 악한 암시에 의한 공상으로 마음의 문을 두드리지 않는 한 마음에 들어올 수 없습니다.

~ 46 ~

먼저 암시가 오고, 두 번째로 우리의 생각과 악한 귀신의 생각이 함께 섞여 결합합니다. 세 번째로 융합, 즉 두 종류의 생각이 함께 협의하여 악한 것을 결정하고 해야 할 일을 계획하며, 네 번째로 눈에 보이는 행동, 즉 죄가 옵니다. 만일 그때 맑은 정신을 유지하고 집중하며 그 생각에 저항하고 주 예수의 이름을 부르면 영향을 미치는 암시를 몰아내지만, 보통 이런 일은 발생하지 않습니다. 악한 자는 몸이 없는 정신이기 때문에 상상과 생각에 의하지 않으면 영혼을 빗나가게 할 수 없습니다. 다윗은 "아침마다 내가 이 땅의 모든 악인을 멸하리니"(시 101:8)라고 말하며, 모세는 융합에 대해서 "너는 그들과 그들의 신들과 언약하지 말라"고 말합니다(출 23:32).

~ 47 ~

정신이 정신과 보이지 않는 전쟁을 합니다. 즉 귀신의 정신과 우리의 정신이 싸웁니다. 그러므로 매 순간 우리에게서 귀신의 정신을 몰아내고 승리의 상을 달라고 그리스도께 외쳐야 합니다. 왜냐하면, 그분은 인간을 사랑하시기 때문입니다.

~ 48 ~

거울을 들고 집중하여 들여다보는 사람을 마음의 침묵의 본보기로 삼으십시오. 그렇게 하면(만일 그 사람을 모방한다면), 악한 것과 선한 것 등 정신적으로 마음에 새겨진 것을 보게 될 것입니다.

~ 49 ~

마음을 지켜 고상한 것이든지 흉한 것이든지 생각이 없게 하십시오. 그리하면 애굽의 장자들(암시들)을 쉽게 식별할 수 있을 것입니다.

~ 50 ~

맑은 정신은 선하고 즐거우며, 밝고 아름답고 사랑스러운 덕입니다.

하나님이신 그리스도여, 그것이 주님이 가신 길입니다. 그것은 인간의 마음이 겸손하게 여행하는 것입니다. 그것의 지류들은 바다와 깊은 관상에 이르며, 사랑스럽고 거룩한 신비의 강에 이릅니다. 그것은 악한 생각들의 바닷물, 육체의 광포한 고집, 불경함 등 때문에 오래전에 시들어 버린 정신에 물을 대줍니다.

~ 51 ~

맑은 정신은 야곱의 사다리입니다. 그 꼭대기에 하나님이 서 계시며, 천사들이 오르내립니다. 그것은 우리에게서 모든 악을 빼앗아가고, 수다스러움과 폭언과 중상과 감각적인 정념 모두를 제거합니다. 그것은 잠시라도 그것들 때문에 사랑스러움을 빼앗기는 것을 참고 견디지 못합니다.

~ 52 ~

형제들이여, 이것을 따르십시오. 그러나 예수 그리스도와 함께 깨끗한 마음으로 날아오르며 그분을 관상하는 동안에는 우리의 죄와 이전의 생활을 염두에 두어야 합니다. 자기의 죄를 기억하여 통회하고 겸손하면, 보이지 않는 전쟁에서 주 예수 그리스도의 도움을 받을 것이며 그것을 잃지 않을 것입니다. 우리가 교만이나 이기심이나 허영심 때문에 예수의 도움을 빼앗기는 즉시 하나님이 자신을 사람에게 알리시는 통로인 깨끗한 마음도 빼앗깁니다. 깨끗한 마음은 하나님을 보게 된다는 약속이요 원인입니다(마 5:8).

~ 53 ~

  자신의 은밀한 일을 게을리하지 않는 정신은 끊임없이 신중함을 발휘함으로써 발견하게 될 선한 것들 외에도 몸의 다섯 가지 감각이 외부로부터 오는 악한 유혹과 협력하지 않는 것을 발견할 것입니다. 정신의 덕—맑은 정신—에 집중하며 항상 선한 생각을 즐기려 할 때 정신은 물질적인 헛된 생각이 들어오는 수단인 다섯 가지 감각에 유린당하지 않습니다. 또 감각의 매력을 알기 때문에 강력한 의지의 노력으로 그것을 내면에서 억제합니다.

~ 54 ~

  꾸준히 정신을 집중하면, 과도한 시험을 받지 않을 것입니다. 정신을 집중하지 않으면, 그다음에 생기는 것을 감내해야 할 것입니다.

~ 55 ~

  식욕이나 입맛을 잃은 사람에게 쓴 쑥이 도움되듯이, 나쁜 습관을 지닌 사람에게는 고난이 도움됩니다.

~ 56 ~

  악을 경험하지 않으려면, 악을 행하기를 원하지 마십시오. 전자에게는 필연적으로 후자를 따릅니다. 사람은 심은 대로 거둡니다. 그러므로 자기의 의지와는 달리 악한 것을 심고 거두는 사람은 하나님 공의 앞에 놀랄 것입니다.

~ 57 ~

정신은 세 가지 정념, 즉 금전욕, 허영, 그리고 쾌락욕 때문에 장님이 됩니다.

~ 58 ~

이 세 가지 정념이 본성적으로 우리의 것인 믿음과 지식을 무디게 합니다.

~ 59 ~

이것들을 통해서 진노와 노염, 살인 등 온갖 종류의 정념이 사람에게서 힘을 얻습니다.

~ 60 ~

진리를 알지 못하는 사람은 참믿음을 소유할 수 없습니다. 왜냐하면, 본질에서 지식이 믿음보다 선행하기 때문입니다. 성경에서 말하는 것은 우리가 알고 행하게 하기 위한 것입니다.

~ 61 ~

그러므로 행동을 시작해야 합니다. 만일 우리가 이런 식으로 진행한다면, 하나님 안에서 소망뿐만 아니라 확고한 믿음, 내적 지식, 유혹으로부터의 구원, 은혜의 은사, 마음에서 우러나오는 죄 고백, 많은 눈물 등이 기도를 통해서 신자들에게 주어진다는 것을 발견할 것입니다. 그

뿐만 아니라 환난을 인내하는 것, 이웃을 용서함, 영적인 법에 대한 이해, 하나님의 의를 발견함, 성령의 방문, 영적 보물들의 선물, 하나님께서 이 세상에서와 다음 세상에서 신자들에게 주시겠다고 약속하신 모든 것이 주어질 것입니다. 한마디로 말해서 사람이 하나님의 은혜와 인간의 믿음을 통하여 겸손하며 흔들리지 않고 기도하지 않으면 영혼이 하나님의 형상으로 나타날 수 없습니다.

~ 62 ~

마음을 깨끗이 하려는 사람이 정신적인 원수를 대적하여 끊임없이 주 예수님을 부르는 것은 매우 유익합니다. 지금까지 말한 말이 성경의 증언과 얼마나 일치하는지 살펴보십시오: "이스라엘아 네 하나님 만나기를 준비하라"(암 4:12). 바울은 "쉬지 말고 기도하라"(살전 5:17)라고 말하고, 주님은 "나는 포도나무요 너희는 가지라 그가 내 안에, 내가 그 안에 거하면 사람이 열매를 많이 맺나니 나를 떠나서는 너희가 아무것도 할 수 없음이라 사람이 내 안에 거하지 아니하면 가지처럼 밖에 버려져 마르나니"(요 15:5, 6)라고 말씀하십니다. 기도는 큰 선, 모든 복을 담고 있는 선입니다. 그것은 믿음으로 하나님을 보는 사람의 마음을 깨끗하게 합니다.

~ 63 ~

겸손은 하나님이 사랑하시는 영원한 것이요, 하나님이 미워하시며 우리가 악이라고 부르는 모든 것을 파괴합니다. 그러므로 그것을 얻기가 어렵습니다. 사람에게서 다른 덕들의 부분적인 활동을 쉽게 발견할 수 있겠지만, 겸손의 향기를 발견하기는 어려울 것입니다. 이런 까닭에 이 보물을 얻기 위해 열심히 노력해야 합니다. 마귀는 처음부터 겸손을 거부하고 교만을 사랑했기 때문에 성경에서 마귀를 더러운 영이라고 부릅니다. 몸이나 육이나 사지를 갖지 않은 영적인 존재가 어떤 육적인 더러움을 만들었기에 부정하다고 불렸습니까? 마귀는 교만 때문에 더럽다고 불렸습니다. 그는 깨끗하고 밝은 천사였으나 악이라고 불리게 되었습니다: "무릇 마음이 교만한 자를 여호와께서 미워하시나니"(잠 16:5). 교만은 죄의 출발점입니다(집회서 10:15). 교만한 바로는 "나는 여호와를 알지 못하니 이스라엘을 보내지 아니하리라"라고 말했습니다(출 5:2).

~ 64 ~

우리가 구원을 망각하지 않으면, 정신적 활동이 겸손이라는 좋은 선물을 줍니다. 말이나 행동이나 생각으로 자기 죄를 기억합니다. 그 밖에 여러 가지를 기억하는 것이 겸손에 도움이 됩니다. 우리가 날마다 정신 안에서 이웃의 덕을 곰곰이 생각하고 자신의 특성과 비교하면서 그들의 특성을 찬양할 때 참된 겸손이 만들어집니다. 또 정신이 자신의 무가치함 및 다른 사람의 완전함에서 얼마나 멀리 떨어져 있는지를 볼 때 우리는 자신을 먼지요 재로 여기며, 사람이 아니라 모든 면에서 세상에 있는 모든 이성적인 존재보다 못한 개로 여기며, 가난하고 공허하다고 여기기 시작합니다.

~ 65 ~

교회의 기둥이요 그리스도의 대변인이라고 할 수 있는 바실은 이렇게 말합니다: "하루가 끝날 때 양심으로 자신이 잘못한 일과 잘한 일을 판단하면 죄를 범하는 않는 것, 그리고 다음 날 같은 죄를 범하지 않는 데 도움이 됩니다. 욥은 자신과 자녀들을 위해서 그렇게 했습니다." 이처럼 날마다 자신을 성찰하면 매시간 발생하는 것이 드러납니다(매시간 바르게 행동하는 방법을 알기 위해서 자신을 성찰하는 법을 가르쳐 줍니다).

~ 66 ~

거룩한 일에서 지혜로운 또 다른 사람(시나이의 네일로스)은 "열매 맺는 일의 출발점은 꽃이요, 활동적인 삶의 출발점은 극기입니다"라고 말했습니다. 우리는 교부들이 가르친 도량형에 의해서 극기를 실천해야 합니다. 또 낮에 정신을 지켜야 합니다. 만일 우리가 하나님의 도움을 받고 자신을 강요하면서 이것을 행한다면, 우리 안에 있는 악함을 없애거나 감소시킬 수 있을 것입니다. 왜냐하면, 하늘나라를 얻는 통로인 고결한 삶은 자신을 강요함으로써 얻어져야 하기 때문입니다.

~ 67 ~

지식에 이르는 길은 무정념과 겸손입니다. 이것들이 없는 사람은 주님을 보지 못할 것입니다.

~ 68 ~

내면에 있는 것을 위해 시간을 사용하는 사람은 순결할 뿐만 아니라 관상과 하나님의 말씀과 기도를 압니다. 바울은 이것에 대해서 이렇게 말합니다: "성령을 따라 행하라 그리하면 육체의 욕심을 이루지 아니하리라"(갈 5:16).

~ 69 ~

영적인 길을 여행하는 방법을 알지 못하는 사람은 정욕적인 생각에 주목하지 않고(즉 그것들을 몰아내지 않고) 육체에 관심을 둡니다. 그는 폭식가요 술꾼이거나, 아니면 고민하고 노여워하고 불평하여 생각이 어두워진 사람입니다. 또는 무절제하게 금욕주의를 실천하여 마음을 해칠 수도 있습니다.

~ 70 ~

여인이나 재산 등 세상의 것을 부인하는 사람은 겉사람을 수도사로 만들지만 속사람은 아직 그렇게 만들지 못합니다. 그러나 이것들에 대한 정욕적인 생각을 부인하는 사람은 속사람, 즉 정신도 수도사로 만듭니다. 그런 사람이 참 수도사입니다. 사람은 원하면 겉사람을 쉽게 수도사로 만들 수 있지만, 속사람을 수도사로 만드는 일은 작은 싸움이 아닙니다.

~ 71 ~

정욕적인 생각에서 벗어난 사람, 속사람의 특징인 바 끊임없이 드리는 깨끗한 기도를 획득한 사람이 어디에 있습니까?

~ 72 ~

영혼 안에는 많은 정념이 숨어 있습니다. 그것들은 드러나게 하는 사물이나 원인이 등장할 때만 모습을 드러냅니다.

~ 73 ~

몸에만 주의를 기울이지 말고, 몸의 능력에 알맞은 일을 배정하며, 정신을 내면의 것에 집중하십시오. 성경에서는 "육체의 연단은 약간의 유익이 있으나 경건은 범사에 유익하니"라고 말합니다(딤전 4:8).

~ 74 ~

정념의 원인(대상)이 제거되었거나 귀신들이 우리를 속이기 위해서 잠시 물러갔기 때문에 정념이 활동하지 않으면, 교만이 나타납니다.

~ 75 ~

겸손과 곤경(육적인 고난)은 인간을 죄에서 자유롭게 해줍니다. 전자는 영혼의 정념을 베어내고, 후자는 육체의 정념을 베어냅니다. 그러므로 주님은 "마음이 청결한 자는 복이 있나니 그들이 하나님을 볼 것임"이라고 말씀하십니다(마 5:8). 즉 사랑과 금욕에 의해 자신을 정화하는 사람은 하나님 및 하나님 안에 있는 보물을 볼 것입니다. 그것은 그가 정화되는 분량에 비례합니다.

~ 76 ~

덕을 얻기 위해서 말을 지키는 망루는 정신을 지키는 것을 의미합니다. 옛날 다윗의 파수꾼은 마음의 할례를 의미합니다(삼하 28:24).

~ 77 ~

감각의 차원에서 해로운 것을 바라보면 고통을 느끼듯이, 정신의 차원에서도 그렇습니다.

~ 78 ~

식물의 중심부가 상처를 입으면 그 식물 전체가 시듭니다. 사람의 마음에 대해서도 그렇게 생각해야 합니다. 도둑은 잠을 자지 않으므로, 우리는 항상 경계하여 지켜야 합니다.

~ 79 ~

주님은 계명 실천이 의무라는 것, 그리고 하나님의 자녀 됨은 주님이 피로 사신 것임을 보여주려고 이렇게 말씀하십니다: "너희도 명령 받은 것을 다 행한 후에 이르기를 우리는 무익한 종이라 우리가 하여야 할 일을 한 것뿐이라 할지니라"(눅 17:10). 하늘나라는 행위에 대한 상이 아니라 신실한 종들을 위해 예비된 것으로서 주님이 주시는 은혜의 선물입니다다. 종은 상으로 자유를 요구하지 않습니다. 그러나 만일 자유를 얻으면 채무자처럼 그것에 감사하며, 받지 못하면 자비로 그것이 주어지기를 기다립니다.

~ 80 ~

성경에 의하면 그리스도는 우리 죄를 대신하여 죽으셨습니다. 그러므로 그리스도는 자기를 섬기는 사람에게 자유를 주십니다. 주님은 이렇게 말씀하십니다: "잘하였도다 착하고 충성된 종아 네가 적은 일에 충성하였으매 내가 많은 것을 네게 맡기리니 네 주인의 즐거움에 참여할지어다"(마 25:23). (종의 의무에 대한) 빈약한 지식을 의지하는 사람은 신실한 종이 아닙니다. 그리스도께서 주신 계명에 순종함으로써 충성을 나타내는 사람이 신실한 종입니다.

~ 81 ~

주인을 존경하는 사람은 주인이 명한 대로 행하며, 혹시 잘못을 범하거나 무엇인가를 빠뜨리고 행하지 않았을 때 자기에게 닥치는 것을 당연한 것으로 여겨 받아들입니다. 그러므로 당신은 학식을 사랑하고 (계명을 실천하는) 노동을 사랑하십시오. 빈약한 지식이 사람을 교만하게 합니다.

~ 82 ~

예기치 않게 임하는 시험은 우리를 가르쳐 노동을 사랑하게 합니다.

~ 83 ~

별의 특징은 그것을 둘러싸고 있는 빛입니다. 하나님을 예배하고 경외하는 사람의 특징은 가난과 겸손입니다. 겸손한 영과 겸손한 외모가 그리스도의 제자들의 특징입니다. 사 복음서 모두 이것에 대해 말합니다. 겸손하게 살지 않는 사람은 십자가에 죽기까지 자신을 낮추신 분 안에 있는 자신의 몫을 상실합니다. 그분은 복음서에서 계명을 주셨으며, (복음서에서 묘사된 행동과 삶에 의해서) 우리의 의무인 계명을 보여 주셨습니다.

~ 84 ~

선지자는 "너희 모든 목마른 자들아 물로 나아오라."라고 말합니다(사 55:1). 하나님을 갈망하는 사람은 깨끗한 정신과 마음으로 오십시오. 이 일에서 높이 나는 사람은 자신의 비천한 상태라는 땅을 내려다보아야 합니다. 빛이 없으면 모든 것이 희미하고 어둡듯이, 겸손이 없으면 우리의 모든 행동이 어리석고 헛되고 무익합니다.

~ 85 ~

"일의 결국을 다 들었으니 하나님을 경외하고 (생각으로, 그리고 표면적으로) 그의 명령들을 지킬지어다"(전 12:13). 만일 생각으로 계명을 지키도록 자신을 강요하지 않으면, 표면적인 일에서 그것을 위해 싸울 필요가 없을 것입니다. 다윗을 이렇게 말합니다: "나의 하나님이여 내가 주의 뜻

행하기를 즐기오니 주의 법이 나의 심중에 있나이다"(시 40:8).

~ 86 ~

마음으로 하나님의 뜻과 율법을 행하려 하지 않는 사람은 표면적으로도 쉽게 그것을 행할 수 없을 것입니다. 정신이 맑지 않고 무관심한 사람은 하나님께 "우리가 주의 도리 알기를 바라지 아니하나이다"라고 말합니다(욥 21:14). 그런 사람에게는 신적 조명이 부족합니다. 이 조명을 받은 사람은 확신하고 마음으로 율법을 지킬 뿐만 아니라 그것에 따라 살 힘도 소유할 것입니다.

~ 87 ~

소금은 빵 등 모든 음식에 맛을 주고 고기를 썩지 않게 합니다. 정신의 맛과 마음의 놀라운 행동을 지키는 것에 관해서도 그런 식으로 생각해야 합니다. 그것은 속사람과 겉사람을 온화하게 하고, 악한 생각의 고약한 냄새를 몰아내며, 우리를 항상 선하게 보존해 줍니다.

~ 88 ~

암시로부터 많은 생각이 나오고, 악한 생각으로부터 실질적인 악한 행위가 나옵니다. 예수님과 함께 전자를 억제하는 사람은 그다음에 오는 것을 피할 수 있습니다. 그 사람은 신적 지식을 풍성히 소유할 것이며, 그것을 통해서 곳곳에 현존하시는 하나님을 볼 것입니다. 또 정신의 거울을 하나님 앞에 두었기 때문에 깨끗한 수정이 태양 빛을 반영하듯이 하나님의 조명을 받을 것입니다. 그리고 마침내 갈망의 가장 먼 지점에 도착한 정신은 정관靜觀으로부터의 쉼을 취할 것입니다.

~ 89 ~

생각은 감각적인 것을 상상함으로써 마음에 들어오며 감각적인 것은 정신적인 것을 방해하므로, 정신이 모든 것에서 해방되고 모든 형태를 비울 때만 하나님의 빛이 정신을 비추어주기 시작합니다. 이 조명은 생각으로부터 해방되어 깨끗한 정신 안에 나타납니다.

~ 90 ~

우리는 정신이 완전하게 집중하는 만큼 뜨겁게 갈망하며 예수께 기도할 것입니다. 우리가 정신을 지키는 일에 부주의하면 그만큼 예수님에게서 멀어질 것입니다. 완전한 집중은 정신의 대기를 빛으로 채워줍니다. 맑은 정신으로 예수님을 부르지 않으면 정신이 어두워집니다. 실제로 시험해보면 이것을 경험하여 알 수 있을 것입니다. 덕, 그리고 특히 빛을 주는 사랑스러운 이 일은 경험으로만 자연스럽게 학습됩니다.

~ 91 ~

기쁨과 사랑이 가득한 뜨거운 갈망을 가지고 예수님의 이름을 부르면 마음의 대기에 기분 좋은 정적이 채워집니다. 이것은 엄격한 집중에서 나오는 것입니다. 그러나 마음을 깨끗하게 해주시는 분은 하나님의 아들이요 하나님이시며 선한 것의 원인이시오 지으신 분이신 예수 그리스도뿐이십니다. 그분은 "나는 빛도 짓고 어둠도 창조하며 나는 평안도 짓고 환난도 창조하나니 나는 여호와"라고 말씀하십니다(사 45:7).

~ 92 ~

예수님 때문에 유익을 얻고 온화해진 영혼은 환희와 사랑으로 그분을 인정하며 보답합니다. 영혼은 감사를 나타내며, 부드러운 마음으로 평안을 주시는 분을 부릅니다. 영혼은 내면에서 그분이 악한 영의 망상을 흩으시는 것을 봅니다.

~ 93 ~

다윗은 "내 (내면의) 원수들이 보응 받는 것을 내 눈으로 보며 일어나 나를 치는 행악자들이 보응 받는 것을 내 (정신의) 귀로 들었도다"라고 말합니다(시 92:11). 나는 "악인들의 보응"(시 91:8)이 내 안에서 이루어지는 것을 보았습니다. 마음에 헛된 공상이 없으면, 정신은 본성적인 상태에 머물며 사랑스럽고 신령한 깊은 생각으로 이동할 준비가 됩니다.

~ 94 ~

그러므로 맑은 정신과 예수기도의 연합은 본질적인 것입니다. 맑은 정신은 완전한 집중과 끊임없이 드리는 기도이며, 기도는 최대한도의 맑은 정신과 집중을 의미합니다.

~ 95 ~

죽음을 기억하는 것은 몸과 영혼을 가르치는 훌륭한 교사입니다. 현재와 임종하는 시간 사이에 있는 모든 것 너머를 바라보는 사람은 장차 숨이 끊어질 날과 그다음에 임할 것을 고대합니다.

~ 96 ~

모든 일에 상처를 입지 않으려는 사람은 잠들지 못합니다. 그에게는 다음과 같은 두 가지 중 하나가 일어납니다. 그는 덕을 빼앗기고 실족하여 멸망하거나, 정신을 무장하고 경계합니다. 이는 원수도 항상 전쟁 준비를 하고 있기 때문입니다.

~ 97 ~

우리가 끊임없이 주님께 드리는 기도와 맑은 정신, 그리고 감독자와 문지기의 역할(즉 친구를 들여보내고 원수를 몰아내는 역할)을 소홀히 하지 않는다면, 주 예수 그리스도를 항상 기억하고 부름으로써 우리의 정신에 일종의 신적인 상태가 입합니다. 우리가 주 예수 그리스도의 거룩한 이름을 맛보려면, 항상 뜨거운 마음으로 외치며 그 이름을 불러야 합니다. 덕이나 악덕을 꾸준히 실천하면 습관이 되며, 그렇게 형성된 습관은 구속력을 지닙니다. 이런 상태를 획득한 정신은 숲 속에서 사냥개가 토끼를 찾듯이 자발적으로 원수를 찾습니다. 사냥개는 먹이를 얻기 위해서 토끼를 찾지만, 정신은 원수들을 몰아내기 위해서 찾습니다.

~ 98 ~

우리 안에서 악한 생각이 증가할 때 우리는 그것들 사이에 주 예수 그리스도께 드리는 기도를 던져야 합니다. 그러면 즉시 그것이 연기처럼 사라질 것입니다. 그리하여 정신이 (혼란스러운 생각이 없이) 자유롭게 되면, 다시 정신을 집중하여 예수의 이름을 부르는 일을 시작하십시오. 시험을 당할 때마다 이렇게 행동하십시오.

~ 99 ~

벌거벗고 전쟁터에 나갈 수 없고, 옷을 입은 채 바다를 헤엄쳐 건널 수 없고, 숨을 끊으면 살 수 없습니다. 마찬가지로 끊임없이 겸손하게 그리스도께 간절히 구하지 않으면 정신의 은밀한 전쟁을 알 수 없으며, 솜씨 좋게 도피하여 원수들을 내리칠 수도 없습니다.

~ 100 ~

다윗은 "하나님은 나의 요새이시니 그의 힘으로 말미암아 내가 주를 바라리이다(즉 내가 하나님의 도움을 의지하겠습니다)"라고 말합니다(시 59:9). 우리 안에 마음과 정신이 침묵(이 침묵에서 모든 덕이 나옵니다)할 수 있는 능력을 보존해주는 것 역시 주님의 도움입니다. 주님은 우리에게 명령하시며, 우리에게서 저주받은 게으름을 몰아내 주십니다. 우리가 항상 주님을 부르면, 주님은 물이 불을 꺼버리듯이 마음의 평안을 파괴하는 망각에서 우리를 보호해 주실 것입니다. 그러므로 태만하게 잠자다가 죽음에 이르지 말고 예수의 이름으로 원수들을 채찍질하십시오. 그리고 지혜로운 사람(신학자 그레고리)이 말한 것처럼 "사랑스러운 그분의 이름을 당신의 호흡과 결합하십시오. 그리하면 침묵의 유익을 알게 될 것입니다."

~ 101 ~

자격이 없는 우리에게 왕이요 하나님이신 그리스도의 거룩하고 순수한 신비에 들어가는 것이 허락될 때 맑은 정신과 깨어 지킴과 집중을 더욱 나타내야 합니다. 그리하면 우리의 죄와 크고 작은 더러움이 거룩한 불, 즉 우리 주 예수 그리스도의 몸에 의해 제거될 수 있습니다. 그것은 우리 안에 들어오는 즉시 마음에서 악한 영들을 몰아내고 과거의 죄를 제거해주므로 정신이 악한 생각에 시달리지 않게 됩니다. 그 후에 우리가 마음의 문에 서서 정신을 엄격하게 지킨다면, 자격이 있다고 간주할 때마다 거룩하고 은밀하고 신적인 몸이 점점 더 정신을 밝혀 별처럼 빛나게 해주실 것입니다.

~ 102 ~

물이 불을 꺼버리듯이, 망각은 정신이 깨어 지키지 못하게 합니다. 그러나 맑은 정신으로 끈질기게 예수께 기도하면 마음에서 망각이 사라집니다. 등잔에 초가 있어야 하듯이, 기도에는 맑은 정신이 필요합니다.

~ 103 ~

 귀중한 것은 조심스럽게 보존되어야 합니다. 우리에게 참으로 귀중한 것은 오직 하나인데, 그것이 감각적이거나 정신적인 악에서 우리를 보존해줍니다. 그것은 예수 그리스도를 부르면서 정신을 지키는 것, 즉 항상 마음 깊은 곳을 들여다보며 생각을 잠잠히 유지하는 것입니다. 더 나아가서 우리는 옳은 것에서 오는 것처럼 보이는 생각을 비롯하여 모든 생각을 비우려고 노력해야 합니다. 그렇지 않으면 도둑이 그것들의 배후에 숨을 것입니다. 인내하면서 마음 안에 머무는 것이 고통스러운 일이지만, 위로가 가까이에 있습니다.

~ 104 ~

 항상 깨어 지키며 어둡고 악한 영들의 공상과 형상과 형태를 받아들이지 않는 마음은 당연히 빛이 가득한 생각을 낳습니다. 석탄이 불길을 발생하듯이, 세례받은 우리 마음에 거하시는 주님은 우리의 정신이 마음을 지켜 마음의 대기에 악한 바람이 없이 깨끗한 것을 보시면 정신의 관상하는 능력을 촛불처럼 타오르게 하십니다.

~ 105 ~

 비 오기 전에 하늘에서 번개가 치듯이, 우리 마음의 공간에 예수 그리스도의 이름이 돌고 있어야 합니다. 내면의 전쟁에서 영적 경험을 한 사람은 이것을 잘 알고 있습니다. 우리는 다음과 같은 순서에 따라 이 정신적 전쟁을 지휘해야 합니다. 첫째는 집중입니다. 그다음에 악한 생각이 다가오는 것을 보면 그것을 저주하십시오. 세 번째로 마음으로 예수 그리스도의 이름을 부르며 이 귀신들의 환영을 쫓아달라고 기도하십시오. 그렇지 않으면 마치 어린아이가 마술사에게 매력을 느끼는 것처럼 정신은 이 환영을 따라 달려갈 것입니다.

~ 106 ~

"주 예수 그리스도!"를 부르십시오. 목이 쉬도록 부르십시오. 우리의 내면의 눈은 끊임없이 높은 곳을 바라보면서 다윗처럼 희망을 품고 주 하나님을 기다려야 합니다(시 69:3).

~ 107 ~

만일 항상 낙심하지 말고 기도하며 그에 알맞게 행동해야 한다는 것을 보여주기 위해서 주님이 교훈으로 주신 불의한 재판관의 비유를 항상 기억한다면, 우리의 원한이 풀리고 유익을 얻을 것입니다.

~ 108 ~

태양을 바라보는 사람의 눈동자는 빛을 받아 반짝입니다. 마찬가지로 항상 마음의 대기 속을 꿰뚫어보는 사람은 빛을 발합니다.

~ 109 ~

이 세상에서 먹을 것과 마실 것이 없으면 살 수 없습니다. 마찬가지로 영혼이 정신을 지키고 깨끗한 마음을 유지하지 않으면, 다시 말해서 맑은 정신이 없으면, 장래의 고통을 두려워하면서 행동으로 죄를 범하지 않으려고 노력해도 내면의 죄에서 해방되거나 영적으로 하나님을 기쁘시게 하는 것을 획득할 수 없습니다.

~ 110 ~

행위로 죄를 범하지 않으려고 노력하는 사람은 주님과 천사들과 사람들 앞에서 복된 사람입니다. 왜냐하면, "천국은 침노를 당하나니 침노하는 자"가 빼앗기 때문입니다(마 11:12).

~ 111 ~

처음에는 단순히 정신의 문을 두드리는 생각으로 시작하지만, 정신이 받아들일 경우에 눈에 보이는 추잡한 죄가 될 수 있는 죄들을 맑은 정신이라는 덕에 의해서 우리의 속사람 안에서 정신적으로 완전히 제거하게 되는 것이 정신의 침묵의 가장 놀라운 열매입니다. 맑은 정신은 주 예수 그리스도의 손의 움직임과 중보에 의해 그것들이 들어와서 악한 행동으로 변화되지 못하게 막습니다.

~ 112 ~

구약성경은 몸과 감각의 표면적 성취의 상징이지만, 거룩한 복음서는 집중, 또는 깨끗한 마음의 상징입니다. 구약성경은 완전함으로 인도하지 않았고, 하나님을 기쁘게 하는 일을 하는 속사람을 만족하게 하지 않고 "율법은 아무 것도 온전하게 못할지라"(히 7:19)라는 바울의 말처럼 어떤 보장도 제공하지 않았고, 다만 큰 죄를 막았습니다. (마음의 깨끗함을 보존하기 위해서 마음에서 악한 생각과 욕망을 제거하는 것이 이웃의 눈이나 이를 뽑는 것을 금하는 것보다 더 고귀한 일입니다.) 육체적인 의와 노동, 금식, 금욕, 맨땅에서 자는 것, 철야, 그 밖에 몸을 정복하고 정욕적인 부분의 악한 움직임을 잠재우기 위해서 취하는 모든 일에 대해서도 같이 이해해야 합니다. 물론 이 모든 것은 겉사람을 교육하고 정욕적인 행위로부터 보호해 주기 때문에 선한 것입니다. 그러나 이러한 노력이 우리를 정신적인 죄로부터 지켜주지 못하며 그것들을 막지도 못합니다. 다시 말해서 우리를 시기와 노염 등으로부터 자유롭게 해줄 능력이 없습니다.

~ 113 ~

우리가 신약성경의 상징인 깨끗한 마음, 즉 깨어 정신을 지킬 때 그것이 마음에서 온갖 정념과 악을 제거합니다. 그것은 악을 근절하고 그 대신에 기쁨, 선한 소망, 통회, 애통, 눈물, 우리 자신과 자기의 죄에 대한 지식, 죽음에 대한 기억, 참된 겸손, 하나님과 사람을 향한 무한한 사랑, 그리고 마음의 거룩한 열심 등을 가져옵니다.

~ 114 ~

공기가 없으면 우리가 땅 위를 걸을 수 없듯이, 인간의 마음은 귀신들의 공격을 피할 수 없고, 또 육체적으로 아무리 노력해도 그것들의 영향을 받지 않을 수 없습니다.

~ 115 ~

만일 우리가 주 안에서 수도사처럼(선하고 온유하며 항상 하나님과 연합되어 있는 것처럼) 보일 뿐만 아니라 실제 행위에서도 그렇게 되기를 원한다면, 주의력이라는 덕을 배양하기 위해서 노력하십시오. 주의력이란 깨어 정신을 지키며 마음의 침묵과 공상이 없는 복된 영혼의 상태를 확립하는 것입니다. 이것은 많은 사람에게서 발견되지 않는 것입니다.

~ 116 ~

주의력이라는 덕은 지혜에 대한 정신적 사랑이라고 불립니다. 맑은 정신과 열심, 예수기도, 겸손과 불변성, 육체의 입과 정신의 입의 침묵, 먹을 것과 마실 것의 절제, 모든 죄에서 물러남 등을 도구로 이것을 실천하십시오. 선하게 판단하여 정신적인 길을 따라가면서 그것을 실천하십시오. 그리하면 하나님의 도움으로 그것은 당신에게 기대하지 않았던 것을 드러내 주고, 지식을 주고, 조명해주며, 지혜롭게 해주고, 과거에 당신이 망각과 생각의 혼란이라는 심연에 빠져 정념과 어두운 행위의 그늘을 걸어갈 때 당신의 정신이 받아들일 수 없었던 것들을 가르쳐 줄 것입니다.

~ 117 ~

골짜기에서 풍성한 밀이 수확되듯이, 이 덕도 당신의 마음에서 선한 것들을 풍성하게 수확하게 해줄 것입니다. 주 예수 그리스도가 없으면 우리가 아무것도 할 수 없으므로, 주께서 이것을 우리에게 주실 것입니다. 우리는 처음에는 그것을 사다리로 발견하고, 다음에는 우리가 읽게 될 책으로, 마지막으로 거룩한 예루살렘 성으로 발견할 것입니다. 우리는 정신적인 눈으로 이스라엘의 그리스도, 만군의 주, 그리고 그와 동일본질이신 아버지 및 그분들과 함께 예배받으시는 성령을 실제로 보게 될 것입니다.

~ 118 ~

귀신들은 기만적인 망상에 의해서 우리를 죄로 인도합니다. 그것들은 부를 향한 꿈과 금전욕으로 가룟 유다를 움직여 주님을 배반하게 했습니다. 그것들은 본질적으로 무가치한 육체적인 행복과 명예와 부귀와 영광 등에 대한 거짓된 꿈에 의해서 유다로 하여금 하나님을 죽이게 하고 나중에는 스스로 목매달아 죽게 했습니다. 그것들은 꿈이나 암시 등 기만적인 것 속에서 유다에게 보여주었던 것과 반대가 되는 영원한 죽음을 예비했습니다.

~ 119 ~

구원의 원수들이 기만적인 꿈과 헛된 약속으로 어떻게 우리를 영원한 멸망에 던져 넣는지 보고 배우십시오. 사탄은 자신이 하나님과 동등하다고 꿈꾸었을 때 자신을 하늘 높은 곳에서 떨어지는 번개처럼 느꼈습니다. 후에 그는 아담에게 모든 것을 아는 지식의 꿈을 속삭여 그를 하나님에게서 분리했습니다. 이 거짓되고 기만적인 원수는 상습적으로 이런 식으로 죄인들을 유혹합니다.

~ 120 ~

우리가 망각 때문에 점점 태만해져서 오랫동안 집중과 예수기도를 하지 않으면, 마음에 악한 생각의 독이 가득 찹니다. 그러나 하나님의 것을 향한 사랑의 감화를 받아 굳게 결심하고 마음의 정신적 작업장에서 집중하여 기도하기 시작하면, 우리 마음에 다시 거룩한 기쁨과 즐거움이 가득 차게 됩니다. 그때 그것이 영혼에 가져다주는 달콤함과 즐거움 때문에 우리는 항상 마음의 침묵 속에 머물기로 합니다.

~ 121 ~

해로운 생각을 정복하는 것이 학문 중의 학문이요 기술 중의 기술입니다. 그것을 대적하는 가장 좋은 방법과 치료책은 하나님의 도움을 받아 그것의 속삭임이 등장하는 것을 지켜보며 몸의 눈을 보호하듯이 항상 생각을 깨끗하게 유지하면서 해를 끼칠 가능성이 있는 것을 예리하게 지켜보고 먼지 하나도 가까이 오지 못하게 하는 것입니다.

~ 122 ~

눈이 불을 만들어내지 못하고, 물이 불길을 만들어내지 못하고, 가시나무가 무화과를 맺지 못합니다. 마찬가지로 속사람이 정화되어 맑은 정신과 예수기도를 결합하지 않고 겸손과 내적인 침묵을 획득하지 않고 열심히 앞으로 나아가지 않는 사람의 마음은 생각에서 해방되지 못할 것입니다. 자신을 지키지 않는 영혼은 영적인 지혜에 대한 이해력이 없으므로 새끼를 낳지 못하는 노새처럼 선하고 완전한 생각을 하지 못합니다. 예수의 이름으로 드리는 기도와 정욕적인 생각에서의 자유의 실천은 영혼에 평안을 가져다주는 복된 것입니다.

~ 123 ~

영혼이 몸과 악한 협정을 맺으면, 그 둘이 함께 자만심의 도시와 교만의 기둥을 건축하고 그 안에서 살 더러운 생각을 낳습니다. 그러나 주님은 지옥에 대한 두려움으로 협정을 깨뜨리고 그 둘을 분리하며, 여주인인 영혼이 종인 몸을 대적하는 이질적인 것을 생각하고 말하게 합니다. 이 두려움은 그 둘 사이를 불화하게 합니다. "육신의 생각은 하나님과 원수가 되나니 이는 하나님의 법에 굴복하지 아니할 뿐 아니라 할 수도 없음이라"(롬 8:7).

~ 124 ~

그리스도의 도움을 받아서 우리 안에 있는 악을 정복하기를 원한다면, 우리는 매시간 일상적인 행동에 주의를 기울임으로써 그것을 평가하며, 저녁에는 힘이 닿는 한 회개함으로써 그것의 짐을 가볍게 해야 합니다. 또 우리가 어리석음 때문에 좋지 못한 느낌에 유린당하지 않으려면, 하나님의 시선 아래서 하나님만 위해서 보이는 외적인 행동을 수행하는지 살펴보아야 합니다.

~ 125 ~

만일 우리가 하나님의 도움을 받아 맑은 정신을 통해서 날마다 무엇인가를 얻는다면, 분별없이 사람들과 교제하지 않도록 조심해야 합니다. 그렇지 않으면 그들과의 대화를 통해서 손해를 입고 유혹을 당할 수 있습니다. 그리고 이 사랑스러운 덕(맑은 정신)의 아름다움과 은혜를 위해서 헛된 것들을 멸시해야 합니다.

~ 126 ~

우리는 영혼의 세 가지 능력의 본질 및 그것들을 지으신 하나님의 의도에 따라서 그것들에게 바른 것을 지시해야 합니다. 즉 도발적인 능력을 발휘하여 겉사람과 뱀, 즉 사탄을 대적해야 합니다. 성경은 "너희는 떨며 범죄하지 말지어다" 라고 말합니다(시 4:4). 이것은 하나님께 죄를 범하지 않으려면 죄, 즉 우리 자신과 마귀에게 진노해야 한다는 의미입니다. 갈망하는 능력은 하나님과 덕을 향해야 하며, 생각하는 능력은 나머지 두 능력 위에 주인처럼 위치하여 지혜와 선한 판단으로 그것들을 질서 있게 유지하고 가르치고 징계하며 마치 왕이 백성을 다스리듯이 그것들을 다스려야 합니다. 그때(즉 그것들에게 복종하지 않고 다스릴 때) 우리 안에 있는 이성이 하나님에 따라서 우리를 다스릴 것입니다. 이성을 대적하여 정념이 일어나도 우리는 지배력을 잃지 않을 것이며, 그러므로 이성이 그것들을 다스릴 것입니다. 주님의 형제 야고보는 이렇게 말합니다: "만일 말에 실수가 없는 자라면 곧 온전한 사람이라 능히 온 몸도 굴레 씌우리라"(약 3:2). 사실상 모든 죄와 악이 이 세 가지 능력의 작용이며, 모든 덕과 의로운 행위 역시 이 세 가지 능력의 작용입니다.

~ 127 ~

수도사가 어떤 사람과 세상 것에 관해서 이야기하거나 내면에서 그것에 대해 대화할 때, 그의 정신과 몸이 감각적인 것에 몰두할 때, 또는 그가 세상의 헛된 것에 몰두할 때 그의 정신은 어두워지고 메마르게 됩니다. 그렇게 되면 그는 즉시 하나님과 지식에 도전하며 열정과 통회를 상실합니다(하나님과 하나님의 도를 망각합니다). 그러므로 우리가 정신을 주의 깊게 유지하면 그만큼 빛나게 되지만, 부주의하게 내버려두면 그만큼 어두워집니다.

~ 128 ~

날마다 정신의 평안과 침묵을 위해 노력하는 사람, 부지런히 그것을 구하는 사람의 수고가 헛된 것이 되지 않으려면 감각적인 것을 멸시해야 합니다. 그러나 만일 그가 (감각적인 것에 몰두해도 해롭지 않다는) 거짓된 논거 때문에 자기 양심을 속인다면, 망각의 죽음 속에 잠들 것입니다. 다윗은 그런 잠에서 구원받기 위해서 이렇게 기도합니다: "나의 눈을 밝히소서 두렵건대 내가 사망의 잠을 잘까 하오며"(시 13:3). 야고보는 이렇게 말합니다: "그러므로 사람이 선을 행할 줄 알고도 행하지 아니하면 죄니라"(약 4:17).

~ 129 ~

만일 우리의 정신이 식는 것을 느낄 때 다시 열심을 내고 부지런히 그 습관적인 작업(맑은 정신과 기도)을 하게 한다면, 정신은 태만함을 떠나 본래의 상태로 돌아올 것입니다.

~ 130 ~

방아를 돌리는 당나귀는 직선으로 앞으로 나갈 수 없고, 맷돌이 멈출 때까지 맷돌과 함께 빙빙 돌아야 합니다. 마찬가지로 정신이 빙빙 도는 생각을 멈춤으로써 속사람을 건강하게 하지 않으면, 완전함을 만들어내는 덕의 진보를 이룰 수 없습니다. 그런 사람의 내면의 눈은 항상 무감각하며 예수님의 광채와 덕을 보지 못합니다.

~ 131 ~

튼튼한 말은 기수가 올라타면 기분 좋게 질주합니다. 마찬가지로 아침에 모든 생각에서 해방되어 주님의 집에 들어가는 정신은 주님의 빛을 즐깁니다(시 5:3). 그는 스스로 박차를 가하면서 지혜에 대한 적극적이고 정신적인 사랑의 힘에서 관상과 신비와 덕의 힘으로 나아갑니다. 그리하여 마침내 그가 마음에 무한히 깊고 측량할 수 없이 고귀하고 거룩한 생각을 받을 때 하나님을 담을 수 있는 마음의 능력에 따라 "만군의 하나님 여호와"(시 84:8)가 그에게 나타나실 것입니다. 그때 정신은 놀라움이 가득하여 하나님을 찬양합니다. 그분은 정신을 보시는 분이며 정신에 의해 보이시는 분, 정신이 하나님을 향하고 있는 사람의 눈을 구해 주시는 분이십니다.

~ 132 ~

지혜롭게 실천하는 마음의 침묵은 고고한 깊음을 볼 것이요, 침묵하는 정신의 귀는 수많은 경이로운 것들을 들을 것입니다.

~ 133 ~

멀고 험한 여행을 출발하여 돌아오는 길을 잃을까 염려하는 여행자는 돌아오는 길을 찾는 데 도움이 되도록 길가에 표식해둡니다. 맑은 정신의 길을 여행하는 사람은 (길을 잃지 않으려면) 교부들의 말을 길을 보여주는 표식으로 사용해야 합니다.

~ 134 ~

여행자에게는 출발점으로 돌아오는 것이 기쁨의 원천입니다. 한편 맑은 정신을 실천하는 사람에게 복귀는 그의 지적인 영혼에 해를 끼치며, 하나님을 기쁘게 하는 말과 행동과 생각에서 벗어나고 있다는 표식입니다. 그러므로 그는 죽음을 낳는 영혼의 잠을 잘 때 가시처럼 그를 찌르고 깨우며 태만함 때문에 빠진 깊은 어둠과 무기력함을 상기시켜 주는 생각을 하게 될 것입니다.

~ 135 ~

만일 우리가 환란과 낙심과 무력함에 빠진다면(자신을 구할 소망이 없는 곤경에 빠진다면), 다윗처럼 하나님 앞에 마음과 간구를 쏟아내며 주 앞에 우리의 환란을 나타내야 합니다(시 142:2). 우리는 자신과 관련된 모든 것을 지혜롭게 처리하시며 필요할 경우에 우리의 고통을 가볍게 해주시며 환란에서 구해주실 수 있는 하나님께 고백합니다.

~ 136 ~

사람을 향한 몰인정한 노염과 지독한 환란과 낙심 등은 선하고 지적인 생각을 파괴합니다. 그러나 우리가 그것을 고백하면, 주님이 그것을 쫓아내시고 기쁨을 돌려주실 것입니다.

~ 137 ~

마음의 심오한 생각에서 나오는 맑은 정신으로 예수님께 드리는 기도는 우리의 의지와 상관없이 마음에 들어와 거주하는 생각을 파괴합니다.

~ 138 ~

만일 우리가 성실하고 공평하게 자신을 책망하거나, 가까운 친구에게 하듯이 하나님께 고백한다면, 무익한 생각에서 비롯된 고통 속에서 큰 기쁨과 위로를 얻을 것입니다. 이 두 가지 수단에 의해서 우리는 자신을 괴롭히는 것으로부터의 쉼을 발견할 것입니다.

~ 139 ~

거룩한 교부들은 율법의 제정자인 모세를 정신의 상징으로 여깁니다. 모세는 타는 떨기나무 속에서 하나님을 보았으며, 얼굴에서 빛이 났습니다. 모든 신의 하나님은 그를 하나의 신으로서 애굽의 바로에게 보내셨습니다. 그는 열 가지 재앙으로 애굽을 쳤고 이스라엘을 구해내고 율법을 주었습니다. 영적인 의미에서 풍유적으로 해석하면, 이 모든 것은 정신의 기능과 특권을 묘사합니다.

~ 140 ~

모세의 형 아론은 표면적인 사람의 상징입니다. 그러므로 우리는 진노하여 그(표면적인 사람)를 비난할 때 모세가 죄를 범한 아론에게 한 것처럼 말해야 합니다: 이 백성(하나님을 보는 정신)이 당신에게 어떻게 하였기에 당신이 그들을 큰 죄에 빠지게 하였느냐(그들을 생각으로 유혹하여 맑은 정신으로 하나님을 관상하지 못하게 하였느냐 출 32:21)?

~ 141 ~

주님은 나사로를 죽은 자들 가운데서 살릴 준비를 하시면서, 영혼이 여자처럼 감정이 지나치게 약해지는 것을 금지함으로써 영혼을 억제하고 자신에게 엄격한 태도를 확립해야 한다는 것을 보여주셨습니다. 이러한 태도(즉 자책)는 영혼이 자신의 비위를 맞추지 못하게 하며, 허영심과 교만을 제거해 줍니다.

~ 142 ~

큰 배가 없으면 넓은 바다를 건널 수 없듯이, 예수 그리스도를 부르지 않으면 영혼에서 악한 생각의 속삭임을 몰아낼 수 없습니다.

~ 143 ~

생각은 반대를 받으면 발전하지 못하며, 예수 그리스도의 이름을 부르면 마음에서 쫓겨나갑니다. 나에게 부당한 일을 행한 사람, 아름다운 여인, 금이나 은 등 유형적 사물의 이미지 때문에 영혼 안에 어떤 착상이 형성되거나 이 모든 것들에 대한 생각이 우리 안에 들어오면, 이러한 공상들은 악의와 정욕과 탐욕 등의 영이 이러한 공상들을 우리 마음에 가져온다는 것이 분명해집니다. 만일 우리의 정신이 노련하며, 그러한 착상으로부터 자신을 보호하는 데 익숙하며, 저항과 반박과 예수 그리스도께 드리는 기도 때문에 우리를 유혹하는 귀신들의 공상들과 속임수를 밝은 대낮에 보듯이 분명히 본다면, 마귀가 쏘는 화살을 즉시 쉽게 격퇴할 것입니다. 정신은 정욕적인 공상이 우리의 생각을 유혹하는 것을 허락하지 않으며, 우리의 생각이 마귀가 제안한 이미지에 매달리거나 그것이 증가하거나 그것과 동화되는 것을 허락하지 않습니다. 왜냐하면, 낮이 가면 밤이 오듯이, 이 모든 것 뒤에 악한 행위가 따르기 때문입니다.

~ 144 ~

깨어 맑은 상태를 유지하는 데 능숙하지 못한 정신은 어떤 것이든지 나타나는 암시를 그리워하며, 그것과 교제하기 시작하며 부적당한 질문을 받아들이고 그러한 대답을 합니다. 그때 우리의 생각은 귀신의 공상과 섞이고 증가하며, 그럼으로써 미혹하려는 정신에 더 매력적이고 아름답고 흡족하게 보이려 합니다. 그 결과 정신은 자신이 계곡에서 풀을 뜯고 있는 순진한 양 같은 위치에 있는데, 그 가운데서 갑자기 개 한 마리가 나타나는 것을 발견합니다. 양들은 개를 보자마자 마치 어미에게 가듯이 달려가지만, 그것은 무익한 행동이며 양들은 개의 더러움과 악한 냄새에 물듭니다. 우리의 생각도 미숙함 때문에 정신 속에 나타나는 귀신들의 망상으로 달려가서 귀신들의 제안의 영향을 받아 매력적이고 즐거운 것처럼 보이는 것을 육신이 실행하기 위한 가장 좋은 수단에 대해서 의논하는 듯이 그것들과 섞입니다. 이것이 내면에서 영혼의 몰락이 이루어지는 경위입니다. 그다음에 마음속 깊은 곳에서 성숙한 것이 표면으로 드러납니다.

~ 145 ~

우리의 정신 안에 정념을 다스리는 자로서 그것을 저지하고 억제하는 생각이 없으면, 정신은 유동적이고 순진하며, 망상에 쉽게 사로잡히고 악한 생각의 영향에 저항하지 못합니다.

~ 146 ~

관상과 지식은 엄격한 삶을 증진하고 안내합니다. 그것들은 마음을 높이 들어 올림으로써 세상의 쾌락과 즐거움을 무가치한 것으로 여겨 무시하게 합니다.

~ 147 ~

예수 그리스도 안에서 겸손과 결합하여 영위되는 신중한 삶은 관상과 지식의 아비요, 신적 동정과 지혜로운 생각의 근원입니다. 선지자 이사야는 이렇게 말합니다: "여호와를 앙망하는 자는 새 힘을 얻으리니 독수리가 날개 치며 올라감 같을 것이요"(사 40:31).

~ 148 ~

영혼의 생각을 잠잠히 유지하는 것은 엄격하고 어려운 일인 것처럼 보입니다. 실제로 그것은 매우 어렵고 고통스러운 일입니다. 비물질적인 것을 물질적인 것 안에 가두어 두는 것은 영적 전쟁의 신비에 입문하지 못한 사람에게만 아니라 이 내적 전쟁에 능숙한 사람에게도 매우 어렵고 고된 일입니다. 그러나 끊임없이 기도함으로써 주 예수 그리스도를 가슴에 품으며, 선지자의 말처럼 "목자의 직분에서 물러가지 아니하고 주를 따른" 사람은 예수의 아름다움과 사랑스러움 및 그분 안에 있는 즐거움 때문에 "재앙의 날도" 원하지 아니합니다(렘 17:16). 그는 자기 주위를 돌아다니는 더러운 귀신들을 부끄러워하지 않고 "성문에서 원수와" 담판하며(시 127:5) 예수의 이름으로 몰아냅니다.

~ 149 ~

우리가 죽어 영혼이 하늘을 날아 천국 문에 도착할 때 그리스도와 함께 있으면 원수에 의해서 부끄러움을 당하지 않을 것입니다. 그때도 지금처럼 담대하게 "성문에서 원수와" 담판할 것입니다. 영혼이 죽을 때까지 싫증 내지 않고 밤낮으로 하나님의 아들이신 우리 주 예수 그리스도를 부른다면, 그분은 불의한 재판관의 비유에서 주신 약속에 따라 현세에서, 그리고 죽은 후에 속히 원한을 갚아주실 것입니다: "내가 너희에게 이르노니 속히 그 원한을 풀어 주시리라"(눅 18:8).

~ 150 ~

정신의 바다를 건너는 동안 예수 안에서 담대하여지기 바랍니다. 그분은 당신 안에, 당신의 마음속에 계시면서 은밀하게 당신을 부르십니다: "버러지 같은 너 야곱아, 너희 이스라엘 사람들아 두려워하지 말라 나 여호와 너의 하나님이 네 오른손을 붙들고"(사 41:14, 13). "만일 하나님이 우리를 위하시면 누가 우리를 대적하리요"(롬 8:31). 하나님이 우리를 위하십니다. 마음이 깨끗한 사람에게 안식을 주시고 깨끗하시며 사랑스러운 예수가 깨끗한 심령을 자신의 신성으로 채우시고 그 안에 거하게 하신 하나님이 우리를 위하십니다. 그러므로 바울의 말처럼 정신을 경건하게 훈련하는 일을 쉬지 말아야 합니다(딤전 4:7).

~ 151 ~

사람의 얼굴을 보지 않고 마음의 더러움을 정죄하는 사람은 화평을 누릴 것입니다(시 37:11). 다시 말해서 악한 영들의 심상을 받아들이지 않으며, 또 그것을 통해서 악한 행위를 고안하지 않으며 자기 마음의 밭을 엄격하게 판단하고 판결하는 사람은 죄에 마땅하게 대응합니다. 지혜로운 교부들의 글에서 귀신은 그 지성 때문에 사람이라고 불리기도 합니다. 주님도 복음서에서 "원수가 이렇게 하였구나"라고 말씀하십니다(마 13:28). 즉 밭에 가라지를 뿌렸다고 말씀하신 후에 "가라지를 심은 원수는 마귀요"라고 말씀하십니다(마 13:39). 만일 이 악을 행하는 자들을 즉시 대적하지 않으면, 우리는 생각에 압도될 것입니다.

~ 152 ~

우리가 정신을 집중하여 살기 시작한 후에 겸손과 맑은 정신, 기도와 악한 생각에 대한 저항을 결합한다면, 등불이 되어 우리의 길을 비춰줄 거룩한 예수 그리스도의 이름을 가지고 정신적인 여행을 하게 될 것입니다. 그리하면 우리는 마음이라는 집에서 죄를 깨끗이 청소하고 정리하고 장식할 것입니다. 그러나 만일 우리가 맑은 정신과 집중력만 신뢰한다면, 원수의 공격을 받아 속히 정복될 것입니다. 그때 이 악을 행하는 자가 매사에 우리를 지배하기 시작할 것이며, 우리는 그물에 걸린 것처럼 매사에 악한 욕망에 빠질 것입니다. 또 우리를 승리하게 해주는 칼, 즉 예수 그리스도의 이름이 없으므로 우리는 그것들에 죽임을 당할 것입니다. 이 거룩한 칼을 항상 마음속에서 휘두르면, 심상을 쓸어내어 도망치게 하거나 죽이거나 짚을 태우듯이 태워 없앨 수 있습니다.

~ 153 ~

항상 맑은 정신을 유지하는 임무는 영혼에 유익하고 보람된 것으로서 정신 안에서 망상이 형성되는 것을 감시합니다. 저항하는 임무는 사물의 영상에 의해 정신 안에 들어오려는 생각을 공격하고 창피를 주는 것입니다. 주님께 도움을 청하는 기도는 원수의 악한 계획, 말, 망상, 우상 등을 단번에 질식시키고 쫓아냅니다. 위대하신 하나님이신 예수의 능력 앞에서 그것들이 패배하는 것, 그리고 그분이 비천하고 거지 같고 아무짝에도 소용이 없는 우리의 자아를 위해서 그것들에 가하시는 복수를 우리의 정신 안에서 보게 됩니다.

~ 154 ~

많은 사람은 우리의 생각이 아무것도 아니라는 것을 알지 못하고 세상의 물질적인 것들의 영상을 꿈꿉니다. 그러나 오랫동안 맑은 정신으로 기도하면, 우리의 정신이 기만적인 생각의 심상에서 해방되며, 악한 자의 말을 이해하는 법을 배우며, 기도와 맑은 정신이 주는 유익을 경험합니다. "오직 너는 똑똑히 보리니 악인들의 보응을 네가 보리로다"(시 91:8). 우리는 다윗의 말처럼 정신적인 악인들이 받는 응보를 정신적으로 보고 이해할 것입니다.

~ 155 ~

가능하다면 항상 죽음을 생각하십시오. 죽음을 생각하면 모든 염려와 허영을 몰아낼 수 있고, 정신을 지키며 항상 기도하고, 육체에 대한 애착을 버리고 죄를 미워하게 됩니다. 실질적으로 모든 활기차고 활동적인 덕이 그것에서 생겨납니다. 그러므로 가능하다면 호흡하듯이 항상 죽음을 생각하십시오.

~ 156 ~

헛된 환상에서 벗어난 마음은 거룩하고 신비한 생각을 낳습니다. 고요한 바다에서 물고기가 헤엄치고 돌고래가 뛰어놀듯이, 그러한 생각이 내면에서 활동합니다. 바다에는 미풍이 불지만, 마음 깊은 곳에는 성령의 바람이 붑니다. 사도 바울은 "너희가 아들이므로 하나님이 그 아들의 영을 우리 마음 가운데 보내사 아빠 아버지라 부르게 하셨느니라"라고 말합니다(갈 4:6).

~ 157 ~

맑은 정신을 획득하지 못한 수도사는 아직 그것의 아름다움을 경험하지 못했거나 경험했지만 열심이 없으므로 영적인 행동에 착수하기를 주저하거나 회의를 느낄 것입니다. 그러나 그가 정신을 지키는 일―지혜에 대한 정신적 사랑―을 시작하는 순간 이러한 망설임이 사라질 것입니다. 그때 그는 "내가 곧 길이요 진리요 생명이니"(요 14:6)라고 말씀하신

분의 길을 발견할 것입니다.

~ 158 ~

그는 생각의 심연과 바벨론의 자녀들의 무리를 보고 망설일 것입니다. 그러나 만일 우리가 정신의 주춧돌을 그리스도께 확고히 놓으면, 그리스도께서 이러한 망설임을 몰아내시고, 바벨론의 자녀들을 주춧돌에 메어쳐 죽이심으로써(시 137:9) 그것들에 대한 우리의 갈망(그것들에 대한 증오)을 이루어주실 것입니다. 지혜자는 "명령을 지키는 자는 불행을 알지 못하리라"고 말하며(전 8:5), 주님은 "나를 떠나서는 너희가 아무것도 할 수 없음이라."라고 말씀하십니다(요 15:5).

~ 159 ~

맑은 정신을 유지하는 사람이 참 수도사이며, 마음에 자기 자신과 하나님만 소유한 사람의 정신은 맑습니다.

~ 160 ~

세월이 흐르면 우리의 삶도 흐릅니다. 우리는 고결한 행위, 즉 맑은 정신, 기도, 사랑스러운 마음, 그리고 지속적인 침묵을 가지고 죽을 때까지 완전함을 향해 전진해야 합니다.

~ 161 ~

언젠가 우리에게 임종의 시간이 임합니다. 그것은 누구도 피할 수 없습니다. 그때 이 세상 풍속을 따르는 공중의 권세 잡은 자가 우리의 죄가 작고 하찮다는 것을 발견하여 우리를 고발할 수 없게 되기를 원합니다. 그렇지 않으면 그때 눈물을 흘려도 소용이 없을 것입니다. 주님은 이렇게 말씀하십니다: "주인의 뜻을 알고도 준비하지 아니하고 그 뜻대로 행하지 아니한 종은 많이 맞을 것이요"(눅 12:47).

~ 162 ~

자기 마음을 파괴한 사람은 화를 입을 것입니다. 주님이 오시는 날에 그들은 어떻게 하겠습니까(집회서 2:14)? 우리는 마음의 일을 더욱 열심히 해야 합니다.

~ 163 ~

오랜 경험과 관찰에 의하면 정념이 없이 단순한 생각 다음에 정욕적인 생각이 따라옵니다. 전자는 후자로 들어가는 문의 역할을 합니다.

~ 164 ~

우리는 의지로 자신을 둘로 쪼개며, 지혜로운 생각으로서 자신을 찢고, 자신에게 가장 무자비한 원수가 되어야 합니다. 만일 우리가 크고 으뜸이 되는 계명, 즉 겸손—성육하신 하나님이신 그리스도 안에 있는 생명—을 성취하려 한다면, 우리에게 치명적인 모욕을 준 사람을 대하는 것과 같은 태도, 아니 그보다 더 좋지 않은 태도를 자신에게 취해야 합니다. 바울은 "이 사망의 몸에서 누가 나를 건져내랴"(롬 7:24), "이는 하나님의 법에 굴복하지 아니할 뿐 아니라 할 수도 없음이라"(롬 8:7)라고 말합니다. 바울은 몸을 하나님의 뜻에 복종시키는 것이 우리의 임무 중 하나라는 것을 보여주기 위해서 "우리가 우리를 살폈으면 판단을 받지 아니 하려니와 우리가 판단을 받는 것은 주께 징계를 받는 것이니"라고 말합니다(고전 11: 31, 32).

~ 165 ~

열매의 출발점은 꽃입니다. 맑은 정신의 출발점은 먹을 것과 마실 것의 절제, 생각을 부인하고 제거하는 것, 그리고 마음의 침묵입니다.

~ 166 ~

그리스도께서 능력을 주시면, 우리는 맑은 정신으로 전진하기 시작합니다. 그때 먼저 우리의 정신에 등불이 나타납니다. 정신의 손은 우리의 정신적 발걸음을 인도해주기 위해서 그 등불을 높이 듭니다. 그다음에는 마음의 하늘을 운행하는 보름달이 뜹니다. 마지막으로 해처럼 진리를 발하시는 분, 즉 빛으로 자신을 드러내시고 관상을 조명해주시는 예수님이 오십니다.

~ 167 ~

"그러므로 너희는 마음에 할례를 행하고 다시는 목을 곧게 하지 말라"(신 10:16)라는 계명을 꾸준히 지키는 정신에 주님은 신비하게 이런 것들을 계시해주십니다. 맑은 정신은 놀라운 진리를 가르쳐줍니다. 하나님은 사람을 차별하시는 분이 아닙니다. 그러므로 주님은 이렇게 말씀하십니다: "무릇 있는 자는 받아 넉넉하게 되되 없는 자는 그 있는 것도 빼앗기리라"(마 13:12). "우리가 알거니와 하나님을 사랑하는 자 곧 그의 뜻대로 부르심을 입은 자들에게는 모든 것이 합력하여 선을 이루느니라"(롬 8:28). 그렇다면 이 덕들(맑은 정신과 기도)이 함께 작용할 때 얼마나 더 큰 일이 이루어지겠습니까?

~ 168 ~

물이 없으면 배가 움직일 수 없습니다. 맑은 정신과 겸손과 예수그리스도께 드리는 기도가 없으면, 정신을 지킬 수 없습니다.

~ 169 ~

집의 기초는 돌입니다. 이 덕(정신을 지키는 것)의 기초와 지붕은 주 예수 그리스도의 거룩한 이름입니다. 선원들을 해고하고 돛과 노를 배 밖으로 내던지고 누워서 잠자는 어리석은 항해사의 배는 곧 폭풍우 속에서 좌초할 것입니다. 귀신들의 제안을 받아들여 예수 그리스도의 이름으로 드리는 기도와 맑은 정신을 유지하는 일을 소홀히 하는 영혼은 한층 더 쉽게 좌초할 것입니다.

~ 170 ~

우리는 알고 있는 것을 글로 전하며, 우리의 말을 받아들이려 하는 사람들에게 우리가 여행하면서 본 것을 증언합니다. 주님은 이에 대해서

이렇게 말씀하십니다: "나는 포도나무요 너희는 가지라 그가 내 안에, 내가 그 안에 거하면 사람이 열매를 많이 맺나니 나를 떠나서는 너희가 아무것도 할 수 없음이라 사람이 내 안에 거하지 아니하면 가지처럼 밖에 버려져 마르나니 사람들이 그것을 모아다가 불에 던져 사르느니라"(요 15:5, 6). 태양에 빛이 없으면 빛날 수 없듯이, 예수의 이름으로 기도하지 않으면 마음에서 악한 생각을 제거할 수 없습니다. 그러므로 우리는 호흡하듯이 자주 예수님의 이름을 불러야 합니다. 그것은 빛이요, 다른 것들(악한 생각들)은 어둠입니다. 우리의 기도 대상인 예수님은 전능하신 주 하나님이요, 다른 것들은 귀신들의 종들입니다.

~ 171 ~

정신을 지키는 일은 생명을 주는 것, 번개를 만드는 것, 빛의 근원이요 불의 사자라고 말할 수 있습니다. 많은 사람이 그것을 소유한다고 해도, 그것은 탁월한 육체의 덕을 모두 능가합니다. 그러므로 이 덕에서 밝은 빛이 생겨나므로, 이 덕에는 가장 고귀한 이름을 붙여야 합니다. 그것을 사랑하는 사람은 예수 그리스도의 능력에 의해 변화됩니다. 악한 죄인, 악인, 무식하고 어리석고 불의한 사람이 의롭고 선하고 깨끗하고 거룩하고 지혜로운 사람으로 변화됩니다. 그뿐만 아니라 그들은 하나님의 비밀을 보며 하나님에 대한 지식을 가지고 말하기 시작합니다. 하나님을 보게 된 그들은 주님의 선하심을 맛보았기 때문에 이 깨끗하고 무한한 빛 안에 거하며, 표현할 수 없는 방법으로 그것을 만지고 그것에 의해 행동하고 살아갑니다. 그러므로 그 거룩한 사람들에게서 다윗의 말이 성취됩니다: "진실로 의인들이 주의 이름에 감사하며 정직한 자들이 주의 앞에서 살리이다"(시 140:13). 그들은 주님을 사랑하므로 주님께 기도하고 죄를 고백하며 항상 그분과 즐거이 교제합니다.

~ 172 ~

겉사람이 속사람에게 화를 미칩니다. 속사람은 외적인 감각 때문에 많은 고난을 겪습니다. 그는 어떤 일을 당할 때 이러한 외적 감각에 채찍을 사용해야 합니다. 이론적으로 필요한 것을 알고 있는 사람은 필요한 것을 문자 그대로 행합니다.

~ 173 ~

교부들의 말에 의하면 속사람이 맑은 정신을 유지하면, 겉사람을 보존할 힘을 지닌다고 합니다. 또 우리가 악한 귀신들과 연합하여 죄를 범한다고 합니다. 귀신들은 우리에게 범하게 하고 싶은 죄의 양상을 생각이나 공상의 형태로 제시합니다. 우리는 내적으로는 생각으로, 그리고 외적으로는 행동으로 죄를 범합니다. 귀신은 몸이 없으므로 오직 생각과 간계와 유혹에 의해서 그들 자신과 우리를 위한 고난을 준비합니다. 이 악한 자들의 뜻은 항상 악하며 악을 행할 준비가 되어 있으므로, 만일 그들에게 몸이 있다면 끊임없이 행동으로 죄를 범할 것입니다.

~ 174 ~

그러나 주님께 드리는 마음의 기도는 귀신들을 찾아 내쫓고, 그것들의 유혹을 수포가 되게 합니다. 우리가 끊임없이 부지런히 하나님이요 하나님의 아들이신 예수의 이름으로 기도한다면, 주님은 그것들이 우리에게 죄를 소개하는 일(암시)조차 시작하지 못하게 하실 것입니다. 주님은 악한 자들이 우리의 정신이라는 거울에 어떤 종류의 영상을 제공하거나 우리 마음에 한마디 말을 하는 것조차 허락하지 않으십니다. 우리 마음에 어떤 종류의 영상도 들어오지 못하면, 마음에서 생각이 비워질 것입니다. 왜냐하면, 귀신들은 습관적으로 생각을 통해서 영혼과 은밀하게 교제하고 악을 행하도록 부추기기 때문입니다.

~ 175 ~

그러므로 끊임없이 드리는 기도는 정신의 대기에 악한 영들의 어두운 구름과 바람이 없게 해줍니다. 우리가 교만이나 허영이나 자만심이나 거만함 때문에 우쭐대지 않으며 마음의 대기가 깨끗하면, 그 안에서 예수님의 거룩한 빛이 방해를 받지 않고 빛납니다. 그리고 우리는 획득할 수 없는 것을 얻기 위해 노력하지 않으며, 그래서 그리스도의 도움을 빼앗기지 않습니다. 겸손의 상징이신 그리스도는 이들을 미워하십니다.

~ 176 ~

우리는 겸손과 기도를 실천해야 합니다. 영적 싸움을 하는 용사들은 맑은 정신과 이 두 가지 무기로 화염검처럼 무장하고서 귀신들을 대적합니다. 우리가 그렇게 살아간다면, 마음으로 매일 매시간 기쁨의 향연을 누릴 수 있을 것입니다.

~ 177 ~

여덟 가지 주된 악한 생각이 있습니다. 그것들이 모든 악한 생각을 만들어내며, 또 그러한 생각의 범주 전체를 포함합니다. 그것들은 우리 마음의 문에 다가와 정신이 그 문을 지키고 있지 않은 것을 발견하면 차례로 마음 안에 들어옵니다. 이 여덟 가지 생각 중 하나가 마음에 들어올 때 많은 더러운 생각들이 함께 들어와 정신과 마음을 어둡게 하고 몸을 자극하여 부끄러운 행위를 하게 합니다.

~ 178 ~

뱀의 머리(암시)를 지켜보다가 분노하여 반박하는 말로 원수의 얼굴을 공격하는 사람은 전쟁을 종식합니다. 이는 그가 머리를 쓰지 못하게 했고, 그다음에 등장하는 악한 생각과 행위를 피했기 때문입니다. 그러므로 그의 생각은 동요하지 않습니다. 하나님은 그가 생각을 감시하는 것을 받아들이시고, 그에 대한 상으로 원수를 정복하는 방법 및 속사람을 더럽히는 생각에서 마음을 깨끗이 하는 방법에 대한 지식을 주십니다. 이에 관해서 주님은 이렇게 말씀하십니다: "마음에서 나오는 것은 악한 생각과 살인과 간음과 음란과 도둑질과 거짓 증언과 비방이니 이런 것들이 사람을 더럽게 하는 것이요"(마 15:19, 20).

~ 179 ~

그리하여 영혼은 주님의 도움을 받아서 고상함과 아름다움과 의로움을 되찾을 수 있으며, 태초에 하나님이 지으실 때처럼 아름답고 의로워 질 수 있습니다. 위대한 하나님의 종 성 안토니는 이렇게 말합니다: "영혼 안에서 정신이 그 본성에 따른 상태에 머물 때 영혼 전체가 하나의 덕이 됩니다"; "영혼이 의롭다는 것은 정신이 피조될 때 지녔던 본성적 상태에 있음을 의미합니다." 그는 계속해서 말합니다: "정신을 깨끗이 합시다. 만일 정신이 청소되어 원래의 상태로 돌아간다면, 계시를 주시는 주님을 내면에 소유하기 때문에 귀신들보다 더 멀리, 더 많이, 더 잘 볼 수 있을 것입니다." 이것은 위대한 아타나시우스가 안토니의 전기에 기록한 내용입니다.

~ 180 ~

생각은 정신 안에 감각적인 물체의 영상을 재현합니다. 그러므로 정신적인 세력인 앗수르인(원수)이 우리에게 친숙한 감각적인 사물을 사용하여 우리를 유혹할 수 있습니다.

~ 181 ~

인간은 공중의 새를 추적하거나 새처럼 날 수 없습니다. 왜냐하면, 그것이 우리의 본성과 반대되는 일이기 때문입니다. 마찬가지로 맑은 정신으로 꾸준히 기도하지 않으면, 귀신이 주는 비물질적인 생각에서 해방될 수 없고, 정신의 시선을 하나님께 집중할 수 없습니다. 이것을 획득하지 못한 사람은 땅 위에 살면서 땅에 속한 것을 따라다닙니다.

~ 182 ~

생각을 수치로 덮고 침묵을 유지하며 노력하지 않고서도 맑은 정신을 소유하려면, 예수기도를 호흡과 결합하십시오. 그렇게 하면 며칠 후에 실제로 그것을 보게 될 것입니다.

~ 183 ~

글씨는 허공에 쓸 수 없으며, 단단한 곳에 글씨를 써야 오래 보존됩니다. 마찬가지로 맑은 정신이라는 아름다운 덕이 우리 안에 예수님과 함께 거하면서 영원히 온전하게 보존되며 예수님으로 말미암아 우리에게서 뗄 수 없는 부분이 되려면, 공들여 행하는 맑은 정신의 상태와 예수기도를 결합해야 합니다.

~ 184 ~

"너의 행사를 여호와께 맡기라"(잠 16:3)라는 말씀대로 하면 은혜를 받을 것입니다. 그렇게 하지 않으면 "그들의 입은 주께 가까우나 그들의 마음은 머니이다"(렘 12:2)라는 선지자의 말이 우리에게 적용될 것입니다. 예수 그리스도 외에는 누구도 우리 마음에 정념으로부터의 영원한 평화를 줄 수 없습니다. 그리스도는 친히 멀리 떨어진 것(즉 하나님의 본성과 인간의 본성)을 결합하신 분이십니다.

~ 185 ~

내면에서 꾸준히 진행되는 생각과의 정신적인 대화, 그리고 표면적인 대화와 무익한 담화가 영혼을 어둡게 합니다. 그러므로 정신에서 해로운 것들을 몰아내려면 무익한 담화를 좋아하는 사람을 냉혹하게 몰아내야 합니다. 정신이 어두워지고 맑은 정신 상태가 약해지는 것을 막기 위해서는 반드시 그렇게 해야 합니다. 우리가 (대화로 말미암는) 망각 때문에 어두워지면, 정신을 잃게 됩니다(정신이 없는 사람처럼 됩니다).

~ 186 ~

마음을 깨끗이 유지하는 사람은 깨끗함을 주시는 분, 은밀하게 자기 뜻을 나누어주실 분을 교사로 모시게 될 것입니다. 이에 대해서 다윗은 "내가 하나님 여호와께서 하실 말씀을 들으리니"(시 85:8)라고 말합니다. 정신적 전쟁과 그 전쟁에서 주시는 하나님의 도우심과 보호하심과 관련하여 정신이 수행하는 내적 논의에 대해 그는 이렇게 묘사합니다: "진실로 의인에게 갚음이 있고"(시 58:11). 그리고 그 질문을 철저히 조사한 후에 도달한 의견에 대해서 "진실로 (우리 마음의) 땅에서 (악한 귀신들을) 심판하시는 하나님이 계시다 하리로다"(시 58:11)라고 말합니다. 그는 다른 곳에서 이렇게 말합니다: "그들은 죄악을 꾸미며 이르기를 우리가 묘책을 찾았다 하나니 각 사람의 속 뜻과 마음이 깊도다 그러나 하나님이 그들을 쏘시리니 그들이 갑자기 화살에 상하리로다"(시 64:6, 7).

~ 187 ~

그러므로 우리는 항상 "지혜의 마음을 얻고"(시 90:12), 끊임없이 하나님 아버지의 능력이요 지혜이신 예수 그리스도를 호흡해야 합니다. 혹시 불운 때문에 낙심하여 이 정신적 행동을 게을리했어도, 다음 날 아침에 다시 분발하여 우리가 선을 행하는 방법을 알고 있으므로 그것을 소홀히 할 권리가 없음을 깨닫고 새 힘을 얻어 일해야 합니다.

- 188 -

해로운 음식을 먹으면 배탈이 납니다. 그런 음식을 먹은 사람은 그 영향을 느끼는 즉시 토해내야 안전할 수 있습니다. 마찬가지로 정신이 악한 생각을 삼키고 해로운 맛을 느낀다면, 마음 깊은 곳에서 예수기도를 드림으로써 그것을 토해내야 해를 피할 수 있습니다. 이 밖에도 사람들의 가르침과 개인적인 경험에 의하면 맑은 정신을 유지하는 일을 실천하는 사람이 하나님의 자비에 의해서 이것을 이해해야 합니다.

- 189 -

맑은 정신과 예수의 이름을 당신의 호흡과 결합하십시오. 또는 죽음에 대한 생각과 겸손과 결합하십시오. 그것들은 큰 유익을 줍니다.

- 190 -

주님은 "나는 마음이 온유하고 겸손하니 나의 멍에를 메고 내게 배우라"고 말씀하십니다(마 11:29).

- 191 -

주님은 또 이렇게 말씀하셨습니다: "그러므로 누구든지 이 어린아이와 같이 자기를 낮추는 사람이 천국에서 큰 자니라"(마 18:4); "무릇 자기를 높이는 자는 낮아지고 자기를 낮추는 자는 높아지리라"(눅 18:14). 주님은 "내게 배우라"고 말씀하십니다. 무엇을 배워야 합니까? 겸손입니다. 주님의 계명은 영생이며, 그것은 겸손입니다. 그러므로 겸손하지 않은 사람은 생명을 포기한 사람이며, 그러므로 자연히 그것과 반대되는 곳에서 자신을 발견할 것입니다.

- 192 -

몸과 영혼에 의해서 덕이 행해진다면, 그리고 덕을 행하는 영혼과 몸을 하나님이 지으셨다면, 어울리지 않는 것으로 몸과 영혼을 장식하고서 자부심을 느끼고 우쭐대는 것은 어리석은 일이 아닐까요? 교만을 지팡이로 삼는 것은 무한히 크신 하나님을 노하시게 하는 일이 아닐까요? 우리는 이 엄청난 불의와 어리석음 때문에 머리 위에 하나님의 진노를 쌓아 올리는 것이 아닐까요? "하나님은 교만한 자를 물리치십니다"(약 4:6). 우리는 주님의 겸손을 본받지 않고, 헛되고 교만하게 추론함으로써 용서할 수 없는 주님의 원수인 교만한 마귀와 교제합니다. 사도 바울은 "네게 있는 것 중에 받지 아니한 것이 무엇이냐"라고 말합니다(고전 4:7). 당신이 자신을 창조했습니까? 만일 덕을 행하는 주체요 수단이요 근원인 몸과 영혼을 하나님에게서 받았다면, "어찌하여 받지 아니한 것 같이 자랑합니까?"(고전 4:7). 이 모든 것을 주신 분은 주님입니다.

- 193 -

겸손을 획득하는 통로인 깨끗한 마음도 위로부터 오는 복과 마찬가지로 생각이 영혼에 들어오는 것을 허락하지 않습니다.

- 194 -

유일하신 하나님을 위해서 하나님의 도움을 받아 정신을 지키는 일이 영혼 안에 뿌리를 내리면, 정신은 하나님 안에서 신령한 일을 하는 지혜를 얻습니다. 그런 사람은 지혜롭게 판단하여 표면적인 말이나 행동을 하나님께 합당하게 할 수 있습니다.

- 195 -

구약성경에서 대제사장의 특징적인 장식인바 순금에 "여호와께 성결"이라고 새긴 패(출 28:36)는 깨끗한 마음의 상징이었습니다. 그것은 우리 마음의 패에 주목하게 합니다. 그것은 죄로 더러워지지 않아야 하며, (혹시 더러워진 것을 발견하면) 눈물과 회개와 기도로 서둘러 깨끗이 씻어야 합니다. 우리의 정신은 악한 기억으로부터 어렵게 되찾은 가벼운(유동적인) 것입니다. 그러나 그것이 정신적으로 선한 공상과 좋지 않은 공상을 가지고 쉽게 따라온다고 말할 수 있습니다.

- 196 -

공기와 우리 몸의 관계, 불과 양초의 관계처럼, 마음으로 항상 주님을 부르면서 생각을 예수기도와 결합하는 사람은 복됩니다. 지구 위로 지나가는 태양은 밝음을 만듭니다. 정신 안에서 끊임없이 빛나는 주 예수의 거룩한 이름은 태양을 닮은 생각을 무수히 많이 만들어냅니다.

~ 197 ~

구름이 사라지면 하늘이 깨끗해 보입니다. 진리의 태양이신 예수 그리스도께서 정욕적인 환상을 제거해주시면, 마음에 별처럼 빛나는 생각이 생겨납니다. 이는 예수께서 마음의 하늘을 빛으로 조명해 주시기 때문입니다. 지혜로운 솔로몬은 이렇게 말합니다: "주님을 의지하는 사람은 진리를 깨닫고 주님을 믿는 사람들은 그분과 함께 사랑 안에서 살 것이다"(지혜서 3:9).

~ 198 ~

어느 성인은 이렇게 말했습니다: "원한을 품으려면 귀신에게 품으십시오. 적개심을 품으려면 몸에 대해 품으십시오. 육체는 속이는 친구입니다. 그것은 하고 싶은 대로 내버려두면 한층 더 당신을 대적할 것입니다"; "몸에 적의를 품고, 배胃를 대적하십시오."

~ 199 ~

지금까지 정신의 침묵이라는 거룩한 일에 대해서 묘사했습니다. 그것은 개인적인 경험의 결과일 뿐만 아니라 깨끗한 정신에 관한 지혜로운 교부들의 가르침입니다. 이제 정신을 지키는 일의 유익에 대해 간단히 말하고 이 글을 마치려 합니다.

- 200 -

"생명을 사모하고 연수를 사랑하여 복 받기를 원하는 사람"(시 34:12)은 나를 따라서 정신을 지키는 복된 일을 획득하십시오. 내가 하나님의 도움을 받아 눈에 보이는 행위와 영적 세력들의 삶에 대해 가르쳐 주겠습니다. 천사들은 창조주를 찬양하는 일에 지치지 않습니다. 깨끗함에서 천사들을 모방하는 정신도 창조주를 찬양하는 일에 지치지 않습니다. 영적 존재인 천사들이 음식에 대해 걱정하지 않듯이, 정신의 침묵이라는 천국에 들어간 실질적으로 비물질적인 사람(세상에서 맑은 정신을 실천하는 사람)은 음식에 대해 염려하지 않습니다.

- 201 -

천사들이 부와 재산에 대해 염려하지 않듯이, 영혼의 눈을 깨끗이 하고 덕(맑은 정신)을 획득한 사람은 악령들의 악의에 대해 염려하지 않습니다. 전자의 특징은 하나님 안에서 성취한 완전함이며, 후자의 특징은 하나님을 향한 갈망과 사랑, 그리고 신적인 것을 얻기 위한 노력 및 그것을 향한 등정입니다. 하나님의 사랑을 맛보고 엑스터시로 가득하게 된 사람은 만족을 모르는 갈망을 품고 영적 완전의 계단을 올라가며, 그룹들과 유사하게 될 때까지 끊임없이 전진합니다. 그들은 갈망이 가득하여 맑은 정신 상태를 포기하지 않고 올라가서 마침내 주 예수 그리스도 안에서 천사처럼 됩니다.

- 202 -

독사와 바실리스크basilisk의 독이 가장 치명적이며, 이기심이 가장 좋지 않은 악입니다. 이기심의 소산은 다음과 같습니다: 마음으로 자기를 자랑함, 자기의 비위를 맞춤, 지나친 탐욕, 정욕, 허영심, 탐심, 그리고 모든 악의 최고봉인 교만입니다. 교만은 인간뿐만 아니라 천사까지도 하늘에서 내던지며, 그들을 빛이 아닌 어둠으로 덮습니다.

- 203 -

테오둘루스여, 이 글은 이름(Hesychuis)은 침묵을 의미하지만, 행동에서는 침묵하지 않는 사람이 당신에게 쓴 것입니다. 우리의 주제에 대해서 충분히 이야기하지 못했지만, 이성을 가진 피조물, 천사들과 인간, 삼위일체 하나님이 지으신 모든 피조물에서 영광과 찬송을 받으시는 아버지 하나님과 아들과 성령께서 나에게 주신 것을 모두 기록했습니다. 성모 마리아와 복된 교부들의 기도로 말미암아 우리가 찬란한 그 나라를 받게 되기를 기원합니다. 이해를 초월하시는 하나님께 영원히 영광이 있을지어다. 아멘.

시나이의 필로테우스

Philorgeus of Sinai

　필로테우스는 시나이에 있는 수도원의 원장이었기 때문에 시나이의 필로테우스라고 불립니다. 그가 언제 태어나서 언제 사망했는지는 알려지지 않습니다. 40개의 본문으로 이루어진 이 책의 글은 훌륭하게 구성되었으며 영적 지혜와 구원의 능력이 가득합니다. 그러므로 맑은 정신에 관해 다루면서 그의 글을 소개하지 않은 것은 옳지 않은 듯합니다. 그의 글을 읽으려면 정신을 집중해야 합니다. 그의 글은 맑은 정신, 정신을 지키는 것, 그리고 깨끗한 마음에 대한 정확한 해석이요 규칙이라고 할 수 있습니다.

맑은 정신에 관한 40개의 글

- 1 -

우리의 내면에서 이루어지는 정신적인 싸움이 육체적인 싸움보다 더 치열합니다. 의를 행하는 사람이 정신을 도구로 추구해야 하는 목표는 하나님에 대한 기억을 귀중한 진주나 보석처럼 마음속에 간직하는 것입니다. 그는 마음에 하나님만 소유하기 위해서 모든 것, 심지어 육체까지 포기하며 현재의 삶을 무시해야 합니다. 요한 크리소스톰은 정신적으로 하나님을 묵상하는 것만으로 악한 영들을 충분히 죽일 수 있다고 말합니다.

- 2 -

성경의 가르침에 의하면 정신적인 싸움을 하는 사람은 자신을 위해서 영적인 일을 선택하고 찜질 약을 바르듯이 그것을 자기의 정신에 적용해야 합니다. 그러므로 새벽부터 영혼 안에서 흔들림이 없이 하나님을 기억하고 예수 그리스도께 기도하면서 담대하게 마음의 문을 지켜야 한다고 말하는 사람이 있습니다. 이처럼 정신적 경계를 통해서 세상의 죄인들을 죽여야 합니다. 다시 말해서 싸움을 도발하는 강력한 생각이 나타나는 즉시 하나님에 대한 강력하고 참된 기억으로 그 머리를 베어버려야 합니다. 그러한 기억이 우리를 높을 곳으로 들어 올려 줄 것입니다. 내적인 영적 싸움의 과정에도 순서가 있습니다. 정해진 시간이 되기 전에 음식을 먹는 것을 억제해야 합니다. 그다음에는 인자하심으로 말미암아 육체의 양식과 영적인 양식을 주시는 주님께 감사하고, 죽음을 기억하고 묵상해야 합니다. 다음날이 되면 다시 아침 노동을 시작해야 합니다. 날마다 이렇게 해도, 주님의 도움을 받아 간신히 원수의 덫을 피할 수 있을 것입니다. 그러나 이것이 습관이 되면, 믿음과 소망과 사랑을 낳습니다. 믿음은 우리로 하여금 참으로 하나님을 경외하게 해주며, 소망은 절망적인 두려움을 극복하고 하나님을 사랑하게 해줍니다. 만일 소망이 우리를 부끄럽게 하지 않는다면, 그것은 자연히 율법과 선지자들에 매달려 있는 쌍둥이 사랑을 낳을 것입니다. 그때 사랑이 우리를 하나님의 법에 순종하게 하므로 현세에서든지 내세에서든지 우리를 버리지 않을 것입니다.

- 3 -

침묵하는 정신을 가진 사람을 만나기 어렵습니다. 그것은 하나님의 은혜에 관심을 두며 그것에서 흘러나오는 영적 위로를 받기 위해서 모든 수단을 동원하는 사람의 특성입니다. 그러므로 만일 우리가 정신을 지켜 맑은 상태를 유지하면서 이 그리스도의 철학을 실천하기를 원한다면, 먼저 음식을 지나치게 먹는 것을 삼가며 되도록 적게 먹고 마시는 일부터 시작해야 합니다. 맑은 정신을 하나의 길이라고 부를 수 있습니다. 그것은 우리 안에 있는 천국과 장차 우리가 갈 천국으로 이어집니다. 또 그것이 우리의 정신적인 품성을 형성하고, 정욕적인 것을 무정념한 것으로 변화시키므로 정신의 작업장이라고 부를 수 있습니다. 또 맑은 정신은 작은 창문입니다. 그 문을 통해서 하나님이 들어와 정신에 모습을 나타내십니다.

- 4 -

겸손, 집중하여 맑은 정신으로 하나님을 기억함, 원수를 대적하는 빈번한 기도 등이 있는 곳에 하나님의 장소, 하나님이 거하시는 곳이므로 귀신들이 두려워서 들어오지 못하는 마음의 천국이 있습니다.

- 5 -

수다스러움만큼 파괴적인 것이 없고, 말을 통제하지 않는 것만큼 해로운 것이 없습니다. 이것들은 영혼의 보물을 파괴하고 해체합니다. 우리가 날마다 내면에 건축한 모든 것이 말을 많이 함 때문에 파괴되며, 영혼은 이 혀의 질병 때문에 우리가 수고하여 모은 것을 흩어버립니다. 이것(혀를 제어하지 못하는 것)보다 더 좋지 않은 것이 있습니까? 그것은 억제할 수 없는 악입니다. 그것은 한계를 두고 억제하고 필요할 때만 사용해야 합니다. (제어되지 않은) 혀 때문에 영혼에 가해지는 해로움을 누가 표현할 수 있겠습니까?

- 6 -

정신의 예루살렘—정신 집중—으로 들어가는 첫 번째 문은 비록 정신이 아직 침묵하지 않더라도 지혜롭게 입술로 침묵하는 것입니다. 둘째 문은 먹을 것과 마실 것의 양을 절제하는 것입니다. 셋째는 항상 죽음을 기억하고 묵상하는 것입니다. 이것이 몸과 정신을 깨끗하게 해줍니다. 언젠가 나는 육신의 눈으로가 아니라 영적으로 이것의 아름다움을 보고 크게 기뻤고, 그것의 아름다움과 광채를 사랑하게 되었기 때문에 평생 그것을 동반자로 소유하려는 갈망으로 가득했습니다. 그것은 매우 겸손하고, 슬프면서도 반갑고, 구슬프고, 장래에 당할 정당한 고통과 삶이 연장되는 것을 두려워합니다! 그 육체의 눈은 그치지 않고 치유하는 눈물을 흘리며, 정신의 눈은 신속하게 솟아올라 정신을 즐겁게 해주는 지혜로운 생각의 샘입니다. 앞에서 말했듯이 나는 항상 이 아담의 딸, 즉 죽음을 기억하는 것을 동반자로 삼고 함께 잠자고 대화하며 육신을 떠난 후의 운명에 대해 질문할 수 있는 대상으로 삼기를 동경해왔습니다. 그러나 마귀의 딸인 파괴적인 건망증이 종종 내가 그렇게 행하는 것을 방해하곤 했습니다.

- 7 -

악한 영은 은밀하게 생각을 사용하여 영혼을 대적합니다. 영혼은 보이지 않기 때문에 이 악한 세력들은 그 본성에 따라서 보이지 않게 영혼을 공격합니다. 양측에서 무기와 계획(군대의 특성과 군사 전략), 기만적인 술책과 위협적인 공격(위협을 목표로 하는 강습), 백병전, 그리고 양측의 승리와 패배 등을 볼 수 있습니다. 이 정신적 전쟁에서 유일하게 부족한 것은 분명하게 전쟁을 선포하는 순간뿐입니다. 유형적인 전쟁에서는 시기를 정하고 일정한 규칙을 따릅니다. 그러나 정신적인 전쟁은 선포함이 없이 갑자기 마음 깊은 곳에 대한 공격이 시작됩니다. 그것은 마음을 적의 암시에 동의하는 편을 향하게 한 후에 죄에 의해서 영혼을 죽입니다. 우리를 향한 그러한 공격은 어디에서, 왜 오는 것입니까? 그것은 우리가 기도하는 바대로 하나님의 뜻을 이루지 못하게 하기 위해서입니다: "뜻(즉 하나님의 계명)이 이루어지이다"(마 6:10). 주 안에서 정신이 배회하지 않고 보이지 않는 원수들의 침입 및 망상 속에서 발생하는 온전한 정신과의 난투를 주의 깊게 관찰하면서 맑은 정신을 유지하는 사람은 이 모든 것을 실제로 배우게 될 것입니다. 그러므로 주님의 공격 목표는 악한 귀신들입니다. 하나님이시기에 귀신들의 음모를 예견하시는 주님은 그것들의 목표를 대적하는 명령을 내리시고 그 명령을 범하는 사람들에 대한 위협도 제시하셨습니다.

- 8 -

오감에 의해서 형성되는 가시적인 악을 멀리하고 금욕하는 일에 어느 정도 숙달되면, 예수님과 함께 마음을 지키고 예수님에 의해서 마음의 조명을 받으며 우리의 정신에 주님의 복을 맛보는 뜨거운 성향을 소유할 수 있을 것입니다. 우리에게 마음을 깨끗이 하라는 법이 주어진 것은 항상 집중함으로써 악한 생각의 구름을 마음의 대기에서 몰아내고 흩어

버리며, 그리하여 맑고 청명한 날에 태양을 보듯이 진리의 태양이신 예수님을 분명히 보며 정신이 그분의 영광의 말씀의 조명을 받기 위해서입니다. 일반적으로 그것들은 모든 사람에게 계시되는 것이 아니라 지력을 깨끗하게 유지한 사람에게만 계시됩니다.

- 9 -

우리는 날마다 하나님 앞에 출두하는 사람처럼 행동해야 합니다. 호세아는 "인애와 정의를 지키며 항상 너의 하나님을 바랄지니라"라고 말합니다(호 12:6). 또 말라기 선지자는 이렇게 대언합니다: "나 만군의 여호와가 너희에게 이르기를 아들은 그 아버지를, 종은 그 주인을 공경하나니 내가 아버지일진대 나를 공경함이 어디 있느냐 내가 주인일진대 나를 두려워함이 어디 있느냐"(말 1:6). 사도 바울도 같은 내용의 편지를 씁니다: "육과 영의 온갖 더러운 것에서 자신을 깨끗하게 하자"(고후 7:1). 지혜는 "네 마음을 지키라 생명의 근원이 이에서 남이니라"라고 가르칩니다(잠 4:23). 주님은 이렇게 명하십니다: "너는 먼저 안을 깨끗이 하라 그리하면 겉도 깨끗하리라"(마 23:26).

- 10 -

무익한 담화의 결과로 종종 듣는 사람이 우리를 미워하게 되며, 때로는 그들이 우리가 하는 말의 어리석음을 깨닫고 우리를 조롱하거나 책망하게 됩니다. 때로는 우리의 양심이 더러워집니다. 때로 우리는 하나님의 정죄를 초래하고 성령을 근심하게 하는데, 이것이 가장 두려운 일입니다.

- 11 -

우리가 마음을 깨끗하게 하고 주께 대한 죄를 근절한다 해도, 만일 신적 지식을 획득하기 위해 노력하고 많은 사람이 보지 못하는 것을 정신이 보는 데 성공한다 해도, 그것 때문에 자신을 다른 사람들보다 높여서는 안 됩니다. 피조물 중에서 영적인 존재보다 더 깨끗한 것이 무엇이며, 천사보다 더 많은 지식을 가진 자는 누구입니까? 그러나 자신을 높인 교만한 천사는 번개처럼 하늘로부터 내던짐을 당했습니다. 하나님은 그의 교만함을 더러움으로 간주하셨습니다. 금을 캐는 사람처럼, 우리도 지식이라는 황금을 얻으려면 모든 사람 아래로 내려가야 합니다.

- 12 -

사도 바울은 "이기기를 다투는 자마다 모든 일에 절제하나니"라고 말합니다(고전 9:25). 탐욕이 가득한 사람은 권품權品 천사들과 싸울 수 없습니다. 항상 영을 대적하고 육체에 묶여 정욕적으로 행하는 사람은 적을 대적할 수 없습니다. "하나님의 나라는 먹는 것과 마시는 것이 아니기" 때문입니다(롬 14:17). 육신은 체액과 피로 구성되어 세상에 속한 것을 편애하며 현세의 위험한 쾌락을 즐기므로 "육신의 생각은 하나님과 원수가 되나니 이는 하나님의 법에 굴복하지 아니할 뿐 아니라 할 수도 없습니다"(롬 8:7). "육신의 생각은 사망이요 영의 생각은 생명과 평안입니다"(롬 8:6). 그러므로 "육신에 있는 자들은 하나님을 기쁘시게 할 수 없습니다"(롬 8:8).

- 13 -

우리가 진심으로 주 안에서 정신을 지키려 한다면, 먼저 하나님과의 관계에서, 그다음에는 사람들과의 관계에서 겸손해야 합니다. 항상 마음을 겸손하게 하려고 모든 수단을 추구하고 실천하면서 통회하게 하려고 노력해야 합니다. 마음을 겸손하고 통회하게 하는 것은 세상에서 과거의 생활을 기억하는 것입니다. 청년 때부터 지은 모든 죄를 기억하는 것도 마음을 겸손하고 통회하게 합니다. 만일 정신이 그러한 죄를 조사한다면, 과거의 죄를 회상하는 것은 항상 우리를 겸손하게 하고 눈물 흘리게 하며 전심으로 하나님께 감사하게 합니다. 끊임없이 적극적으로 죽음을 생각하는 것도 같은 일을 합니다. 그것은 정신을 부드럽게 하고 기분 좋게 애통하게 하며 맑게 해줍니다. 우리가 그리스도의 수난을 자세히 조사하고 검토한다면, 그리스도의 수난을 기억하는 것은 정신을 겸손하게 하며 우리의 시선을 땅에 두게 할 것입니다. 이것도 역시 눈물을 흘리게 합니다. 게다가 우리를 향한 하나님의 자비를 자세히 조사하고 열거하는 것은 우리의 영혼을 진실로 겸손하게 할 것입니다. 왜냐하면, 우리는 (하나님께 감사하지 않는) 교만한 귀신들을 대적하여 싸우기 때문입니다.

- 14 -

만일 영혼에 유익한 이러한 구제책들이 필요하다면, 이기심 때문에 이것들을 외면해서는 안 됩니다. 만일 그렇게 한다면, 당신은 그리스도의 제자가 아니요, "나는 사도 중에 가장 작은 자라 나는 하나님의 교회를 박해하였으므로 사도라 칭함 받기를 감당하지 못할 자니라"(고전 15:9)라고 말한 바울을 본받는 자가 아닙니다. 바울은 "내가 전에는 비방자요 박해자요 폭행자였다"고 고백합니다(딤전 1:13). 교만한 자여, 성인도 자기 과거를 잊지 못하는 것을 보십시오. 태초부터 우리 시대에 이르기까지 모든 성인이 항상 이 거룩한 하나님의 옷(겸손)을 입었습니다. 이해할 수 없고 알 수 없고 형언할 수 없는 하나님이신 주 예수 그리스도도 육신으로 세상에 계시는 동안 겸손을 옷 입으셨습니다. 그러므로 겸손을 거룩한 덕, 주님의 계명이요 옷이라고 불러야 합니다. 마찬가지로 천사들과 빛의 세력들이 교만하여 하나님 앞에서 모든 피조물 중에서 가장 악한 자로 드러났으며, 모든 천사와 사람이 버림받는 것을 두려워해야 한다는 것을 보여주는 본보기로서 무저갱에 누워 있는 사탄의 끔찍한 몰락을 알기 때문에 이 덕을 실천하고 유지합니다. 아담도 교만 때문에 타락했습니다. 우리는 이러한 본보기들을 염두에 두고 이 고귀한 덕을 얻기 위해 노력하며, 위에서 언급한 구제책들을 사용하면서 동원할 수 있는 모든 수단을 써 자신을 낮춰야 합니다. 우리의 영혼과 몸, 정신, 소원, 말, 생각, 외모 등 안팎이 겸손해야 합니다. 그리고 우리의 편에 서신 분, 하나님의 아들이신 예수 그리스도가 우리를 대적하지 않도록 특별한 관심을 기울여야 합니다. 주님은 "거만한 자를 비웃으시며 겸손한 자에게 은혜를 베푸십니다"(잠 3:34). "무릇 마음이 교만한 자를 여호와께서 미워하시나니"(잠 16:5), "자기를 높이는 자는 낮아지고 자기를 낮추는 자는 높아질 것입니다"(눅 18:14). 주님은 "나는 마음이 온유하고 겸손하니 나의 멍에를 메고 내게 배우라"(마 11:29)고 말씀하십니다. 그러니 조심하십시오.

~ 15 ~

주님은 "너희는 스스로 조심하라 그렇지 않으면 방탕함과 술 취함과 생활의 염려로 마음이 둔하여지고"라고 말씀하십니다(눅 21:34). "이기기를 다투는 자마다 모든 일에 절제합니다"(고전 9:25). 성경이 주는 이러한 말씀들을 알고 있으므로 우리는 절제하면서 살아야 합니다. 먼저 너무 많은 종류의 음식을 먹지 말고 알맞은 분량만 섭취하여 우리 몸을 고결한 생활 방법과 질서에 익숙하게 해야 합니다. 그렇게 하면 육욕의 솟구침과 노여움의 움직임을 쉽게 제어하고 이성에 복종하게 할 수 있습니다. 전반적인 금욕은 죄를 쉽게 억제할 수 있게 해줍니다. 실제로 덕을 실천하고 경험을 얻은 사람들의 견해에 의하면 이 덕은 모든 악을 멀리하는 데 도움이 됩니다. 그러므로 깨끗함을 얻는 데 있어서 복을 주시는 분이요 근원이신 하나님 다음의 수단은 음식의 양을 정하여 섭취하는 것입니다.

~ 16 ~

하나님의 뜻, 즉 계명이 행해지는 것을 방해하려 하는 사탄은 하나님께 대항하고, 우리를 통해서 계명의 성취를 방해하려고 노력하며 하나님을 대적하여 싸웁니다. 한편 하나님은 하나님의 거룩한 뜻, 즉 생명을 주는 하나님의 계명을 우리를 통해서 성취하기를 원하시므로, 악한 자의 해로운 의도를 그 손의 움직임에 의해서 좌절시키십니다. 하나님의 계명을 범하도록 선동함으로써 하나님께 대항하려는 원수의 비정상적인 욕망은 인간의 연약함 안에서 좌절됩니다. 하나님의 계명은 세 부분으로 구성된 영혼을 위해서 법을 제정하고 선포함으로써 영혼에 건강을 줍니다. 계명을 엄격하게 따르는 사람은 분별 있고 건전한 세 부분을 소유합니다.

마귀는 이 영혼의 세 부분과 끝없이 전쟁합니다. 만일 사탄이 이 세 부분과 전쟁한다면, 그럼으로써 그리스도의 계명을 대적하여 싸우는 것입니다. 왜냐하면, 그리스도는 이 계명을 통해서 세 부분, 즉 도발적인 능력, 욕망하는 능력, 생각하는 능력으로 구성된 영혼에 법을 부과하시기 때문입니다. "형제에게 노하는 자마다 심판을 받게 되리라"는 위협(마 5:22) 및 그에 따르는 계명들은 도발적인 부분을 위한 교정법들입니다. 원수는 논쟁과 앙심과 시기 등의 생각에 따라서 이것 및 함께 주어진 다른 계명을 파괴하려 합니다. 우리와 하나님을 대적하는 이 원수는 도발적인 부분의 지배자가 생각하는 능력임을 알고 있습니다. 따라서 그는 먼저 의심, 시기, 까다로움, 싸우기를 좋아함, 속임수, 허영 등의 생각을 수단으로 그 부분을 공격하고, 정신적인 능력을 압박하여 본성적인 권위를 포기하고 다스리는 권한을 자극(흥분의 원인)에 양도하게 합니다. 그리하여 주인을 넘어뜨린 자극(흥분의 원인)은 원수가 마음에 심은 뒤에 정신의 태만함 때문에 허락된 생각에 따라서 감추어 두었던 것들을 입으로 쏟아냅니다. 그리하여 마음은 자신이 하나님의 영과 거룩한 생각으로 가득한 것이 아니라 억제되지 않은 악의로 가득 차 있음을 나타냅니다. 이에 대해서 주님은 "마음의 가득한 것을 입으로 말한다"고 말씀하십니다(눅 6:45). 악한 자의 포로가 되어 내면에서 은밀하게 고안 된 것을 말로 쏟아내는 사람은 형제에게 "라가", 또는 "미련한 놈"이라는 말 뿐만 아니라 매우 모욕적인 말을 할 것이며, 나중에 사람을 죽이기도 할 것입니다.

이것들은 이유 없이 성내지 말라는 주님의 계명과 관련하여 악한 자가 사용하는 계책들입니다. 그러나 만일 도발적인 생각이 출현하는 즉시 내면에서 발생하는 것에 주목하고 기도하여 그 생각을 몰아낸다면, 모욕적인 말과 그에 따르는 행동을 하지 않을 수 있습니다. 그러므로 이 영혼을 죽이는 자는 마음에 도입된 생각의 영향을 받아 하나님의 계명을 범할 준비가 되어 있는 사람을 발견할 때만 악한 목적을 성취합니다.

- 17 -

그렇다면 욕망하는 부분을 위해 하나님의 명령으로 제정된 것은 무엇입니까? "여자를 보고 음욕을 품는 자마다 마음에 이미 간음하였느니라"(마 5:28). 이 계명을 대적하기 위해서 악한 자가 정신 안에 쳐놓은 올무는 무엇입니까? 정욕을 자극할 수 있는 대상이 제거되었으므로, 악한 자는 몰래 들어와서 앞에서 말한 계명에 반역을 꾀하도록 선동합니다. 그는 영혼 안에 음탕한 심상을 그리고 새깁니다. 심지어 정욕을 자극하는 말이 들려오거나, 정신적 전쟁의 경험이 있는 사람들이 아는 여러 가지 일이 발생하기도 합니다.

계명에서 생각하는 부분을 위해 세운 지침은 무엇입니까? "나는 너희에게 이르노니 도무지 맹세하지 말지니…오직 너희 말은 옳다 옳다, 아니라 아니라 하라"(마 5:34, 37); "너희 중의 누구든지 자기의 모든 소유를 버리지 아니하면 능히 내 제자가 되지 못하리라"(눅 14:33); "좁은 문으로 들어가라"(마 7:13). 이것들은 생각하는 부분을 위한 계명입니다. 원수는 이 생각하는 부분을 자기 목적에 이용하기 위해서 먼저 탐식이나 태만과 관련된 생각으로 분별력을 빼앗습니다. 그리하여 그것으로부터 다른 능력들 위에 군림하는 고유의 권위를 박탈하여 마치 술 취한 지도자처럼 조롱거리로 만든 후에 흥분과 욕망을 조력자로 삼아 그것을 자기의 암시와 소원에 복종하도록 강요합니다.

생각하는 능력에서 버림받은 정욕적인 능력과 도발적인 능력은 마치 순종하는 종처럼 다섯 가지 감각 모두를 가시적인 죄를 범하기 위한 무기로 변화시키기 시작합니다. 그것에게 큰 죄와 몰락이 임합니다! 정신이 내면으로부터 감각을 억제하고 구속하지 않으면, 눈은 호기심 어린 시선으로 사방으로 돌진하며, 귀는 헛된 것을 즐겨 들으며, 후각이 까다로워지며, 입술이 통제되지 않으며, 손은 만지지 말아야 할 것을 만지려 합니다. 그때 의가 아닌 불의, 지혜가 아닌 어리석음, 순결이 아닌 간음, 용기가 아닌 비겁함이 따라옵니다. 이 네 가지 주요한 덕―의, 지혜, 순결, 용기―은 영혼 안에서 건전하게 효력을 발휘할 때 영혼의 세 부분을 바르게 다스리며, 바르게 다스림을 받은 이 세 부분은 감각에서 꼴사나운 것들을 모두 제거합니다. 그때 정신은 고요한 상태에 머뭅니다. 다른 능력들이 하나님 안에서 순종하고 지배될 때 그것은 정신적인 싸움에서 쉽게 승리합니다. 그러나 집중이 부족하여 다른 능력들을 혼란에 빠지게 하여 악한 암시에 정복되면, 그것은 하나님의 계명을 범합니다. 계명을 범했을 때 회개하지 않으면 다음 세상에서 고통을 받을 것입니다. 그러므로 정신이 항상 맑은 상태에 있는 것이 유익합니다. 본성적으로 있어야 할 위치에 있는 정신은 하나님 계명의 참된 보호자가 됩니다.

~ 19 ~

악한 영들에 둘러싸여 고립된 (죄를 사랑하는) 영혼은 어둠의 속박을 받으며, 그를 둘러싸고 있는 어둠 때문에 제대로 기도하지 못합니다. 왜냐하면, 그 영혼이 은밀하게 어둠의 속박을 받고 있고 내면의 눈이 멀었기 때문입니다. 그러나 영혼이 기도하면서 하나님에게 달려가기 시작하며, 또 기도하는 동안 되도록 맑은 정신을 유지하려고 노력한다면, 기도의 능력으로 말미암아 조금씩 이 어둠에서 해방될 것입니다. 만일 그렇지 않으면 그 영혼이 자유롭게 될 가능성이 전혀 없습니다. 그때 영혼은 마음속에 악한 영들이 선동하는 또 하나의 내적 전쟁, 생각 안에 있는 또 다른 싸움이 있음을 알게 됩니다. 이에 대해서 성경은 이렇게 말합니다: "주권자가 네게 분을 일으키거든 너는 네 자리를 떠나지 말라"(전 10:4). 정신은 덕 안에 굳게 서며 온전한 상태를 유지해야 합니다. 우리는 고결하게 살 수 있고 악하게 살 수도 있습니다. 성경은 "복 있는 사람은 악인들의 꾀를 따르지 아니하며 죄인들의 길에 서지 아니하며"라고 말합니다(시 1:1). 사도 바울은 "그런즉 서서 진리로 너희 허리 띠를 띠고 의의 호심경을 붙이고"(엡 6:14)라고 가르칩니다.

- 20 -

영혼에서 그리스도를 제거하기 위해 갖은 방법을 사용하는 자들이 많으므로, 우리는 힘껏 그리스도를 붙들어야 합니다. 또 생각이 많아 예수께서 피하시는 사태를 허락하지 말아야 합니다(요 5:13). 영혼이 힘껏 수고하지 않으면 그리스도를 붙들 수 없습니다. 우리가 겸손하게 살려면 육신을 입으신 그리스도의 삶의 발자취를 따라가려고 노력해야 합니다. 고난을 참고 인내하면서 그분을 본받기 위해서는 그분의 고난을 우리의 느낌 안에 받아들여야 합니다. 주님이 얼마나 선한 분이신지 이해하려면 주님의 형언할 수 없는 인자하심을 맛보아야 합니다. 그리고 그분이 말씀하신 모든 것을 굳게 믿고 날마다 우리를 향한 그분의 돌보심에 소망을 두어야 합니다. 거룩한 지혜의 법에 따라서 모든 것을 다스리시는 하나님을 바라보는 법을 배우려면, 어떤 일이 일어나든지 어떤 일을 당하든지 감사하고 사랑하고 만족하면서 받아들여야 합니다. 이렇게 행하는 사람은 하나님에게서 멀어지지 않을 것입니다. 하나님께 드리는 헌신은 영적으로 완전한 것이며 영원한 완전입니다.

- 21 -

끊임없이 죽음을 기억하고 생각함으로써 지혜롭게 정념을 제거하는 사람은 죽음을 생각하지 않고 사는 사람, 항상 이 슬프고 눈물 흘리게 하는 생각에 집중하기보다는 이성의 작용으로 마음을 깨끗하게 하기를 바라는 사람보다 더 예리하게 악한 생각의 출현을 인식합니다. 자신이 좋지 않은 정념 중 하나, 가장 좋지 않은 정념에 얼마나 굳게 묶여 있는지 깨닫지 못한 채 그러한 정념을 제어하는 정신의 신속함에 의존하는 사람은 하나님이 없이 자만심에 빠집니다. 그런 사람은 온전한 정신을 유지하는 일을 엄격하게 실천해야 합니다. 그렇지 않으면 오만함 때문에 이성을 잃을 것입니다. 사도 바울은 여기저기에서 지식을 수집하는 사람들은 교만하여 자기보다 지식이 없다고 여기는 사람들을 무시한다고 말합니다(고전 8:1). 이는 그들에게 덕을 세워주는 사랑의 불꽃이 부족하기 때문이라고 생각됩니다. 항상 죽음을 생각하는 사람은 그렇지 않은 사람보다 예리한 시각을 소유합니다. 그는 쉽게 귀신의 제안을 알아채고 짓밟아 몰아냅니다.

- 22 -

하나님에 대한 기억, 즉 예수님에 대한 사랑스러운 기억을 마음에서 우러나온 분노나 유익한 통회와 결합하면, 모든 것을 파괴하는 원수가 우리 영혼을 삼키려는 싸움을 위해 사용하는 모든 것, 즉 다양한 생각과 말과 꿈과 우울한 상상 등을 없앨 수 있습니다. 우리는 예수 그리스도 안에서만 구원을 발견할 수 있습니다. 구주께서는 이렇게 말씀하십니다: "나를 떠나서는 너희가 아무것도 할 수 없음이라"(요 15:5).

- 23 -

우리는 매시간, 매분 영혼의 거울을 흐리게 하는 생각으로부터 마음을 지켜야 합니다. 영혼의 거울에 아버지 하나님의 지혜와 능력이신 예수 그리스도의 형상만 담겨 있어야 합니다. 우리는 항상 마음 안에서 하늘나라를 구해야 합니다. 우리가 정신의 눈을 깨끗이 한다면, 신비하게도 자기의 내면에서 씨앗, 진주, 마실 것 등을 발견할 것입니다. 그러므로 주 예수 그리스도는 마음에 거하시는 하나님을 의미하면서 "하나님의 나라는 너희 안에 있느니라"(눅 17:21)고 말씀하십니다.

- 24 -

온전한 정신이 양심을 깨끗하게 하여 밝고 빛나게 만듭니다. 베일을 걷으면 갑자기 밝게 비추는 빛처럼, 깨끗해진 양심이 내면에서 어둠을 몰아냅니다. 만일 어둠을 몰아낸 후에도 한결같이 참되고 온전한 정신 상태가 유지된다면, 양심은 지금까지 잊고 있던 것, 또는 깨닫지 못한 채 감추어져 있던 것을 보여줍니다. 동시에 역시 온전한 정신이 수행하는바 원수들과의 보이지 않는 싸움과 생각들의 싸움을 가르쳐줍니다. 그것은 이 전쟁에서 창을 던지는 법, (원수에게) 선한 생각의 화살을 쏘는 법, 그리고 정신이 그리스도 안에서 보호받기를 구하며 멸망의 어둠이 아닌 우리의 갈망의 빛의 피난처를 얻게 함으로써 원수의 화살이 정신에 상처 입히지 못하게 하는 법을 가르쳐줍니다. 이 빛을 맛본 사람은 내 말을 이해합니다. 이 빛을 맛본 영혼은 한층 더 그것을 갈망합니다. 영혼은 그것을 먹고 살지만 절대 물리지 않으며, 많이 맛볼수록 그만큼 더 갈망합니다. 태양이 우리의 시선을 끌듯이 정신을 끌어당기는 이 빛을 본질적으로 설명할 수 없습니다. 그것은 말로 설명할 수 있는 것이 아니라 그 영향을 받는 사람의 경험으로, 다시 말하자면 그것에 의해 상처를 입은 사람의 경험으로만 설명할 수 있습니다. 지금도 정신은 이 주제에 관해 이야기하는 것을 즐기고 있지만, 이 빛은 나에게 잠잠하라고 명령합니다.

~ 25 ~

사랑과 깨끗함을 얻으려면 "모든 사람과 더불어 화평함과 거룩함을 따르라 이것이 없이는 아무도 주를 보지 못하리라"(히 12:4). 사랑과 깨끗함이 화평과 거룩함입니다. 노여움은 우리가 정신적인 싸움을 벌이는 대상인 귀신들에 대해서만 발해야 합니다. 매시간 우리 안에서 벌어지는 이 전쟁을 수행하는 방법을 듣고 다음과 같이 행하십시오: 온전한 정신과 기도를 결합하십시오. 그리하면 온전한 정신이 기도를 튼튼하게 해주고, 기도가 온전한 정신을 튼튼하게 해줄 것입니다. 온전한 정신은 항상 내면의 모든 것을 지켜보면서 원수가 들어오려는 것을 알아채면 힘을 다해 그 길을 막으며, 동시에 이 악한 전투원들을 몰아내기 위해서 우리 주 예수 그리스도께 도움을 청합니다. 이때 집중이 그 길을 막으며, 예수께서 귀신들과 그것들이 제공하는 환상을 몰아내 주십니다.

~ 26 ~

강력하게 집중하여 정신을 지키십시오. (적대적인) 생각을 인지하면 즉시 저항하며, 동시에 서둘러 주 그리스도께 복수해달라고 부탁하십시오. 우리가 요청할 때 사랑의 예수님은 "나는 너를 보호하려고 너와 함께 있다"고 말씀하실 것입니다. 기도하여 원수를 정복한 후에도 계속 정신에 주목해야 합니다. 전보다 더 많은 생각의 파도가 거세게 차례로 몰려와 영혼을 덮쳐 영혼이 거의 죽게 됩니다. 그러나 하나님이신 예수님은 제자들이 호소할 때 (악한 생각의) 바람에 명령하여 잠잠하게 하십니다. 우리는 원수의 공격이 멈춘 것을 발견하면, 우리를 구원해주신 분을 찬양하며 죽음에 대한 묵상에 깊이 뛰어듭니다.

- 27 -

우리는 영혼의 감각에 마음을 집중하고 우리의 길을 가야 합니다. 날마다 기도와 정신 집중을 결합하면, 엘리야의 불마차처럼 사람을 하늘로 들어 올려주는 것이 만들어집니다. 즉 온전한 정신에 굳게 기초를 둔 사람, 또는 그것에 기초를 두려고 노력하는 사람의 깨끗한 마음은 자체의 해와 달과 별을 가진 내면의 천국이 되며, 신비한 이상과 등정(정신적 엑스터시)을 통해서 그 안에 담을 수 없는 하나님을 담습니다. 거룩한 덕을 사랑하는 사람은 매 순간 주님의 이름을 부르며 말을 실천에 옮기려고 노력해야 합니다. 영혼을 해치지 않기 위해서 자기의 다섯 가지 감각을 억제하는 사람은 마음의 작업과 정신이 행하는 내면의 전쟁을 훨씬 쉽게 만듭니다.

그러므로 표면적인 것들(영혼에 해로운 착상과 인상들)을 쫓아내는 기술을 배우며, 하나님이 주신 수단인 영적 기술의 지도를 받아 그것들에서 생겨나는 생각을 대적하십시오. 즉 철야기도에 의해서 정욕적인 쾌락으로 이끄는 충동을 억제하고, 먹을 것과 마실 것을 절제하며, 마음의 전쟁을 쉽게 행할 수 있도록 몸을 단련하십시오. 이 모든 것에서 유익을 얻는 사람은 우리 자신입니다. 죽음을 생각함으로써 영혼을 괴롭히고, 예수 그리스도를 기억함으로써 산만해진 정신을 집중시키십시오. 특히 정신이 깨끗하고 빛으로 가득하여 하나님과 거룩한 것들을 분명히 관상할 수 있는 밤에 그렇게 행하십시오.

- 28 -

육체적인 수고를 무시해서는 안 됩니다. 밀이 흙에서 자라 나오듯이, 선한 것에 대한 영적인 기쁨과 경험은 육체적인 수고에서 자라 나오기 때문입니다. 거짓 논거로 양심의 요구를 논박하지 마십시오. 양심의 제안은 실질적이며 구원으로 이어집니다. 생생하고 적극적이고 예리하게 온전한 정신에 의해 정화된 양심은 우리의 의무가 무엇이며 무엇을 행해야 하는지 말해줍니다. 그런 경우 양심은 그 깨끗함 때문에 일반적으로 (발생하는 모든 것에 대한) 분명한 판단, 즉 공정하고 결정적인 판단을 소유하며, 의심을 배제합니다. 그러므로 거짓 이론 때문에 길을 잃지 말아야 합니다. 우리의 양심은 하나님을 기쁘게 하는 삶을 영위하는 방법을 가르쳐 주며, 죄 때문에 이해력을 더럽힌 영혼을 호되게 비난합니다. 또 우리가 범한 죄를 교정하는 방법을 보여주며, 타락한 마음에 회개해야 한다고 암시하고 설득력 있는 치료책을 보여줍니다.

- 29 -

장작불을 피울 때 연기가 눈을 괴롭게 합니다. 그러나 불이 붙은 후에 나타나는 빛은 불편함이 아닌 즐거움을 줍니다. 마찬가지로 항상 정신의 눈을 혹사하는 정신집중은 고통스럽고 머리를 피곤하게 합니다. 그러나 우리가 기도하면서 부른 예수님이 우리 마음에 빛을 가져오십니다. 예수님을 기억하는 것과 속사람의 조명은 가장 큰 복(즉, 주님 자신)을 우리에게 줍니다.

- 30 -

원수는 우리의 정신을 어지럽게 하는 습관을 획득한 후에 우리를 자신과 함께 흙을 먹게 하려 합니다. 그 결과 하나님의 형상으로 지음을 받은 우리가 배로 기어 다니게 됩니다. 그러나 하나님은 "내가 너로 원수가 되게 할 것"이라고 말씀하셨습니다(창 3:15). 그러므로 마귀의 화살에 상처를 입지 않으려면 항상 탄식하면서 하나님께 외쳐야 합니다. 다윗의 시편에서 여호와는 이렇게 말씀하십니다: "그가 내 이름을 안즉 내가 그를 높이리라"(시 91:14); "진실로 그의 구원이 그를 경외하는 자에게 가까우니"(시 85:9).

- 31 -

우리 안에서 일어나는 보이지 않는 정신적 싸움의 경험이 많으며 그리스도 안에서 말한 바울은 에베소서에서 이렇게 말합니다: "우리의 씨름은 혈과 육을 상대하는 것이 아니요 통치자들과 권세들과 이 어둠의 세상 주관자들과 하늘에 있는 악의 영들을 상대함이라"(엡 6:12). 베드로는 이렇게 말합니다: "근신하라 깨어라 너희 대적 마귀가 우는 사자 같이 두루 다니며 삼킬 자를 찾나니 너희는 믿음을 굳건하게 하여 그를 대적하라"(벧전 5:8, 9). 주님은 복음의 말을 듣는 사람들의 다양한 성향에 대해 이렇게 말씀하셨습니다: "이에 마귀가 가서 그들이 믿어 구원을 얻지 못하게 하려고 말씀을 그 마음에서 빼앗는 것이요"(눅 8:12). 이것은 마귀가 악한 건망증을 초래함으로써 범하는 강도 행위입니다. 사도 바울은 이렇게 말합니다: "내 속사람으로는 하나님의 법을 즐거워하되 내 지체 속에서 한 다른 법이 내 마음의 법과 싸워 내 지체 속에 있는 죄의 법으로 나를 사로잡는 것을 보는도다"(롬 7:22, 23). 이것들은 우리를 가르치며 감추어져 있는 것을 드러내 주기 위한 말입니다.

- 32 -

이성이 겸손과 자책을 잃으면, 자신이 많은 것들 위에 있다고 여겨 교만해집니다. 만일 우리가 자신의 연약함을 깨달으려 한다면, "형제들아 나는 아직 내가 잡은 줄로 여기지 아니하고 오직 한 일 즉 뒤에 있는 것은 잊어버리고 앞에 있는 것을 잡으려고 푯대를 향하여 그리스도 예수 안에서 하나님이 위에서 부르신 부름의 상을 위하여 달려가노라"(빌 3:13, 14)라고 말한 바울처럼 주장해야 합니다. 그는 또 이렇게 말했습니다: "그러므로 나는 달음질하기를 향방 없는 것 같이 아니하고 싸우기를 허공을 치는 것 같이 아니하며 내가 내 몸을 쳐 복종하게 함은 내가 남에게 전파한 후에 자신이 도리어 버림을 당할까 두려워함이로다"(고전 9:26, 27). 얼마나 겸손하며 덕을 얻기 위해 얼마나 노력하는지 보십시오! 그리고 바울이 자기의 상태와 상관없이 얼마나 겸손한지 보십시오. 그는 심지어 이렇게 말합니다: "그리스도 예수께서 죄인을 구원하시려고 세상에 임하셨다 하였도다 죄인 중에 내가 괴수니라"(딤전 1:15). 나쁜 본성을 가진 우리가 어찌 겸손하지 않을 수 있겠습니까? 흙보다 더 나쁜 것이 무엇입니까? 우리는 하나님을 기억해야 합니다. 이는 그것이 우리가 지음 받은 목적이기 때문입니다. 그리고 주님의 발자취를 쉽게 따라가려면 금욕의 행위에 익숙해져야 합니다.

- 33 -

악한 생각에 패배하는 자의 겉사람은 죄 없이 깨끗할 수 없습니다. 마음에서 악한 생각을 근절하지 못한 사람은 그에 상응하는 악한 행위를 나타냅니다. 사람이 음탕한 눈으로 바라보는 이유는 내면의 눈이 간음하여 어두워졌기 때문입니다. 마찬가지로 부끄러운 것을 들으려 하는 태도의 원인은 악한 귀신들이 우리를 멸망시키기 위해서 속삭이는 것을 영혼의 귀로 들으려 하는 데 있습니다. 우리는 주 안에서 자신의 안팎을 깨끗이 해야 합니다. 우리는 자신의 감각을 지키며, 날마다 죄와 정념의 작용을 깨끗이 제거해야 합니다. 과거 우리가 어리석었던 시절, 세상에서 살며 우리의 정신이 혼란에 빠져 있던 시절에 우리의 정신과 감각은 악한 망상을 섬겼습니다. 그러나 이제 하나님 안에 있는 삶을 받아들였으므로, 정신과 감각이 살아계신 참 하나님과 하나님의 의와 뜻을 섬겨야 합니다.

~ 34 ~

먼저 '충돌'(두 개의 물체가 부딪혔을 때 발생하는 접촉이나 작용)이 발생하고, 그다음에 '결합'(대상물에 정신이 집중되어 영혼 및 영혼과 충돌한 객체만 존재함)이 이루어지고, 그다음에 '융합'이 이루어집니다(영혼과 충돌하여 영혼을 점유한 객체가 욕망을 도발하며, 영혼은 그것에 동의합니다). 그다음에 '사로잡힘'이 이루어지며(객체가 영혼을 사로잡아서 족쇄를 채운 종처럼 행동하게 함), 마지막으로 같은 욕망을 반복하여 충족시키는 것과 그로 말미암아 영혼의 특성이 된 습관에 의해 영혼 안에 주입된 '수난'(영혼의 병)이 발생합니다. 이것이 우리 안에서 발생하는 전쟁에서 승리해야 할 전쟁터입니다.

~ 35 ~

교부들의 말에 의하면 '충돌'은 마음에서 생겨나서 정신에 출현하는 바 사물에 대한 적나라한 생각이나 이미지입니다. '결합'은 출현한 객체나 이미지와 교류하는 것입니다. '융합'은 영혼이 정신의 눈으로 본 객체를 좋아하게 되는 것입니다. '사로잡힘'은 마음을 억지로 꾀어내어 포로로 삼고 가두는 것, 그리고 마음이 자체를 노예로 만든 대상과 하나로 결합하는 것입니다. 결합의 결과로 우리의 선한 상태가 사라집니다(평화의 상실). 일반적으로 '수난'은 오랫동안 (어떤 객체에) 정욕적으로 애착함으로써 생겨난다고 합니다. '충돌'은 무죄한 것이요, '결합'은 완전히 무죄한 것은 아니요, '융합'은 노력하는 사람의 상태에 따라서 무죄

합니다. 그리고 '전쟁'은 견고히 선 사람에게는 면류관, 실족하는 사람에게는 고통의 원인이 됩니다.

- 36 -

'사로잡힘'은 기도할 때와 기도하지 않을 때 다릅니다. '수난'은 상응하는 회개나 장래의 고통이 필요합니다. '충돌'에 저항하거나 그것에 냉정한 상태를 유지하는 사람은 수치스러운 것을 단번에 잘라냅니다. 악한 귀신이 수도사나 수도사가 아닌 사람들을 대적하여 벌이는 싸움에는 승리와 패배가 있습니다. 승리한 사람에게는 면류관이, 회개하지 않고 실족하는 사람에게는 고통이 기다리고 있습니다. 그러므로 그것들의 악한 충고를 보이는 악한 행동으로 실천하는 일을 삼가려면 정신적으로 그것들을 대적하여 싸워야 합니다. 마음에서 죄를 잘라냄으로써 우리 안에 하나님의 나라를 얻기 위해 노력해야 합니다. 우리는 이 탁월한 행동 때문에 하나님 앞에서 깨끗한 마음과 통회를 보존할 것입니다.

- 37 -

많은 수도사는 정신이 귀신에게서 받는 망상을 알지 못합니다. 그들은 정직하게 행동하려고 노력하지만, 정신에 주의하지 않은 채 악의가 없이 단순하게 살아갑니다. 내가 보기에 그들은 깨끗한 마음을 맛보지 못했기 때문에 내적 정념의 어둠을 알지 못하는 사람들입니다. 사도 바울이 말한 싸움을 알지 못하는 사람은 선에 대한 경험이 없을 것입니다. 그들은 행동으로 범한 죄만 타락으로 간주하며, 육신의 눈에 보이지 않는 정신적인 승리와 패배를 참작하지 않습니다. 왜냐하면, 이것들은 감추어져 있는 것으로서 우리를 노력하게 하시는 하나님, 그리고 노력하는 사람의 양심에만 알려지기 때문입니다. 다음의 말씀은 그러한 사람들을 언급하는 듯합니다: "평강이 없으나 평강이 있다 함이라"(겔 13:10). 우리는 그러한 상태에 있는 무식한 형제를 위해 기도하며, 보이는 나쁜 행동뿐만 아니라 마음에서 작용하는 악도 억제해야 한다는 것을 가르쳐야 합니다. 영혼의 눈을 깨끗이 하려는 신적 갈망으로 가득한 사람을 위해서는 그리스도 안에 다른 행동과 다른 신비가 있습니다.

~ 38 ~

죽음을 기억하는 것 안에 많은 덕이 포함되어 있습니다. 그것은 애통함을 낳고, 전반적인 금욕을 하는 지침을 제공합니다. 그것은 지옥을 상기시킵니다. 그것은 기도와 눈물의 근원이요, 마음의 보호자요, 자기 자신과 선한 판단으로 깊이 들어가는 수단입니다. 그것들에서 생겨나는 것이 하나님에 대한 경외심과 마음에서 정욕적인 생각을 제거하는 것으로서 여기에는 많은 중요한 계명이 포함됩니다. 그러한 마음 안에서 엄청나게 노력하여 생겨난 싸움과 노력을 볼 수 있습니다. 많은 그리스도의 용사들이 이것을 관심사로 삼습니다.

~ 39 ~

우연한 사건이나 역경이 내적인 집중을 파괴하며, 유익하고 건전한 정신 상태를 파괴하며, 가장 선한 것에 대한 갈망을 소멸하며, 악한 논쟁과 불화로 이끌어갑니다. 이러한 재앙의 원인은 (매시간 어느 쪽에서든지 우리를 공격할 준비가 되어있는) 유혹을 경계하지 않는 데 있습니다.

- 40 -

 슬픔을 피할 수 없음을 깨닫고 항상 그러한 깨달음을 생각 속에 유지한다면, 항상 우리를 대면할 준비가 되어 있는 슬픔이 우리를 슬프게 하거나 불안하게 하지 않을 것입니다. 사도 바울은 이렇게 말합니다: "그러므로 내가 그리스도를 위하여 약한 것들과 능욕과 궁핍과 박해와 곤고를 기뻐하노니"(고후 12:10); "무릇 그리스도 예수 안에서 경건하게 살고자 하는 자는 박해를 받으리라"(딤후 3:12). 그리스도께 영광에 영원히 있을지어다. 아멘.

성 바르사누피우스와 성 요한
Barsanuohius and John

생애

성 바르사누피우스St. Barsanuphius는 이집트에서 태어났다. 그는 어려서부터 영적으로 노력하며 살기를 갈망했다. 언젠가 그는 경마장에 말들이 경쟁하는 것을 보면서 "저 말들이 썩을 면류관을 얻기 위해서 얼마나 노력하는지 보아라. 하늘나라를 상속받을 우리는 한층 더 노력해야 하지 않겠느냐?"라고 중얼거렸다. 그는 하늘나라를 얻기 위해서 한층 더 노력하려는 뜨거운 마음을 품고 경마장을 떠났다.

그가 이집트에서 수도원에 들어갔는지는 알려지지 않았다. 기록에 의하면 그는 팔레스타인에 있을 때 이미 수도사였다. 그는 성지순례를 위해 예루살렘에 왔다가 그곳에 남았다. 처음에는 마르셀루스Marcellus의 지도를 받았고, 나중에 가자 근처에 있는 사부 세리드Abba Serid의 공동체에서 지냈다. 가장 높은 공적을 갈망한 그는 공동체 밖에 작은 수실을 짓고 은둔하며 침묵 생활을 했다.

침묵 생활을 시작했을 때 공동체 사람들이 일주일에 작은 빵 세 덩이만 그에게 가져다주었다. 그는 애통해 하고 눈물을 흘리면서 많은 위로를 받았는데, 그 위로의 달콤함 때문에 빵 한 덩이로 만족했고, 어떤 때는 그것조차도 먹는 것을 잊고 지냈다. 그는 종종 영적 음식에 도취하여 육체의 음식을 먹는 것을 망각했는데 어떤 때는 일주일에 두 번, 어떤 때는 한 번만 음식을 먹었다.

　이렇게 끊임없이 눈물을 흘리며 지내는 동안 이 성인의 몸이 깨끗해지고 정념이 마음에서 제거되었기 때문에 원수의 화살을 피할 수 있게 되었고, 생각의 평화를 획득했다. 그 상태에서 성령의 은사를 받았고, 그의 내면에서 정념의 활동이 잠자는 상태를 획득했다.

　그는 성령이 거하시는 성전이 되었고, 이 깨끗함으로 말미암아 참되고 완전한 겸손을 소유하게 되었다. 그는 말로만 아니라 실질적으로 자신을 재요 먼지로 여겼다. 그는 항상 "나는 누구인가? 누가 나를 대단한 사람이라고 여기는가?"라고 자신에게 말했다. 이러한 겸손 때문에 그에게 가장 큰 덕인 바른 판단이 주어졌는데, 하나님께서는 그를 다스리기 위해서 어느 수도사에게 그것을 주셨다.

　바르사누피우스는 바른 판단으로부터 환상을 받았으며, 그것에 의해서 감각적인 피조물과 영적인 피조물의 감추어진 영적 본질을 이해하게 되었다.

　그는 환상을 통해서 투시력과 예언의 은사를 받았다. 그는 먼 곳에서 일어나는 일을 보고 미래의 일을 알 수 있었다. 은혜로 말미암아 그는 사람들의 마음을 보았다. 또 그들의 말이 아니라 정신과 생각의 경향에 따라서 그들의 질문에 대답했다.

　그는 다윗의 말대로 마음속으로 끊임없이 하나님께 올라가려고 노력하고 겸손에 겸손을, 침묵에 침묵을, 사랑에 사랑을 더하여, 마침내 가장 큰 은사를 받아 하나님께 도취하여 상상이 아닌 성령의 능력에 의해 칠층천에 올라가곤 했다. 그는 그곳에서 복을 받고, 하나님 나라의 영광과 비밀을 보았는데, 바울처럼 그도 몸 안에 있었는지 몸 밖에 있었는지 말할 수 없었다(고후 12:3).

그 후에 기적을 행하는 은사를 받았다. 그는 주 예수 그리스도의 이름으로 죽은 사람을 살리고, 귀신을 쫓아내고, 난치병자를 고치는 등 많은 기적을 행했고 엘리야처럼 천국을 여닫았다.

이것이 위대한 교부 바르사누피우스가 획득한 큰 은사들이요 완전한 덕들이다. 그러나 이 큰 은사에는 시험이 따랐다. 사람들은 그러한 은사들에 대한 말을 들어도 이해하지 못했다. 그는 중병을 앓을 누워서도 손노동을 포기하지 않았다.

이 성인은 유스티니아누스 황제 시대인 6세기에 살았는데, 거의 50년 동안 사람들은 그를 보지 못했다. 그는 자기 존재에 대한 의심을 없애기 위해서 단 한 번 몇몇 형제들에게 나타나서 그들의 발을 씻어 주었다. 또 한 번은 생의 말년에 유스티니아누스 황제가 자신이 지지하는 가현설을 받아들이지 않는 사람을 박해할 때 교회의 유익을 위해서 침묵 생활을 포기하고 세상에 나왔다. 어려움에 부닥친 예루살렘 총대주교가 바르사누피우스에게 황제에게 자비를 구해달라고 설득했다. 그는 그 임무를 성공적으로 완수했다. 바르사누피우스의 논거에 설득된 황제는 개인적으로 자신에게 반역한다고 생각되는 사람들을 박해하려는 계획을 버리고 다시 예루살렘 교회를 지지했으며, 심지어 바르사누피우스 편에 선물까지 보냈다. 바르사누피우스는 A.D. 563년에 사망했다. 어떤 문서에서는 정확한 연대를 표시하지 않고 600년 이전에 그가 사망한 것으로 표현한다.

또 한 사람의 장로인 성 요한(St. John)도 바르사누피우스처럼 침묵 생활을 했고 같은 성령의 은사, 특히 투시력과 예언의 은사를 받았으며, 그 때문에 예언자Prophet라고 불렸다.

그가 어디에서 태어나 어디에서 살다가 그 공동체에 왔는지는 알려지지 않았다. 바르사누피우스가 공동체 가까이에 수실을 짓고 떠난 후에 요한은 바르사누피우스가 처음에 지은 수실에서 죽을 때까지 18년 동안 침묵 생활을 했다. 누구도 그가 웃거나 흥분하거나 눈물을 흘리지 않고 성찬을 받는 모습을 보지 못했다.

요한은 예지의 은사를 받았기 때문에 많은 일을 예고했는데, 정확하게 그가 말한 대로 이루어졌다. 그는 자기 죽음을 예고하면서 "세리드 사부가 죽고 일주일 후에 내가 죽을 것입니다. 만일 세리드 사부가 오래 산다면, 아마 나는 5년을 더 살 수 있었을 것입니다. 그러나 하나님께서 이것을 나에게 감추셨고 그분을 데려가셨기 때문에 나는 더는 살지 못할 것입니다."라고 말했다.

그러나 당시에 서원하고 수도원장이 된 젊은 사부 헬리안Abba Helian은 수도원의 법을 알지 못했고 형제들을 어떻게 다스려야 할지 알지 못했으므로, 요한에게 이렇게 말했다: "수도원에 대해서, 수도원을 다스리는 방법에 대해서 질문할 수 있도록 적어도 두 주일의 여유를 주십시오." 요한은 그를 불쌍히 여겼고, 그의 내면에 거하시는 성령은 그가 "좋습니다. 두 주일 동안 당신과 함께 머물겠습니다."라고 말하게 했다.

사부 헬리안은 공동체를 다스리는 것과 관련된 모든 것을 그에게 질문했다. 두 주일 후에 성인은 수도원의 형제들을 모두 불러 모은 후 한 사람 한 사람에게 작별 인사를 하고 수실로 돌려보냈다. 그리고 평화롭게 주님의 손에 자기의 혼을 맡겼다. 요한이 죽은 후에 바르사누피우스는 말을 하지 않았고, 질문에 대해서도 대답하지 않았다. 바르사누피우스가 입을 닫은 후에 도로테우스는 수도원을 떠나 자기의 공동체를 세웠다.

이 복된 교부들은 마음을 다하여 이웃을 사랑했다. 그들은 생전에만 아니라 죽은 후에도 사람들에게 많은 유익을 주었고, 지혜로운 권고가 담겨 영혼을 구원해주는 책을 남겼다. 그 책을 부지런히 읽으면, 영혼에 큰 유익이 될 것이다.

이 책에는 주교, 사제, 수도사, 평신도, 젊은이, 노인, 건강한 사람, 약한 사람 등 여러 부류의 사람이 제기한 다양한 질문에 대한 850개의 답변이 수록되어 있다. 질문 중 일부는 요한이 기록한 것이고, 나머지는 바르사누피우스가 답변한 것으로서 그가 직접 기록한 것이 아니라 사부 세리드가 받아 적은 것이다.

다음의 사건은 우리를 놀라게 한다. 바르사누피우스는 답변하기 시작했을 때 사부 세리드를 불러 자기가 구술하는 답변을 받아 적으라고 말했다(그것은 브엘세바 수도원의 수도사 요한의 질문에 대한 대답이었다). 사부 세리드는 자신이 성인이 하는 말을 모두 기억할 것이라고 기대하지 못했기 때문에 그 말을 기록하는 방법과 관련하여 곤경에 처했다. 그는 자신이 성인의 답변을 들으면서 한 단어씩 기록할 수 있도록 종이와 잉크를 가져오라고 말해 주기를 기대했다. 투시력을 가진 바르사누피우스는 세리드의 생각을 알아차리고서 환한 얼굴로 이렇게 말했다: "두려워하지 말고 기록하십시오. 비록 당신이 받아 적어야 할 말이 많아도, 성령께서는 당신이 내가 말한 것보다 한 단어도 더하거나 덜 기록하도록 버려두지 않으실 것입니다. 그분이 당신의 손을 인도하여 정확하게 기록하게 해주실 것입니다."

그렇게 하여 책이 기록되었다! 그 책에서는 다루기 힘든 질문에 대해 훌륭한 판단력을 가지고 대답한다. 그 책은 인내를 가르치며 우리의 불평을 근절하며, 인간에게 영합하는 것을 죽이는 도끼로서 이기심을 잘라내는 칼 역할을 한다. 그것은 참되고 완전한 겸손의 안내자로서 자신을 무로 여기라고 가르친다. 그것은 회개의 사자요, 애통함의 근원이요, 영혼 구원과 예수 그리스도 안에 있는 완전함을 위한 중보자이다.

영적인 일에 대한 지도

~ 1 ~

"범사에 감사하라"(살전 5:18)는 바울의 말처럼, 모든 일에 하나님께 감사하십시오. 시련을 당하든지, 궁핍하든지, 박해받든지, 육체적으로 연약하든지, 모든 일에 하나님께 감사하십시오. "우리가 하나님의 나라에 들어가려면 많은 환난을 겪어야 할 것이라"(행 14:22). 그러므로 당신의 영혼이 의심의 공격을 받거나 마음이 약해지도록 내버려 두지 말고, "우리의 겉사람은 낡아지나 우리의 속사람은 날로 새로워지도다"(고후 4:16)라는 바울의 말을 기억하십시오. 고난을 참고 견디지 않으면, 십자가에 올라 구원을 주는 열매를 나누어 받을 수 없을 것입니다.

~ 2 ~

바다를 항해하는 배는 폭풍을 비롯한 많은 위험에 직면합니다. 그러나 평화롭고 고요한 항구에 도착하면, 더는 폭풍이나 재난이나 위험에 대한 두려움이 없이 안전하게 머뭅니다. 마찬가지로 우리는 사람들 가운데 있을 때는 고난과 위험과 정신적 난타를 당하리라고 기대해야 합니다. 그러나 우리를 위해 준비된 침묵의 항구에 도착하면 아무 두려움이 없을 것입니다.

- 3 -

고난을 겪거나 육체적으로 힘든 노동을 할 때 낙심하지 말고 공동체를 위해서 인내하십시오. 왜냐하면, 그것도 "형제들을 위하여 목숨을 버리는"(요1 3:16) 수단이기 때문입니다. 나는 이러한 수고에 대한 상이 클 것이라고 생각합니다. 하나님은 요셉을 기근이 들었을 때 형들에게 먹을 것을 공급할 수 있는 지위에 두셨듯이(시 33:19), 당신을 공동체를 섬길 수 있는 위치에 두셨습니다. 다시 바울의 말을 인용하겠습니다: "내 아들아 그러므로 너는 그리스도 예수 안에 있는 은혜 가운데서 강하고"(딤후 2:1).

- 4 -

어떤 사람은 경건한 수고 때문에 주님 안에 있는 평화에 이르고, 어떤 사람은 겸손 때문에 평화를 얻습니다. 그러나 당신은 안달을 길들임으로써 마음에서 노여움을 죽인 후에 경건한 수고와 겸손에 대한 보상으로 평화를 얻으려고 노력해야 합니다. 그때 다음과 같은 말씀이 이루어질 것입니다: "나의 곤고와 환난을 보시고 내 모든 죄를 사하소서"(시 25:18). 주께서 당신의 몸과 혼과 영을 악에서 지켜주시며, 마귀에 의한 역경에서 구해주시고, 생각의 반란을 선동하는 모든 공상에서 지켜주시기를 기원합니다.

- 5 -

무엇보다도 낙담의 영을 조심하십시오. 그것에서 모든 악과 여러 가지 시험이 생겨납니다. 그리스도의 양 떼가 당신에게 초래한 고난 때문에 당신의 마음이 약해지는 이유는 무엇입니까? 내 말을 귀 기울여 들으십시오: 오래 참음은 복의 근원입니다. 모세를 보십시오. 그는 하나님의 백성과 함께 고난받기를 잠시 죄악의 낙을 누리는 것보다 더 좋아했습니다(히 11:25).

- 6 -

독(악한 기질)을 품고 있는 뱀에게 물지 않도록 조심하십시오. 그것은 치명적인 독입니다. 어떤 사람도 악에 의해 선을 행하지 못할 것입니다. 이는 그 자신이 악에 정복되기 때문입니다. 반대로 선은 악을 정복합니다(롬 12:21). 당신은 원형경기장에 서 있습니다. 바울이 에베소에서 맹수들과 싸워야 했던 것처럼, 당신도 짐승들과 싸워야 합니다(고전 15:32). 당신은 폭풍우가 부는 바다에 던져졌기 때문에 많은 위험을 당하며 파도와 싸워야 합니다. 당신은 하나님의 도움을 받아 그것을 정복한 후에 우리 주 예수 그리스도 안에서 고요한 항구에 들어갈 것입니다.

- 7 -

당신은 생각으로부터 평안을 얻지 못합니다. 당신은 생각 때문에 사람들을 괴롭히고 사람들로부터 괴롭힘을 당합니다. 우리가 말이나 행동으로 다른 사람을 불쾌하게 한다면, 우리 자신은 백 배나 더 불쾌함을 당할 것입니다. 매사에 오래 참고, 무슨 일에서든지 당신의 뜻을 고집하지 마십시오. 당신의 생각이 치명적인 독(악한 기질)으로 마음을 감염시키며, 당신이 각다귀를 낙타로 여기고 자갈돌을 절벽으로 여기게 하지 않으려면, 또 다른 사람의 눈에 들어 있는 티끌을 보면서도 자신의 눈에 들어 있는 들보를 보지 못하는 사람이 되지 않으려면, 당신의 생각을 주의 깊게 살피십시오.

- 8 -

당신은 자신이 죄인이라고 말하지만, 실제 행동을 보면 그렇게 느끼고 있지 않다는 것이 나타납니다. 자신이 죄인이요 많은 악의 원인이라고 인정하는 사람은 다른 사람과 불화하거나 말다툼을 하거나 성내지 않으며, 모든 사람을 자기보다 선하고 지혜롭다고 여깁니다. 만일 당신이 죄인이라면, 이웃이 당신에게 고통을 초래했다고 해서 그를 책망하고 비난하는 이유는 무엇입니까? 당신과 나는 아직 자신을 죄인이라고 여기지 않는 듯합니다. 형제여, 우리는 매우 비열합니다. 우리의 말과 행동이 다릅니다. 우리가 생각을 대적할 때 그것을 쫓아낼 힘을 받지 못하는 이유가 무엇입니까? 우리가 이미 이웃을 비판했고, 그것이 우리의 영적인 힘을 약하게 했기 때문이며, 그러므로 우리는 자신에게 죄가 있음에도 불구하고 형제에게 죄를 씌웁니다. 그러므로 "하나님은 가장 좋은 것을 아신다. 너는 평안할 것이며, 점차 견딜 수 있는 힘이 주어질 것이다"고 말하면서 생각을 주님 안에 두십시오.

- 9 -

다른 사람에게서 욕설을 들을 때 참고 견디지 못하는 사람은 영광을 보지 못할 것입니다. 증오심을 버리지 않는 사람은 친절을 맛보지 못할 것입니다. 당신은 단련되고 시련을 받기 위해서 형제들과 함께 살고 있습니다. 금은 불로만 제련됩니다. 당신 스스로 임무를 정하지 마십시오. 그렇지 않으면 당신이 염려와 갈등에 빠질 수 있습니다. 하나님에 대한 경외심을 가지고 특정 시간에 적합한 것을 시험해 보며, 어떤 일이든지 충동적으로 행하지 마십시오. 가능한 한 노여움을 피하며, 사람을 판단하지 말고, 당신을 시험하는 사람을 사랑하십시오. 깊이 생각해보면, 그러한 사람이 당신을 성공으로 이끈다는 것을 발견할 것입니다.

- 10 -

환난을 당할 때 오래 참으십시오. 주님은 이렇게 말씀하셨습니다: "세상에서는 너희가 환난을 당하나 담대하라 내가 세상을 이기었노라"(요 16:33). 왕의 궁전으로 인도하여 그리스도의 형제로 만들어주는 사랑을 당신이 획득하기를 기원합니다.

- 11 -

젖을 저으면 엉긴 젖이 되고 코를 비틀면 피가 날 것입니다(잠 30:33). 나뭇가지를 휘거나 넝쿨로 고리를 만들려면 조금씩 구부려야 합니다. 그렇지 않고 갑자기 너무 많이 구부리면 부러집니다(이것은 수도원장의 엄격한 조처와 수도사들의 지나친 금욕생활을 언급하는 것입니다).

~ 12 ~

어찌하여 당신은 육에 속한 사람처럼 시련에 정복됩니까? 당신 앞에 시련이 기다리고 있다는 말을 듣지 못했습니까? "의인은 고난이 많다"는 것(시 34:19), 금이 용광로에서 제련되듯이, 사람들은 고난에 의해 단련된다는 것을 알지 못합니까? 그러므로 만일 당신이 의롭다면, 고난의 시험에 기꺼이 복종하십시오. 그러나 만일 당신이 죄인이라면, 그것을 마땅히 받아야 할 것으로 여기십시오. 세상이 시작된 이후의 모든 성인을 생각하며, 그들이 선을 말하고 진리 안에 거하면서 선을 행할 때 얼마나 많은 고난을 겪었는지 기억하십시오. 그들은 끝까지 사람들에게서 미움과 박해를 받았지만, 주님의 말씀에 따라 자신을 박해하는 사람들을 위해서 기도했습니다(마 5:44). 당신이 요셉처럼 팔려왔습니까? 모세처럼 어려서부터 늙을 때까지 미움을 받았습니까? 다윗이 사울에게 박해를 받은 것처럼 당신도 박해를 받았습니까? 아니면 요나처럼 바다에 던져졌습니까? 그런데 왜 당신의 생각이 약해집니까? 하나님의 약속을 잃지 않으려면, 두려워하거나 겁내지 마십시오. 불신자처럼 겁내지 말고, 당신의 불신하는 생각 속에 용기를 집어넣으십시오. 성인들의 자손이 되려면, 매사에 고난을 사랑하십시오.

~ 13 ~

도시를 향해 가는 사람은 도중에 땅에 눕지 않습니다. 일하려는 사람은 해가 뜨면 게으름을 피우지 않습니다. 밭을 경작하려는 사람은 밭을 버려두지 않습니다. 도시에 들어가려는 사람은 땅거미가 지기 전에 도착하려고 서두릅니다. 하던 일을 마치려는 사람은 다른 것의 방해를 받지 않으려고 해가 뜨면 기분 좋게 일을 시작합니다. 밭을 경작하려는 사람은 땅이 버려지기 전에 밭을 갑니다. "귀 있는 자는 들을지어다"(마 11:15).

- 14 -

당신은 고난받지 않기를 원합니까? 더 큰 고난을 기대하십시오. 그리하면 평안을 발견할 것입니다. 욥이나 다른 성인들, 그리고 그들이 받은 고난을 기억하십시오. 그들의 인내를 본받으십시오. 그리하면 당신의 영에 위로가 임할 것입니다. 담대하게 서서 기도하십시오.

- 15 -

슬피 울며, 대단한 사람으로 여겨지기를 원하지 말며, 무슨 일에든지 자신을 다른 사람들과 비교하지 마십시오. 세상을 떠나 십자가를 지십시오. 세상의 모든 것을 멸시하며, "부끄러움을 개의치 말고"(히 12:2) 당신의 발에서 먼지를 떨어버리십시오. 갈대아 사람들과 함께 용광로에 불을 붙이지 마십시오. 그렇지 않으면 하나님의 진노가 당신을 그들과 함께 태울 것입니다. 모든 사람을 당신보다 낮게 여기십시오. 당신의 눈에서 들보를 빼내고, 폐허가 된 당신의 집을 재건하며, "다윗의 자손이여 나를 불쌍히 여기소서…주여 보기를 원하나이다"(눅 18:38, 41)라고 소리치십시오.

- 16 -

시간이 있을 때 내면에 집중하고 침묵하는 법을 배우십시오. 어떤 것 때문에라도 동요되지 않기를 원한다면, 모든 사람과의 관계에서 죽으십시오. 그렇게 하면 평안을 발견할 것입니다. 여기에서 말하는 것은 생각과 관계를 갖는 것, 모든 종류의 활동에 관여하는 것, 사람이나 염려거리와의 관계입니다.

- 17 -

당신은 편지에서 당신의 죄를 위해 기도해 달라고 부탁했습니다. 나도 같은 말을 하렵니다. 나를 위해 기도해 주십시오. 성경에 "남에게 대접을 받고자 하는 대로 너희도 남을 대접하라"(눅 6:31)라고 기록되어 있습니다. 나는 누구보다 더 낮고 저주받은 사람이지만, 할 수 있는 한 "너희 죄를 서로 고백하며 병이 낫기를 위하여 서로 기도하라"(약 5:16)고 한 계명에 따라 행동합니다.

- 18 -

만일 믿음에 대해서 강연할 수 없으면, 강연하려고 노력하지 마십시오. 믿음에 굳게 선 사람은 내면에 평화와 고요의 주이신 예수님을 소유하고 있으므로 토론할 때 혼동하지 않으며 이단자나 불신자들과 논쟁하지 않을 것입니다. 그런 사람은 많은 이단자나 불신자들과 평화롭게 토론하여 그들이 주 예수 그리스도를 알게 할 것입니다. 당신은 어떤 주제에 대해서 강연할 능력이 없으므로 지름길, 즉 318명의 거룩한 교부들의 믿음을 고수하십시오(우리는 일곱 차례의 세계공의회의 믿음을 고수합니다). 거기에는 완전한 이해를 위한 모든 것에 대한 정확한 진술이 포함되어 있습니다. 무엇보다도 당신의 내면에 주의를 집중하며, 당신의 죄, 그리고 하나님의 영접을 받는 방법에 관해 묵상하십시오.

- 19 -

누군가로부터 칭찬하는 말을 들을 때는 다음과 같은 성경 말씀을 기억하십시오: "내 백성이여 네 인도자들이 너를 유혹하여 네가 다닐 길을 어지럽히느니라"(사 3:12). 그러한 칭찬은 우리 행동의 가증스러움을 보지 못하게 합니다. 그것은 영적으로 어느 정도 성취한 사람에게도 해를 끼치며, 하나님에 대한 믿음으로부터 분리할 것입니다. 하나님은 "너희가 서로 영광을 취하고 어찌 나를 믿을 수 있느냐"(요 5:44)라고 말씀하십니다. 사도 바울의 겸손을 받아들이는 사람은 지혜로운 자가 되기 위해 미련한 자가 되는 편을 택할 것입니다(고전 3:18). 그러나 신령함보다 영리함을 나타내는 사람은 그 자화자찬에 합당한 심판을 피할 수 없을 것입니다.

- 20 -

밤에 느끼는 두려움에 대한 질문에 대한 답변

시민들은 왕의 도움을 받지 못할 때 적의 침입을 두려워합니다. 그들은 군대의 사령관이 자기 마을에 입성했다는 소식을 들으면, 정부가 보호해 줄 것을 알기 때문에 걱정하지 않습니다. 그들은 보호자가 있으므로 적이 다가오고 있다는 소식을 들어도 두려워하지 않습니다. 마찬가지로 하나님을 믿는 사람은 귀신들을 두려워하지 않습니다. 왜냐하면, 하나님이 도와주시기 때문입니다.

~ 21 ~

시간경과 시편기도는 교회의 관습이며, 공동체 안에 있는 사람들을 연합하며, 또 기도 안에서 모든 사람을 화해시키기 위해 세워진 것입니다. 스케테skete에 사는 사람들은 시간경을 읽거나 시편기도를 하지 않고, 손노동, 독서, 묵상 등에 의해서 독거에 전념하며, 이따금 일어서서 기도합니다. 서서 기도할 때는 옛 아담에게서 구해달라고 기도하거나 주님의 기도를 하거나, 아니면 두 가지를 병행합니다. 그런 후에 다시 앉아서 손노동을 합니다. 얼마 동안 서서 기도하는가와 관련하여 "쉬지 말고 기도하라"는 바울의 말을 기억하십시오(살전 5:17). 얼마나 오랫동안 기도하는지는 중요하지 않습니다.

~ 22 ~

밤에 잠자는 것과 관련하여, 해가 진 후 저녁에 두 시간 동안 기도하고 영광송을 부른 후 여섯 시간 동안 주무십시오. 그다음에 일어나 네 시간 동안 철야하십시오. 여름에는 밤이 짧으므로 영광송을 생략하고 찬송하는 시편의 수도 줄이십시오.

- 23 -

　주님은 겸손을 획득하는 방법에 대해서 "나는 마음이 온유하고 겸손하니 나의 멍에를 메고 내게 배우라 그리하면 너희 마음이 쉼을 얻으리니"라고 말씀하십니다(마 11:29). 만일 당신이 완전함 쉼을 얻기를 원한다면, 주님이 당하신 것을 이해하고, 똑같은 일을 당하십시오. 그리고 매사에 당신의 뜻을 버리십시오. 주님은 "내가 하늘에서 내려온 것은 내 뜻을 행하려 함이 아니요 나를 보내신 이의 뜻을 행하려 함이니라"(요 6:38)라고 말씀하십니다. 완전한 겸손은 비난과 학대, 그리고 우리의 교사이신 예수 그리스도께서 당하신 모든 일을 참고 견디는 데 있습니다. 그것은 완전한 기도에 접한 사람의 표식이기도 합니다. 즉 세상이 학대해도 그가 동요하지 않는다는 사실입니다.

- 24 -

　우리는 산만한 생각에서 해방되며 즐거움이 가득하여 주님 안에서 조명된 정신을 볼 때 완전한 기도에 접근합니다. 완전한 기도를 획득한 사람은 세상에 대해 쉽게 자신을 죽입니다. 그러나 우리가 하나님을 위해서 일할 때 하나님이 기뻐하시는 것은 산만함이 아닌 완벽함입니다.

- 25 -

　먹을 것과 마실 것을 얼마나 절제해야 하는지에 대해서, 교부들은 실제로 필요한 분량보다 약간 적게 먹어야 한다고, 즉 배불리 먹거나 마시지 말라고 말합니다. 우리는 조리된 음식이든지 포도주든지 자신이 취할 분량을 정해야 합니다. 먹을 것이나 마실 것뿐만 아니라 대화, 수면, 옷, 그리고 감각에서도 금욕의 한도를 정해야 합니다.

- 26 -

먹을 것과 마실 것의 분량은 우리에게 필요한 것보다 적게 정해야 합니다. 빵을 비롯하여 음식의 전체 분량에서 30g 정도 줄이십시오. 물과 포도주는 반 컵 정도 줄이십시오. 만일 당신이 내면에 정신을 집중하며 하루에 마실 것을 한 차례만 마시는 일을 어렵지 않게 해낼 수 있으면, 그렇게 하는 것이 좋습니다. 그러나 그렇게 할 수 없으면 하루에 두 차례 마시되 매번 필요로 하는 양보다 적게 마십시오. 생각이 요동할 때는 일상적으로 취하던 음식의 분량도 줄여야 합니다. 먹을 것을 30g 줄이고, 마실 것을 한 컵 줄이십시오.

- 27 -

필요한 음식의 분량을 어떻게 정해야 합니까?

며칠 동안 섭취하는 음식, 즉 빵과 다른 음식물과 채소 등의 양을 관찰하십시오. 사람은 자기의 몸이 얼마만큼의 음식과 마실 것을 필요로 하는지 경험으로 알 수 있습니다. 이 분량에서 30g 정도의 음식과 반 컵의 음료수를 줄이십시오. 힘써 고투할 때는 다시 먹을 것 30g과 마실 것 반 컵을 줄이십시오.

- 28 -

자신의 체력에 맞추어 금욕한다는 것은 무엇을 의미합니까?

그것은 음식과 음료수를 앞에서 말한 것처럼 사용하는 것을 의미합니다. 즉 필요한 것보다 약간 적게 섭취하는 것입니다. 수면에도 같은 원리가 적용됩니다. 그러나 극도의 피로와 고난 때문에 섭취하는 분량을 약간 늘리는 것은 "자신의 체력에 맞추어"라는 규칙을 범하는 것이 아닙니다. 당신은 "잠은 얼마나 자야 합니까?"라고 질문할 것입니다. 교부들은 밤의 절반을 수면 시간으로 정합니다. 음식과 관련해서는 배가 조금 덜 찼다고 생각될 정도로 먹는 것이 적절합니다.

- 29 -

변덕을 충족시키기 위해서 음식을 먹는다는 것은 무엇을 의미하며, 또 본성적인 욕구를 충족시킨다는 것은 무엇을 의미합니까?

변덕을 충족시킨다는 것은 몸에 필요하므로 먹는 것이 아니라 배와 입의 욕망에 영합하기 위해 먹는 것을 의미합니다. 그러나 쾌락을 위한 것이 아니라 위에 부담이 덜하므로 어떤 음식을 선호하는 것은 변덕이라고 할 수 없습니다. 어떤 사람은 본성적으로 단 음식을 좋아하고 어떤 사람은 짠 음식을 좋아하고 또 어떤 사람은 신 음식을 좋아하는데, 이것은 변덕이 아닙니다. 그러나 특별히 어떤 종류의 음식을 좋아하여 그것을 갈망하는 것은 변덕이며 탐식과 관련됩니다. 당신이 탐식이라는 정념에 빠져있는지는 다음의 방식으로 알아낼 수 있습니다. 만일 음식이 당신의 생각을 사로잡아서 그것을 거역할 수 없다면, 당신은 폭식가입니다. 만일 당신이 그것에 사로잡히지 않고 몸에 필요한 한도까지 온갖 종류의 음식을 자유로이 취한다면, 당신은 폭식가가 아닙니다. 탐식의 또 다른 표식은 정해진 식사 시간 전에 음식을 원하는 것입니다. 타당한 이유가 없으면 이것을 허락해서는 안 됩니다.

- 30 -

만일 음식을 먹기 전에는 탐식이라는 정념이 괴롭히지 않다가 음식을 먹고 있을 때 나타나면, 어떻게 해야 합니까? 음식을 그만 먹어야 합니까, 그렇지 않습니까?

만일 내가 어떤 사람과 함께 식사하고 있다면, 식사를 중단하지 말고 하나님의 이름을 불러 도움을 구하면서 그 욕망을 추방하며, 음식이 곧 악취를 내는 것으로 변할 것으로 생각하면서 조금 드십시오. 그러나 혼자 있을 때 배가 고프면, 빵과 내키지 않는 음식을 드십시오.

- 31 -

마음에서 발생하는 모든 일에 대해 윗사람에게 질문해야 합니까?

마음에서 생겨나는 모든 생각에 대해서 질문하는 것이 아니라 내면에서 맴돌면서 자신을 대적하는 생각에 대해서만 질문해야 합니다. 또 많은 사람이 우리를 화나게 해도 불쾌해 하거나 동요하지 말아야 합니다. 그러나 만일 누군가가 일어나서 우리를 공격한다면, 그 사람을 지도자에게 고발해야 할 것입니다.

- 32 -

우리를 공격하는 생각을 부정해야 합니까?

부정하지 마십시오. 왜냐하면, 그것이 원수들이 원하는 것이며, 그들은 (우리가 그러한 생각을 부정하는 것을 보면) 공격을 멈추지 않을 것이기 때문입니다. 당신의 연약함을 주님의 발아래 내려놓고 그것들을 대적하기 위해 주님께 기도하며 도움을 구하십시오. 주님은 그것들을 몰아낼 뿐만 아니라 파괴할 힘을 가지고 계십니다.

- 33 -

허영, 과식, 또는 마귀의 시기 때문에 꿈과 더러움이 초래됩니다. 우리의 허영이나 과식이 원수에게 도움이 되지 않으면, 원수는 이것들을 되풀이하여 자주 사용하지 못합니다. 사람이 집을 짓는 데 필요한 재료를 구하지 못하면 헛수고를 하게 되는데, 마귀도 그렇습니다.

- 34 -

나는 식욕을 억제하고 음식의 양을 줄이고 싶지만 그렇게 할 수가 없습니다. 때때로 음식의 양을 줄여도 곧 다시 전과 같은 분량을 먹게 됩니다. 마실 것도 마찬가지입니다. 그 이유는 무엇입니까?

"내가 음식 먹기도 잊었으므로 내 마음이 풀 같이 시들고 말라 버렸사오며 나의 탄식 소리로 말미암아 나의 살이 뼈에 붙었나이다"(시 102: 4, 5)라고 말한 사람과 같은 상태에 이른 사람 외에는 누구도 이것에서 벗어나지 못합니다. 그런 사람은 음식과 음료수의 양을 줄이는 데 쉽게 성공합니다. 왜냐하면, 그에게는 눈물이 빵이 되며, 마침내 그는 성령이 주는 음식을 먹는 상태에 도달하기 때문입니다. 형제여, 내 말을 믿으십시오. 나는 그런 상태에 이른 사람을 알고 있습니다. 그는 한 주일에 한두 번 영적인 음식을 향해 이동되는데, 그는 그 달콤함 때문에 육체의 음식을 잊습니다. 그가 빵을 먹으려 하면, 마치 배부른 사람처럼 되어 빵을 원하지 않습니다. 그는 빵을 먹을 때는 "왜 나는 항상 그러한 상태에 있지 않은가?"라고 자신을 책망하며, 한층 더 큰 성취 단계에 이르기를 원합니다.

- 35 -

어떻게 해야 그러한 상태에 이릅니까?

우리의 생각이 하나님 안에서 하나가 될 때 육체도 하나님의 생각을 따르며, 성령의 기쁨이 마음에 임하여 영혼을 먹여주고 몸에 힘을 주어, 몸과 영혼을 튼튼하게 해줍니다. 그 후로는 예수께서 그의 중보자가 되시며 그를 "슬픔과 탄식이 달아날"(사 51:11) 곳의 문 앞에 세우시므로, 그는 약해지거나 낙담하지 않습니다. 그리고 그에게 다음과 같은 성경 말씀이 성취됩니다: "네 보물 있는 그곳에는 네 마음도 있느니라"(마 6:21). 우리를 그러한 상태에 이르게 하는 것은 겸손입니다.

- 36 -

(금욕 때문에 초래된) 육체의 약함과 귀신들이 만들어낸 약함을 어떻

게 구분하며, 음식은 얼마나 먹어야 합니까?

약함에 대해서 말하겠습니다. 만일 날마다 (절제하는 분량의) 음식을 먹는데 몸이 약해진다면, 그 원인은 귀신에게 있습니다. 반대의 경우(절제하는 분량이 증가한다면), 그 약함은 자연스러운 것입니다. 음식을 절제하는 일반적인 척도는 약간 배가 고픈 상태에서 식사를 마치는 것입니다. 이러한 습관에 익숙해지고 한층 더 음식을 절제하게 된 사람은 경험으로 자신이 먹어야 할 음식의 분량을 알게 될 것입니다.

- 37 -

"나는 큰 시험을 받고 있습니다. 나를 위해 기도해 주십시오."

사랑하는 형제여, 세상에 대해서 완전히 죽는 사람은 인내와 시련을 통해서 장성한 분량에 이릅니다. 주님은 십자가에서 고난당하셨습니다. 참고 견딜 때 고난이 당신을 천국으로 인도할 것입니다. 그러므로 고난을 기뻐하십시오. 고난당하는 것은 좋은 징조입니다. 주님이 자비를 준비하실 때 고난과 시험이 증가한다는 것을 알지 못하십니까? 일반적으로 주님이 당신에게 육체적인 편안함을 주시지 않으면, 그것을 구하지 마십시오. 육체적인 편안함은 주님 보시기에 가증한 것입니다. 주님은 "세상에서는 너희가 환난을 당할 것이라."라고 말씀하셨습니다(요 16:33).

- 38 -

매일 어떻게 음식을 자신에게 분배해야 합니까?

만일 당신이 매일 수실에서 음식을 받는다면, 그것이 당신을 염려와 갈등으로 인도할 것입니다. 하나님이 주시는 것에 만족하십시오. "바른 길로 행하는 자는 걸음이 평안하리라"(잠 10:9).

- 39 -

시편을 낭독할 때 한편을 낭독한 뒤에 주님의 기도를 해야 합니까? 주님의 기도는 한 번 하는 것으로 충분합니다.

- 40 -

조상들의 발자취를 따르며 우리가 밟아온 길로 걸어가십시오. 내가 기억하는 한 우리는 완전한 쉼을 발견한 후에 그것을 이용한 적이 없습니다. 우리는 "너는 살았을 때 네 좋은 것을 받았다"(눅 16:25)고 말씀하시는 분을 두려워하며, 항상 거기에 약간의 고난과 엄격함을 추가하려고 노력해왔고, "하나님의 나라에 들어가려면 많은 환난을 겪어야 할 것"(행 14:22)을 기억해왔습니다. 우리가 재산을 많이 소유하고 있을 때도 그렇게 행동했습니다. 우리를 위해서 스스로 가난하게 되신 분을 위해서 우리가 얼마나 가난하게 살았는지 하나님은 아십니다. 자신을 편안하게 하는 것은 좋지 않습니다. 이것을 추구하는 사람은 자기의 뜻을 꺾지 못하기 때문에 하나님을 위해서 살지 않고 자신을 위해서 삽니다.

- 41 -

주님은 당신이 모든 사람을 당신보다 높게 여기기를 원하십니다. 매사에 윗사람에게 순종하며, 먹을 것이나 마실 것, 또는 다른 문제와 관련하여 그분의 말대로 행하십시오. 사람들이 당신을 비방할 때 기뻐하십시오. 그것은 매우 유익합니다. 사람들이 당신을 모욕해도 참고 견디십시오. "끝까지 견디는 자는 구원을 얻을 것입니다"(마 10:22). 감사는 하나님 앞에서 우리의 연약함을 위한 중보가 되므로, 매사에 하나님께 감사하십시오. 모든 일에 항상 자신을 죄인이요 미혹된 자로 판단하십시오. 그리하면 하나님이 당신을 심판하지 않을 것입니다. 매사에 겸손하십시오. 그리하면 은혜를 받을 것입니다.

- 42 -

항상 겸손을 의지하십시오. 겸손한 사람은 땅에 엎드립니다. 땅에 엎드린 사람이 넘어질 수 있습니까? 그러나 높은 곳에 선 사람은 쉽게 떨어질 수 있습니다. 우리가 회심하고 습관을 고치는 것은 우리 자신에게서 오는 아니라 하나님이 주시는 선물입니다. "여호와께서 맹인들의 눈을 여시며 여호와께서 비굴한 자들을 일으키십니다"(시 146:8).

- 43 -

병은 하나님이 주시는 학습입니다. 만일 하나님께 감사하면서 그것을 받아들인다면 우리의 발전에 도움이 됩니다. 욥은 하나님의 참된 친구였음에도 불구하고 하나님을 찬미하고 찬양하면서 온갖 고난을 겪었습니다. 그러나 참고 견딤으로 말미암아 마침내 유례가 없는 영광이 그에게 임했습니다. 그러므로 당신도 (병중에) 조금만 참고 견디면 "하나님의 영광"(요 11:40)을 볼 것입니다. 또 병 때문에 금식할 수 없다고 해서 마음 아파하지 마십시오. 하나님은 우리에게 능력 이상의 일을 요구하지 않습니다. 육체의 정념 때문에 건강한 몸을 억제하여 약하게 하려고 몸을 징계하는 것보다 더 효과적인 것이 무엇입니까? 사도 바울은 "내가 약한 그 때에 강함이라"(고후 12:10)고 말합니다. 그러나 병은 징계보다 더 효과적이며, 그래서 금식을 대신하는 가치 있는 것으로 간주합니다. 어떤 사람이 병들었을 때 인내하며 하나님께 감사한다면, 그 인내에 대한 상으로 구원의 열매를 받을 것입니다. 병든 몸은 약해지므로 금식하여 체력을 줄일 필요가 없습니다. 그러므로 금식의 수고에서 해방된 것에 대해 하나님께 감사하십시오. 하루에 열 끼를 먹어도 걱정하지 마십시오. 당신의 비위를 맞추기 위해서 그렇게 하는 것이 아니므로 심판을 받지 않을 것입니다.

- 44 -

(믿음의 열매를) 시기하는 귀신들은 우리에게 불신앙을 가져옵니다. 만일 그것을 받아들인다면, 우리는 귀신들의 종이 되고 공범이 될 것입니다.

- 45 -

매일의 훈련

당신은 시편 영창을 하는 데 어느 정도 시간을 보내고, (마음으로) 기도문을 낭송하면서 어느 정도 시간을 보내며, 또 당신의 생각을 살피고 지키는 데 어느 정도 시간을 보내야 합니다. 시편 영창이나 구송기도를 제한하지 말고, 주님이 힘을 주시는 한 많이 행하십시오. 영적 독서와 내적 기도를 소홀히 하지 마십시오. 이렇게 행한다면, 하나님이 기뻐하시는 방식으로 하루를 보낼 것입니다. 우리 교부들에게 틀에 박힌 규칙이 있었던 것이 아닙니다. 그들은 자기 나름의 규칙에 따라 하루를 보냈습니다. 그들은 시편을 영창하고, 소리 내어 기도문을 낭송하고, 생각을 성찰하고, 음식에 약간의 관심을 기울이는 등의 일을 하나님을 경외하면서 행했습니다. 이는 "그런즉 너희가 먹든지 마시든지 무엇을 하든지 다 하나님의 영광을 위하여 하라."라고 기록되어 있기 때문입니다(고전 10:31).

- 46 -

고난 겪을 때 원수가 당신을 혼란하게 하는 것을 허락하지 마십시오. 하나님의 허락이 없이 우리에게 시험이나 고통이 임하지 않습니다. 하나님은 우리 영혼의 유익을 위해서 이것을 허락하십니다. 그러나 마귀는 옛날 우리 조상을 에덴동산에서 추방할 때 행했던 것처럼 사태를 다른 양상으로 보여줍니다. 그런데 우리는 이것을 마음에 두지 않으며, 또 하나님께서 우리에게서 더러움을 깨끗이 씻어내기 위해서 시련을 주신다는 것을 망각하고서 당황하고 낙담합니다. 만일 구원받기를 원한다면 당신의 생각을 신뢰하지 마십시오. 왜냐하면, 귀신들은 당신의 내면에 악한 씨앗을 뿌리고 다른 것을 나타내기 때문입니다. 어떤 일에 대해서도 다른 사람을 비난하지 말고, 항상 이웃을 기쁘게 하려고 노력하십시오. 다른 사람을 나쁘게 생각하지 마십시오. 왜냐하면, 그렇게 함으로써 당신 자신이 악해지기 때문입니다. 악한 사람은 악하게 생각하고 선한 사람은 선하게 생각하는 법입니다. "사람들이 나에 대해서 말하기를…"이라는 생각이 떠오르면, 그 말을 당신의 귀에 속삭이는 자가 원수임을 알아야 합니다. 그런 의심을 하지 마십시오. 모든 일을 즐겁게 기쁜 마음으로 인내하십시오. 인내에 대한 상은 큽니다. 실체를 나타내지 못하는 귀신들을 신뢰하지 마십시오. 귀신들의 관심사는 가능한 모든 방법으로 당신을 혼란하게 하는 데 있습니다.

- 47 -

모욕에 대해서

형제여, 당신의 단순함이 나를 놀라게 합니다. 당신은 마귀가 사람을 시험하는 일을 멈춘다고 생각하십니까? 귀신들려서 입에 거품을 물고 땅에 쓰러진 사람을 비난할 수 있습니까?

귀신 때문에 우리를 대적하고 모욕하게 된 사람을 비난할 수 없습니다. 우리는 그런 사람을 탓하지 말고 그러한 정념과 그것을 선동한 자를 탓해야 합니다. 당신은 원수의 시험을 받고 있으며, 자신의 죄를 보지 않고 형제의 죄를 분명히 봅니다. 당신은 자신의 죄를 잊고 형제의 죄를 비난합니다. 사람들의 죄를 바라보는 당신은 어떤 사람입니까? 나사로가 얼마나 오랫동안 참고 견디며 하나님께 감사했는지 기억하십시오.

- 48 -

"나는 (잠자는 동안 꼴사나운) 환상에 빠집니다."

하나님은 우리가 자신의 약함을 보며 하나님만 신뢰하고 바라게 하려고 우리를 환상이나 정념에 빠지게 하십니다. 그러나 우리가 하나님의 뜻에 따라서 환상이나 정념에 빠진다고 생각하지 마십시오. 하나님은 우리의 태만함 때문에 이런 일이 발생하는 것을 허락하시며, 우리의 구원을 위해서 악한 것에 의해 우리를 겸손하게 하십니다. 그러므로 당신이 무엇을 닮았는지 알고서 하나님뿐만 아니라 사람들 앞에서 자신을 낮추십시오. 그리고 우리가 생각하거나 부탁하는 것보다 무한히 더 많은 일을 행하실 수 있는 분께 염려를 내려놓으십시오.

- 49 -

"나는 시험을 받아 지쳤습니다."

형제여, 낙심하지 마십시오. 하나님은 당신을 버리지 않으셨고 앞으로도 버리지 않으실 것입니다. 여호와께서 우리 조상 아담에게 하신 말씀—"네가 얼굴에 땀이 흘러야 식물을 먹고"(창 3:19)—은 변하지 않습니다. 금을 용광로에서 가열하면 순금이 되어 왕의 면류관에 적합하게 되듯이, 사람도 감사하면서 고난의 불을 참고 견디면 하늘나라의 아들이 됩니다. 그러므로 당신에게 일어나는 모든 일이 당신에게 유익한 것이며 하나님 앞에서 용감하게 해주는 것이라고 믿으십시오.

- 50 -

병들어 낙심한 사람에게

당신은 주님과 함께 욕을 먹고 채찍으로 맞고 침 뱉음을 당하고 자주색 옷을 입고 수치스럽게 가시면류관을 쓰고, 못 박히고, 창으로 옆구리를 찔리고, 물과 피를 흘리는 것처럼 주님의 고난에 입 맞추십시오. 병중에 있을 때 이것에서 위로를 받으십시오. 주님은 당신의 수고에 대한 상을 주실 것입니다. 주님은 당신이 고통을 인내하여 열매를 얻고 영화롭게 된 성인들을 만날 때 그들을 모르는 사람이 되지 않게 하시려고, 당신이 그들과 함께 예수님의 동료가 되며 함께 주님 앞에 용감하게 서게 하시려고, 당신에게 약간의 병을 허락하십니다. 그러므로 슬퍼하지 마십시오. 하나님은 당신을 버리신 것이 아니라 성실한 아들처럼 돌보십니다.

~ 51 ~

우리의 위대하신 형님, 우리를 형제로 삼아주시는 주 예수 그리스도께서 우리 모두를 도와주시기를 기원합니다(히 2:11). 우리는 이미 그분의 형제가 되었고, 천사들은 우리를 찬양합니다. 우리 형님이 되시는 분은 우리에게 힘을 주시는 강하신 분이요, 이익을 나누어주는 회사이며, 전쟁 때 원수를 내리치는 용사요, 우리의 속사람과 겉사람을 고쳐주시고 겉사람을 속사람에게 복종하게 하는 치료자이시며, 영적 양식을 주시는 분이며, 생명을 주시는 살아계신 분이며, 자비를 주시는 분이며, 은혜를 주시는 은혜로우신 분이며, 우리를 왕으로 삼아 주시는 왕이며, 우리를 신으로 만들어주시는 하나님이십니다. 그러므로 모든 것이 그분 안에 담겨 있음을 알고 그분께 기도하십시오. 당신이 방해하지 않으면, 그분은 당신의 마음이 요구하는 것을 주실 것입니다.

- 52 -

"구하라 그리하면 받으리니"(요 16:24)라고 말씀하신 주 예수께서 당신이 구하는 모든 것을 주시기를 기원합니다. 하나님의 선물을 받으려면 집을 마련하고 깨끗이 청소하십시오. 하나님의 선물은 깨끗이 청소된 집에만 안전하게 머물며, 더러움이 없는 곳에서만 좋은 냄새를 발산할 것입니다. 그것을 맛보는 사람은 옛 아담을 알지 못하는 사람이 됩니다. 세상이 그에 대해서 못 박힌 것처럼 그도 세상에 대해서 못 박히고 항상 주님 안에서 삽니다. 원수의 파도가 몰아쳐 와도 그의 배를 부수지 못합니다. 그 후로 원수들이 그를 두려워하기 시작합니다. 왜냐하면, 그들은 그에게 찍혀 있는 거룩한 인(印)을 보기 때문입니다. 그는 점점 더 원수들의 적이 됨에 따라서 점차 위대하신 왕의 영접을 받는 성실한 친구가 되어갑니다.

- 53 -

귀신들의 환상과 정념이 알으킨 걱정 때문에 약해지지 마십시오. 비록 귀신들이 우리를 괴롭히고 시험해도, 우리가 조금만 인내하고 부지런히 내면에 집중하면, 그것들은 아무것도 이루지 못하며 우리의 덕을 증가시킬 뿐입니다. 그러므로 자비하시고 사랑이 많으신 하나님께서 약속하신 것을 잃지 않으려면 꾸준히 노력하십시오. 주시는 분은 하나님이시며, 우리가 할 일은 보존하는 것입니다. 만일 거룩한 약속과 하나님의 풍성한 은사를 받은 뒤에 귀신이 다시 부끄러운 정념을 일으켜 귀한 보물을 훔치려 해도 놀라지 마십시오. 하나님께서 욥의 증거를 주신 후에도 귀신들이 부끄러움을 모르고 유혹과 술책에 의해서 이 오래 참음의 기둥을 쓰러뜨리려 했던 일을 기억하십시오. 그러나 귀신들은 욥을 정복하지 못했고 그에게서 믿음과 감사라는 보물을 훔치지도 못했습니다. 금은 불에 의해서 순수해지며, 의인은 많은 시험에 의해서 연단됩니다. 하나님은 이 의로운 사람에 대해 특별한 증언을 하신 후 주님이 더 큰 영광과 존귀를 받으시며 원수들을 당황하게 하려고 그가 시험을 받는 것을 허락하셨습니다. 그러니 낙심하지 마십시오. 언약의 인은 본래대로 남아 있습니다. "여호와를 기다리십시오"(시 27:14). "끝까지 견디는 자는 (우리 주 예수 안에서) 구원을 얻을" 것입니다(마 24:13).

- 54 -

답변

생각이 혼란한 것은 마음이 한결같지 않기 때문입니다. 포도주를 완전히 끊을 필요는 없고 조금만 드십시오. 앉은 자세로 잠을 자는 것은 겸손으로 이어집니다. 매사에 주님을 경외하며 자신을 완전히 하나님께 맡기십시오.

- 55 -

당신의 내면에 집중하십시오. 귀신들은 당신을 유혹하여 "박하와 회향과 근채"와 같이 가치가 없는 것, 예를 들면 앉은 자세로 자는 것, 베개를 사용하지 않는 것 등에 관심을 두게 하고, "율법의 더 중한 것", 즉 노여움을 없애는 것, 성내지 않는 것, 매사에 순종하는 것 등을 실천하지 못하게 하려 합니다(마 23:23). 귀신들은 당신의 몸을 병들게 하여 어쩔 수 없이 부드러운 침대와 여러 가지 음식을 요구하게 하려고 당신의 내면에 이것을 뿌립니다. 당신에게는 하나님을 경외하면서 베개를 사용하는 편이 좋습니다. 겸손, 순종, 믿음, 소망, 사랑 등의 영적인 조미료를 단지에 넣으십시오. 그것들을 소유한 사람은 천국의 왕이신 그리스도 앞에서 잔치를 벌입니다.

- 56 -

"나는 하나님을 모독하는 생각에 관심을 가졌습니다."

신성모독의 귀신은 오랫동안 당신에게 도전하고 있었습니다. 그 귀신은 자기를 받아들이는 사람의 영혼을 죽입니다. 그 귀신은 당신의 목걸이(정념)를 잡고서 당신을 죽입니다. 당신이 그 귀신의 포로가 되는 것을 허락하시지 않기를 바랍니다(딤후 2:26). 그러나 절망하지 마십시오. 하나님이 당신 앞에 서서 당신의 회개를 받으십시오. 포로 상태에서 깨어나십시오.

먼저 노염과 급한 성미를 제거하십시오. 그것들 때문에 우리가 하나님을 모독하여 영혼을 죽게 합니다. 귀신들을 태우는 겸손, 하나님의 아들이 인간에게 들어오실 수 있도록 문을 열어주는 순종, 우리를 구원해 주는 믿음과 부끄럽지 않게 해주는 소망, 그리고 우리를 하나님에게서 떨어지지 않게 해주는 사랑을 획득하십시오. 당신은 이러한 덕에는 관심을 두지 않고 오히려 그와 반대되는 것—노염, 급한 성미, 그리고 하나님을 모독하는 것—을 택했습니다. 하나님의 선하심을 보고 주님이 얼마나 선하신지 묵상하면서 당신의 행동을 고치려고 노력하십시오. 당신의 과거는 용서되었지만, 이제부터 당신의 행동을 고치십시오. 사십일 동안 하루에 세 번 절하면서 "나의 하나님, 당신을 모독한 나를 용서해 주십시오."라고 말하십시오. 그리고 하루에 세 번 하나님께 믿음을 고백하고, 전에 하나님을 모독했던 입으로 "나의 하나님, 영광을 받으옵소서. 영원히 찬송 받으옵소서. 아멘"이라고 기도하십시오.

다시는 이 죄에 빠지지 마십시오. 그렇게 하지 않으면 더 좋지 않은 일이 당신에게 임할 것입니다. 당신은 마음의 무감각에서 노염으로, 노염에서 성찬에 참여하지 않는 상태로 옮겨갔고, 그다음에는 완전히 포로가 되어 하나님을 모독했습니다. 자비하신 하나님의 손과 성인들의 기도가 없었다면, 당신의 영혼은 절망에 빠졌을 것입니다. 하나님은 모든 사람 중에 가장 작은 나를 통해서 당신에게 말씀하십니다: 당신은 죄를 범했습니다. 더는 죄를 범하지 마십시오. 그리고 당신이 지은 과거의 죄를 위해서 기도하십시오. 하나님은 자비하십니다. 만일 당신이 행동을 고치려 한다면, 하나님은 당신의 죄를 용서해주실 것입니다.

- 57 -

수도원장이 편애하는 것이 나를 슬프게 합니다.

형제여, 당신을 시험하고 있는 것은 당신 자신입니다. "각 사람이 시험을 받는 것은 자기 욕심에 끌려 미혹됨이라"(약 1:14)는 것을 알지 못합니까? 당신 자신을 조심하며, 다른 사람에게 호기심을 갖지 마십시오. 그렇게 하는 것은 당신에게 유익하지 않습니다. 사탄은 무가치한 것으로 당신의 마음을 어지럽게 합니다. 그러므로 하나님의 도움을 받아 일어서며, 당신의 생각을 신뢰하지 마십시오. 귀신은 당신의 생각을 통해서 자기가 원하는 것을 당신에게 제시합니다.

- 58 -

어떤 사람에게서 존경과 관심을 받을 때, 당신이 중요한 인물로 여겨지는 것을 즐기지 말고, 순종하며 하나님과 하나님을 사랑하는 사람들이 미워하는 논쟁을 피하십시오. 순종을 굳게 붙드십시오. 순종은 천국으로 이어지며, 그것을 획득한 사람을 하나님 아들의 모양으로 만들어줍니다.

- 59 -

회개는 어떻게 합니까?

만일 회개하기를 원한다면, 죄 많은 여인의 행동을 보십시오. 그 여인은 "눈물로 그 발을 적시기" 시작했습니다(눅 7:38). 애통함이 모든 사람의 죄를 깨끗이 씻어줍니다. 우리는 수고하면서 오랫동안 성경을 배우고 인내하며 마지막 심판과 영원한 수치에 대해 묵상하고 자기를 부인함으로써 애통함을 얻습니다. 주님은 이렇게 말씀하십니다: "누구든지 나를 따라오려거든 자기를 부인하고 자기 십자가를 지고 나를 따를 것이니라"(마 16:24). 자기를 부인하고 자기 십자가를 진다는 것은 매사에 자기의 뜻을 꺾고 자신을 무로 여기는 것을 의미합니다.

~ 60 ~

나는 몸이 약해서 교부들처럼 일할 수 없습니다.

만일 당신이 약해서 많은 일을 할 수 없다면, 힘이 허락하는 만큼 일하고, 필요한 것보다 약간 적게 음식을 취하십시오. 하나님은 과부가 바친 두 푼을 기쁘게 받으셨습니다. 다른 사람에 대해 함부로 행동하지 마십시오. 그리하면 당신은 구원을 받을 것입니다.

~ 61 ~

'낯선 곳에 가면 구원을 발견할 것'이라는 생각이 떠오릅니다.

이것은 원수가 당신을 조롱하고, 많은 사람에게 시험의 대상이 되어 그들 때문에 정죄 받게 하려고 주는 생각입니다. 당신은 태만과 허영 때문에 이러한 생각을 하게 됩니다. 귀신들은 당신의 영혼을 멸망시키려고 태만과 허영에 자기들의 술책을 옳은 것처럼 가장하여 추가합니다. 태만과 허영을 몰아내고 당신의 내면에 주의를 기울이고 생각과 싸우십시오. 아무것도 당신의 뜻대로 하지 말며, 내면에서 떠오르는 생각과 자기를 정당화하는 것을 받아들이지 마십시오. 그렇지 않으면 실족하게 될 것입니다. 견고함을 획득하십시오. 그것은 우리의 내면에 있는 모든 악의 원인, 즉 이웃과 더불어 행동하는 자유를 거절할 것입니다. 모든 염려를 버리십시오. 그리하면 자유로이 하나님을 섬기게 될 것입니다. 모든 사람에 대해 죽으십시오. 그리하면 당신이 자유로울 것입니다. 당신 자신을 아무것도 아니라고 여기십시오. 그리하면 당신의 생각이 동요하지 않을 것입니다. 당신이 선한 일을 행했다고 생각하지 마십시오. 그리하면 당신이 받을 상이 보존될 것입니다. 또 언젠가는 이 세상을 떠나게 된다는 것을 기억하고, 그 날에 "신속히 하고 지체치 아니하였나이다"(시 119:60)라고 말할 수 있도록 노력하십시오. 형제여, 일하지 않고 사는 사람이 없고, 노력하지 않고 승리하는 사람이 없습니다. 당신 자신의 구원을 위해 일하십시오. 그리하면 하나님께서 당신을 도우실 것입니다. 하나님은 "모든 사람이 구원을 받으며 진리를 아는 데에 이르기를 원하십니다"(딤전 2:4).

- 62 -

수도원에 산다고 해서 수도사가 아니라 수도사의 일을 행하는 사람이 수도사입니다. 주님은 이렇게 말씀하십니다: "나더러 주여 주여 하는 자마다 다 천국에 들어갈 것이 아니요 다만 하늘에 계신 내 아버지의 뜻대로 행하는 자라야 들어가리라"(마 7:21). 형제여, 어찌하여 원수가 당신을 조롱하고 파멸의 위험에 예속시키는 것을 내버려두고 있습니까? 당신은 충고해달라고 부탁하지만, 충고해주어도 따르려 하지 않습니다. 당신은 사람들의 호감을 얻으려고 여러 사람에게 충고를 부탁하는데, 그럼으로써 자신의 진보를 방해합니다. 우리가 자기의 정념에 대해서 안 후에 신음하고 슬퍼하면서 그것을 치료하는 일에 종사하기 위해서 우리에게 시간이 주어집니다. 만일 당신이 수실에 있을 때 생각이 산만해진다면, 당신 자신을 책망하며 당신의 연약함을 하나님 앞에 던지십시오.

- 63 -

수도사가 되려는 사람은 자기의 뜻을 고집해서는 안 됩니다. 우리 주 그리스도는 이것을 가르치시면서 이렇게 말씀하셨습니다: "내가 하늘에서 내려온 것은 내 뜻을 행하려 함이 아니요"(요 6:38). 만일 당신이 한 가지 일에 순종하고 다른 일에 순종하지 않는다면, 이는 그것을 지시한 사람보다 당신이 더 지혜롭다는 것을 나타내는 것인데, 이것은 귀신들의 조롱을 받는 것과 같은 일입니다. 그러므로 지시받은 일에 죄가 없지 않은 것처럼 보여도 순종하십시오. 그것을 지시한 수도원장이 당신의 죄를 감당할 것이요 당신을 대신하여 답변할 것입니다. 만일 매우 어렵고 위험하거나 당신의 능력으로 할 수 없는 일이 있다면, 수도원장에서 그 사실을 설명하고, 그의 결정에 따르십시오.

- 64 -

나는 대화에 말려들면 자신을 망각합니다. 그리고 나중에 부끄러움과 슬픔을 느낍니다.

연약한 사람이 이러한 위험과 허영에 빠지지 않으려면, 핑계를 대고 토론에서 빠져나오며, 어떤 대가를 치르더라도 지나친 대화나 담화를 피하십시오. 필요한 일을 방해하지 않는 유익한 대화에는 참여하십시오. 그러나 대화가 유익하지 못하다면, 미안하다고 말하고 그곳을 떠나십시오.

- 65 -

사람을 만날 때 어떻게 행동해야 합니까?

사람을 만나면 간단히 인사한 뒤에 "나를 위해 기도해 주십시오. 바빠서 가봐야겠습니다"고 말하고 헤어지십시오. 혹시 당신이 알고 있는 것에 대해 질문을 받으면, 알고 있는 것을 이야기하고 지나가십시오. 만일 모르는 것에 대해 질문을 받으면, "나는 알지 못합니다"고 말하고 당신의 길로 가십시오.

- 66 -

사람들과의 만남을 중지하고 싶습니다. 그 일을 단번에 해야 할까요, 아니면 점진적으로 해야 할까요?

단번에 사람들과의 만남을 중지하면, 당신은 평화로울 것입니다. 그렇지 않으면 당신 자신이나 사람들에게 많은 어려움을 초래할 것입니다.

- 67 -

의학 서적을 읽는 것에 관해 질문한 간호사에게

의학서적을 읽으십시오. 그러나 의학서적을 읽거나 약에 관해서 누군가에게 질문할 때 하나님이 없으면 누구도 치료될 수 없음을 잊지 마십시오. 병 고치는 기술에 헌신하는 사람은 하나님의 이름에 복종해야 합니다. 그러면 하나님이 도와주실 것입니다. 병 고치는 기술이 경건을 방해하지 않습니다. 당신은 공동체를 위해서 노동하듯이 병 고치는 일을 실천해야 합니다. 하나님을 경외하는 것과 관련하여서 할 일을 행하십시오. 그리하면 성인들이 기도로 당신을 보호해줄 것입니다.

- 68 -

나는 종일 바빠서 하나님 기억하는 데 방해를 받습니다.

이따금 우리는 어느 도시에 대해 많은 말을 듣습니다. 그러나 실제로 그 도시에 가면 그곳이 자기가 많은 이야기를 들었던 곳임을 깨닫지 못합니다. 형제여, 당신의 경우도 그렇습니다. 당신은 의식하지 못하지만, 종일 하나님을 기억합니다. 순종하며 하나님을 기억하는 것은 하나의 계명을 하나님에게서 온 것으로 여겨 지키려고 노력하는 것을 의미합니다.

- 69 -

우리에게 날마다 음식이 필요하지만, 그 맛을 즐겨서는 안 됩니다. 음식을 주신 하나님께 감사하며 자신을 무가치하다고 정죄하면서 음식을 먹으면, 우리가 먹는 음식이 우리를 거룩하게 만들게 하므로, 그것은 하나님께 복이 됩니다. 당신에게 필요한 것이 주어지면, 당신을 도와주신 하나님께 감사하고 당신 자신을 무가치한 자로 여겨 정죄하십시오. 그리하면 하나님이 당신에게서 정욕적인 애착을 몰아내 주실 것입니다.

- 70 -

우리는 각기 자신의 표준에 따라 이웃을 사랑합니다. 완전한 사랑의 표준은 자신이 하나님을 향해 가지고 있는 사랑 때문에 이웃을 내 몸처럼 사랑하는 것입니다. 젊은 사람은 어리석은 사랑 때문에, 그리고 함께 모여 사적인 대화를 하다가 몰락합니다. 그들이 사랑하는 표준은 다음과 같아야 합니다: 수도사가 수고하여 얻은 열매를 파괴하여 자기를 마른 나무처럼 만드는 만용에 빠지지 않으려면 서로 비방하지 말고, 미워하지 말고, 사람들을 모욕하지 말고, 자기의 유익만 구하지 말고, 육체적인 아름다움이나 직업 때문에 사랑하지 말고, 필요한 경우가 아니면 서로 교제하지 마십시오

- 71 -

"나는 구원받기를 원하지만, 그 방법을 알지 못합니다."

형제여, 하나님은 성경과 우리 교부들을 통해서 구원의 길을 보여 주시며 "네 아버지에게 물으라 그가 네게 설명할 것이요 네 어른들에게 물으라 그들이 네게 말하리로다"(신 32:7)라고 말씀하십니다. 그러므로 구원의 길을 벗어나지 않으려면, 모든 것을 영적 아버지에게 질문하십시오. 그렇게 하면 "모든 사람이 구원을 받으며 진리를 아는 데에 이르기를 원하시는"(딤전 2:4) 하나님의 은혜 덕분에 잘못을 범하지 않을 것입니다.

- 72 -

"혼자 살면 완전히 침묵할 수 있을 것이라는 생각이 듭니다."

우리 주 예수 그리스도는 십자가에 달리기 전에 많이 고민하시고 치욕을 당하셨습니다. 마찬가지로 먼저 (형제들과 함께 살면서) "우리가 그와

함께 영광을 받기 위하여 고난도 함께 받아야 할 것이니라"(롬 8:17)라는 바울의 말을 기억하면서 그리스도와 함께 고난받고 그리스도의 모든 고난을 겪지 않으면, 완전하고 효과적인 침묵과 거룩한 평화에 이를 수 없습니다. 속지 마십시오. 구원에 이르는 길은 이것뿐입니다.

- 73 -

환자에게

당신이 병에 걸린 것은 열매 없이 하나님께 가지 않게 하기 위해서입니다. 당신은 수도생활을 오래 하지 않았으므로, 만일 하나님께 감사하며 참고 견딘다면, 이 병이 당신의 공로로 여겨질 것입니다.

- 74 -

가라는 명령을 받지 않은 곳에 가서는 안 됩니다. 이는 우리가 자기 생각에 순종하여 행하는 것은 하나님을 기쁘시게 하지 못하기 때문입니다. 그러나 명령을 받아서 어느 곳에 갈 때 명령한 사람에게 순종하는 것은 본질에서 기도이며, "내가 하늘에서 내려온 것은 내 뜻을 행하려 함이 아니요 나를 보내신 이의 뜻을 행하려 함이니라"(요 6:38)라고 말씀하시는 분을 기쁘시게 합니다.

- 75 -

"나는 순종하였기 때문에 과로하고 있습니다. 도와줄 사람을 청해도 될까요?"

형제여, 예수님에게 가며 구원의 길을 걸어가기를 원하는 사람은 항상 시험과 고난을 예상해야 합니다. 성경은 "아들아, 네가 주님을 섬기려면 스스로 시련에 대비하여라"(집회서 2:1)라고 말합니다. 주님은 "누구든지 나를 따라오려거든 자기를 부인하고 자기 십자가를 지고 나를 따를 것이니라"라고 말씀하십니다(마 16:24). 그러므로 주님의 제자가 되려는 사람은 죽기까지 순종해야 합니다. 누군가에게 도움을 청하기보다는 홀로 있으면서 어느 정도 과로하는 편이 당신에게 좋습니다. 형제가 단순히 당신을 돕기만 할 때보다는 항상 당신과 함께 있을 때 제어되지 않은 행동이 증가합니다.

- 76 -

생각에 관해서 누구에게 질문해야 합니까? 한 가지 질문을 여러 사람에게 할 필요가 있습니까?

당신의 생각을 이해할 수 있다고 여겨지는 사람, 하나님처럼 믿을 수 있다고 생각하는 사람에게 질문할 필요가 있습니다. 같은 생각에 관해서 다른 사람에게 질문하는 것은 불신이요 호기심입니다. 만일 하나님께서 성도들을 통해서 말씀하신다고 믿는다면, 같은 일에 대해서 다른 사람에게 질문함으로써 하나님을 시험할 이유가 없습니다.

- 77 -

"어떤 행동에 대한 생각과 관련하여 조언을 얻으려면 얼마나 자주 기도해야 합니까?"

만일 장로에게 질문할 수 없다면, 모든 행동에 대해서 세 번 기도하며 마음이 어느 쪽으로 기우는지 지켜보고, 그에 따라서 행동하십시오. 이는 마음이 충고를 알고 있으며 분명히 이해하기 때문입니다.

- 78 -

"기도를 세 번 할 때 어떤 방식으로 합니까? 한꺼번에 세 번 합니까, 아니면 각기 다른 시간에 기도합니까? 지체할 수 없는 경우가 있습니까."

시간의 여유가 있으면, 사흘 동안 세 번 기도하십시오. 그러나 주님이 배반당하신 것과 같은 위급한 경우에는 주님처럼 한적한 곳으로 가서 세 번 같은 말로 기도하십시오(마 26:44).

- 79 -

지도받는 것에 대하여

파도에 휩싸인 배의 선장은 하나님이 주신 지혜로 배를 구합니다. 항해하는 사람은 배가 안전할 때 기뻐합니다. 마찬가지로 병든 사람은 의사와 그의 솜씨를 기억하고 기뻐합니다. 강도가 공격할 수 있는 위험 속에서 여행하는 사람은 파수꾼의 음성을 들으면 기운을 내며, 파수꾼을 보면 안심합니다. 그런데 "병이 낫기를 위하여 서로 기도하라"(약 5:16)라고 말씀하신 하나님께 기도하는 것과 관련하여 아버지의 대답을 듣는 사람은 얼마나 기쁘겠습니까!

- 80 -

죄를 고백하는 사람은 "너는 말하여 네가 의로움을 나타내라"(사 43:26), "내가 이르기를 내 허물을 여호와께 자복하리라 하고 주께 내 죄를 아뢰고 내 죄악을 숨기지 아니하였더니 곧 주께서 내 죄악을 사하셨나이다"(시 32:5)라는 말씀에 따라 그 죄가 면제됩니다. 이제부터 우리 자신을 지킵시다. 하나님은 우리가 지은 죄를 용서해 주셨습니다.

- 81 -

자기의 뜻에 따라 금식에 다른 것을 추가하거나, 칭찬을 받거나 유익을 얻기 위해 금식하는 것은 하나님이 싫어하시는 것입니다. 모든 일에 그러합니다. 순수하게 하나님을 향한 사랑에서 행한 것이 아니라 우리의 뜻이 섞인 선한 행동은 부정하므로 하나님이 기뻐하시지 않습니다. "네 밭에 두 종자를 섞어 뿌리지 말며 두 재료로 직조한 옷을 입지 말지며 네 포도원에 두 종자를 섞어 뿌리지 말라 그리하면 네가 뿌린 씨의 열매와 포도원의 소산을 다 빼앗길까 하노라 너는 소와 나귀를 겨리하여 갈지 말며 양 털과 베 실로 섞어 짠 것을 입지 말지니라"(레 19:19; 신 22:9-11)라고 말하는 거룩한 법에서도 같은 내용을 찾아볼 수 있습니다.

- 82 -

시편을 암송할 때 우쭐한 생각을 하지 마십시오. 자칫하면 당신이 자신을 정죄하는 데 이바지할 무익한 말로 허공을 채우고 있음이 증명될 것입니다. 하나님의 말씀은 선한 씨앗입니다. 만일 그것이 당신에게서 열매를 맺지 못하고 그대로 남아있다면, 당신은 증식시키라고 주어진 은돈을 땅에 묻어둔 사람과 함께 정죄를 받을 것입니다.

~ 83 ~

우리를 지으시고, 원수를 대적하도록 도와주시고, 회개할 여유를 주시고, 우리의 죄를 대속하고 우리 마음을 견고히 하기 위해서 자기의 몸과 피를 주신 분께 우리의 입으로 어떻게 감사할 수 있습니까? 우리가 드리는 감사로는 충분하지 못할 것입니다. 우리는 죽기까지 그분을 위해서 모든 것을 인내하며 입술과 마음으로 힘껏 그분께 감사해야 합니다. 인자하신 그분은 그것을 과부가 바친 동전에 비유하실 것입니다.

~ 84 ~

경건하게 행동할 기회가 생겼지만 반대되는 생각이 그것을 거부한다면, 그것은 그 행동이 참으로 경건한 행동이라는 것을 보여줍니다. 그러나 당신은 기도에 전념하면서 지켜보십시오. 만일 기도하는 동안 당신의 마음이 선한 것을 견고하게 하며 그 선이 성장한다면, 당신을 괴롭히는 반대의 생각이 남아 있든지 사라졌든지 상관없이 그 행동은 경건합니다. 모든 선은 필연적으로 마귀의 시기 때문에 야기된 반대에 직면합니다. 그러나 만일 외관상의 선이 마귀가 제안한 것이며 그에 대한 반대 역시 마귀에게서 오는 것이라면, 기도 때문에 외관상의 선과 반대가 감소할 것입니다. 이런 경우 원수는 우리가 이 생각을 선한 것으로 여기게 하려는 목적으로 제안한 생각에 반대합니다.

~ 85 ~

당신 자신을 칭찬하는 생각을 피할 수 없을 때 하나님의 이름을 불러 당신의 생각을 이야기하십시오: "성경은 '내 백성이여 네 인도자들이 너를 유혹하여 네가 다닐 길을 어지럽히느니라'(사 3:12)라고 말합니다." 사람들이 당신을 칭찬할 때에도 같이 행동하며, 칭찬을 받아들이는 사람은 유익을 얻지 못한다는 것을 기억하십시오. 주님은 이렇게 말씀하십니다: "너희가 서로 영광을 취하고 유일하신 하나님께로부터 오는 영광은 구하지 아니하니 어찌 나를 믿을 수 있느냐"(요 5:44). "자랑하는 자는 주 안에서 자랑할지니라"(고후 10:17)라는 말씀을 명심해야 합니다. 우리가 하나님에 대해 소유한 것은 모두 하나님의 도움을 받아 소유하게 된 것입니다. 바울은 매우 높은 표준에 도달했음에도 불구하고 자랑하지 않고 "내가 나 된 것은 하나님의 은혜로 된 것이니"(고전 15:10)라고 말합니다.

~ 86 ~

시편 찬송을 하거나 기도하거나 영적 독서를 하는 동안 나쁜 생각이 떠오르면, 그것에 관심을 기울이지 말고 시편 찬송이나 기도나 독서를 계속하십시오. 그렇게 하면 당신의 입에서 나오는 말에서 힘을 얻을 수 있습니다. 만일 그 생각이 끈질기게 지속한다면, 주님의 이름을 부르십시오. 그러면 주께서 도와주시며 원수들의 간계를 억눌러 주실 것입니다.

- 87 -

"기도할 때, 성경을 읽을 때, 그리고 시편 찬송을 할 때 쓰라린 느낌을 소유하려면 어떻게 해야 합니까?"

기도할 때 자기의 죄를 기억하면 쓰라린 느낌이 임합니다. 기도하는 사람은 자기의 행동, 그런 행동을 범한 사람을 기다리고 있는 판결, 그리고 "저주를 받은 자들아 나를 떠나 마귀와 그 사자들을 위하여 예비된 영원한 불에 들어가라"(마 25:41)고 외치는 무서운 음성을 기억해야 합니다. 성경을 읽거나 시편 찬송을 하는 동안에 자기의 입에서 나오는 말씀에 집중하여 그 안에 담긴 힘을 영혼 안에 받아들이면, 쓰라린 느낌이 임할 것입니다. 이렇게 행하는데도 불구하고 여전히 무감각한 상태가 계속되어도 약해지지 말고 인내하며 노력하십시오. 자비하시고 은혜가 풍성하시고 오래 참으시는 주님은 우리의 부지런함을 받아주십니다. 항상 "내가 여호와를 기다리고 기다렸더니 귀를 기울이사 나의 부르짖음을 들으셨도다"(시 40:1)라는 다윗의 말을 기억하십시오. 하나님의 자비가 곧 당신에게 임할 것이라는 소망을 품으십시오.

- 88 -

시편 찬송을 하는 동안, 또는 사람들과 함께 있을 때 하나님의 도움을 청해야 할 일이 생긴다면, 소리를 내어 말하지 않으면 하나님께 기도할 수 없다고 생각하지 마십시오. 하나님은 사람의 마음을 아시며 마음속을 들여다보신다는 것을 기억하고 마음으로 기도하십시오. 이것이 "네 골방에 들어가 문을 닫고 은밀한 중에 계신 네 아버지께 기도하라"(마 6:6)라는 말씀의 의미입니다. 하나님의 이름을 부르지 않고 마음으로 하나님에 대해 기억만 하는 것이 소리 내어 기도하는 것보다 빨리 도움을 가져옵니다.

- 89 -

쓰라린 느낌과 결합한 참된 슬픔이 과거의 죄를 지우고 더러움을 씻어줍니다. 하나님의 이름을 부르는 것과 결합할 때 그것은 웃음과 분심을 몰아내고 끊임없는 통회를 유지합니다. 그것은 악한 자의 불화살을 막아내는 방패입니다(엡 6:16). 이 방패를 가진 사람은 사람들 가운데 있어도, 심지어 창녀들 가운데 있어도 위험하지 않습니다.

- 90 -

구원에 대한 생각(열정)이 타올랐다가 사라짐에 따라 불완전한 슬픔이 오고 갑니다. 그러나 그 뜨거움이 항구적으로 지속하면, 우리는 한결같이 쓰라린 느낌을 소유하며, 그 느낌은 참된 슬픔으로 이어집니다. 이러한 슬픔을 얻기 위해 노력해야 합니다.

- 91 -

겸손은 매사에 자기의 뜻을 꺾고 아무 일에도 염려하지 않는 것입니다. 정념들(정욕, 탐식, 금전욕)의 뿌리를 근절한다는 것은 자기의 뜻을 잘라내는 것, 힘껏 자기 자신을 죽이며 감각 기관들을 남용하지 않고 제 위치를 지키게 하는 것입니다. 그렇게 하면 이것들뿐만 아니라 다른 정념들의 뿌리도 근절하게 됩니다.

- 92 -

모든 것을 하나님의 뜻에 복종시키는 사람은 어떤 일이 일어나도 동요하지 않습니다. 그러나 하나님의 뜻에 복종해도 여전히 동요하여 자기에게 임하는 일을 감사하면서 기꺼이 받아들이지 못할 수 있습니다. 이럴 때 모든 것이 하나님에게서 오며 하나님에게서 오는 것은 우리의 유익을 위한 것이라는 확신을 재확인함으로써 하나님의 뜻에 대한 복종을 되살리고 이러한 동요와 맞서 싸워야 합니다. 하나님의 뜻과 능력이 없이 우리의 노력만으로는 선을 이룰 수 없습니다. 또 하나님은 우리의 노력을 요구하시지만, 우리의 노력은 하나님의 뜻과 일치해야 하며 악한 자에서 오는 교활함이나 거짓말에 기초를 두어서는 안 됩니다.

- 93 -

침묵이 덕을 세워주는 대화보다 낫고 훌륭합니다. 우리 교부들은 그것을 존경하여 받아들였고 그것 때문에 영화롭게 되었습니다. 그러나 우리는 연약하여 완전한 사람의 길을 따르지 못하므로, 성경을 해석하지 않고 교부들의 말을 언급하면서 덕을 세워주는 것에 관해 이야기해야 합니다. 이는 무식한 사람이 성경을 해석하는 것은 무척 위험하기 때문입니다. 성경은 영의 언어로 기록되어 있으며, 육체에 속한 사람은 영적인 것을 이해할 수 없습니다. 우리는 대화에 교부들의 말을 사용하는 것이 가장 좋습니다. 그렇게 하면 그 안에 담긴 유익을 발견할 것입니다. 그러나 "말이 많으면 허물을 면하기 어렵다"(잠 10:19)고 말한 사람을 기억하면서 교부들의 말을 적절히 사용해야 합니다. 또 거만한 생각에 빠지지 않으려면, 자기가 말한 대로 실천하지 않으면 자신의 정죄를 선언하게 된다는 것을 명심하십시오.

- 94 -

침묵은 선한 대화보다 유익하며, 중요하지 않은 것들(도시, 마음, 교역, 전쟁과 평화 등)에 대한 담화보다 훨씬 더 유익합니다. 혹시 우리가 말을 억제하지 못하고 그러한 주제에 대한 담화에 끌려들어 간다면, 적어도 대화가 길어지지 않게 해야 합니다. 그렇지 않으면 많은 말 때문에 마귀의 올무에 빠질 것입니다.

- 95 -

세상의 일이나 영적인 일에 관해 이야기할 때는 해롭지 않은 말을 하되, 사람들이 당신의 침묵을 칭찬하는 것을 피하고자 선하게 판단하여 말하십시오. 그러나 당신이 말을 적게 하면서, 말을 많이 하는 사람을 판단하지 않도록 조심하십시오.

- 96 -

무슨 일을 하려는데 생각이 혼란스러운 것을 발견한다면, 그리고 하나님께 도움을 요청한 후에도 생각이 여전히 혼란스럽다면, 당신이 하려는 행동을 악한 자에게서 온 것이라고 여겨 실천에 옮기지 마십시오. 하나님은 혼란스러운 마음으로 행한 것을 기뻐하지 않습니다. 그러나 만일 어떤 사람이 그러한 혼란에 저항한다면(만일 그의 내면에 혼란함을 거부하는 생각이 있다면), 자신이 의도한 행동을 해로운 것이라고 단정하지 말고 선한 것인지 아닌지 조사해 보아야 합니다. 그리하여 그것이 나쁜 것이면 버리지만, 선한 것이면 자신을 혼란스럽게 하는 것을 무시하고 실천에 옮기십시오.

~ 97 ~

대화를 시작한 후에 그것이 악한 것임을 발견한다면, "이것에 관해 이야기하지 맙시다."라고 말하며 대화를 중지하거나, 아니면 잠시 침묵한 후에 "무슨 말을 해야 할지 잊었습니다."라고 말하고서 해롭지 않은 다른 주제에 관해 이야기하십시오.

~ 98 ~

자기 정당화란 무엇입니까? 아담, 이브, 가인, 그리고 죄를 범하고서도 자신을 정당화하려고 그 죄를 부인한 모든 사람의 경우에서 보듯이, 자기의 죄를 부인하는 것이 자기 정당화입니다.

~ 99 ~

우리는 모든 생각과 행동이 선한 것인지 아닌지 조사하여 선한 것을 행하고 악한 것을 거절해야 합니다. 선한 것에 혼란이 동반되는 것을 피하려면, 그 제안을 지배하고 있는 생각을 조사하여 어떤 목적으로 그것을 행하려 하는지 알아보십시오. 하나님을 경외하면서 그것을 연구한다면, 하나님은 당신이 오류에 빠지도록 버려두지 않으실 것입니다. 어쨌든 하나님의 이름으로 기도하는 것을 잊지 마십시오.

- 100 -

자신을 공격한 형제와 헤어지려는 사람에게

질투심이 강한 마귀가 제안한 생각 때문에 혼돈에 빠진 사람과 관련하여 경솔하게 행동하지 않으려면 분노에 굴복하지 마십시오. 환자 중에는 고열 때문에 이성이 흐려지면 무의식중에 간호하는 건강한 사람에게 화를 내는 사람이 있습니다. 마찬가지로 시험을 받는 사람은 무의식중에 자기 영혼을 죽입니다. 왜냐하면, 원수는 그를 멸망의 구덩이에 빠뜨리기 위해서 그를 변질이라는 정념에 취하게 하여 모든 것을 왜곡된 시선으로 보게 하기 때문입니다. 그에게 화를 내고 복수하기보다는 불쌍히 여기고 궁휼히 여겨야 합니다. 하나님은 하나님 앞에서 우리의 솜씨를 시험하기 위해서 우리가 그런 사람을 통해서 시험받는 것을 허락하십니다. 그러므로 우리는 육체적으로나 정신적으로 불행에 처한 이웃에 관대해야 합니다. 성경은 "너희가 짐을 서로 지라 그리하여 그리스도의 법을 성취하라"라고 말합니다(갈 6:2). 형제와 헤어지려 하는 것은 하나님의 뜻이 아닌 마귀의 뜻을 행하는 것입니다. 만일 이 문제와 관련하여 당신이 결정을 내린다 해도, 원수는 끊임없이 공격을 되풀이할 것입니다. 그러므로 혼을 다해 형제를 위해 기도하고 우리 주 예수 그리스도 안에서 그를 사랑하는 편이 더 낫습니다.

~ 101 ~

두려워하는 형제에게

형제여, 당신을 통해서 "하나님은 미쁘사 너희가 감당하지 못할 시험 당함을 허락하지 아니하시고"(고전 10:13)라는 말을 입증해주시는 하나님을 찬양하십시오. 하나님은 당신이 능력에 따라서 영적 싸움의 기술을 획득하게 해주십니다. 하나님은 위대한 사람을 그의 능력에 맞추어 큰 시험으로 시험하시며, 시험은 우리를 성공으로 인도해주기 때문에 그들은 시험받을 때 기뻐합니다. 선한 것을 얻으려면 노력이 필요합니다. 그러므로 시험을 두려워하지 말고 시험받을 때 기뻐하십시오. 이 시험을 무시하십시오. 하나님이 당신을 도와주시고 보호해 주십니다.

~ 102 ~

겸손과 복종을 얻기 위해 노력하십시오. 무슨 일에서든지 당신의 뜻을 고집하지 마십시오. 그렇게 하는 것은 노여움을 초래합니다. 다른 사람을 판단하거나 창피를 주지 마십시오. 그것은 마음을 소진하고 정신의 눈을 멀게 하여 태만으로 이어지며 마음을 무감각하게 합니다. 항상 깨어서 하나님의 법을 이해하는 법을 배우십시오. "작은 소리로 읊조릴 때에 불이 붙으니"(시 39:3)라는 말씀처럼, 그것은 거룩한 불로 마음을 뜨겁게 해줍니다. 쓸데없는 말이나 헛된 말을 하지 마십시오. 그렇지 않으면 마음이 악한 말에 익숙해질 것입니다. "하나님이여 불쌍히 여기소서 나는 죄인이로소이다"(눅 18:13)라고 말하면서 하나님을 의지하십시오. 그러면 하나님께서 당신을 불쌍히 여기시고 악에서 보호해 주시며, 어둠에서 참 빛으로, 망상에서 진리로, 사망에서 우리 주 예수 그리스도 안에 있는 생명으로 인도해주실 것입니다.

- 103 -

몸에 필요한 만큼의 음식을 섭취하십시오. 그렇게 한다면 하루에 세 번 음식을 먹어도 해롭지 않을 것입니다. 분별없이 하루에 한 끼만 먹는 것이 무슨 유익이 됩니까? 과식하면 정욕이 솟아오르며, 원수는 몸을 더럽히기 위해서 잠이 쏟아지게 합니다.

- 104 -

이따금 규칙을 행하거나 손노동을 할 때 매우 약함을 느껴도 놀라지 마십시오. 우리에게는 약하게 느낄 때가 있고 그렇지 않을 때가 있습니다. 여행자는 어떤 때는 평탄한 길을 가고 어떤 때는 골짜기와 산을 지나가고 그 후에 다시 평탄한 길을 갑니다. 자신의 약함에 관심을 두지 말고 모든 일을 행하십시오.

- 105 -

규정에 따르지 않고 음식을 먹어야 하는 환자에게

사람이 쾌락을 위해서가 아니라 몸의 허약함 때문에 음식을 먹는다면, 하나님은 그를 심판하지 않습니다. 음식을 금하는 것은 과식이나 몸의 흥분으로부터 보호하기 위해서입니다. 몸이 약하면 그러한 규정을 따르지 않아도 되며, 하나님의 도움을 구해야 합니다.

- 106 -

기도를 부탁한 환자에게

낙심하여 불평하는 형제여, 왜 초조해 합니까? 왜 소리칩니까? 예수님이 당신이 도움을 청하기를 바라면서 당신 곁에 서 계시는데, 왜 멀리서 도움을 받으려 합니까? 주님께 "선생님"이라고 외치십시오. 그러면 주님이 대답하실 것입니다. 그분의 옷자락을 만지십시오. 그러면 주님이 이 불행뿐만 아니라 당신의 모든 정념을 고쳐주실 것입니다. 만일 당신의 정신이 제 위치를 지킨다면, 독사와 전갈에 물려도 아픔을 느끼지 못할 것입니다. 다윗은 "내가 음식 먹기도 잊었으므로 내 마음이 풀 같이 시들고 말라 버렸사오며 나의 탄식 소리로 말미암아 나의 살이 뼈에 붙었나이다"라고 말합니다(시 102: 4, 5). 초조해 하지 마십시오. 하나님의 자비가 가까이 있습니다.

- 107 -

썩어 없어질 육신을 무시하십시오. 썩을 몸은 당신에게 아무런 도움도 주지 못할 것입니다. 바울은 "정욕을 위하여 육신의 일을 도모하지 말라."라고 말합니다(롬 13:14).

환자: 약하다는 이유로 육신을 내버려 두어야 합니까?

성경에서 하나님은 우리를 옳은 길로 가도록 안내해야 할 이유를 주셨습니다. 바울은 "범사에 헤아려 좋은 것을 취하고"라고 말합니다(살전 5:21). 정념 때문에 어떤 것을 사용하거나 행하지 않도록 조심해야 합니다. 몸이 약하거나 궁핍하기 때문에 행하는 것은 죄나 방종으로 간주하지 않습니다. 건강할 때 육체의 편안함을 추구하는 것은 육욕을 자극합니다. 그러나 필요하므로 몸에 영양을 공급하는 것은 일하는 데 도움이 될 것입니다. 우리는 필요한 일을 해주는 짐승을 보살핍니다. 영혼을 위해 봉사하는 도구인 육신을 얼마나 더 보살펴야 하겠습니까? 그 도구가 무뎌지면, 솜씨 좋은 예술가도 방해를 받습니다. 바울은 디모데에게 "너는 모든 일에 신중하여 고난을 받으며 전도자의 일을 하며 네 직무를 다하라"(딤후 4:5)라고 말했지만, 그의 몸이 약한 것과 위장이 약한 것을 염두에 두고서 포도주를 마시라고 명령했습니다(딤전 5:23). 매사에 바른 판단을 하는 사람은 쉽게 넘어지지 않을 것입니다.

"나를 공격하는 싸움이 점점 더 치열해집니다."

형제여, 싸움의 시기는 행동의 시기입니다. 약해지지 말고 행동하십시오. 싸우십시오. 싸움이 치열해지면, 힘을 내어 이렇게 외치십시오: "나의 부르짖음을 들으소서 나를 핍박하는 자들에게서 나를 건지소서 여호와여 나를 내 원수들에게서 건지소서 내가 주께 피하여 숨었나이다"(시 142:6; 143:9). 그리고 깨끗한 마음으로 하나님을 섬길 힘을 달라고 기도하십시오.

- 110 -

우리가 구원 받고 옛사람의 모든 정념에서 벗어나게 하려고 하나님은 두 가지 선물을 주셨습니다. 그것은 겸손과 순종입니다. 그러나 우리는 그것들을 얻으려고 노력하지 않으며, 그것들 안에 거하기를 바라지 않으며, 그것들의 안내를 받으려 하지도 않습니다. 핑계 대지 말고 겸손과 순종에 전력을 기울이십시오. 그리하면 하나님의 자비를 얻을 것입니다. 당신이 순종하며 교부들에서 들은 것을 겸손히 실천한다면, 하나님은 당신이 행하는 일을 도와주실 뿐만 아니라 모든 일에 성공하게 해주실 것입니다. 하나님을 경외하며 자신의 진보를 지켜보는 사람의 길을 하나님은 보호해 주십니다. 당신이 성내는 이유가 무엇입니까? 논쟁하는 이유가 무엇입니까? 만일 당신이 항상 경건하게 인내한다면, 하나님의 자비가 당신을 도울 것입니다. 질투와 까다로움과 급한 성미를 버리십시오. 모든 사람에 대해 죽으십시오. "나는 누구인가? 나는 '티끌'(창 18:27)이요 '개'(마 15:27)다"라고 생각하십시오. 사람들을 멸시하고 조롱하면서 논쟁하지 마십시오. "이게 무엇이냐? 왜 이러느냐?"(집회서 39:21). 왜 다른 사람이 가진 것을 나는 갖지 못하는가?"라고 말하지 마십시오. 하나님을 경외하면서 맡은 육체적인 임무를 부지런히 행하십시오. 그러면 장차 큰 상을 받을 것입니다.

- 111 -

낙심되고 졸려서 당신이 할 일이 방해를 받는다면, 일어나서 쉬지 말고 기도하십시오. 그러면 주님이 기도를 통해서 졸림을 몰아내 주실 것입니다.

- 112 -

가장 낮은 지위라도 공동체에 받아들여지기를 원하는 사람에게

가장 낮은 자가 되기를 구하는 것은 당신이 해야 할 일이 아닙니다. 그것은 수도원장의 일입니다. 당신이 해야 할 일은 순종을 준비하는 것입니다.

- 113 -

사람이 힘껏 노력하지 않으며 성인들의 기도에 자신의 노력을 추가하지 않는다면, 성인들이 그를 위해 기도해주어도 유익을 얻지 못할 것입니다. 그가 자기의 욕망을 충족시키려 하면서 무질서하게 산다면 성인들이 그를 위해 드리는 기도가 무슨 유익을 주겠습니까? 여기에서 다음과 같은 말씀이 이루어집니다: "한 사람은 집을 짓고 한 사람은 그 집을 헐어버린다면, 그들에게 헛수고 이외에 무엇이 남겠는가?"(집회서 34:23). 사도 바울은 고린도 교인에게 이렇게 편지합니다: "이제 너희의 넉넉한 것으로 그들의 부족한 것을 보충함은"(고후 8:14) "다른 사람들은 평안하게 하고 너희는 곤고하게 하려는 것이 아니요"(고후 8:13).

- 115 -

구제하기를 원하면서도 구제하지 않는 편이 낫지 않을까 하는 의심이 들 때는 당신의 생각을 시험하십시오. 만일 그 의심이 탐욕에서 오는 것이라면, 당신이 의도했던 것보다 더 많이 구제하십시오.

- 116 -

구제할 것이 없는 사람은 어떻게 복을 받을 수 있습니까?

구제하는 사람에게만 복이 약속된 것이 아닙니다. "애통하는 자는 복이 있나니", "온유한 자는 복이 있나니"(마 5:3, 4). 그러므로 만일 구제할 수 없으면, 심령을 가난하게 하십시오. 그리하면 성도들과 함께 천국을 기업으로 받을 것입니다. 이 세상에서 슬퍼하는 사람들과 함께 위로를 받으려면 당신 자신의 죄 때문에 슬퍼하십시오. 땅을 기업으로 받으려면 온유한 자가 되십시오. 영광중에 계시는 하나님을 보려면 마음을 깨끗이 하십시오. 주님을 위해서 욕을 먹고 핍박을 받고 거짓으로 당신을 대적하는 악한 말을 참고 들으십시오. 그리하면 하늘나라에서 큰 상을 받을 것입니다.

- 117 -

주님이 명하시는 법과 세상이 정한 법이 다를 때 어떻게 해야 합니까?

하나님의 법이 더 중요합니다. 왜냐하면, 그것은 영혼의 구원에 대해 말하기 때문입니다. 세상의 법은 육에 속한 것이므로 육에 말합니다.

당신은 자신이 이따금 정념을 품고 어떤 사람을 보며 영혼이 그에 도취한다고 말합니다. 이것은 분명히 마귀의 공격을 언급합니다. 그럴 때는 당신이 죽으면 어떻게 변화될 것인지, 죽은 후에 몸이 썩어 악취가 날 것을 생각해 보십시오. 또 장래에 있을 하나님의 마지막 심판을 생각하며 그렇게 행동하는 사람의 운명을 상상해 보십시오. 천사들과 대천사들 앞에서, 모든 사람과 의로우신 재판관 앞에서 당신의 행동이 드러날 때 얼마나 부끄러울 것입니까? 그때 그러한 행동을 한 사람은 할 말이 없을 것입니다. "불의한 자가 하나님의 나라를 유업으로 받지 못할 줄을 알지 못하느냐 미혹을 받지 말라 음행하는 자나 우상 숭배하는 자나 간음하는 자나 탐색하는 자나 남색하는 자나 도적이나 탐욕을 부리는 자나 술 취하는 자나 모욕하는 자나 속여 빼앗는 자들은 하나님의 나라를 유업으로 받지 못하리라"(고전 6:9-10), "음욕을 품고 여자를 보는 자마다 마음에 이미 간음하였느니라"(마 5:28)고 말씀하시는 분을 두려워하십시오.

이것을 기억하며, 당신의 내면에 이러한 갈등을 일으키는 사람을 자주 찾지 마십시오. 그러나 그들이 온갖 생각을 하지 않게 하려면 그들을 멀리하는 이유를 그들에게 알리지 마십시오. 어쩔 수 없이 그들을 만나야 한다면 하나님의 이름으로 "주 예수여, 나를 보호해 주시고 나의 연약함을 도와주십시오!"라고 기도하십시오. 두려워하지 마십시오. 주께서 원수의 활을 꺾으실 것입니다. 그분의 이름은 악을 무력하게 합니다.

말을 많이 하지 말고, 많이 듣지 말고, 많이 생각하지 마십시오. 사람들이 눈치채지 못하도록 예의 바르고 정중하게 행동하십시오. 이렇게 함으로써 힘이 주어져도 원수들과 관계를 맺어서는 안 됩니다. 원수들은 수치를 모르기 때문에 수천 번 패배해도 다시 돌아와 공격합니다. 그러나 인간을 위해서 인간의 몸을 입으신 승리자 하나님은 겸손한 사람을 도우십니다.

~ 119 ~

"정신은 어떻게 해서 음란한 생각에 사로잡힙니까?"

정신은 음란이라는 정념뿐만 아니라 다른 것에도 사로잡힙니다. 정신은 산만함 때문에 그것에 예속되는데, 이런 일이 발생할 때는 이렇게 기도해야 합니다: "주님, 당신의 거룩한 이름으로 나를 용서해 주십시오. 내가 태만하여 이러한 죄에 빠졌습니다. 정신의 산만함과 원수의 그물에서 나를 구해 주십시오." 정신이 음란한 생각에 사로잡힌 것은 다음과 같은 징후에 의해 식별할 수 있습니다: 만일 어떤 사람과 대화하는 동안 정신이 이리저리로 돌진한다면, 그가 말하는 동안 그의 정신이 다른 곳에 가 있는 것입니다. 같은 방식으로, 우리는 음란한 생각에 사로잡힙니다. 어떤 사람이 다른 사람과 대화를 하는데 원수가 그의 정신을 산만하게 한다면, 그 때문에 음란한 생각이 정신에 나타날 수도 있습니다. 그것은 생각이나 기억의 결과가 아니라 망각의 결과로 정념의 포로가 되는 상태입니다. 그런 사람은 정신을 차리고 하나님께 자비를 구해야 합니다. 자비하신 주님은 그를 탕자처럼 받아주실 것입니다. 그러나 생각이 분산되지 않은 상태에서 이러한 싸움이 일어날 때는 맑은 정신을 유지하고 그러한 생각을 반기지 말며 그것이 맴돌게 내버려 두지 말고 속히 주 하나님께 달려가십시오.

- 120 -

여인과의 대화를 철저히 피하는 것이 좋습니다. 어쩔 수 없이 여인과 의사소통을 해야 한다면, 다른 사람을 통해서 하십시오. 만일 그렇게 할 수 없어서 그들을 만나야 할 때는 타는 불에 다가가는 사람처럼 행동하십시오. 그런 사람은 불에 데지 않도록 조심해야 합니다. 만일 우리가 불을 다루듯이 여인을 대한다면, 하나님에 대한 경외심 안에 견고히 자리 잡을 것입니다. 어떤 일이 있어도 여인들을 바라보지 마십시오. 욕망의 불이 일어나는 것을 막으려면, 우리의 눈에 자유를 주지 말고, 그들과의 대화를 오래 끌지 마십시오. 이 어려운 시간에 마귀가 쳐놓은 덫에서 구해달라고 기도하면서, 되도록 빨리 그들과 헤어지십시오. 그리고 항상 하나님을 기억하십시오. 그리하면 하나님의 크신 능력이 주 예수 그리스도 안에서 연약한 우리를 보호해줄 것입니다.

- 121 -

"아내를 버리고 수도원에 들어가는 것이 유익합니까?"

당신만의 뜻에 따라서 아내를 버려서는 안 됩니다. 그렇게 하는 것은 "네가 아내에게 매였느냐 놓이기를 구하지 말라"(고전 7:27)라는 바울의 명령을 범하는 것입니다. 만일 당신이 수도원에 들어가는 것이 유익할 것이라고 서로 동의하지 않은 상태에서 (당신에게서 버림을 받은) 아내가 죄를 범하고 악하게 살기 시작한다면, 그 죄가 당신에게 머물 것입니다. 이 문제를 하나님께 맡기십시오. 인자하신 하나님께서 기뻐하시는 대로 행하실 것입니다.

~ 122 ~

이 세상에 속한 것 때문에 슬퍼하지 말고, 죄와 관련해서만 슬퍼하십시오. "즐거워하는 자들과 함께 즐거워하라"는 것은 경건한 덕의 진보를 이루며 장래의 복에 소망을 두고 즐거워하는 사람들의 기쁨에 동참하는 것을 의미합니다. "우는 자들과 함께 울라"라는 것은 회개하는 죄인들의 고난에 동참하는 것을 의미합니다.

~ 123 ~

"화평하게 하는 자는 복이 있나니"에 대해서

마음으로 화해하는 것이 가장 좋습니다. 이것은 누구에게나 적절한 것이며, 그렇게 행하는 사람은 복됩니다. 그러나 말다툼을 한 사람들을 화해시키는 것은 누구나 할 수 있는 일이 아닙니다. 그것은 자신이 해를 입지 않고서 행할 수 있는 사람에게만 가능한 일입니다. 모든 사람이 화목할 때 약한 사람들은 즐거워해야 합니다. 그러나 모든 사람의 화해를 위한 중개자가 되려 하지 말고, 자기 영혼에 해를 초래할 위험이 없을 때만 하나님 안에서 사랑하는 사람들의 화해를 위한 중개자가 되어야 합니다.

- 124 -

"부당한 일을 당했을 때 어떻게 대처해야 합니까?"

그 사람에게 선을 행하십시오.

- 125 -

"영적 아버지가 나를 찾아왔을 때 그분에게 드릴 수 있는 것이 없으면 슬픈 생각이 듭니다."

그 생각은 마귀에게서 온 것입니다. "있는 바를 족한 줄로 알라"(히 13:5)라는 말씀대로 당신에게 있는 것을 그분에게 드리십시오. 그리하면 하나님께서 그분에게 당신의 열심을 알려 주실 것입니다. 어느 곳에 가든지 그곳에서 위로를 발견하려 하지 마십시오. 만일 당신이 위로를 기대하고 갔다가 발견하지 못하여 당신을 영접한 사람을 비판하기 시작한다면, 그 비판은 영혼에 치명적입니다. 범사에 감사하십시오. 그 안에 영혼에 유익을 주신 영적 양식과 안식이 있습니다.

- 126 -

영적 아버지에게 질문하는 사람은 "자기를 비워 종의 형체를 가지신"(빌 2:7) 분을 본받습니다. 분별없이 사는 사람은 자기 자신의 원수입니다. 성경은 "평탄한 길이라고 너무 안심하지 말라."라고 말합니다(집회서 32:21). 자기의 뜻을 따르기보다는 겸손하게 질문하는 편이 더 유익합니다. 주님은 겸손하고 의로운 마음으로 질문하는 데 대한 보답으로 대답하는 사람의 입에 바른말을 주십니다.

- 127 -

믿음에 대해 논쟁하지 마십시오. 하나님은 당신에게 그것을 요구하지 않습니다. 당신이 세례 때 거룩한 교회로부터 받은 것과 계명을 지키십시오. 그것을 고수하십시오. 그리하면 구원받을 것입니다. 만일 믿음에 대한 질문을 받으면, "그것은 내 능력을 넘어서는 질문입니다"고 대답하십시오.

- 128 -

하나님이 당신에게 요구하시지 않은 것에 대해서 깊이 생각하지 마십시오. 바른 믿음을 고백하는 것에 만족하며, 그 이상의 것에 호기심을 갖지 마십시오.

- 129 -

우연히 당신과 함께 있게 된 평신도들이 무익한 대화를 시작했다면, 특별히 머물러야 할 이유가 없으면 그곳을 떠나십시오. 그러나 그곳에 머물러야 한다면, 그들을 판단하지 말며 당신의 연약함을 인정하고서 당신의 정신을 기도에 돌리십시오. 그러나 그들이 당신에게 호의를 가지고 있고 하나님의 말씀을 들으려 한다면, 성인들의 삶에 대한 이야기를 해주면서 헛된 대화를 유익한 대화로 바꾸십시오.

- 130 -

당신이 알고 지내는 사람이 이단적인 이론에 기운다면, 바른 믿음을 숙지하라고 권면하십시오. 그와 논쟁하지 말고 그의 이론을 들으려 하지 마십시오. 자칫하면 당신도 그에 물들 염려가 있습니다. 만일 그가 참믿음에 대해 들으려 한다면, 그를 거룩한 영적 아버지에게 데려가십시오. 그분들은 그리스도 안에서 그에게 유익을 줄 수 있을 것입니다. 그렇게 함으로써 당신은 해를 입지 않으면서 그를 도와줄 수 있을 것입니다. 그러나 한두 차례 권면해도 잘못을 인정하지 않을 때와 관련하여 바울은 "이단에 속한 사람을 한두 번 훈계한 후에 멀리하라"라고 말합니다(딛 3:10).

- 131 -

"내 생각은 자주 집을 떠나지 말라고 말하지만, 한 주일에 여러 번 교회 예배에 참석해야 할 경우가 있습니다. 그런 경우 교회에 가는 것이 좋습니까, 아니면 집에 있으면서 기도에 전념하는 것이 좋습니까?"

만일 외출하여 사람을 만나는 것이 당신에게 해롭다면 집을 자주 떠나지 않는 것이 좋고, 교회에도 이따금 가는 것이 좋습니다. 침묵은 우리를 많은 악에서 해방해 줍니다.

- 132 -

"영적 아버지나 나에게 필요한 일로 외출해야 하므로 교회에 가지 않는다면, 양심이 부담되지 않을까요?"

만일 당신이 근본적으로 필요하거나 영적 아버지의 명령에 순종하여 집을 떠나야 한다면, 하나님을 경외하면서 의무를 행하며 교회의 예배에 참석하는 것에 대해 근심하지 말고, 돌아와서는 당신의 죄를 기억하는 일에 전념하십시오. 그러나 만일 당신이 게으르거나 방심 때문에 집을 떠난다면, 교회에 가서 분심됨이 없이 내면에 집중하는 것이 좋습니다.

~ 133 ~

"교회에서 철야하는 것이 좋습니까, 아니면 집에서 자기 능력에 따라 철야하는 것이 좋습니까?"

집에서 철야하는 편이 낫습니다. 왜냐하면, 교회에서는 사람들과 대화해야 하기 때문입니다.

~ 134 ~

"나와 가족들이 살아가기에 재산이 부족하다고 생각됩니다. 또 나는 과중한 짐을 지고 있습니다."

이 짐은 인간적인 짐입니다. 만일 우리가 하나님을 신뢰한다면, 하나님께서 자기 뜻에 따라서 우리를 다스리실 것입니다. "네 짐을 여호와께 맡기라 그가 너를 붙드시고"(시 55:22). 하나님에게는 당신과 가족들에 필요한 모든 것을 공급해주실 힘이 있습니다. 하나님께 "뜻이 이루어지이다"라고 말씀드리십시오. 하나님은 짐을 지고 근심하는 당신을 버리지 않으실 것입니다.

- 135 -

"불의한 일을 행하고 나서 내 행실을 고치면, 내 생각은 교만하게도 자신이 선한 일을 했다고 주장합니다. 그때 내 생각에 무엇이라고 말해야 합니까?"

주님이 "나를 떠나서는 너희가 아무 것도 할 수 없음이라."라고 말씀하신 것처럼(요 15:5), "하나님을 떠나서는 우리가 선한 것을 할 수 없다."라고 말하십시오. 바울은 "네게 있는 것 중에 받지 아니한 것이 무엇이냐 네가 받았은즉 어찌하여 받지 아니한 것 같이 자랑하느냐"라고 말합니다(고전 4:7). 우리가 행한 선을 자랑할 수 없는데, 어떻게 악을 멀리한 것을 자랑할 수 있겠습니까? 죄를 범하지 않은 것을 찬양하는 것은 정말 어리석은 일입니다.

- 136 -

"모든 종류의 음식에 자연적인 단맛이 포함되어 있습니다. 그것이 음식을 먹는 사람에게 해를 끼칩니까?"

전능하신 하나님은 모든 종류의 음식에 단맛을 주셨고, 감사하면서 그것을 받는 사람은 해를 입지 않습니다. 그러나 영혼에 해를 끼치는 정욕적인 애착은 피해야 합니다.

- 137 -

"집을 짓는 등 일을 할 때 깨끗하게 일을 하려고 노력하는 것이 좋습니까?"

정욕적으로 애착함이 없이 본래의 용도를 위해서 행한다면, 당신이 만든 것이 깨끗하고 아름다운 것을 보는 것은 부적절한 것이 아닙니다. 주님은 모든 종류의 깨끗한 작업장을 좋아하십니다. 만일 당신의 내면에 무엇인가에 대한 정욕적인 애착이 있음을 발견한다면, 그것이 썩어 없어진다는 것을 기억하십시오. 그리하면 평안을 발견할 것입니다. 이 세상에는 항상 같은 상태에 머무는 것이 없이 모두 변화되고 부패합니다.

필라델피아의 총대주교 테오렙투스
Theolepthus, Metropolitan of Philadelphia

생애

필라델피아의 위대한 선각자 테올렙투스는 안드로니쿠스 시대의 인물이다. 그는 처음에는 성산Holy Mountain에서 영성 생활을 하다가 필라델피아의 대주교로 부임하였다. 그에게 영적 지도를 받은 학생 중 하나가 데살로니카의 그레고리St. Gregory of Thossalonica(팔라마스의 그레고리)이다. 필로테우스 대주교가 기록한 그레고리의 전기에 의하면, 그는 그레고리가 세상일에 전념하고 있을 때 맑은 정신sobreity에 대한 탁월한 가르침을 주고 정신 기도의 비밀을 계시해 주었다. 이 책에 수록된 그의 글은 그리스도 안에 있는 은밀한 행동에 대한 정확한 묘사요 참된 규칙이다. 이 글에서는 훌륭하게 표현된 거룩한 사상을 교부들의 다른 글과 함께 제공한다. 그것은 다른 것들보다 더 교훈적이며, 영적 철학의 지혜로운 가르침을 요약하여 알려는 사람에게 귀중한 것이다.

그리스도 안에 있는 은밀한 행동과
수도사가 행하는 주된 일에 대하여

- 1 -

수도사의 삶은 열매를 맺는 큰 나무와 같습니다. 그 나무의 뿌리는 세상의 것을 부인하는 것입니다. 가지는 영혼 안에 정욕적인 애착이 없고 과거에 부인했던 것에 공감하는 것이 없습니다. 그리고 열매는 하나님의 감화를 받은 풍성한 덕과 사랑, 그리고 그것들과 뗄 수 없는 기쁨입니다. 바울은 "성령의 열매는 사랑과 희락과 화평과 오래 참음과 자비와 양선과 충성과 온유와 절제"라고 말합니다(갈 5:22, 23).

- 2 -

세상을 버리면 그리스도 안에 피난처가 생깁니다. 세상이란 감각에 속한 것과 육체에 대한 사랑을 의미합니다. 진리를 이해했기 때문에 이런 것들을 멀리하는 사람은 그리스도를 향한 사랑 때문에 그리스도에게 흡수됩니다. 이 사랑으로 말미암아 세상의 것을 멀리하는 사람은 값비

싼 진주, 즉 그리스도를 얻습니다.

~ 3 ~

당신은 구원을 주는 세례를 받음으로써 그리스도로 옷 입었습니다. 이 거룩한 세례가 죄의 더러움을 깨끗이 씻어냈습니다. 그것은 당신에게 영적 은혜의 빛을 주고 당신이 본래 가지고 있었던 고귀함을 돌려주었습니다. 그런데 그 후에 어떤 일이 일어났습니까? 후에 어리석음 때문에 어떤 일을 겪었습니까? 세상을 향한 사랑 때문에 거룩한 얼굴이 변화되었고, 육신에 대한 동정심 때문에 그의 형상이 일그러졌습니다. 그리고 정욕적인 생각의 어둠 때문에 내면의 태양이신 그리스도를 반영해야 하는 영혼의 거울이 흐려졌습니다.

~ 4 ~

당신은 다시 영혼을 하나님에 대한 경외심에 못 박았고, 세상의 혼돈이라는 어둠을 깨달았고, 세상의 염려 때문에 정신에 도입된 산만한 생각을 깨달았습니다. 또 소란한 삶 때문에 어쩔 수 없이 빠지게 된 헛된 소용돌이를 보았고, 침묵을 향한 사랑의 화살에 상처를 입었습니다. 당신은 "화평을 찾아 따를지어다"(시 34:14)라는 선지자의 말을 경청하면서 생각으로부터의 평화를 구했습니다. 또 "내 영혼아 네 평안함으로 돌아갈지어다"(시 116:7)라는 말씀대로 그 결과로 발생하는 영혼의 안식을 갈망했습니다. 이 모든 것 때문에 당신의 의지를 선을 향하게 하는 생각이 다시 당신에게 임했습니다. 그리하여 세례 때 은혜로 받았지만, 당신이 세상에서 정념의 종이 되어 의지를 악을 향하게 함으로써 거부했던 고귀함이 회복되었습니다. 당신은 이 거룩한 학교에 입학함으로써, 회개의 옷을 입음으로써, 그리고 죽을 때까지 수도사로 머물기로 서원함으로써 이러한 회복을 위한 조처를 했습니다.

- 5 -

이것은 당신과 하나님이 맺은 두 번째 언약입니다. 첫 번째 언약은 당신이 세상에서 이 생활을 시작할 때 맺었고, 두 번째 언약은 이 삶을 끝내려는 소원을 품었을 때 맺었습니다. 과거에 당신은 믿음에 의해 그리스도와 연합했으며, 이제는 회개를 통해서 그분을 굳게 붙듭니다. 과거에 당신은 은혜를 받았고, 이제는 의무를 짊어집니다. 과거에 어렸을 때 당신은 주어진 고귀한 신분을 의지하지 못했지만, 어른이 되면서 그 은사의 위대함을 의식하고 당신의 입에 씌운 재갈을 의식합니다. 이제 당신은 완전한 깨달음을 얻었기 때문에 이 서원의 힘을 분명히 이해합니다. 다시 약속을 깨고 깨진 그릇처럼 바깥 어두운 곳에 버려져 슬피 울며 이를 갈지 않으려면 조심하십시오. 회개하지 않고서는 구원에 이를 수 없습니다.

- 6 -

다윗의 말을 들어 보십시오: "네가 말하기를 여호와는 나의 피난처시라 하고 지존자를 너의 거처로 삼았으므로"(시 91:9). 당신이 그리스도의 영 안에서 선택한 삶에는 고난이 가득합니다. 그러므로 악이 접근하지 못하게 하십시오. 만일 당신이 세상에 속한 것들 가운데서 움직인다면, 악이 당신에게 들러붙을 것입니다. 당신은 회개의 짐을 떠맡았습니다. 그러므로 재산이나 명예나 위로나 장식이나 억제되지 않은 감각에 대한 사랑이 당신의 뒤를 따르지 못하게 하십시오. 두서없는 생각, 정신의 사로잡힘, 영원히 변화하는 방종한 생각, 그밖에 정도正道에서 벗어난 모든 것과 혼란함 등 어리석은 것들이 "당신의 목전에 서지" 못하게 하십시오(시 5:5). 부모나 형제나 친구나 동료에 대한 사랑이 당신을 방해하지 못하게 하십시오. 당신이 그들을 만나서 대화하는 것은 시기상조이며 유익하지 못합니다.

- 7 -

만일 당신이 영적으로나 육적으로 세상을 부인하는 일을 사랑하게 된다면, 고난의 채찍이 당신의 영혼 가까이 오지 않을 것이며, 슬픔의 화살이 당신의 마음을 찌르거나 얼굴을 흐리게 하지 않을 것입니다. 쾌락을 버리고 지금까지 묘사한 모든 것에 대한 정욕적인 애착을 버린 사람에게는 슬픔의 고통이 무뎌집니다. 왜냐하면, 그리스도께서 노력하는 영혼에 오셔서 그 마음에 말할 수 없는 기쁨을 주시기 때문입니다. 또 이 세상의 쾌락이나 비통함이 당신에게서 이 영적인 기쁨을 빼앗아갈 수 없습니다. 복된 묵상, 영혼을 구원하는 기억, 거룩한 관상, 지혜의 말 등은 하나님이 기뻐하시는 활동의 길을 가는 참 수도사를 위해 이바지하고 보호해 줍니다. 그러므로 그는 어리석은 음욕과 오만한 격분을 독사처럼 여겨 짓밟고, 노여움의 사자와 뱀 같은 쾌락욕을 죽입니다. 그가 하나님에 대한 지식에 의해 부유하게 되어 사람들과 지금까지 묘사한 것에 대한 희망을 버리고 하나님께 매달리며 항상 정신적으로 기도하면서 하나님의 도움을 구하는 이유는 다음과 같은 약속 때문입니다: "하나님이 이르시되 그가 나를 사랑한즉 내가 그를 건지리라 그가 내 이름을 안즉 내가 그를 높이리라 그가 내게 간구하리니 내가 그에게 응답하리라 그들이 환난 당할 때에 내가 그와 함께 하여 그를 건지고 영화롭게 하리라"(시 91:14, 15).

- 8 -

이제 주 안에서 일하는 사람이 얼마나 노력해야 하며 어떤 상을 받을지 아셨습니까? 그렇다면 세상에 속한 것을 생각하지 말고 이 부르심을 실천에 옮기십시오. 당신은 옷을 갈아입었습니다. 그러므로 (마음의 느낌에서) 당신 자신을 유배자로 만드십시오. 친척들뿐만 아니라 (세상에서 관습적으로 사용하는) 말도 버리십시오. 만일 생각이 외부를 배회하는 것을 멈추지 않는다면, 내면에 숨어서 공격하는 것을 대적할 수 없을 것입니다. 보이는 것으로 공격하는 것을 정복하지 않으면, 보이지 않게 헐뜯는 자들을 몰아내지 못할 것입니다. 외적인 분심을 종식시키고 내면의 생각을 정복하면, 정신은 신령한 말과 행동을 생각하기 시작할 것입니다. 그렇게 되면 당신은 친척들과 친구들을 대할 때 지키는 규칙 대신에 바른 행동의 규칙을 지키게 되며, 영혼을 어둡게 만드는 세상의 대화 때문에 증가하는 헛된 말 대신에 기억 속에서 활동하는 거룩한 말의 설명이 당신을 조명해주며 당신의 영혼에 지혜를 가르쳐줄 것입니다.

- 9 -

감각을 풀어주면 영혼에 족쇄를 채우게 되고, 감각에 족쇄를 채우면 영혼이 자유롭게 됩니다. 해가 지면 밤이 오고, 그리스도께서 영혼에서 떠나가시면 정념의 어둠이 영혼을 둘러싸고 정신적인 짐승이 영혼을 물어뜯습니다. 해가 뜨면 짐승은 자기 굴에 숨고, 기도하는 마음의 하늘에 그리스도가 떠오르면 세상을 향한 느낌이 중지되며, 육에 대한 사랑이 사라지고, 정신은 저녁때까지 활기차게 하나님을 생각하며 영적인 법을 행하는 시간이나 분량을 제한하지 않고 생명이 끝나 영혼이 육신을 떠나야 할 때까지 계속 일합니다. 이에 대해서 선지자는 "내가 주의 법을 어찌 그리 사랑하는지요 내가 그것을 종일 작은 소리로 읊조리나이다"라고 말합니다(시 119:97). 여기에서 '종일'은 사람의 평생을 의미합니다. 그러므로 외부 세상과의 표면적인 대화를 끝내십시오. 그리하면 깨끗한 기도의 장소와 그리스도가 거하시는 집을 발견할 것입니다. 그리스도가 자신의 지식과 체류에 의해 당신을 조명하시고 기쁘게 해주시며, 주님을 위해서 당하는 고난을 기쁨으로 여기며 세상의 쾌락을 구더기처럼 여겨 물리치게 해주십니다.

- 10 -

바다에서 바람은 파도를 일으킵니다. 바람이 그치지 않으면 바다가 잠잠해지지 않고 파도가 가라앉지 않을 것입니다. 마찬가지로 부주의한 사람의 영혼 안에서 악한 영들이 부모와 형제와 친척과 친구들에 대한 기억, 잔치와 연회와 극장 등 쾌락에 이바지하는 것에 대한 기억을 일으킵니다. 악한 영들은 그를 선동하여 전자들을 만나게 하며, 눈과 입과 목으로 후자에 참여하게 합니다. 그리하여 그는 무익하게 현재의 시간을 허비하며, 나중에 수실에 혼자 있을 때 자신이 보고 들은 것을 기억하면서 시간을 허비하게 됩니다. 그러므로 세상일에 대한 기억이 정신에 새겨지는 것을 허락하는 수도사는 일생을 허비합니다. 이것은 눈 위를 걸어가는 사람이 발자국을 남기는 것과 같습니다. 우리가 짐승에게 계속 먹을 것을 준다면, 언제 그것들을 굶겨 죽일 수 있겠습니까? 만일 우리가 행동이나 생각에서 계속 어리석은 교제와 관습에 몰두한다면, 언제 육체의 변덕을 죽일 수 있으며, 서원한 대로 그리스도 안에서 살 수 있겠습니까? 눈 위의 발자국은 햇빛에 녹거나 비에 씻겨 사라집니다. 감각적인 쾌락의 대상이나 행위에 대한 기억은 기도함으로써 마음에서 빛을 비추시는 그리스도에 의해서, 또는 통회의 눈물에 의해 제거되고 사라집니다.

- 11 -

어리석게 행동하는 수도사는 정신에 새겨진 과거의 생각을 언제 지울 수 있을까요? 당신이 이 세상의 관습을 버릴 때 행하는 덕의 실천은 육신적인 것에 불과합니다. 뜨겁고 쓰라린 느낌으로 자주 기도하여 과거의 행동에 대한 기억이 지워질 때 비로소 복된 기억이 새겨지고 거룩한 말씀이 영혼 안에 들어와서 거합니다. 믿음을 가지고 통회하는 마음으로 하나님을 기억하는 데서 오는 빛은 면도날처럼 나쁜 기억을 잘라냅니다. 꿀벌에게서 지혜를 배우십시오. 꿀벌은 장수말벌들이 주위에 모여드는 것을 보면 벌집에서 나오지 않음으로써 말벌들이 초래할 수 있는 해를 피합니다. 장수말벌은 세상과 세상에 속한 사람들과의 교제라고 이해할 수 있습니다. 신중하게 그들을 피하고, 당신의 거룩한 거처의 은밀한 방에 머물러 있으면서 내면 깊은 곳에 있는 영혼의 망루에 들어가기 위해 힘쓰십시오. 그곳은 그리스도가 거하시면서 당신에게 평화와 기쁨과 고요함을 가져다주시는 곳입니다. 이것들은 내면의 태양이신 그리스도께서 영혼에 상으로 주시는 선물들이며, 영혼은 믿음과 선에 대한 사랑을 품고서 그분을 환영합니다.

- 12 -

그러므로 수실에 앉아서 하나님을 기억하십시오. 그리고 정신을 모든 것으로부터 거두어들여 말없이 하나님 앞에 복종시키십시오. 하나님께 마음을 쏟아놓으면서 사랑으로 매달리십시오. 하나님을 기억하는 것이 하나님을 관상하는 것입니다. 하나님은 정신의 시선과 노력을 자신에게로 끌어당기시고, 빛으로 정신을 조명해 주십니다. 존재하는 것에 대한 심상을 모두 제거하고 하나님을 향하는 정신은 형태나 심상이 없이 하나님을 봅니다. 그리고 정신이 관상의 대상이시며 접근할 수 없는 영광을 지니신 하나님을 불완전하게 이해하지만, 정신의 시각을 깨끗하게 해주십니다. 하나님이 불가해한 분이시므로, 정신은 관상의 대상이신 하나님을 이해하지 못하지만, 그분이 유일하신 하나님이시며 초본질적인 분임을 압니다. 하나님에게서 쏟아져 나오는 풍성한 부에 의해서 갈망을 충족시키고 하나님을 향한 사랑을 유지하는 정신에 하나님 안에서 영원하고 복된 안식이 주어집니다.

- 13 -

이것들이 하나님에 대한 참된 기억의 특성입니다. 그러나 기도는 정신의 시선을 하나님께 두고 정신적으로 주님께 이야기하는 것입니다. 생각이 빈번하게 주님의 이름을 부르고 정신이 이 거룩한 이름을 부르는 일에 집중하면, 하나님을 인정하는 빛이 구름처럼 영혼 전체를 감쌉니다.

- 14 -

참되고 부지런히 하나님을 기억하는 것에는 사랑과 기쁨이 따릅니다. 다윗은 "내가 하나님을 기억하고 불안하여 근심하니"라고 말합니다(시 77:3). 순수한 기도에는 하나님에 대한 지식과 예리한 감정이 따라옵니다. 다윗은 이렇게 말합니다: "내가 아뢰는 날에 내 원수들이 물러가리니 이것으로 하나님이 내 편이심을 내가 아노이다"(시 56:9); "하나님께서 구하시는 제사는 상한 심령이라"(시 51:17). 정신과 생각이 시선을 집중하고 뜨겁게 기도하면서 하나님 앞에 설 때 마음이 예민해집니다. 정신과 말과 혼(마음)이 처음에는 집중함으로써, 두 번째로는 하나님의 이름을 부르며 기도함으로써, 세 번째는 예리한 감정에 의해서 하나님께 조를 때 속사람이 완전히 하나님을 섬깁니다. 주님을 이렇게 명하십니다: "네 마음을 다하며 목숨을 다하며 힘을 다하며 뜻을 다하여 주 너의 하나님을 사랑하고 또한 네 이웃을 네 자신 같이 사랑하라"(눅 10:27).

~ 15 ~

자신이 기도하고 있다고 생각하지만 실제로는 기도를 멀리하여 헛수고하고 "달음질한 것이 헛되지 않게"(갈 2:2) 하려면 다음과 같은 것을 알아야 합니다. 구송기도를 할 때 정신은 세상 것에 대한 정욕적인 생각들 사이를 배회하면서도 시편을 영창하여 기도의 의미가 상실되는 것과 같은 일이 정신 기도할 때도 발생합니다. 종종 정신(집중)이 없이 생각으로만 기도의 말을 반복합니다. 또 말로 기도하면서 언급하는 분에게 시선을 두지 않고 무의식중에 다른 생각들 사이를 방황하기도 합니다. 또 생각은 습관적으로 기도하지만, 정신은 하나님에 대한 지식(하나님을 기억하며 이해력을 가지고 하나님 앞에 서는 것)에서 슬그머니 떠나갑니다. 그때 영혼은 의식이 없는 것처럼 혼란하게 됩니다. 이는 정신이 여러 가지 공상 속을 배회하거나, 무의식중에 정신을 유혹하고 짓밟는 사물들 주위를 맴돌기 때문입니다. 영혼이 기도와 조화를 이루지 못할 때, 기도하는 사람이 누구에게 무엇을 기도하는지조차 의식하지 못할 때 어떻게 기도가 즐거운 것이 될 수 있겠습니까? 내면에서 진실하게 기도하지 않고 겉으로만 기도하는데, 어떻게 그 마음이 기도하면서 즐거워하겠습니까? "여호와를 구하는 자들은 마음이 즐거울지로다"(시 105:3). 깨끗하고 빈번한 기도로 하나님에 대한 사랑과 지식을 얻으려고 세상 생각을 거부하고 생각을 다해 하나님께 매달리는 사람이 진실로 하나님을 구하는 사람입니다.

- 16 -

하나님을 기억하는 동안 정신 안에 어떤 관상이 존재해야 하는지, 그리고 순수하게 기도하는 동안 생각 안에 어떤 간구가 존재해야 하는지 설명하기 위해서, 육체의 눈과 혀를 예를 들겠습니다. 눈과 눈동자의 관계, 그리고 혀와 단어를 말하는 것의 관계는 정신과 하나님을 기억하는 것, 생각과 기도의 관계와 같습니다. 눈이 시각을 통해서 사물에 대한 가시적인 인상을 받아들이면서 소리를 내지 않지만 보는 행동으로 보는 것에 대한 지식을 획득하듯이, 정신도 단순한 관상의 침묵 속에서 사랑으로 하나님께 집중(의식)하며 열렬한 느낌으로 매달리면서 하나님의 빛의 조명을 받으며 장차 임할 빛의 표식을 받습니다. 또 말할 때 혀가 듣는 사람에게 마음에 감추어진 소원을 드러내듯이, 자주 뜨겁게 간단히 기도하며 나타내는 생각은 모든 것을 보시는 하나님에게 영혼의 간구를 드러냅니다. 또 끊임없이 끈질기게 기도하고 마음으로 통회하면서 자비하신 하나님의 긍휼을 끌어내어 풍성한 구원을 얻습니다. 다윗은 "하나님이여 상하고 통회하는 마음을 주께서 멸시하지 아니하시리이다"라고 말합니다(시 51:17).

- 17 -

순수한 기도가 어떤 것인지 이해하는 데 도움을 줄 또 하나의 예는 세상의 왕 앞에 선 사람의 행위입니다. 만일 당신이 왕 앞에 간다면, 그 앞에 서서 말할 때 시선을 왕에게 두어야 합니다. 그렇게 하면 왕의 은혜를 얻을 수 있습니다. 교회에서 사람들과 함께 기도하든지 수실에서 홀로 기도하든지, 기도할 때도 그렇게 하십시오. 교회에서 형제들과 함께 기도할 때는 주 앞에 서서 입으로 시편 기도를 하듯이, 정신을 기도의 말과 하나님께 집중하고, 당신과 대화하시는 분을 분명히 의식하십시오. 생각이 순수하게 기도에 몰두하면, 마음에 말할 수 없는 평화와 기쁨이 주어진다는 것을 기억하십시오. 수실에 홀로 있을 때는 맑은 정신과 통회하는 마음으로 계속 기도하십시오. 그렇게 하면 맑은 정신에 대한 보답으로 하나님을 볼 것이며, 기도에 대한 보답으로 지식이 당신의 내면에 와서 거할 것이며, 예리한 느낌에 대한 보답으로 지혜가 임하여 쾌락을 향한 어리석은 사랑을 몰아내고 하나님의 사랑을 주실 것입니다.

- 18 -

당신이 행하는 모든 일이 선의 근원인 기도와 뗄 수 없이 연결되어 있다면, 기도가 당신에게 신방을 보여주고 그 안으로 인도하여 말할 수 없는 복과 기쁨으로 채워줄 때까지 끊임없이 계속될 것입니다. 그것이 (구원을) 구하는 사람을 위해서 장애물을 제거하고 덕의 길을 평탄하게 만듭니다.

- 19 -

이제 마음으로 드리는 정신기도의 그림을 보십시오. 담화(정신기도에서 이루어지는 내적인 발언)는 정념의 활동을 잠재웁니다. 하나님께 정신을 집중하면 세상의 생각이 제거되고, 예리한 느낌이 육체에 대한 사랑을 잘라버립니다. 끊임없이 주님의 이름을 부르는 것으로 이루어지는 기도는 정신과 말과 영혼(마음)의 조화요 연합입니다. 주님은 "두세 사람이 내 이름으로 모인 곳에는 나도 그들 중에 있느니라"라고 말씀하십니다 (마 18:20). 따라서 정념의 대상들 사이를 배회하는 영혼의 능력을 불러 모아 결합할 때 기도는 세 위격 안에 계신 한 분 하나님을 반영합니다. 그것이 여러 가지 덕에 의해 영혼에서 죄의 수치를 지우고 거룩한 지식에 의해서 신적 특성의 아름다움을 그곳에 묘사한 후에 마지막으로 기도는 영혼을 하나님께 바칩니다. "내가 아뢰는 날에 내 원수들이 물러가리니 이것으로 하나님이 내 편이심을 내가 아나이다"(시 56:9)라는 말씀처럼, 영혼은 자기를 지으신 하나님을 곧바로 알아봅니다. 또 "주께서 자기 백성을 아신다"(딤후 2:19)라는 말씀처럼 영혼이 하나님께 알려집니다. 모든 형상은 그 원형에 끌리므로, 영혼은 그 영상이 깨끗하기 때문에 하나님을 압니다. 그리고 영혼이 덕에서 하나님을 닮았기 때문에 하나님은 영혼을 아십니다. 영혼은 덕을 통해서 하나님을 알며, 하나님에게 알려집니다.

- 20 -

왕의 호의를 얻으려는 사람은 세 가지 수단을 씁니다. 왕만이 그를 도울 수 있으므로 그는 말로 왕에게 간청하거나, 왕 앞에 잠잠히 서거나, 그 발 앞에 엎드립니다. 정신과 (내적인) 말과 영(마음)과 결합한 깨끗한 기도도 말로 하나님의 이름을 부르고, 방황하지 않는 정신으로 기도의 대상이신 하나님을 바라보며, 통회와 겸손과 사랑을 나타냅니다. 그것은 영원한 삼위, 아버지와 아들과 성령을 향합니다.

- 21 -

여러 가지 음식이 맛보려는 욕망을 자극하듯이, 여러 종류의 덕은 정신 안에서 (그것을 획득하려는) 열심을 자극합니다. 그러므로 정신의 길을 걸어갈 때 낙심하지 말고 주님을 부르면서 기도를 되풀이하십시오. 귀찮게 졸라대어 무자비한 재판관의 마음을 돌려놓은 과부처럼 끈질기게 기도하십시오. 그렇게 하면 당신은 영 안에서 걸으며, 육체의 정욕에 귀를 기울이지 않고 세상의 생각으로 기도의 흐름을 방해하지 않으며, 분심됨이 없이 하나님을 찬양하는 하나님의 성전이 됩니다. 이런 식으로 마음으로 드리는 정신기도를 실천한다면, 마침내 항상 하나님을 기억하게 될 것이며, 접근할 수 없는 정신의 보물에 접근하게 될 것이며, 은밀한 관상 속에서 보이지 않는 분을 보고 당신만이 이해하는 사랑을 표현하면서 하나님을 섬기게 될 것입니다.

- 22 -

당신의 기도가 약해지기 시작하는 것을 깨달으면, 의미를 이해하려고 노력하면서 책을 읽으십시오. 서두르지 말고 (의미를 찾아내면서) 신중하게 읽고, 읽으면서 이해한 것을 정신의 보물 창고에 쌓아두십시오. 그다음에 읽은 것을 곰곰이 되새기십시오. 그리하면 읽은 것을 잊지 않고 이해하여 마음이 즐거울 것입니다. 다윗이 "내 마음이 내 속에서 뜨거워서 작은 소리로 읊조릴 때에 불이 붙으니"(시 39:3)라고 말한 것처럼 하나님의 일에 대한 묵상이 마음을 뜨겁게 해줄 것입니다. 음식물을 잘 씹으면 미각이 즐겁듯이, 영혼 안에서 묵상에 함으로써 씹어진 하나님의 말씀은 정신에 양분을 주고 마음을 기쁘게 합니다. "주의 말씀의 맛이 내게 어찌 그리 단지요"(시 119:103). 복음서의 말씀, 그리고 교부들의 말과 삶을 외워서 밤에 묵상 주제로 활용하십시오.

- 23 -

하나님의 말씀을 읽고 묵상한 후에도 여전히 연약하여 기도할 수 없는 생각을 되살려서 적극적으로 활기차게 기도하게 하려면, 소리를 내어 시편으로 기도하십시오. 그러나 낮은 음성으로 이해하지 못하고 넘어가는 것이 없도록 정신을 집중하여 기도하십시오. 이렇게 하는 동안 이해할 수 없는 것이 있으면, 이해할 때까지 몇 번이라도 반복하십시오. 정신은 입으로 시편을 찬송하면서 동시에 하나님을 기억할 힘을 가지고 있습니다. 이것을 경험하여 터득하십시오. 우리는 누군가와 대화할 때 눈으로 그를 바라보면서 이야기합니다. 마찬가지로 당신도 입으로는 시편으로 기도하면서 정신의 눈으로 하나님을 바라볼 수 있습니다.

- 24 -

무릎 꿇는 일을 소홀히 하지 마십시오. 무릎을 꿇는 것은 죄에 빠졌음을 나타내며, 또 죄 고백을 암시합니다. 무릎을 꿇었다가 일어서는 것은 회개를 나타내며, 고결한 삶에 대한 서원을 암시합니다. 영혼과 몸의 하나님이 당신을 은혜로 대하게 하려면, 무릎을 꿇을 때마다 마음으로 그리스도의 이름을 부르면서 몸과 영혼을 주님의 발 앞에 던지십시오.

- 25 -

마음으로 드리는 정신기도를 실천하면서 손으로 단순한 일을 하는 것이 이 어려운 기도를 하는 데 도움이 될 것입니다. 기도와 관련하여 지시된 것들은 집중력을 강화해주고, 낙담을 몰아내며, 영혼에 젊음의 활력을 주고, 정신의 시력을 민감하게 해주고, 열심히 기도를 실천하게 해줍니다.

- 26 -

종소리가 들리면 시선을 아래로 하고 하나님을 기억하는 일에 몰두한 상태로 수실을 떠나십시오. 교회에서 교인들과 함께 있을 때 옆의 수도사와 잡담을 하거나 정신을 헛된 일에 쏟지 마십시오. 입은 시편 찬송에만 사용하고, 정신은 기도에 고정하십시오. 예배가 끝나면 수실로 돌아가서 규칙에 정해진 일을 시작하십시오.

- 27 -

식당에서 형제들의 그릇을 쳐다보지 말고, 주위를 살피고 감시함으로써 영혼을 해치지 마십시오. 당신 앞에 놓인 것만 쳐다보며 그 외의 것을 만지지 마십시오. 몸으로는 음식을 먹고, 귀로는 낭독되는 말씀을 듣고, 영혼으로는 기도하십시오. 그리하면 몸과 영혼의 양식을 취하면서 당신의 소원을 충족시켜 주시는 분을 찬양할 수 있을 것입니다. 그다음에 수실에 돌아가서 침묵하면서 꿀벌처럼 당신의 일을 다시 시작하십시오. 만일 형제들과 함께 일한다면, 입은 침묵하고 정신으로 하나님을 기억하면서 손으로 일하십시오. 혹시 어떤 사람이 헛된 이야기를 시작하면, 그것을 저지하기 위해서 자리에서 일어나서 절하십시오.

- 28 -

생각이 마음에 들어와서 자리 잡지 못하게 하십시오. 마음에 자리 잡은 정욕적인 생각이 정신을 죽이고 정념을 되살립니다. 그러므로 그런 생각이 정신에 가까이 와서 모습을 드러내는 즉시 기도의 화살로 그것을 공격하십시오. 만일 그것이 끈질기게 집중력의 문을 열려 하고 생각을 어지럽게 한다면, 이 공격이 선행하는 은밀한 욕망 때문에 강화되었다는 것을 알아야 합니다. 당신의 의지가 흔들렸기 때문에 그것이 마치 당연한 권리인 것처럼 영혼을 귀찮게 하고 괴롭힙니다. 그런 경우 죄를 고백함으로써 그것을 웃음거리로 만들어야 합니다. 왜냐하면, 악한 생각은 정체가 드러나면 즉시 도망치기 때문입니다. 빛이 임하면 어둠이 사라지듯이, 죄고백의 빛 속에서 정욕적인 생각이 사라집니다. 이는 그러한 생각 자체가 어둠이기 때문입니다. 예를 들어 당신의 생각 속에 허영과 음란이라는 정념이 자리 잡았다면, 그것들을 고백하고 보속의 고난에 의해서 즉시 그것을 몰아내십시오. 그 후에는 모든 종류의 생각은 정신이 정념이 없이 끊임없이 통회하며 기도에 전념하는 것을 발견하고서 부끄러워서 서둘러 도망칩니다.

- 29 -

기도함으로써 자신을 괴롭히는 생각을 근절하려고 노력하며, 때때로 그것을 몰아내며 자주 나타나지 못하게 하지만 완전히 해방되지 못하여 어떤 때는 승리하고 어떤 때는 정복되는 상태에 머무는 것은 그러한 생각의 원인, 즉 육체적인 편안함과 세상의 야망을 좋아하여 자기의 생각을 서둘러 고백하지 않기 때문입니다. 그는 내면에 원수들에게 자신을 공격할 권리를 제공하는 것을 보존하기 때문에 평안을 소유하지 못합니다. 남의 것을 훔친 사람은 물건의 주인에게 괴롭힘을 당하는 일을 피할 수 없습니다. 자신이 악하게 전용한 것을 반환하지 않는 사람은 적으로부터 해방되기를 바랄 수 없습니다. 그러나 수도사가 노력하여 하나님을 기억함으로써 힘을 얻어 육체의 수모와 괴로움을 환영하며 부끄러움을 두려워하지 않고 자기의 생각을 고백할 때 원수들이 즉시 물러가며, 해방된 생각은 끊임없이 기도하며 방해받지 않고 하나님의 일을 관상할 것입니다.

- 30 -

마음속에서 다른 사람에 대해서 떠오르는 의심은 평화와 사랑을 파괴하므로 철저하게 잘라버리십시오. 그러나 외부로부터 오는 불행을 담대하게 받아들이십시오. 왜냐하면, 그것이 유익한 인내—천국에서 평화와 기쁨의 상을 받게 해줄 인내—의 기회를 제공하기 때문입니다.

- 31 -

이런 식으로 하루하루를 지내면, 복된 희망에 고취되어 영혼에 유익한 방법으로 세월을 보내게 될 것입니다. 그리고 죽음이 다가올 때 두려움이 없이 세상을 떠나 주님이 예비하신 안식처에 들어가서 현재의 수고에 대한 상으로 천국을 소유할 것입니다. 주님과 영원하신 아버지, 그리고 지극히 거룩하고 의롭고 생명을 주시는 성령께 이제부터 영원히 세세토록 영광이 있을지어다. 아멘.

같은 주제에 대한 아홉 편의 글

- 1 -

표면적인 것을 떠나 내면에 집중한 정신은 본연의 정신적인 말과 결합합니다. 정신은 본질에서 자신의 것인 이 말에 의해 기도에 착수합니다. 그것은 기도함으로써, 그리고 사랑의 힘과 마음의 성향과 더불어 하나님에 대한 의식으로 올라갑니다. 그때 육체의 정욕이 떠나가고, 쾌락을 사랑하는 감각이 정지되며, 이 세상의 아름다운 것들이 더는 정신을 즐겁게 해주지 못합니다. 그때 영혼은 몸 안과 몸을 둘러싸고 있는 모든 것을 버렸으므로 가치 있는 행동과 깨끗한 생각에 따라서 그리스도의 아름다움의 흔적에 끌립니다. 그때 정신은 "그(왕의 딸)는 왕께로 인도함을 받을 것이다"고 노래합니다(시 45:14). 정신은 "내가 여호와를 항상 내 앞에 모심이여 그가 나의 오른쪽에 계시므로"(시 16:8)라는 선지자의 말처럼 그리스도를 보며 그분을 자기 앞에 모십니다. 정신은 사랑으로 그리스도께 매달리고 "주여 나의 모든 소원이 주 앞에 있사오며"(시 38:9)라고 말하며, 시선을 그리스도께 두고 "내 눈이 항상 여호와를 바라봅니다."(시 25:15)라고 외칩니다. 정신은 깨끗한 기도로 그리스도와 대화하면서 그분을 기쁘게 하며 "나의 기도를 기쁘게 여기시기를 바라나니 나는 여호와로 말미암아 즐거워하리로다"(시 104:34)라고 말합니다. 우리가 사랑으로 이름을 부르면서 도움을 청하면, 하나님은 기도의 교제를 받아주시고, 기도하는 영혼에 형언할 수 없는 기쁨을 주십니다. 그리고 기도의 교제 안에서 하나님을 기억하는 영혼은 주 안에서 기뻐하며 선지자처럼 "내가 하나님을 기억하고 불안합니다."라고 말합니다(시 77:3).

- 2 -

감각을 감시하십시오. 그리하면 감각적인 것에 대한 즐거움을 없앨 수 있을 것입니다. 감각적인 쾌락과 관련된 공상을 피하십시오. 그리하면 쾌락을 사랑하는 생각을 없앨 수 있을 것입니다. 공상에서 벗어나 쾌락의 대상이나 음란한 생각에서 오는 인상과 변화를 받아들이지 않는 정신은 순수하게 단순성 안에 거합니다. 그리고 감각적인 것과 정신적인 것을 초월해 있으므로 생각 안에서 하나님을 향해 올라가며, 항상 하나님을 기억하면서 어린아이가 아버지를 찾듯이 마음 깊은 곳에서 주님의 이름을 부르고 찾습니다. 하나님이 흙으로 아담을 지으시고 생령을 불어 넣어주신 것처럼 덕에 의해 재창조된 정신은 깨끗한 생각과 뜨거운 느낌으로 자주 주님의 이름을 부름으로써 거룩하게 변화되며, 하나님에 대한 지식과 사랑 때문에 새 생명과 창조를 획득합니다.

- 3 -

끊임없이 드리는 마음의 기도가 세상에 속한 것을 향한 욕구에서 당신을 끌어내며, 당신의 생각이 하나님보다 저급한 것에 대해 죽고 당신이 하나님에 대한 기억 안에 굳게 자리 잡을 때 내면에서 하나님의 사랑이 솟아오를 것입니다. 기도에서 생겨난 마음의 외침이 거룩한 사랑을 가져오며, 거룩한 사랑은 정신이 감추어진 것을 이해할 수 있게 해줍니다. 그때 정신은 사랑과 조화를 이루어 놀라운 것을 발표합니다. 기도하는 마음 안에서 주님의 이름에 의해 불러낸 말씀이신 하나님은 추론적인 이성을 갈비뼈 뽑듯이 뽑아내고 지식을 주십니다. 그리고 그 자리에 바른 질서를 두시고 덕을 주시고 빛을 주는 사랑을 만들어 황홀경에 빠져 세상의 정욕을 떠난 정신에 가져다주십니다. 이 사랑은 감각적인 것에 대한 어리석은 애착을 멈춘 정신의 협조자가 됩니다. 왜냐하면, 그것이 정신을 자극하여 지혜의 말을 하게 하기 때문입니다. 그때 정신은 그것을 보고 기뻐하면서 덕의 은밀한 성향과 눈에 보이지 않는 지성의 행동을 사람들에게 알립니다.

- 4 -

감각적인 것에서 빠져나오고 육체의 법을 버리십시오. 그렇게 하면 영적인 법이 당신의 마음에 새겨질 것입니다. 성령 안에서 행하는 사람이 육체의 정욕을 성취하지 않듯이(갈 5:16), 감각 및 감각적인 것, 즉 육체와 세상에서 빠져나오는 사람은 성령 안에서 행하는 상태를 획득하고 신령한 것들을 생각합니다. 이것은 죄를 범하기 전의 아담을 위해 하나님께서 행하신 것을 통해서 이해할 수 있습니다.

- 5 -

하나님은 계명을 지키려고 노력하는 사람, 기도의 낙원에 거하며 항상 기억하면서 하나님 앞에 서는 사람을 육체의 정욕적인 영향력과 감각의 동요와 감각적인 것에 대한 공상에서 건지십니다. 하나님은 그를 정념과 죄에 대해 죽게 하시고 거룩한 생명에 참여하게 하십니다. 잠든 사람은 살아 있지만 죽은 사람과 비슷합니다. 그는 육적으로는 죽었지만, 영혼의 활동에서는 살았습니다. 마찬가지로 육체와 세상에 대해 죽은 사람은 영의 활동에서 살아 있습니다.

- 6 -

만일 당신이 부르는 성가를 이해한다면, 지식을 받을 것입니다. 지식은 (당신이 알고 있는 것과 관련하여) 의식 또는 양심으로 이어지고, 양심은 당신이 알고 있는 것을 실천하게 합니다. 이러한 실천에서부터 경험에서 비롯된 지식의 열매가 자랍니다. 경험에서 비롯된 지식은 참된 관상으로 이어지며, 참된 관상은 지혜의 빛을 비추어 영적 대기를 은혜의 말로 채우며, 감추어진 것들을 해석해줍니다.

- 7 -

정신은 먼저 구하고 찾으며, 그다음에 발견한 것과 결합합니다. 그것은 이성을 가지고 찾으며, 사랑을 통해서 결합합니다. 그것은 진리를 위해서 이성을 가지고 찾으며, 선을 위해서 사랑을 통한 연합을 성취합니다.

- 8 -

이 세상에 속한 것들의 무상한 본성을 초월한 사람, 무상한 것들을 갈망하지 않는 사람은 골짜기를 내려다보지 않으며 세상의 아름다움을 동경하지 않습니다. 그는 시선을 산봉우리에 두고 높은 곳에 있는 복을 보며 순수한 천국의 기쁨에 참여하는 것을 목표로 삼습니다. 세상의 물질적인 복에만 관심을 두고 육체를 충족시키는 것을 지향하는 사람에게는 천국 문이 닫힙니다. 왜냐하면, 그의 정신적 눈이 어두워졌기 때문입니다. 그러나 밑에 있는 것을 무시하고 외면하는 사람은 정신을 높은 곳으로 보내고 영원한 복의 영광을 보며, 성도들에게 약속된 빛을 파악합니다. 그러한 사람은 위로부터 오는 하나님의 사랑을 받고 성령의 전이 됩니다. 그는 하나님의 소원이 이루어지기를 원하며, 성령의 인도하심을 받고, 아들의 자격을 선물로 받으며, 하나님의 은혜와 기쁨을 획득합니다. "무릇 하나님의 영으로 인도함을 받는 사람은 곧 하나님의 아들이라"(롬 8:14).

- 9 -

숨을 쉬는 동안에는 하루라도 약하다는 구실로 기도를 포기하지 마십시오. 사도 바울은 "내가 약한 그 때에 강함이라"고 말합니다(고후 12:10).

그렇게 하면 당신은 많은 유익을 얻을 것이며, 은혜의 활동 때문에 곧 기도를 회복할 것입니다. 성령의 위로가 있는 곳에는 연약함과 낙심이 들어서지 못합니다.

제3부

사부 필레몬

생애

　교부들에 관한 역사적인 기록은 통회하며 살았던 냉철한 교부 필레몬Philemon이 어느 시대의 사람인지 말해주지 않는다. 그러나 그가 헌신적이고 경험이 많은 사람이었다는 것, 어느 교부보다 침묵을 사랑했다는 것, 위대한 아르세니우스를 엄격하게 모방하여 살았음을 알 수 있다. 그는 광야에 있는 작은 동굴에서 기도하고 간구하면서 살았고, 끊임없이 흐르는 눈물로 자신을 씻으면서, 하나님을 향한 뜨거운 사랑 안에서 감각적이고 정신적인 것을 초월한 생활을 했다. 그는 항상 귀머거리요 벙어리처럼 하나님 앞에 섰고 은혜의 조명을 받았다. 이 성인은 극도의 침묵과 정적 속에서 분별과 지혜의 은사, 그리고 환상과 예지의 은사를 받았다. 여기에 수록된 이야기는 맑은 정신에 관한 그의 가르침을 오랜 개인적인 경험에 기초를 두고 실천적이면서도 관상적인 관점에서 제공한다. 더럽고 혐오스러운 정념의 옷을 벗어버리거나 옛사람을 벗어버리고 무정념과 은혜의 옷, 또는 예수 그리스도 안에 있는 새 사람을 입기를 원하는 사람이 이 원로의 가르침을 부지런히 연구하며 자신이 이해한 것을 실천한다면, 방해를 받지 않으면서 바라는 것을 얻을 것이다.

사부 필레몬에 관한 유익한 이야기

- 1 -

은수사였던 사부 필레몬은 라브라Lavra에서 조금 떨어진 곳에 있는 로마이스Romais라는 동굴에 살면서 위대한 아르세니우스가 자신에 했던 말을 자신에게 적용하여 "필레몬, 너는 왜 이곳에 왔느냐?"라고 질문하면서 영적인 일에 전념했다고 합니다. 그는 오랫동안 이 동굴에서 지냈습니다. 그는 밧줄과 바구니를 만들어 사환에게 주고 그 대가로 작은 빵 몇 덩이를 받는데, 그것이 그의 유일한 양식이었습니다. 그는 빵과 소금만 먹고 지냈는데, 그것도 매일 먹은 것이 아니었습니다. 그는 육신을 전혀 돌보지 않았지만, 관상을 실천하면서 거룩한 빛의 조명을 받았고, 그 때문에 영적 기쁨의 상태에 머물었습니다. 그는 토요일과 주일에 교회에 갈 때면 그의 정신이 내적 행동에서 벗어나지 못하게 하려고 곁에 사람이 가까이 오는 것을 허락하지 않고 혼자서 깊이 내면에 집중하면서 교회에 갔습니다. 교회에서는 구석 자리에 앉아 얼굴을 바닥에 대고 통회하며 흘리는 눈물로 바닥을 적셨습니다. 그는 죽음을 생각했고, 거룩한 교부들, 특히 자신이 본받으려고 노력하는 위대한 아르세니우스를 생각했습니다.

- 2 -

알렉산드리아와 그 주변 지역에 이단이 출현했을 때 그는 그곳을 떠나서 니카노르Nikanor의 라브라로 갔습니다. 하나님을 사랑하는 파울리누스가 그를 영접하여 자신의 은둔처를 주어 그가 침묵 생활을 할 수 있도록 배려해 주었습니다. 파울리누스는 일 년 동안 아무도 필레몬을 만나지 못하게 하고, 그 자신도 빵을 가져다주는 일을 외에는 필레몬을 귀찮게 하는 일을 삼갔습니다. 부활절이 되어 두 사람은 서로 만나서 은둔 생활에 대한 대화를 나누었습니다. 그때 필레몬은 경건한 형제 파울리누스가 은수사가 되려는 소원을 품고 있다는 것을 알게 되었습니다. 그는 완전히 은둔하지 않고서는 하나님을 기쁘시게 할 수 없다는 것을 성경과 교부들의 말을 인용해서 설명해 주었습니다. 침묵은 노력을 낳고, 노력은 애통함을, 애통함은 두려움을, 두려움은 겸손을 낳습니다. 겸손은 눈을 뜨게 하고, 눈을 뜨면 사랑하게 되며, 사랑은 영혼을 온전하고 무정념하게 해줍니다. 그때 사람은 자신이 하나님에게서 멀리 있지 않다는 것을 깨닫습니다.

- 3 -

필레몬은 이렇게 말했습니다: "당신은 침묵으로 정신을 씻어 깨끗하게 하여 항상 영적인 일에 전념하게 해야 합니다. 감각적인 사물을 향하는 눈이 그 보는 것 가까이에 있듯이, 영적인 일을 향하는 깨끗한 정신은 영적 관상의 대상에 의해 들려 올라갑니다. 침묵 때문에 정념이 제거되고 정화되는 분량에 비례하여 (영적인 것들에 대한) 지식을 줍니다. 정신은 본질적인 지식의 영역에 들어가서 하나님과 연합할 때 완전해집니다. 그리하여 왕의 지위를 획득한 정신은 가난하게 느끼지 않으며, 세상 모든 나라가 주어진다 해도 거짓 욕망에 휩싸이지 않습니다. 그러므로 만일 그러한 복에 이르기를 원한다면, 서둘러 세상에서 도망쳐 부지런히 성인들의 발자취를 따라가십시오. 외모에 대한 염려를 버리고, 보잘것없고 천한 옷을 입으십시오. 당신의 성향을 단순하게 하고, 기만하는 말을 하지 말며, 오만하게 걷지 말고, 진지한 음성으로 말하십시오. 가난하게 살고, 사람들에게 무시당하는 것을 사랑하십시오. 특히 정신을 지키고 맑은 정신을 실천하며, 답답한 상황에서 인내하며, 어떤 대가를 치르더라도 이미 얻은 영적 복을 손상됨이 없이 보존하려고 노력하십시오. 내면에 주의를 집중하고, 슬그머니 들어오려 하는 육욕을 받아들이지 마십시오. 침묵이 영혼의 정념들을 길들이지만, 그것들은 다시 타오르는 것을 허락되면 한층 더 거세져서 배가된 힘으로 죄를 범하게 합니다. 그것들은 문지르거나 자주 만지면 치료할 수 없는 종기와 같습니다. 한마디의 말이 정신을 하나님에 대한 기억에서 벗어나게 할 수 있는데, 그때 귀신들이 맹렬하게 공격하고 감각들이 그에 협력합니다. 영혼을 지키는 것은 크고 두려운 일입니다. 그러므로 당신은 세상을 철저히 부인해야 하며, 육체에 대한 동정심을 버려야 하며, 고향이나 집이 없는 사람이 되어야 하며, 재산과 돈과 근심과 동료들도 없어야 합니다. 인간의 일에 대해서 전혀 알지 못해야 하며, 겸손하고 긍휼하고 선하고 온유하고 마음이 평정하고, 하나님의 지식이 마음에 새겨주는 가르침을 받아들일 준비가 되어 있어야 합니다. 대 바실이 가르친 것처럼 밀랍에 글씨를 새기려면 이미 새겨져 있는 것을 지워야 합니다. 세상의 습관을 버리고 내면에 거룩한 생각을 보존하는 성인은 하나님의 법의 비침을 받아 의로운 말과 행동을 하며 금욕과 하나님에 대한 두려움과 사랑으로 '땅에 있는 지체를 죽입니다'(골 3:5). 항상 기도하고 성경을 연구하면 마음의 눈이 열려 만군의 주를 볼 수 있습니다. 그때 영혼 안에 큰 기쁨이 임하며, 저항할 수 없는 거룩한 갈망이 타오릅니다. 그때 성령의 활동에 의해서 육체가 높이 올라가므로 그는 신령해집니다. 이것들은 복된 침묵을 실천하며 엄격하게 노력하며 사는 사람, 인간적인 위로를 버리고 항상 고독 속에서 하늘에 계신 우리 주님과 교제하는 사람을 위해 예비된 선물들입니다."

- 4 -

이 말을 들은 이 경건한 형제의 영혼은 거룩한 사랑의 화살에 찔린 것처럼 되었습니다. 그는 필레몬과 함께 위대한 교부들이 의의 길을 완성한 장소인 스케테로 갔습니다. 침묵 생활을 원한 두 사람은 요한 콜로보스St. John Kolobos의 라브라에 정착하고, 그곳의 청지기에게 자기들을 보살펴 달라고 부탁했습니다. 하나님의 은혜로 그들은 그곳에서 완전한 침묵을 실천했습니다. 그들은 토요일과 주일이면 공동체 예배에 참석했지만, 나머지 날에는 자기 처소에 머물었습니다. 그들은 각기 자기의 규칙에 따라 기도했습니다.

- 5 -

필레몬의 규칙은 다음과 같습니다: 밤이면 시편 전체와 성시집에 포함되어 있는 아흔 편의 찬송을 서두르지 않고 낭송합니다. 그다음에 하나의 복음서의 첫 부분을 읽은 후에 자리에 앉아서 더는 반복할 수 없을 때까지 속으로 정신을 집중하여 "주님, 불쌍히 여기소서"라고 반복한 후에 잠자리에 듭니다. 다음날 새벽에 첫 번째 시간경을 찬송하고 나서 동쪽을 향해 의자에 앉아서 시편 낭송과 바울서신이나 복음서 중에서 선택한 부분을 읽는 일을 번갈아가며 합니다. 그렇게 시편 찬송과 기도, 그리고 거룩한 것들을 관상하는 기쁨에 도취하여 하루를 보냅니다. 종종 그의 정신이 관상에 도취하여 자신이 세상에 있는지 아닌지 알지 못할 때도 있었습니다.

- 6 -

필레몬이 부지런히 기도의 규칙을 실천하며 종종 거룩한 생각 때문에 그의 모습이 완전히 변하곤 하는 것을 보고서, 파울리누스는 "아버지, 고령에도 불구하고 그렇게 고행하며 육신을 정복하기가 어렵지 않습니까?"라고 물었습니다. 필레몬은 이렇게 대답했습니다: "하나님께서 내 영혼에 기도를 향한 열심과 사랑을 주셨기 때문에 이 갈망을 충족시킬 힘이 전혀 부족하지 않습니다. 육체의 연약함이 하나님에 대한 사랑과 장래의 복에 대한 희망에 의해 정복됩니다." 이같이 그의 갈망은 정신의 날개를 달고 하늘로 올라갔는데, 종종 음식을 먹는 동안에도 그러한 일이 발생했습니다.

~ 7 ~

언젠가 함께 사는 형제가 질문했습니다: "관상의 비결은 무엇입니까?" 형제의 집요함을 보고서 그가 진지하게 가르침 받기를 원한다는 것을 알고서, 필레몬은 이렇게 말해 주었습니다: "하나님은 정신이 깨끗해진 사람에게 하나님을 섬기는 천사들에 대한 환상을 보게 해주십니다."

~ 8 ~

그 형제가 또 질문했습니다: "아버지여, 당신께서 성경 중에서 시편을 가장 즐기는 이유는 무엇이며, 또 낮은 소리로 시편을 낭송할 때 누군가와 대화하는 것처럼 보이는 이유는 무엇입니까?" 그는 이렇게 대답했습니다: "하나님은 내 영혼 안에 다윗의 마음에 새긴 것과 같이 깊이 시편의 영향력을 새기셨으며, 나는 시편에 포함된 다양한 관상 안에서 느끼는 기쁨을 멀리할 수 없습니다." 그는 오랫동안 집요하게 질문한 형제의 유익을 위해서 겸손하게 이렇게 고백했습니다.

~ 9 ~

해안에 사는 요한이라는 형제가 필레몬에게 와서 그의 발을 얼싸안고 말했습니다: "아버지여, 구원을 얻으려면 어떻게 해야 합니까? 나의 정신은 가서는 안 될 곳에서 이리저리 배회합니다." 필레몬은 잠시 침묵한 뒤에 대답했습니다: "이 (영혼의) 병은 표면적인 사람들의 특성이며, 그러한 사람들 안에 거합니다. 당신은 아직 하나님에 대한 완전한 사랑에 이르지 못했기 때문에 그 병이 당신 안에도 있습니다. 당신은 아직 하나님을 뜨겁게 알고 사랑하지 못하고 있습니다." 형제는 "아버지여, 제가 무엇을 해야 합니까?"라고 물었습니다. 필레몬은 이렇게 말했습니다: "가서 당신의 마음속에 있는 은밀한 가르침을 획득하십시오. 그것이 당신의 마음에서 이것을 깨끗이 제거해줄 것입니다." 형제는 이 말의 의미를 이해하지 못하여 다시 질문했습니다: "아버지, 이 은밀한 가르침이 무엇입니까?" 그는 이렇게 대답했습니다: "가서 마음으로 맑은 정신을 실천하며, 두려워 떨면서 생각으로 '주 예수 그리스도여, 나를 불쌍히 여기소서'라고 반복하십시오. 이것이 복된 디아도코스가 초심자들에게 권하는 것입니다."

- 10 -

이 말을 듣고 형제는 돌아갔습니다. 그는 하나님의 도우심과 필레몬의 기도 덕분에 안식을 찾았고, 한동안 이 가르침을 즐겼습니다. 그러나 얼마 후 그에게서 기쁨이 사라졌고, 그는 맑은 정신을 유지할 수 없고 기도할 수도 없게 되었습니다. 그는 다시 필레몬에게 가서 자기에게 일어난 일을 이야기했습니다. 필레몬은 이렇게 말했습니다: "인제야 당신은 침묵의 길과 정신적인 행위에 대한 약간의 경험을 얻고 거기서 나오는 달콤함을 맛보았습니다. 그것을 항상 마음에 보존하십시오. 먹거나 마실 때, 누군가와 대화할 때, 여행하거나 수실에 있을 때 등 언제든지 맑은 생각과 방황하지 않는 정신으로 이 기도를 계속하십시오. 그리고 시편 찬송을 계속하며 기도문과 시편에서 가르침을 얻으십시오. 당신의 긴박한 욕구가 충족되었을 때도 정신이 빈둥거리는 것을 허락하지 말고 계속 은밀하게 배우고 기도하도록 강요하십시오. 그렇게 하면 성경의 깊음과 그 안에 감추어진 능력을 이해할 수 있을 것이며, 당신의 정신은 '쉬지 말고 기도하라'(살전 5:17)는 바울 사도의 말에 복종하여 항상 기도할 수 있을 것입니다. 부지런히 내면에 집중하며 마음이 나태하거나 유익하지 못하거나 악한 생각을 받아들이지 못하게 지키십시오. 잘 때나 깨어있을 때, 먹을 때나 마실 때, 누군가와 대화할 때 항상 마음으로 은밀하게 시편의 가르침을 찾거나 '주 예수 그리스도, 하나님의 아들이시여, 나를 불쌍히 여기소서'라고 기도하십시오. 시편을 찬송할 때는 입으로 시편을 낭송하는 동안 생각이 다른 곳에 가지 못하도록 정신을 집중하십시오."

~ 11 ~

형제는 필레몬에게 "나는 잠자는 동안 무익한 환상을 많이 봅니다."라고 말했습니다. 필레몬은 이렇게 말했습니다: "게으르거나 나약해지지 마십시오. 잠들기 전에 마음으로 많이 기도하고, 자기가 원하는 곳으로 끌고 당신을 끌고 가려 하는 마귀의 시도와 생각에 저항하십시오. 하나님께서 당신을 품어 주시기를 기원합니다. 정신 안에 가르침을 품고 입에 시편을 담고서 잠자리에 들도록 힘쓰십시오. 그리고 정신이 태만하여 이질적인 생각을 받아들이지 못하게 하십시오. 기도하는 동안 떠오르는 생각으로부터 가르침을 끌어내십시오. 잠자는 동안 그 생각이 당신 안에 머물게 하고, 깨어날 때 그것과 대화하십시오. 그리고 잠들기 전에 교회의 신조를 낭송하십시오. 하나님에 대한 참믿음을 고백하는 것이 복을 받고 보존하는 근원입니다."

- 12 -

형제가 다시 말했습니다: "아버지여, 당신께서 정신을 집중하여 행하는 일이 무엇인지 말씀해 주십시오. 나도 구원받을 수 있도록 가르쳐 주십시오." 필레몬은 "그것을 알려는 이유가 무엇입니까?"라고 물었습니다. 형제는 일어나서 필레몬의 두 발을 붙들고 입 맞추면서 말해 달라고 간청했습니다. 얼마 후에 필레몬은 말했습니다: "당신은 아직 그렇게 할 수 없습니다. 진리의 복 가운데서 움직이는 데 익숙해진 사람에게는 각각의 감각기관에 알맞은 일을 부과하는 것이 좋습니다. 그러나 이 세상에 대한 헛된 생각을 제거해야만 이 은사를 받을 수 있습니다. 그러므로 당신이 정말로 그것을 원한다면, 깨끗한 마음 안에 있는 은밀한 가르침을 보존하십시오. 만일 기도와 성경에서 배운 것이 항상 당신 안에 있으면, 영혼의 눈이 열릴 것이며 큰 기쁨과 말로 표현할 수 없는 뜨거운 감각이 가득할 것이며, 심지어 육체도 성령 때문에 뜨거워지며 당신은 신령해질 것입니다. 그러므로 밤이든 낮이든 하나님께서 깨끗한 마음과 분심되지 않은 기도를 허락하신다면, 일상의 규칙을 버리고 정신과 마음과 힘을 다하여 하나님께 매달리십시오. 그리하면 하나님께서 당신이 시작한 영적 행위 안에서 당신의 마음을 비추어주실 것입니다."

필레몬은 덧붙여서 말했습니다: "언젠가 나는 나를 찾아온 장로에게 그의 정신 상태에 대해서 질문했는데, 그분은 이렇게 말했습니다: '나는 2년 동안 하나님 앞에서 기도하면서 하나님께서 제자들에게 주셨던 기도가 내 마음에 끊임없이 완전하게 새겨지게 해달라고 마음을 다해 간청했습니다. 나의 수고와 인내를 보신 자비하신 주님은 내가 요청한 것을 허락해 주셨습니다.'"

필레몬은 또 이렇게 말했습니다: "영혼 안에서 발견되는 헛된 것들에 대한 생각은 게으르고 태만한 영혼의 병입니다. 그러므로 성경에서는 부지런히 마음을 지키며, 분심됨이 없이 분별력을 가지고 시편을 찬송하며, 깨끗한 마음으로 기도하라고 가르칩니다. 형제여, 하나님은 우리가 먼저 행위로, 그다음에는 사랑과 지속적인 기도로 하나님에 대한 열심을 나타내기를 원하십니다. 그렇게 하면 하나님께서 구원의 길을 보여 주실 것입니다. 악한 것을 버리고 선을 획득하고 온전히 하나님을 사랑하며 하나님과 연합하는 것 외에 천국으로 가는 다른 길이 없습니다. 이것들을 모두 가진 사람은 신속하게 천국으로 올라갈 것입니다. 높은 곳으로 올라가기를 원하는 사람은 지체하지 말고 땅에 있는 지체들을 죽여야 합니다. 그러나 참된 천국의 복에 대한 관상을 즐기는 영혼은 악한 욕정의 자극을 받는 정념에 돌아가지 않고, 육적인 쾌락을 멀리하며, 더럽혀지지 않은 깨끗한 생각을 가지고 하나님의 오심을 환영합니다.

그러므로 하나님이 우리 마음에 들어와 거하시려면, 우리는 가능한 모든 방법으로 자신을 지키고 육체적으로 많이 노력하며 영혼을 깨끗하게 해야 합니다. 그때 우리 안에 주입된 성령의 은혜를 통해서 하나님은 우리가 죄 없이 계명을 이행하도록 도와주시며, 하나님의 법을 지키는 방법을 가르쳐 주시며, 그의 영향력이 햇빛처럼 우리를 비추어줄 것입니다. 우리는 수고와 시련에 의해서 하나님을 이해하고 닮을 수 있는 지적인 존재로 지음을 받은 형상을 깨끗하게 해야 합니다. 만일 우리가 시련의 용광로에서 감각을 정화하여 더러움을 없앤다면, 우리는 왕의 신분으로 올라갈 것입니다. 하나님은 인간의 본성을 지으실 때 천국의 복에 참여하며 내적으로 천사들의 기쁨을 보고 접근할 수 있는 빛과 영광을 볼 수 있게 하셨습니다. 그러나 당신이 어떤 덕을 획득한 후에 형제가 태만하게 지내는 동안 당신이 그것을 실천했다고 해서 오만한 생각을 하지 않도록 조심하십시오. 그것이 교만의 시작입니다. 어떤 정념과 씨름할 때 그것이 당신의 노력을 거부해도 기가 죽거나 낙심하지 말고 일어나서 하나님 앞에 엎드려 다윗처럼 '여호와여 나와 다투는 자와 다투시고 나와 싸우는 자와 싸우소서'(시 35:1)라고 말하십시오. 그리하면 하나님께서 당신의 겸손을 보시고 속히 도와주실 것입니다. 만일 당신이 어떤 사람과 함께 여행한다면, 쓸데없는 대화를 하지 말고 항상 행하던 대로 정신을 영적인 일에 집중시켜 세상의 즐거움을 잊고 무정념의 항구에 머물게 하십시오."

필레몬은 형제에게 이러한 이야기를 해주고서 그를 떠나보냈습니다.

- 13 -

얼마 후에 형제가 다시 필레몬을 찾아와서 질문했습니다: "아버지,

어찌하면 좋습니까? 밤의 규칙을 실천할 때면 견디기 어려울 정도로 졸려서 맑은 정신으로 기도하거나 철야할 수 없습니다. 그러므로 나는 시편 찬송을 하는 동안에 손으로 어떤 일을 하고 싶습니다." 필레몬은 대답했습니다: "맑은 정신으로 기도할 수 있을 때는 손으로 일하지 마십시오. 그러나 잠이 쏟아진다면, 얼마 동안 생각하면서 노력한 후에 손일을 하십시오."

형제는 "아버지는 철야하는 동안 졸리지 않습니까?"라고 질문했고, 필레몬은 이렇게 대답했습니다: "그리 쉽지는 않습니다. 이따금 잠의 공격을 받으면 어느 정도 그 영향을 받습니다. 그러나 정신의 시선을 하나님께 들어 올리고 요한복음을 처음부터 읽기 시작하면 즉시 잠이 사라집니다. 생각에 대해서도 같이 행동합니다. 즉 어떤 생각이 떠오르면, 불을 끄듯이 눈물로 그것을 억압하여 소멸시킵니다. 그러나 당신은 아직 이런 방법으로 그것들과 싸울 수 없습니다. 그러므로 당신의 은밀한 가르침을 굳게 붙들고 거룩한 교부들이 정해놓은 매일의 기도, 즉 제3시과, 제6시과, 저녁기도 등을 실천하십시오. 또 당신 자신을 하나님에게서 분리하지 않으려면, 사람을 즐겁게 하는 일을 행하지 말고, 형제들과 불화하지 마십시오. 정신을 분심됨이 없이 유지하며, 내면의 생각에 집중하십시오. 교회에서 성찬을 받을 준비를 하고 있을 때는 완전한 평화를 획득하기 전에는 그곳을 떠나지 마십시오. 예배가 끝날 때까지 자리를 떠나지 마십시오. 당신이 천국에서 거룩한 천사들과 함께 하나님 앞에 서서 마음에 하나님을 영접할 준비를 하고 있다고 생각하십시오. 거룩한 천사들의 교제를 누릴 자격을 갖추려면 두렵고 떨림으로 준비하십시오."

필레몬은 이렇게 말하여 형제를 튼튼하게 해주고, 그를 주님과 은혜의 성령에게 맡긴 후에 떠나보냈습니다.

- 14 -

필레몬과 함께 사는 형제가 다음과 같은 이야기를 했습니다. 언젠가 그는 필레몬에게 사막에서 사는 동안 귀신들의 시험을 받았는지 질문했습니다.

필레몬은 이렇게 대답했습니다: "형제여, 용서해 주십시오. 만일 내가 겪은 것과 같은 시험 당하는 것을 하나님이 허락하신다면, 당신이 그 쓰라림을 견뎌낼 수 있을 것 같지 않습니다. 나는 70살이 넘도록 황량한 장소에서 완전히 침묵 생활을 하면서 무수한 시험을 당했습니다. 그러나 아직 침묵으로 단련되지 못한 사람에게 내가 귀신들에게서 당한 고통을 이야기하는 것은 유익하지 못합니다. 나는 그러한 시험을 당하는 동안 항상 같은 규칙을 따랐습니다. 즉 나는 자기 부인의 맹세의 대상이신 하나님을 신뢰했고, 하나님은 속히 나를 궁핍함에서 해방해 주셨습니다.

"형제여, 이제 나는 나에게 필요한 것을 공급하는 일에 대해서 생각하지 않습니다. 하나님께서 보살펴주실 것을 알기 때문에 나에게 임하는 시험을 쉽게 견딥니다. 하나님을 내 편으로 만들기 위해 내가 행하는 일은 항상 기도하는 것뿐입니다. 시련과 고통이 크면 그것을 참고 견디는 사람을 위해 예비된 상도 크다는 것을 믿으면 큰 도움이 됩니다. 의로우신 재판관은 그것들이 균형을 이루게 하십니다. 형제여, 그러므로 낙심하지 마십시오. 싸움을 시작했으니 하나님의 원수를 대적하여 우리 편에서 싸우는 사람들이 원수의 군대보다 많다는 것을 생각하고 힘을 내어 싸우십시오. 말씀이신 하나님의 강하신 손이 우리를 붙잡고 보호하고 덮어주지 않으면, 우리가 어찌 무서운 인류의 원수를 대적할 수 있겠습니까? 인간의 본성으로 어떻게 원수의 제안을 거부할 수 있겠습니까? 욥은 이렇게 말합니다: '누가 그것의 턱을 벌릴 수 있겠느냐 그의 둥근 이들은 심히 두렵구나 그의 즐비한 비늘은 그의 자랑이로다 튼튼하게 봉인하듯이 닫혀 있구나 그것들이 서로 달라붙어 있어 바람이 그 사이로 지나가지 못하는구나…그것의 입에서는 횃불이 나오고 불꽃이 튀어 나오며 그것의 콧구멍에서는 연기가 나오니 마치 갈대를 태울 때에 솥이 끓는 것과 같구나 그의 입김은 숯불을 지피며 그의 입은 불길을 뿜는구나…그것의 가슴은 돌처럼 튼튼하며 맷돌 아래짝같이 튼튼하구나…깊은 물을 솥의 물이 끓음 같게 하며 바다를 기름병같이 다루는도다 그것의 뒤에서 빛나는 물줄기가 나오니 그는 깊은 바다를 백발로 만드는구나…모든 높은 자를 내려다보며 모든 교만한 자들에게 군림하는 왕이니라'(욥 41:14-34).

"형제여, 이것이 우리가 대적해야 할 대상입니다. 이것이 이 폭군을 묘사하는 말입니다. 그러나 홀로 은둔 생활을 하는 사람은 쉽게 승리할 수 있습니다. 왜냐하면, 그는 자기의 것을 전혀 소유하지 않으며, 세상을 부인하고 높은 덕을 실천하며 우리를 위해 싸우시는 분을 소유하고 있기 때문입니다. 정신 안에 주님에 대한 두려움을 품고 주 앞에 나가서 본성이 변화되지 않은 사람이 있습니까? 거룩한 법과 행위의 조명을 받았는데도 불구하고 영혼이 거룩한 생각과 분별력을 발휘하지 않을 수 있습니까? 그런 사람은 내면에 하나님을 소유하고 있는데, 하나님이 정신을 자극하여 빛을 찾아 노력하게 하시므로 자기 영혼이 나태해지도록 버려두지 않습니다. 또 영혼은 그러한 세력의 영향을 받아 정념 때문에 무법하게 되는 것을 허락하지 않고, 왕처럼 무서운 진노와 심판을 발휘하여 무자비하게 그것들을 잘라버립니다. 그러한 사람은 싸움에서 퇴각하지 않으며, 덕을 실천하고, 하늘을 향해 두 손을 들고, 마음으로 기도함으로써 승리합니다."

- 15 -

그 형제는 다음과 같이 말했습니다: "필레몬 사부는 다음과 같은 덕을 가지고 계셨습니다: 그분은 쓸데없는 말을 참고 듣지 못하셨습니다. 어떤 사람이 영혼의 유익과 관계없는 것을 말하기 시작하면, 그분은 전혀 반응하지 않았습니다. 내가 어떤 일로 길을 떠날 때 이유를 묻지 않으셨고, 돌아온 후에도 어디에 갔었는지, 무슨 일을 어떻게 했는지 묻지 않으셨습니다. 언젠가 나는 급한 일이 있어서 배를 타고 알렉산드리아로 갔다가 거기서 그분에게 알리지 않은 채 다시 교회 일로 콘스탄티노플로 갔었습니다. 나는 그곳에 얼마 동안 머물면서 경건한 형제들을 만난 후에 그분이 계신 곳으로 돌아왔습니다. 그분은 나를 보고 매우 기뻐하셨고, 일상적인 인사를 나눈 후에 기도하고 자리에 앉으셨습니다. 그분은 나에게 아무것도 묻지 않고 늘 하시던 대로 내적인 일에 전념하셨습니다.

- 16 -

"언젠가 나는 그분을 시험하려고 며칠 동안 빵을 드리지 않았는데, 그분은 결코 빵을 달라고 하지 않으셨습니다. 나는 그분 앞에 엎드려서 '아버지, 말씀해 주십시오. 내가 여느 때처럼 먹을 것을 가져다 드리지 않아서 불쾌하셨습니까?'라고 물었습니다. 그분은 '형제여, 당신이 이십 일 동안 빵을 가져다주지 않아도 나는 그것을 달라고 부탁하지 않을 것입니다. 왜냐하면, 내 영혼이 참고 견디는 한 내 몸도 참고 견디기 때문입니다'라고 대답했습니다. 이처럼 그분은 참된 복에 대한 관상에 몰두하셨습니다.

- 17 -

"그분은 이렇게 말씀하시곤 했습니다: '나는 이곳에 온 후로 생각이 수실 밖으로 넘어가는 것을 허락하지 않았고, 하나님과 장래의 심판에 대한 두려움 외에 다른 생각을 정신 안에 받아들이지도 않았습니다. 나는 항상 죄인을 위협하는 심판, 영원한 불과 바깥 어둠을 기억하려 했습니다. 또 의인과 죄인의 영혼이 어떻게 사는지, 그리고 의인을 위해 어떤 상이 예비되어 있는지, 각 사람이 노력한 대로 상—영적인 노력에 대한 상, 자비를 베풀고 성실하게 사랑한 데 대한 상, 세상을 부인한 데 대한 상—을 받는다는 것을 기억하려 했습니다. 또 지혜로운 겸손과 완전한 침묵에 대한 상, 완전한 순종에 대한 상, 세상을 버린 데 대한 상이 있다는 것도 기억했습니다. 나는 이 모든 것을 기억하기 때문에 내 안에서 다른 생각이 활동하는 것을 허락하지 않으며, 또 거룩한 생각으로부터 멀어지지 않으려면 사람들과 함께 있거나 그들에게 정신을 빼앗길 수 없습니다.'

- 18 -

필레몬과 함께 사는 형제는 이렇게 말했습니다: "나는 이 말을 듣고 그분의 행위를 보았기 때문에 그분의 내면에서 육체의 정념이 완전히 활동을 중지했다는 것, 그리고 그분이 완전함을 무척 사랑하시기 때문에 내면에서 말할 수 없는 탄식으로 탄식하시고 교제하시며 무게를 재시고 깨끗한 정신을 어지럽히려 하는 모든 것을 막고 더러움이 그분에게 들러붙지 못하게 하려고 노력하시는 성령에 의해서 (영광에서 영광으로) 변화된 것처럼 보인다는 것을 이해했습니다.

"나는 그분의 생활방식을 본받고 싶은 갈망 때문에 '어떻게 하면 당신과 같이 깨끗한 마음을 얻을 수 있습니까?'라고 물었는데, 그분은 이렇게 대답하셨습니다: '가서 일하십시오. 이것은 일과 진심에서 우러나온 고난이 있어야 합니다. 침대 위에 눕거나 잠자는 사람은 열심히 수고하며 찾아야 하는 영적인 복을 얻을 수 없습니다. 세상의 복도 노력하지 않으면 얻을 수 없습니다. 성공을 원하는 사람은 먼저 자신의 욕망을 버리고 시기심이 없이 끊임없이 슬퍼해야 합니다. 다른 사람의 죄가 아니라 당신 자신의 죄에 주목하고 밤낮 그것 때문에 슬퍼하십시오. 그리고 사람들과 헛되이 교제하지 마십시오. 자신의 위험한 상태 때문에 슬퍼하며 과거의 죄에 대한 기억 때문에 상처 입은 영혼은 세상에 대해서 죽고, 세상은 그에 대해서 죽습니다. 그때 육체에 속한 정념이 활동하지 않게 되며, 그는 정념과의 관계에서 활동하지 않게 됩니다. 또 세상을 버리고 그리스도와 연합한 사람, 침묵 속에 거하며 하나님을 사랑하는 사람은 하나님의 형상을 보존하며 하나님의 모양에 의해서 부유하게 됩니다. 왜냐하면, 하나님께서 위로부터 성령의 은사를 보내주시며, 그는 귀신들의 거처가 아닌 하나님의 집이 되고, 하나님께 영광스러운 행동을 바치기 때문입니다. 그러므로 육체의 더러움이 없이 깨끗하여 더러움이나 악을 품지 않는 영혼은 마침내 진리의 면류관을 쓰고 덕의 아름다운 빛을 발하게 됩니다.

"'그러나 애통함, 영적인 눈물, 영원한 고통에 대한 기억, 참된 침묵, 끊임없이 드리는 기도, 시편 찬송과 성경에 대한 가르침이 없이 세상을 부인하는 사람, 이 모든 것이 꾸준한 실천을 통해서 습관이 되어 더는 자신의 의지와는 달리 정신에 의해서 행하라는 강요를 받을 필요가 없는 사람, 영혼 안에서 하나님에 대한 두려움이 지배하지 못하는 사람, 이러한 사람들은 여전히 세상과의 교제를 신뢰하며, 기도할 때 정신을 깨끗하게 유지하지 못합니다. 의와 하나님에 대한 두려움만이 영혼에서 정념을 제거해주고 정신을 해방해 관상으로 이끌어주며, 천국의 복의 형태로 받게 되는 하나님에 대한 지식에 접근하게 해줍니다("마음이 청결한 자는 복이 있나니 그들이 하나님을 볼 것임이요"). 이 세상에서 그것을 획득하는 사람에게 그것은 (장래 일에 대한) 상징의 역할을 하며, (그들의 영적 상태를) 확고히 보존해줍니다.'

"그러므로 덕과 영적인 수고를 실질적으로 행하기 위해 힘껏 노력해야 합니다. 그것은 우리를 경건, 즉 하나님에 대한 관상의 결과인 정신적 깨끗함으로 인도해줍니다. 신학자 그레고리의 말에 의하면 행동은 관상을 향해 올라갑니다. 그러므로 만일 이 행동을 소홀히 한다면, 지혜를 사랑하지 못할 것입니다. 비록 덕의 정상에 도달한다 해도, 몸의 무법한 경향들을 억제하기 위해서 영적으로 애써 노력하고 정신을 엄격히 지켜야 할 것입니다. 그렇게 하면 간신히 그리스도를 우리 안에 거하시게 할 수 있을 것입니다. 우리의 의가 자라는 만큼 영적으로 성장할 것이며, 마침내 정신이 하나님의 빛의 조명을 받아 완전함에 이르며 완전히 하나님께 매달릴 것입니다. 그때 이루 말할 수 없는 비밀이 정신에 계시됩니다. 그때 정신은 지혜가 어디에 있는지, 능력이 어디에 있는지, 모든 것을 아는 데 필요한 능력이 어디에 있는지, 생명과 장수가 어디에 있는지, 눈의 빛과 평화가 어디에 있는지 알 수 있습니다. 정념과 싸우는 일에 몰두한 사람의 정신은 덕과 악덕 때문에 눈이 멀었기 때문에 결코 이것을 누리지 못합니다. 악덕은 정신이 덕을 보지 못하게 하고, 덕은 악덕을 보지 못하게 합니다.

"전쟁으로부터 쉼을 얻고 영적 은사를 받은 사람은 항상 은혜의 영향을 받으며, 빛이 가득하며 영적인 것들에 대한 관상을 멀리하지 않습니다. 그런 사람은 죽음에서 생명으로 넘어갔기 때문에 이 세상에서 아무것에도 애착하지 않습니다. 인생에서 좋은 것을 본받으며 하나님 가까이 가기를 원하는 사람은 순결한 마음과 깨끗한 입술을 소유해야 합니다. 그리하면 깨끗한 입술에서 나오는 깨끗한 말로 하나님께 영광을 돌릴 수 있습니다. 이는 그의 영이 하나님께 굳게 매달리며 끊임없이 그분과 교제하기 때문입니다. 형제들이여, 우리는 이런 높은 덕에 이르는 것을 목표로 삼아야 하며, 정념에 애착을 가지고서 땅 위를 기어 다니는 일을 중지해야 합니다. 노력하여 하나님 가까이 가는 사람, 하나님의 빛에 참여하며 하나님 사랑 때문에 상처를 받은 사람은 주 안에 있는 영적 즐거움을 누립니다. 시편 기자는 이렇게 말합니다: "여호와를 기뻐하라 그가 네 마음의 소원을 네게 이루어 주시리로다…네 의를 빛같이 나타내시며 네 공의를 정오의 빛같이 하시리로다"(시 37: 4, 6). 악을 깨끗이 씻어낸 영혼에 하나님이 부어주시는 사랑만큼 강력하고 거부할 수 없는 사랑은 없습니다. 그러한 영혼은 참된 마음의 기질에서 우러나서 '내가 사랑하므로 병이 났다'(아 2:5)고 말합니다. 하나님의 아름다움은 말로 표현하거나 묘사할 수 없습니다. 그것은 말로 표현할 수 없고 귀로 들을 수 없는 것입니다. 그것을 낮의 밝음이나 달의 밝음이나 태양 빛과 비교해 보십시오. 그것들은 그 영광과 비교할 수 없습니다. 참 빛 앞에서 그것들은 칠흑 같은 밤보다 못합니다. 경험을 통해서 그것을 터득하고 이해한 위대한 바실이 그렇게 묘사했습니다.'"

~ 19 ~

사부 필레몬과 함께 사는 형제는 이 외에도 많은 이야기를 했습니다. 그러나 그분의 겸손을 보여주는 다음의 이야기를 듣는 사람은 매우 놀랄 것입니다. 그분은 오래 전에 사제로 임명되었고 삶과 정신에 거룩함이 가득했음에도 불구하고 항상 미사 집전을 부담스럽게 여겨 피했기 때문에 여러 해 동안 거의 성례전을 집전하지 않았습니다. 그분은 매우 경성하면서 살았음에도 불구하고 우연히 만나서 자기와 대화하려는 사람의 영혼에 유익한 것만 이야기한 일이 있어도 성찬을 받지 않았습니다. 또 성찬을 받을 준비를 할 때는 오랫동안 기도하고 시편 찬송을 하고 죄를 고백하면서 하나님의 자비를 구했습니다. 그분은 사제가 성찬식을 거행하기 전에 "거룩하신 분께 성결"이라고 말할 때 두려워 떨었습니다. 그분의 말에 의하면 그 순간에 교회에 거룩한 천사들과 천군들의 주께서 친히 떡과 포도주를 자기의 몸과 피로 변화시키시며, 성찬을 통해서 우리 마음에 들어오십니다. 그러므로 의심이나 망설임이 없이 깨끗하고 순결한 상태에서 성찬을 받아야 합니다. 거룩한 교부들은 천사들이 (모든 보기 흉한 것들에 대해서) 경고해주는 것을 보았습니다. 그러므로 그들은 대화를 완전히 삼가고 침묵했습니다.

- 20 -

그 형제는 또 다른 일을 이야기했습니다: 사부 필레몬이 손수 만든 작은 바구니들을 팔러 나갔습니다. 그런데 흥정하는 동안 거짓말이나 다른 죄를 범하지 않으려고 그분은 바보인 체하면서 아무 말도 하지 않고서 계셨습니다. 그래서 그분이 만든 바구니를 사려는 사람이 스스로 값을 정하여 지급하면, 그분은 감사하면서 말없이 그 돈을 받았습니다.

용어 해설

가책(κατάνυξις; compunction): 이 책에서는 종종 깊은 회개라고 번역된다. 마음에 찔림을 받는 사람의 상태, 자신의 죄악됨과 하나님이 주시는 용서를 의식함. 거짓 없는 회개에서 솟아나는 후회와 아픔과 기쁨이 혼합된 감정. 우리가 세상적인 말을 하거나 그러한 말을 마음에 품고서 그것들에게 주의를 기울일 때, 몸과 지성이 표면적인 일에 시간을 허비할 때, 또는 헛된 일에 몰두할 때마다 우리의 지성은 어두워지고 무익해진다. 그 때 우리는 열심, 양심의 가책, 하나님과의 친밀함, 하나님에 대한 지식 등을 상실한다. 지성에 주의를 집중하면 빛의 조명을 받지만, 주의를 기울이지 않으면 어둠에 처한다.

갈망(desire): "영혼의 욕구적(육욕적)인 면, 또는 욕구 능력"을 보라.

강한 열망(ἔρως; intense longing): 이 책에서 에로스eros라는 단어는 대체로 플라톤 사상에서 사용되는 의미로 쓰인다. 이것은 인간을 하나님과의 연합으로 몰아가는 강한 열망과 동경, 그리고 신적인 것과 인간적인 것을 연결해주는 힘을 지칭한다. 특히 이 말은 합일의 사랑unitive love으로서 아가페의 사랑과 구분되지 않지만, 보다 큰 분량의 강렬함과 엑스터시를 표현한다는 점에서 아가페와 대조될 수도 있다.

개념적인 상(νόημα; conceptual image): "생각"을 보라.

격앙, 또는 영혼의 도발(θυμος; τὸ θυμικόν; incentive power, or aspect of the soul): "영혼의 욕구적(육욕적)인 면"을 보라.

관상(θεωρία; contemplation): 지성의 지각작용이나 시각으로서, 이것을 통해서 우리는 영적 지식을 획득한다. 이것을 덕의 실천πρακτική과 대조할 수도 있다. 덕의 실천이란 수덕생활의 보다 외적인 측면—정화와 계명을 지키는 것—을 지칭하지만 관상의 필수조건이다. 개인적인 영적 성장의 측면에서 보면 관상에는 두 개의 주된 단계가 있다: 피조된 인간의 원리 및 내적 본질에 속하거나, 보다 높은 단계에서는 하나님에게 속한다.

깨어 경계함(νηψις; watchfulness): 직역하면 술에 취하여 인사불성이 된 것과 반대되는 상태이며, 이런 까닭에 영적 절제, 경계, 조심 등을 의미한다. 이것은 우리가 내면의 생각들과 환상들을 지켜보며 마음과 지성을 지키는 경청의 태도를 의미한다. 헤시키우스의 글에서는 이 깨어 경계함이라는 표현이 보다 넓게 정의되어 덕의 실천 범주 전체를 지칭하는 데 사용된다. 그것은 깨끗한 마음 및 침묵과 밀접하게 연결된다. 『필로칼리아』의 헬라어 제목은 The Philokalia of the Niptic Fathers, 즉 "깨어 경계함이라는 덕을 실천하고 가르친 교부들의 필로칼리아"이다. 이것은 성 니코디모스가 이 상태의 역할을 얼마나 중요하게 여겼는지를 보여준다.

기질(κρασις; temperament): 주로 육욕적인 몸 안에 천성들이나 특성들이나 성질들이 균형을 이루어 혼합된 것을 의미하지만, 때로 혼과 몸으로 이루어지는 인간의 구조 전체를 지칭하기도 한다. 이런 의미에서 심적 불균형의 상태와 반대가 된다.

내면의 요소들(λόγοι; inner essences, or principles): "로고스"를 보라.

동의(συγκατάθεσις; assent): "유혹"을 보라.

라브라(lavra): 산거(散居) 수도원이라고 번역. 초대 수도원의 형태는 혼자서 은둔하여 수도생활하는 형태anchorite; 공동체로 모여서 수도생활하는 형태cenobite; 반독거semi-anchorote의 형태가 있다. 여기서 산거수도원lavra은 반-독거수도원 형태를 말한다. 한 영적 지도자를 중심으로 주중에는 독거 은수사들이 독거 수도하고 주일에 모여서 공동체 생활을 하는 형태이다. 가장 오래 된 라브라는 4세기경 팔레스타인에 있었으며 몇 세기 동안 번성했다. 사바스의 지도로 세워진 라브라는 에루살렘 동남쪽 Mar Saba 수도원이 있다.

로고스(Λόγος; Logos): 삼위일체의 제2위, 또는 하나님의 지성과 지혜와 섭리로서 이를 통해서 만물이 피조된다. 하나의 우주적 원리인 로고스는 그 자체 안에 다수의 로고이(λόγοι, 내적 원리들, 내적 본질들, 하나님의 생각들)을 담고 있으며, 이것에 따라서 만물은 시간과 공간 안에서 정해진 형태로 존재하게 되는데, 각각의 사물은 그 자체 안에 나름의 발달 원리를 담고 있다. 주로 로고스 안에 담겨 있어 피조된 우주의 형태로 나타나는 로고이λόγοι는 관상의 첫 단계, 또는 하위 단계를 구성한다.

마음을 지킴(ψυλακή καρδίας, νου; guard of the heart, of the intellect): "깨어 경계함"을 보라.

망상(πλάνη; illusion): 또는 미망迷妄이라고도 한다. 직역하자면 정신이 잘못되어 방황하는 것, 정도正道에서 벗어난 것을 의미하며, 이와 관련하여 잘못된 생각, 현혹됨, 덧없는 것을 진리로 여겨 받아들임 등을 의미하기도 한다. 필로칼리아 제5권에 망상πλάνη; illusion이 러시아어 *prelest*로 번역되었다. "뱀이 나를 꾀므로 내가 먹었나이다"(창 3:12).

무정념(ἀπάθεια; dispassion): 이 책에 수록된 글의 저자들 중에 어떤 사람은 정념을 죄의 결과요 악으로 간주하며, 무정념이란 정념들을 근절하는 것을 의미한다고 여긴다. 그러나 독수도사인 성 이사야와 같은 저자들은 정념들이 근본적으로 선한 것이라고 여기며, 무정념이란 정념들을 원래의 순수한 상태에서, 행동이나 생각으로 죄를 범하지 않은 상태에서 발휘하는 것을 의미한다고 여긴다. 무정념은 재통합과 영적 자유의 상태이다. 카시아누스는 그 용어를 라틴어로 번역할 때 "마음의 순수(청정)"purith of heart라고 번역했다. 그러한 상태에는 공평과 초연함이 수반될 수도 있지만 무관심(냉담)은 수반되지 않는다. 왜냐하면, 만일 무정념한 사람이 자기 자신 때문에 고난을 받지 않는다면 동료 피조물을 위해 고난 받기 때문이다. 무정념이란 마귀들의 공격을 느끼는 것을 중지하는 것이 아니라 더 이상 마귀들에게 복종하지 않는 것이다. 그것은 부정적인 것이 아니라 긍정적인 것이다. 에바그리오스는 그것을 사랑agape과 연결하며, 이 책에서 디아도쿠스는 "무정념의 불"로 표현한다. 무정념은 하나님이 주시는 선물 중 하나이다.

믿음(πίστις; faith): 개인적으로나 이론적으로 기독교의 교의적 진리들을 믿는 것뿐만 아니라 하나의 포괄적인 관계, 하나님에 대한 전적 신뢰와 사랑의 태도를 말한다. 그러므로 여기에는 우리의 삶 전체의 변화가 포함된다. 믿음은 하나님이 주시는 선물이며, 우리가 구원을 획득하는 통로인바 그리스도 안에 계시는 하나님과 그리스도 안에 있는 인간의 완전한 신인양성의 활동 속으로 끌려들어가는 데 사용되는 방편이다.

분노(προσβολή; provocation): "유혹"을 보라.

분별(διάκρισις; discrimination): 정신 속에 들어오는 생각의 유형들을 식별하며, 정확하게 평가하고 그에 합당하게 다룰 수 있게 해주는 영적 은사. 이 은사를 통해서 "영들 분별함", 즉 하나님의 감화에 의한 생각이나 환상들과 마귀에게서 오는 암시나 환상들을 구분하는 능력을 얻는다. 그것은 인간이 극단적인 상황에 빠지지 않고서 영적인 길을 발견하는 데 사용되는 일종의 영혼의 눈, 혹은 등불이다. 그렇기 때문에 여기에는 판단력이 포함된다.

사유(νόησις; intellection): 이것은 추상적인 개념이나 가시적인 이미지가 아니라, 직접적으로 영적 실체들을 이해하는 데 사용되는 지성의 기능이나 행위이다.

생각(λογισμός, νόημα; thought): (1) 종종 일반적인 의미에서의 생각이 아니라 마귀에 의해 도발된 생각을 의미하며, 그렇기 때문에 종종 "악한"이나 "마귀의" 등의 형용사가 동반된다. 또 이것은 하나님께서 감화하신 생각을 의미할 수도 있다; (2) "관념적인 심상", 환상과 추상적인 관념의 중개물; 성 막시무스의 글에서 주로 이러한 의미로 사용된다.

선입견(πρόληψις; prepossession): "유혹"을 보라.

수덕(πρακτική; practice of the virtue): "관상" contemplation을 보라.

순수지성(νοητός; noetic): 지성에게 속하는 것, 또는 지성의 특징.

시대(αἰών; age): 우주의 존속기간의 종체. 이것은 하나님께서 지으신 모든 시대의 완성과 원리인 하나님의 속성이며, 천사들의 계층이 포함된다. 이 용어는 특히 다음과 같은 두 가지 방식으로 사용된다:

(1) 주로 현 시대와 다가올 시대 또는 새 시대가 구분된다. 현 시대는 현재 우리의 시간 의식에 상응하며, 다가올 시대나 새 시대는 하나님 안에 존재하는 시간, 즉 끝없는 시간인 동시에 모든 시간의 현존으로 이해되는 영원에 상응한다. 현재 우리의 시간 의식은 타락이 원인이 된 영적 지각과 시각 상실의 결과이며, 그렇기 때문에 다소 망상적이다. 이 시간 의식을 따를 때, 우리는 시간을 하나님으로부터 분리된 것으로 경험한다. 실제로 시간은 하나님으로부터 분리되어 있지 않으며, 또 결코 분리될 수도 없다. 현 시대는 다음 시대와 분리될 수 없다. 그런 까닭에 다가올 시대와 그 실체는 실존하지 않는다거나 장래에 존재하게 될 것이라고 생각할 것이 아니라 우리가 은혜에 의해서 지금 여기에서 경험할 수 있는 현상이라고 생각해야 한다. 이것을 지적하기 위해서 이 실체들을 지칭하는 헬라어 τὰ μέλλοντα는 종종 "예비되어 있는 복들"로 번역된다.

(2) 고백자 막시무스의 글을 비롯한 일부 본문에서는 완전한 의미에서의 영원$aïδιότης$과 현재의 경험 안에서 우리에게 알려지는 시간$χρόνος$ 사이의 중간 단계를 지칭하기 위해서 이 aeon이라는 용어를 보다 특수하게 사용한다. 이런 경우에, 우리는 일반적으로 시대age 대신에 영원aeon이라는 표현을 사용한다. 그러므로 다음과 같은 세 차원이 있다:

① 영원eternity: 시작이나 끝을 소유하지 않는 유일하신 분이며 그렇기 때문에 완전한 의미에서 홀로 영원하신 분인 하나님에게 알려진 모든 시간과 실체의 totum simul 同時 全體, 또는 동시 현존;

② 애이온aeon: 천사들 및 다가올 시대의 경험을 소유하는 인간들에게 알려진 totum simul 同時 全體; 이 천사들이나 인간들은 피조되었기 때문에 자기발생적self originating이지 못하며, 그렇기 때문에 하나님이 영원하시다는 의미에서는 영원하지 못하다.

③ 시간time: 현 시대에서 우리에게 알려지는 일시적인 연속.

신학($θεολογία$; theology): 필로칼리아에서는 학문적인 연구를 통해서 획득한 종교적 교리나 하나님에 대한 지식 이상의 것을 지칭한다. 이것은 거룩한 세계의 실체들에 대한 의식적인 참여나 인식, 즉 영적 지식의 취득을 의미한다. 그러므로 완전한 의미에서 신학자가 되려면 침묵과 무정념—이것 자체가 순수하고 분심되지 않는 기도의 부산물이다—의 상태를 획득해야 하며, 그렇기 때문에 극소수의 사람들에게만 주어지는 은사가 필요하다.

심장, 마음($καρδία$; heart): 인간의 육체적인 기관뿐만 아니라 영적인 중심, 하나님의 형상으로 피조된 인간, 그의 가장 심오하고 진실된 자아, 또는 희생과 죽음을 통해서 들어가야 하는 바 신적인 것과 인간적인 것의 연합이라는 신비가 완성되는 내면의 성소. 시편 기자는 "내가 전심으로 간구하나이다"라고, 다시 말해서 몸과 혼과 영으로 간구한다고 말한다. 따라서 마음은 포괄적인 의미를 지닌다. 마음의 기도는 몸을 포함하여 전인으로 드리는 기도를 의미한다.

엑스터시(ἔκστασις; ecstasy): 사랑eros이나 강한 열망의 영향을 받아서 자기 자신과 모든 피조물에서 벗어나 하나님에게로 가는 것. 인간은 자신의 노력에 의해서 엑스터시를 얻는 것이 아니며, 하나님의 사랑의 능력이 그를 그 자신에게서 끌어내간다. 엑스터시에는 사변적 이성의 관념적인 생각을 모두 초월하는 것이 포함된다. 때로 몽환 상태나 정상적인 의식의 상실 등이 나타날 수 있지만, 반드시 이러한 현상들이 나타나는 것은 아니다. 이따금 엑스터시라는 용어가 좋지 않은 의미로 사용되어 자제력의 상실, 열광, 또는 광기 등을 의미하기도 한다.

연합(συνδυασμός; coupling): "유혹"을 보라.

영적 지식(γνωσις; spiritual knowledge): 지성의 지식으로서 이성의 지식과 구분된다. 이것은 하나님께서 고취하시는 지식이며, 그렇기 때문에 관상 및 즉각적인 영적 인식과 연결된다.

영혼의 욕구적(육욕적)인 면, 또는 욕구 능력(τὸ ἐπιθυμητικόν; appetitive aspect of the Soul, or soul's desiring power): 플라톤이 제시한 삼분법에 따른 영혼의 세 가지 능력이나 특성들 중 하나(Republic, Book iv, 434D-441C)이며, 그리스 교부들은 전반적으로 이것을 받아들였다. 나머지 두 가지는 지적 능력τὸ λογιστικόν과 격앙하는 능력τὸ θυμικόν이다. 격앙하는 능력은 종종 분노나 노염으로 나타나지만 보다 일반적으로 정의하자면 격렬한 감정을 일으키는 힘이다. 이 세 능력은 긍정적으로, 다시 말해서 하나님에 의해 피조된 대로 본성과 일치하여 사용되거나; 부정적으로, 즉 본성을 거스르는 방식으로 죄로 이어지는 방식으로 사용될 수도 있다. 예를 들면 격앙하는 능력은 마귀의 공격을 거부하거나 하나님을 향한 욕구를 강화하기 위해서 긍정적으로 사용될 수 있지만 절제되지 못하면 방종하고 파괴적인 생각과 행동으로 이어질 수도 있다.

특히 욕구 능력은 종종 감정적인 면τὸ παθητικόν, 다시 말해서 쉽게 파토스 pathos 또는 정념情念의 공격을 받으며 긍정적인 영적 영향력에 의해 변화되지 않을 때 부정적이고 자멸적인 힘의 영향을 받기 쉬운 측면이다. 지적 능력 역시 정념의 공격을 받기 쉽지만 일반적으로 영혼의 감정적 측면의 일부로 간주되지 않는다.

예수기도('Ιησοῦ εὐχή; Jesus Prayer): 예수의 이름으로 드리는 기원이다. 여러 가지 형태가 있지만 일반적으로 "주 예수 그리스도, 하나님의 아들이시여, 나를 불쌍히 여기소서"라고 표현한다. 이것은 하나의 기법이나 "기독교의 만다라"가 아니라 예수 그리스도께 기도하면서 하나님의 아들이시요 구주이신 분에 대한 살아있는 믿음을 표현하는 기도이다.

유혹(πειρασμός; temptation): 필로칼리아에서는 "시련" 또는 "시험"이라고 번역되기도 한다. 이 단어는 상황에 따라서 (1) 하나님께서 영적인 길을 가고 있는 인간의 진보를 돕기 위해서 보내시는 시험이나 시련; (2) 인간을 유혹하여 범죄하게 만들려는 마귀의 제안을 나타낸다.

헬라 교부들은 이 단어를 두 번째 의미로 사용하면서 유혹의 과정을 묘사하기 위해서 일련의 전문적인 용어들을 사용한다(특히 제1권 고행자 마가, 신령한 법에 관하여, §§ 138-41; 제2권 요한 클리마쿠스, 사다리 제15단계; 막시무스, 사랑에 관하여, 1, §§ 83-84; 제2권 다메섹의 요한, 「덕과 악덕에 관하여」를 보라). 이 교부들은 근본적으로 마귀의 도발과 인간의 동의를 구분한다. 마귀의 유혹은 인간이 통제할 수 없지만, 인간은 그 유혹에 동의한 데 대한 도덕적인 책임을 진다. 사용되는 주요 용어들은 다음과 같다:

(1) 마귀의 도발(προσβολή; provocation): 악을 향한 최기의 자극. 고행자 마가는 이것을 "마음 안에서 심상이 없이 이루어지는 자극"이라고 정의한다. 마귀의 유혹에는 심상이 동반되지 않으므로, 인간을 죄의식에 포함시키지 않는다. 이러한 유혹은 마귀에게서 생겨나는 것으로서 인간의 자유

의지와는 상관없이 외부로부터 인간을 공격하며, 그렇기 때문에 인간은 그것들에 대해 도덕적인 책임을 지지 않는다. 고행자 마가의 주장에 의하면, 심지어 낙원에서도 아담은 마귀의 유혹의 공격을 받았다고 한다. 인간은 마귀의 유혹이 자신을 공격하는 것을 막을 수 없다. 인간의 능력으로 행할 수 있는 것은 항상 깨어 경계하며, 그러한 도발이 의식에 떠오르는 즉시, 다시 말해서 그것이 정신이나 지성 안에 하나의 생각으로 모습을 처음 드러낼 때 거부하는 것이다. 만일 그가 이러한 도발을 거부한다면, 그것의 고리가 절단되며 유혹의 과정은 종식된다.

(2) "육체적인 정념의 작용이나 움직임이 없이"(Mark, 은자 니콜라스에게 보낸 편지, vol. I, p. 153을 보라) 발생하는 지성의 순간적인 동요(παραρριπισμός; momentary disturbance): 이것은 (1) 단계에 묘사된 마귀 도발의 "최초 출현"보다 중요한 듯하다. 왜냐하면, 현세에서의 영적 성장의 어느 지점에서는 이러한 "순간적인 동요"로부터 완전히 풀려날 수 있지만, 인간은 결코 마귀의 도발로부터 완전히 자유하기를 기대할 수 없기 때문이다.

(3) 교제(ὁμιλία; communion); 결합(συνδυασμός; coupling): 인간은 아직 마귀의 도발에 완전히 동의하지 않은 채 그것을 받아들이거나 그것과 사귀거나 교제하며, 정신 속에서 기분 좋게 그것과 거래하면서도 아직은 그것을 좇아 행동할 것인지의 여부를 결정하지 못하고 망설인다. 교제 또는 결합이라고 지적되는 이 단계에서의 도발은 심상이 없는 상태를 초월하여 하나의 생각이 된다. 또 이 단계의 사람은 이런 일이 발생하는 것을 허락한 데 대한 도덕적인 책임을 져야 한다.

(4) 동의(συγκατάθεσις; assent): 이것은 단순한 교제나 결합 이상의 단계이다. 이제 그 사람은 단순히 악한 제안에 협력하는 데 그치는 것이 아니라 그것에 따라 행동하기로 결심한다. 이제 그가 도덕적으로 유죄라는 데에는 의심의 여지가 없다. 비록 상황이 그가 표면적으로 범죄하는 것을 막

지만, 하나님은 그의 마음의 의도에 따라서 그를 심판하신다.

(5) 선입견(πρόληψις; prepossession): 고행자 마가는 이것을 "기억 안에 무의식 상태로 존재하고 있는 과거의 죄"라고 정의한다. 이 선입관 또는 편견의 상태는 인간을 특별한 유혹들에게 굴복하기 쉽게 만드는바 되풀이되는 죄악된 행동의 결과이다. 그는 원칙적으로 자유의지를 보유하며 마귀의 도발을 거부할 수 있지만, 실제로는 습관의 힘이 점점 더 그것을 거부하기 어렵게 만든다.

(6) 정념(passion): 선입견에 저항하여 애써 싸우지 않는다면, 선입견은 악한 정념으로 발달할 것이다.

육(σάρξ; flesh): 이것은 여러 가지 의미를 지닌다.

(1) "말씀이 육신이 되어"(요 1:14)라는 문장에서처럼 신적인 것과 대조되는 인간적인 것; (2) 최초에 피조되어 하나님과의 교제 안에 거하는 인간 본성과 대조되는 타락하고 죄악된 본성; 하나님을 배반하고 하나님으로부터 분리되었을 때의 인간; (3) 혼과 대조되는 몸. 두 번째 의미가 가장 빈번하게 사용되는 듯하다. 이 단어가 두 번째 의미로 사용될 때는 육과 몸body, soma이 구분되어야 한다. 사도 바울은 갈라디아서 5:19-21에서 "육체의 일"을 열거하면서 "분쟁, 시기, 분냄, 당 짓는 것, 분열, 이단" 등을 언급하는데, 이것들은 몸과 특별한 관계가 없는 것들이다. 두 번째 의미에서 육은 타락한 인간의 혼-몸 구조 전체를 지칭하며, 영은 구속함을 받은 인간의 혼-몸 구조 전체를 지칭한다. 몸과 혼은 신령하게 될 수 있으며, 육적이거나 육욕적인 것이 될 수도 있다. 금욕주의(수덕주의)에는 몸 자체를 대적하는 싸움이 아니라 두 번째 의미에서의 육을 대적하는 싸움이 포함된다.

육욕적인 쾌락(ἡδονή; sensual pleasure; sensual pleasure): 헬라어로 이것은 상황에 따라서 육욕적인 쾌락, 또는 영적 즐거움을 의미한다.

이성(διάνοια; reason): 인간 안에 있는 개념적으로 설명하는 논리적 능력으로서 계시나 영적 지식에 의해서, 또는 감각의 관찰에 의해서 제공된 자료들로부터 결론을 끌어내거나 개념들을 형성하는 기능을 소유한다. 이성의 지식은 영적 지식보다 열등하며, 신적 진리는 물론이요 피조물의 내적 본질이나 원리들에 대한 직접적인 이해 및 인식을 포함하지 않는다. 실제로 그러한 이해나 인식은 지성의 기능으로서 이성의 영역을 초월한다.

정념(πάθος; passion): 헬라어로는 사람이나 사물에게 일어나는 것, 피동적으로 겪는 경험을 의미하며, 그렇기 때문에 노염, 욕구, 질투처럼 사납게 영혼을 지배하는 욕망이나 충동을 의미한다. 많은 그리스 교부들은 정념들을 본질적으로 악한 것, 영혼의 질병으로 간주한다. 따라서 요한 클리마쿠스St. John Klimakos는 하나님이 정념들을 만드신 분이 아니며, 그것들은 인간의 참된 자아에게는 맞지 않는 자연스럽지 못한 것들이라고 주장한다(거룩한 등정의 사다리, 제26단계). 그러나 다른 그리스 교부들은 정념이란 원래 하나님께서 인간 안에 두신 충동이며, 지금은 죄로 말미암아 왜곡되었지만 근본적으로는 선한 것이라고 간주한다cf. St Isaish the Solitary, §1. 이 두 번째 견해에 의하면, 우리는 정념의 뿌리를 뽑는 것이 아니라 길들이고 훈련해야 하며, 억누를 것이 아니라 변화시켜야 하며, 부정적으로 사용할 것이 아니라 긍정적으로 사용해야 한다.

정신(mind): "이성"을 보라.

정적(ἡσυχία; stillness): 필로칼리아에서 반영되는 영적 전통을 지칭하기 위해서 사용되는 단어이며, 여기에서 헤시카스트와 헤시카즘이라는 단어가 파생된다. 이것은 내적 평온함이나 정신적인 고요와 집중 상태로서 순수한 기도를 실천하고 마음과 지성을 지키는 것과 결합되고 또 그 상태에 의해서 생겨난다. 이것은 단순히 침묵이 아니라 하나님께 경청하며 하나님을 향해 마음을 열어놓는 태도이다.

죄(ἁμαρτία; sin): 헬라어의 주된 의미는 "실패", 보다 구체적으로 "표적을 맞추지 못함", "빗나감," 또는 "궁극적으로 자신이 피조된 목적을 이루지 못함"을 의미한다. 따라서 이것은 망상과 밀접하게 연결된다.

주의 집중(προσοχή; attentiveness): "깨어 경계함"을 보라.

지성(νοῦς; Intellect): 인간 안에 있는 최고의 기능. 인간은 정화된 지성을 통해 영적 지각이나 이해에 의해서 피조물의 내적 본질이나 원리를 안다. 이성과 지성은 반드시 구분되어야 한다. 지성은 이성과는 달리 추상적인 개념들을 공식화하고 그것에 기초를 두고 논증하여 연역적 추론을 통해서 결론에 이르는 것이 아니라, 즉각적인 경험이나 직관이나 "단순한 인지작용"에 의해서 신적 진리를 이해한다. 지성은 "영혼 깊은 곳"에 거주하며, 마음의 가장 깊은 측면을 구성한다. 지성은 관상의 기관, "마음의 눈"이다.

지능(λογικός; intelligent): 헬라어 λογικός는 Logos와 밀접하게 연결되어 있으며, 그렇기 때문에 하나님의 지성과 밀접하게 연결된다. 그것을 단순히 "논리적인"이라고 번역하여 이성을 묘사하는 것으로 여기는 것은 부적절하다. 이 용어는 지성과 관련되며, 영적 지식을 소유한 사람에게 적합하다. 따라서 혼과 연결될 때 λογικός는 "신과 같은", 또는 "지성을 부여받은"이라고 번역된다. 이해력은 지성을 지배하는 특성, 또는 지성의 작용 기능이다.

친밀한 교제(παρρησία; intimate communion): 직역하면 솔직함, 발언의 자유; 그러므로 타락 이전에 아담이 소유했었고 성인들이 은혜에 의해서 되찾은바 하나님께 접근하는 자유; 일종의 신뢰 및 하나님의 자비하심에 대한 신뢰 의식.

타락한 본성(παλαιὸς ἄνθρωπος; fallen nature): 문자적으로 옛사람을 의미한다. "육"을 참조하라.

하나님을 기억함(μνήμη Θεοῦ; remembrance of God): 단지 하나님을 기억하는 것이 아니라 하나님께 주의를 집중하는 종교적 묵상의 상태. 따라서 이것은 방종이나 무감각의 반대 상태이다.

항변(ἀντιλογία; ἀντίρρησις; rebuttal): 마귀나 악한 생각이 일어나는 즉시 배격하는 것; 보다 보편적인 뜻으로 악한 생각들을 제어하는 것.

환상(φαντασία; fantasy): 심상을 만들어내는 정신의 기능을 지칭하는 것으로서 헤시카즘에서는 가장 중요한 용어들 중 하나이다. 영적인 길을 따라 전진하기 시작한 사람은 외부 세계에서는 직접적으로 언급되지 않으며 내면에서 출현하는 것들의 심상들을 인식하기 시작한다. 이 경험은 그 사람의 의식이 깊어지기 시작한다는 것을 보여주는 상징이다. 외부 감각과 일상적인 생각들이 어느 정도 잠잠해지면 무의식의 영역에 감추어져 있는 자극, 두려움, 희망, 정념 등이 표면으로 나타나기 시작한다. 영성생활의 한 가지 목표는 의식과 무의식의 차원을 초월하는 영적 지식을 획득하는 것이다. 또 진보된 영적 상태에 있을 때 주어지는 심상들은 천상의 원형들의 상상력의 차원에 투사될 수 있고, 그런 경우에는 창조적으로 종교 예술과 성상학의 이미지들을 형성하는 데 사용될 수 있다. 그러나 대개 그것들은 중간 영역이나 하위 영역에서 나오는 것으로서 전혀 영적이거나 독창적이지 못할 것이다. 이런 까닭에 정확하게 말하자면, 그것들은 상상의 세계가 아니라 환상의 세계와 조화를 이룬다. 그렇기 때문에 헤시카즘을 가르치는 교사들은 그것들에 대해 부정적인 태도를 취한다. 그들은 이런 종류의 경험에 포함된 심각한 위험들을 강조하며, 특히 이러한 심상들의 형성을 마귀나 사탄의 활동의 결과로 여긴다. 또 그들은 아직 초보 단계에 있어 영적 분별력을 소유하지 못하는 사람들에게 정신을 압도할 수 있는 이러한 환상의 출현에 미혹되거나 사로잡히지 말라고 권면한다. 이러한 환상들에게 관심을 기울이지 말고 계속 기도하면서 예수 그리스도의 이름으로 몰아내라고 충고한다.

회개 또는 회심(μετάνοια; repentance): 헬라어로는 원래 "마음의 변화", 또는 "지성의 변화를 의미한다. 이것은 잘못에 대한 후회, 통회, 또는 유감에 그치는 것이 아니라 보다 적극적이고 근본적으로 우리의 삶 전체가 하나님을 향하는 것, 또는 회심이다.

후회(λύπη; sorrow): 종종 "경건한 후회", 회개에 의해 생겨나는 희망으로 영혼을 살지게 한다.